"十二五"普通高等教育本科国家级规划教材

高等

理类核心课程教材

消费经济学

第4版

主编——伊志宏

中国人民大学出版社
·北京·

第4版前言

世界正处于百年未有之大变局。从中国到世界、从实践到理论、从短期到长期，一些对中国消费者行为和消费经济研究有着重大影响的经济、社会、政策因素值得我们认真关注。在第 4 版的修订中，除了对各章相关数据和资料进行更新以外，我们力图对影响消费的一些长期的、趋势性的因素进行更深入的分析，对可能影响宏观消费的一些重大政策因素加以关注，对与消费相关的理论进展有更全面的反映。

影响消费的重要趋势性因素包括人口老龄化的不断加深、数字经济的持续发展、居民收入的持续稳定增长导致对财富管理需求的增长等。2020 年第七次全国人口普查显示，65 岁及以上人口在总人口中的占比达到 13.5%，2022 年民政部公布的数据显示，该比例达到 14.9%，中国已进入深度老龄化社会。人口老龄化对消费、储蓄、社会养老金负担以及就业等都将产生深刻影响。新冠疫情加速了数字技术的普及和数字经济的发展，对消费者行为尤其是在互联网时代出生和成长的年轻消费者的消费行为和消费观念产生了直接的影响，而互联网在极大地降低商品流通成本和金融服务交易成本的同时，在消费者隐私保护等方面也带来了新的问题和挑战。尤其是随着居民收入的持续稳定增长，居民的财富管理需求不断提高，金融投资决策在消费者微观决策中的重要性显著提高，同时，金融消费者权益保护问题也成为一个重要议题。

在政策方面，2022 年 10 月，党的二十大胜利召开。党的二十大报告提出，“从现在起，中国共产党的中心任务就是团结带领全国各族人民全面建成社会主义现代化强国，实现第二个百年奋斗目标，以中国式现代化全面推进中华民族伟大复兴”，“中国式现代化，既有各国现代化的共同特征，更有基于自己国情的中国特色”，“中国式现代化是人口规模巨大的现代化，是全体人民共同富裕的现代化”。实现共同富裕的战略目标和“双碳”目标将对全社会的收入分配以及宏观消费政策和消费方式产生重要影响。随着碳达峰和碳中和目标被写入“十四五”规划，我国生态文明建设将进入以降碳为重点战略方向的阶段，全社会的生产方式、生活方式都会发生重要变化。“双碳”目标是事关中华民族永续发展和构建人类命运共同体的重大战略决策，不仅在应对气候变化上体现了大国的责任担当，也有利于推动我国经济社会发展实现绿色低碳转型。当然，中国在人均收入偏低的阶段就面临碳达峰、碳中和的考验，其挑战是巨大的，既需要顶层制度设计，又需要充分发挥市场机制和市场主体的作用。

在理论方面，本次修订主要对行为经济学有关消费者有限理性在消费者决策中的表现以及消费函数理论的新进展进行了补充。20 世纪 90 年代以来，行为经济学成为经济学发展的最重要领域之一。在涉及消费者决策的问题上，行为经济学借鉴了部分心理学理论，用于解释和预测消费者实际上如何进行选择，从而提高了经济学对消费者行为的解释力。我们对已经得到行为经济学确认的重要消费行为进行了讨论。消费函数理论主要揭示收入与消费两个变量之间的相互关系。20 世纪 80 年代和 90 年代，收入风险和借贷约束被完全纳入跨期消费模型，除了少数优化问题可以解析求解，其他研究基本依赖数值模拟方法。在实证研究方面，由于微观经济数据更高的可获得性和模拟方法的发展，采用微观家庭调查数据的文献逐渐突破了对宏观消费与收入关系研究的限制，转向更能刻画消费决策行为的大样本家庭数据调查，在此基础上进行的相关研究，更多地关注基于消费跨期选择的家庭消费支出的异质性，以及家庭内部消费支出的差异。部分学者的研究逐渐由关注跨期选择的消费决策问题转向更为关注消费支出所代表的社会福利问题分析，例如关注消费不平等、消费偏好的非标准化和时间偏好的不一致性，研究数据从微观调查数据逐渐转向随机实验和田野实验的调查数据，从而为消费政策的研究提供了更为细致的微观证据。

本次修订工作由伊志宏、岳俊芳、王洪耘、石明明完成。分工如下：伊志宏负责第 1、3、4、5、6 章，岳俊芳负责第 5、8、10、11 章，王洪耘负责第 1、2、12 章，石明明负责第 7、9 章。全书由伊志宏统稿。

伊志宏

于中国人民大学

第3版前言

本书第 2 版于 2012 年修订出版。过去的 5 年多来，中国的宏观经济出现重大转折，消费领域也发生很多重要变化，其中有喜亦有忧，消费对经济的影响更加凸显。

首先，在内外部多重因素的作用下，中国经济进入“新常态”。新常态下，经济增长将从高速向中高速转换，增长方式将从粗放型向集约型转换，增长动力将从要素驱动向创新驱动转换。随着城乡居民收入的稳步增长和城市化进程的不断深化，城乡居民的消费水平不断提高，消费结构不断升级，养老、医疗、健康、教育、旅游等服务消费需求加速增长，消费对经济增长的贡献率逐年上升，2012 年首次超过投资对经济增长的贡献率。

其次，在经济下行的压力下，政府采取了更加宽松的货币政策，企业部门和居民家庭部门的债务比率的快速提升导致宏观杠杆率的大幅提高。居民家庭部门债务比率提升的主要原因是城市房价的不断攀升，房贷支出在部分家庭支出中占比过高，不仅对新增消费需求产生挤压，而且使家庭金融风险不断积累。

最后，随着互联网、移动支付、大数据、云计算等技术的发展，中国的电子商务呈现出快速发展态势。2013 年以来，在全国零售业增速放缓的形势下，包括网络零售在内的电子商务快速增长，电子商务的应用领域不断拓展和深化。消费者对互联网和网上购物的接受程度逐步提高，传统企业大规模进入电商行业，在线销售类活动不断增加。2016 年，网络购物用户规模达到 5 亿人；网络零售市场规模达到 53 288 亿元，是 2012 年的 4 倍；网络消费品零售额占社会消费品零售总额的 14.9%，是 2012 年的 2.4 倍。

此外，本书第 2 版出版以来，与消费相关的经济学研究成果在两个领域得到了更广泛的认可。其一，2015 年诺贝尔经济学奖得主、普林斯顿大学经济系教授安格斯·迪顿提出的“近似理想需求系统”（AIDS），即“迪顿-米尔鲍尔系统”，改进了需求函数研究，构建了一个近似真实需求的有效模型。他还进一步发展了诺贝尔经济学奖得主佛朗哥·莫迪利亚尼和米尔顿·弗里德曼对消费和收入之间联系的研究，以求理解收入变化如何驱动消费变化。其二，行为经济学研究的重要代表人物，2017 年诺贝尔经济学奖得主、芝加哥大学商学院教授理查德·塞勒，在理论研究中，对反常行为、经济人假设、禀赋效应、跨期选择、心理账户和股票市场等方面的研究做出重大贡献，并在实际应用上，分析和解释了消费者行为、社会福利政策、储蓄投资政策等行为经济学案例。

本书第 3 版的修订试图反映上述宏观经济现象、消费者行为的变化以及经济学理论的最新进展。

本次修订工作由伊志宏、岳俊芳、王洪耘、石明明完成。分工如下：伊志宏负责第 1、3、4、6、7 章，岳俊芳负责第 5、8、10、11 章，王洪耘负责第 2、9、12 章，石明明负责第 1、7、11 章。全书由伊志宏统稿。

伊志宏

于中国人民大学

2018 年 1 月

第2版前言

本书自 2004 年 9 月问世以来，收到了使用单位和读者的积极反馈，曾多次重印，并被列入普通高等教育“十五”国家级规划教材。中国人民大学出版社从 2008 年开始催促修订，但笔者未能按期完成任务，除了一些客观原因外，主观上希望将近年来经济学的最新发展成果、美国金融危机爆发后对其消费模式的反思以及对中国经济快速发展和经济增长方式转型中有关消费问题的最新认识反映到教材中来，也是一个重要原因。

20 世纪 70 年代末，一门介于心理学和经济学之间的边缘学科——行为经济学逐渐形成，它试图根据心理学的研究成果，将“非理性”等人类行为分析纳入标准的经济理论之中，对传统经济学的理性“经济人”假设和效用最大化模型进行修正。20 世纪后期，行为分析在经济学的各个领域得到应用和拓展，也使得经济学对消费者的分析更接近于现实。消费者的非理性在其决策中有哪些表现？这些非理性行为对宏观经济、金融市场会有怎样的影响？

2008 年发端于美国并波及全球的金融危机，其祸根恰恰是消费者过度负债和过度消费引发的次贷危机。这场危机正在挑战整个美国社会的生活方式，挑战发达国家以借贷消费支撑的经济模式和美国金融资本主义模式。这种消费模式会终结吗？有没有替代模式？

与美国的消费模式和经济增长模式相反，中国近 30 年来经济的高速增长是以高储蓄低消费、扩大投资和出口来拉动的，这样的经济增长模式可持续吗？如何通过刺激消费需求来拉动经济增长？随着收入水平的提高，居民的消费观念、消费行为和消费方式发生了很大的变化，特别是年轻的一代。在中国经济增长方式转型和经济结构调整中消费扮演何种角色？与西方发达国家相比，中国的消费有何特点？消费者在经济社会可持续发展中有何责任？

上述这些问题是我们当前研究消费问题必须面对和思考的。在本书修订过程中，笔者试图将这些思考体现出来，欢迎读者批评指正。

本书的修订工作由伊志宏、岳俊芳、王洪耘完成。分工如下：伊志宏负责第1、3、10章，岳俊芳负责第4、5、7、8、11章，王洪耘负责第2、6、9、12章。全书由伊志宏统稿。

伊志宏

于中国人民大学

第1版前言

对消费问题的研究在经济学中一直占有一席之地，上可追溯到几个世纪前的古典经济学，近可延伸到近几十年来的当代经济学研究。20 世纪 80 年代以来，若干位诺贝尔经济学奖得主的研究均与消费有密切关系①，但是，冠以“消费经济学”名称的出版物（教材或专著），无论在西方国家还是在中国，都还没有一个得到普遍认可的体系。与国内已有的消费经济学教材相比，本书有以下几个特点：（1）以经济学（而非政治经济学）的视角来研究消费问题。（2）将微观消费问题与宏观消费问题的研究结合起来，使本书的体系独具特色。作者关于消费问题研究的一个非常明确的想法是：消费者决策和消费者行为研究要为宏观消费问题研究服务；宏观消费问题研究要以消费者决策和消费者行为研究为基础。（3）消费者将追求整个生命周期的效用最大化。本书对消费者行为的理解不仅包括消费者的消费决策，还包括消费者的储蓄、投资、信贷、劳动供给决策。后几方面不仅影响消费决策，而且将与消费决策一起对总需求、产业结构演变、产业发展等宏观经济现象做出解释。

本书的基本框架形成于 1995 年②，并在 2000 年进一步完善③。本次修改集中了若干位从事经济学和消费经济学教学的教师的力量，不仅对原书的若干章节进行了调整，对原有内容进行了补充，而且在体例上做了比较大的改动，增加了“背景资料”“政策分析”“名人专栏”“新视角”“应用”等专栏，并在各章后附上了若干思考题。其目的一是增强可读性；二是使学生能够理论联系实际，用经济学的理论与方法来理解和分析现实问题。本书的主要对象是经济学和应用经济学各专业的高年级本科生。

本书通过严格评审被列为普通高等教育“十五”国家级规划教材，修改前的 2000 年版本也曾通过专家评审被指定为全国高等教育自学考试教材。在此向参加评审的专家

---

① 包括米尔顿·弗里德曼（1976）、佛朗哥·莫迪利亚尼（1985）、加里·贝克尔（1992）等。

② 伊志宏．消费经济学．北京：机械工业出版社，1995.

③ 伊志宏．消费经济学．北京：中国人民大学出版社，2000.

表示衷心的感谢。他们是：徐从才（南京财经大学校长、教授）、李金轩（中国人民大学教授）、郭冬乐（中国社科院财贸所研究员）、陈及（北京工商大学教授）。

伊志宏

2004 年 4 月

于美国密歇根大学

目 录

01 第1章 导 论 001

1.1 经济学对消费问题认识和研究的历史演变 001
1.2 消费经济学的研究对象 007
1.3 消费者及其行为 009

02 第2章 消费者的消费决策 014

2.1 消费者的消费选择与预算约束 014
2.2 效用与满足程度 018
2.3 收入与消费者选择 021
2.4 价格与消费者选择 025
2.5 税收与消费者选择 031
2.6 有限理性与消费者决策 036
附录 无差异曲线与消费者偏好 045

03 第3章 消费者的储蓄决策 051

3.1 储蓄的动机分析 051
3.2 预算约束、利率与储蓄 056
3.3 影响储蓄的其他因素 058

04 第4章 消费者的信贷决策 069

4.1 预算约束与信贷决策 069
4.2 消费信贷的种类 073

4.3 影响消费者信贷决策的因素 …… 076
4.4 消费信贷决策的风险 …… 082
4.5 消费者的信贷管理 …… 084

05 第5章 消费者的投资决策 —— 089

5.1 消费者投资的主要类型和方式 …… 089
5.2 投资收益 …… 095
5.3 投资风险 …… 100
5.4 投资管理决策 …… 105

06 第6章 消费者的劳动供给决策 —— 110

6.1 劳动供给决策 …… 110
6.2 劳动供给决策的扩展 …… 119
6.3 人力资本与教育 …… 128
6.4 家庭规模决策与长期劳动供给 …… 133

07 第7章 消费函数理论 —— 137

7.1 绝对收入假说 …… 138
7.2 相对收入假说 …… 140
7.3 持久收入假说 …… 142
7.4 生命周期假说 …… 144
7.5 其他消费函数理论 …… 146
7.6 对消费函数理论的简单评价 …… 150

08 第8章 消费与经济增长 —— 156

8.1 社会总需求的构成 …… 156
8.2 消费需求与经济增长 …… 160
8.3 消费水平 …… 169

09 第9章 消费结构 —— 181

9.1 消费结构的含义及其影响因素 …… 181
9.2 消费结构演变的一般趋势 …… 188
9.3 消费结构与产业结构 …… 197

10 第 10 章 消费方式 206

10.1 消费方式的含义及其变化趋势 …… 206
10.2 消费服务商品化 …… 211
10.3 可持续消费 …… 220

11 第 11 章 消费政策 224

11.1 消费政策的含义及内容 …… 224
11.2 消费政策实现的手段 …… 228
11.3 经济周期与宏观经济政策 …… 231
11.4 开放经济中的消费政策 …… 235

12 第 12 章 消费者权益与消费者责任 250

12.1 消费者权益的内涵 …… 250
12.2 消费者权益的保护 …… 254
12.3 金融消费者权益保护 …… 257
12.4 消费者运动与消费者组织 …… 272
12.5 消费者责任 …… 279

第1章 导　论

学习目的

消费是人类赖以生存和发展的最基本功能，也是人类社会不断进步的基本动力。随着社会的不断发展，不仅消费的内容、结构、方式和影响消费的因素发生了极大的变化，而且消费对社会经济的影响也越来越大。本章将通过回顾经济学对消费问题认识的历史演变过程，说明消费经济学应从研究消费者行为出发，来解释和说明宏观消费现象，因此消费经济学的研究对象既包括微观消费问题也包括宏观消费问题。消费经济学所研究的消费者行为是指与消费者的资源分配（收入、时间等）相关的一系列决策，包括消费决策、储蓄决策、投资决策、消费信贷决策、劳动供给决策等。

1.1 经济学对消费问题认识和研究的历史演变

消费经济学的产生与发展，与消费在社会经济中所起的作用以及人们对消费认识的发展密不可分。

1.1.1 古典经济学对消费问题的认识

英国古典政治经济学创始人威廉·配第是最早对消费问题进行理论分析的经济学家。在他生活的时代，英国正处于资本主义工场手工业建立和迅速发展的阶段。为了加快资本主义的发展，资本积累被提到首要地位。在此背景下，配第对消费有一个基本观点，即主张节制不必要的消费，以保证资本积累和财富的增值。他认为赋税是实现这一主张的有力手段。通过对那些不利于生产的消费支出征税，可以达到节制消费、增加积累的目的。此外，配第还认为，消费品丰裕会使人们消费过多，消费过多则会使人们变得懒惰。因此，他主张对过剩的产品加征赋税，以节制过多的消费。① 配第的思想被古

① 威廉·配第．政治算术．北京：商务印书馆，1978：42.

典经济学的创始人亚当·斯密和大卫·李嘉图继承下来。他们认为，消费特别是奢侈性消费是非生产性的，不利于国民财富的增加，因此需要通过赋税加以节制。亚当·斯密指出：人们有两种欲望，一种是“现在享乐的欲望。这种欲望的热烈，简直难以抑制”；另一种是“改良自身状况的愿望。这种愿望虽然是冷静的、沉着的，但我们从胎里出来一直到死，从没一刻放弃过这愿望”[①]。在亚当·斯密看来，就个人而言，这两种欲望往往是相互冲突的。前一种欲望占上风，就有奢侈性消费；后一种欲望占上风，就会节制消费，生活节俭。但对整个社会而言，在这两种心理状态中通常总是节俭占上风。正因为如此，才促进了社会的进步和国民财富的增长。英国古典经济学家对消费的认识，反映了当时产业资本家积累资本的客观需要。

法国古典经济学的产生和发展与英国几乎是同时的。但在17世纪末到18世纪后期的法国，封建生产关系仍占统治地位，资本主义生产关系的发展受到严重阻碍。在这种背景下，法国古典经济学家对消费问题的认识有着自己的特点。对消费问题有较多论述的经济学家包括魁奈和西斯蒙第。魁奈是重农学派的代表人物。他把消费品区分为生活必需品和奢侈品。他认为农业提供的是生活必需品，而工业中的有些工场则生产奢侈品。由于必需品的消费会增加财富和收入，而奢侈品的消费不利于财富和收入的增加，因此，他主张减少奢侈品的生产和消费，保护农业，以保证必需品的供应。此外，针对当时法国农业衰败、农民生活贫困的状况，魁奈认为只有让农民富裕起来，让他们消费更多的产品，才能促进社会的繁荣。[②] 把消费水平的提高看成一国繁荣昌盛的保证，不仅是魁奈对经济学理论的贡献，而且在当时具有现实意义。但是，魁奈对消费的分析由于建立在他的“纯产品”学说的基础上，因此具有非科学的一面。

西斯蒙第作为法国小资产阶级的代表，对资本主义的生产危机有所认识，对消费的认识也有所发展。在他看来，生产的目的是满足消费者的需要，消费决定和创造着生产。因此，生产者必须面向市场进行调查研究，了解消费者的需要和收入状况。从消费决定生产这一前提出发，西斯蒙第看到了资本主义社会中生产和消费之间的尖锐矛盾，以及由此而引起的经济危机，并用消费不足来阐释经济危机产生的原因。为了延缓和减轻危机，他主张政府应当采取措施关心消费者的利益和过问消费方面的事务。[③] 西斯蒙第对消费的认识，无疑是在资本主义发展到一定阶段后经济危机已经显现，小生产者出现两极分化的历史背景下产生的。虽然他认识到了消费在社会再生产过程中的重要地位，并看到了资本主义制度下生产过剩危机的必然性，但他站在小资产阶级的立场上来阐释危机产生的原因并提出消除危机的方法，造成了其理论的缺陷。

1.1.2 19世纪中期至20世纪30年代前的经济学对消费问题的认识

19世纪中期以后，庸俗经济学取代了古典经济学，对消费的研究较以前也更为重视。这个时期，经济学家们从各种角度对消费进行了分析。这些研究不仅奠定了当代经

① 亚当·斯密．国民财富的性质和原因的研究：上卷．北京：商务印书馆，1972：314.
② 魁奈．谷物论//魁奈．魁奈经济著作选集．北京：商务印书馆，1979：39-40.
③ 西斯蒙第．政治经济学新原理．北京：商务印书馆，1964：273.

济学的基础，而且对消费经济学以后的发展产生了重要影响。其中，影响较大的有庞巴维克的“边际效用价值论”、马歇尔的“需求理论”及凡勃伦的“社会阶层消费学说”等。但是在对消费地位的认识上，庸俗经济学家并没有超过前人。例如，19 世纪初，作为贵族僧侣阶级代表的马尔萨斯，在西斯蒙第理论的基础上，试图论证社会消费的不断增长是促进社会财富增长的源泉。他看到了资本主义社会商品销售危机的存在，却错误地认为，只有贵族和僧侣阶级不从事生产却一味地消费，因而能有效地缓解社会商品销售的危机和剩余产品的实现问题。① 凡勃伦在其《有闲阶级论》一书中，创造了“显形消费”一词，批评有闲阶级的炫耀性消费，抨击经济自由主义和大商业对社会的影响。其思想为政府加强对经济的干预开辟了道路。②

19 世纪末 20 世纪初，对消费问题的研究在新古典经济学的主要创始人马歇尔的经济理论中占有重要地位。在他看来，经济学既是一门研究财富的学问，也是一门研究人的学问，因此，关于人的欲望和满足欲望的程度与方式，即消费问题，自然就成为经济学研究的重要课题。马歇尔继承了前人的观点，把需求看作人们主观欲望所决定的一种心理状态，并在此基础上发展了他的消费学说——需求理论。需求理论包括欲望饱和理论（效用递减规律）、需求规律、需求的价格弹性、消费习惯的作用和消费者剩余等。这些理论不仅成为西方经济学的基础，而且对此后消费经济研究中的数量化倾向有重要影响。此外，马歇尔还对社会消费发展的长期趋势做了分析。他认为，社会消费水平会随技术进步而提高，因为技术发展提供了比较充裕的廉价消费品。他还意识到，消费信贷制度的发展以及工业发展到一定阶段后人们对闲暇的重视都可能对消费支出格局产生较大影响。③ 这些都被后来的实践所证实。在 20 世纪初的资本主义时代，马歇尔有关消费的研究建立在这样的理论基础之上，即认为：资本主义市场经济本身是完善的，市场机制的自发调节可能实现充分就业的均衡状态，全面的生产过剩和经常性的失业是不会发生的。但这个神话很快就被资本主义世界普遍发生大危机的事实所打破。

1.1.3 消费在凯恩斯经济理论中的地位

20 世纪 30 年代爆发了资本主义历史上持续时间最长、波及面最广、影响程度最深的一次经济大危机，凯恩斯经济学应运而生。根据资本主义经济的现实，凯恩斯指出，资本主义市场经济的自发调节不能够使就业达到充分均衡状态，因此必须加强政府对经济活动的调节和干预。

在凯恩斯经济学中，有效需求理论是其整个理论的基础，因此可以说，对消费问题的研究，在凯恩斯经济学中占有相当重要的地位。凯恩斯认为，资本主义经济危机的原因在于有效需求不足，而有效需求不足的根源在于人们心理因素的作用：如人们的消费支出并不随收入的增长而同比例地增长；人们所预期的利润率将随投资的增加而递减；人们乐意持有现金，达不到一定的利息率水平就不愿把钱存入银行——这就是“消费倾

① 马尔萨斯．政治经济学原理．北京：商务印书馆，1962：328.
② 凡勃伦．有闲阶级论．北京：商务印书馆，1964.
③ 马歇尔．经济学原理．北京：商务印书馆，1964.

向递减”“资本边际效率递减”“流动偏好”三大心理规律的作用。据此他提出，政府要通过财政政策和货币政策人为地刺激需求，以达到消除危机和失业、保持社会稳定的目的。尽管凯恩斯的有效需求理论在相当程度上承袭了马尔萨斯的消费理论，并用心理因素来解释资本主义经济危机，但他看到了消费在社会经济运行过程中所起的重要作用，并最早建立了消费函数理论。他提出的政策主张对于缓解资本主义经济危机也具有很强的现实意义。因此，凯恩斯经济学说在其后几十年的时间里，对西方经济理论的发展和政府经济政策的制定影响甚广。

在消费经济学研究的发展史上，凯恩斯学说不仅在内容上而且在研究方法上都具有重要的意义。凯恩斯首先建立了消费函数理论，对消费函数中的主观因素和客观因素进行了分析，提出了边际消费倾向递减规律，并对资本主义社会的长期消费趋势进行了分析。从研究方法来看，凯恩斯建立的收入决定理论体系，采用的是短期的、静态的分析方法；而在考察资本主义社会的发展演变趋势时，又较多地运用了规范分析的方法。其对消费的研究，兼用实证方法和规范方法，对此后消费经济学的研究亦有重要影响。

1.1.4 当代经济学对消费理论的贡献

尽管凯恩斯主义在经济学和主要西方国家经济政策中占据统治地位长达几十年，但第二次世界大战后经济环境的变化，特别是 20 世纪 60 年代末 70 年代初西方国家普遍出现的经济衰退，使更多的经济学家在凯恩斯理论之外寻找答案。消费在经济学中仍然占有重要地位，1976—2017 年间，有五位诺贝尔经济学奖得主的获奖都与消费研究有直接的关系。① 对消费问题的研究出现了一些新的特点，可以概括为以下两点：

（1）更加重视对消费者行为的研究。其中，第一个方面是运用经济学及社会学和心理学来研究消费者的购买行为；第二个方面是研究消费者在其整个生命周期的消费、储蓄行为，即跨时期的消费者资源分配；第三个方面是把消费者的概念从单个消费者扩展到家庭，用经济学的分析方法解释家庭的各种决策。

（2）依据微观消费者行为分析和解释宏观经济现象并为制定经济政策服务。在这方面，弗里德曼和莫迪利亚尼的分析方法与理论框架为消费经济学的未来发展奠定了基础。我们将在第 7 章“消费函数理论”中对其理论进行介绍。

20 世纪 70 年代末，一门介于心理学和经济学之间的交叉学科——行为经济学逐渐形成，它试图根据心理学的研究成果，将“非理性”等人类行为分析纳入标准的经济理论之中，对传统经济学的理性“经济人”假设和效用最大化模型进行修正。20 世纪 90 年代以来，行为分析在经济学的各个领域得到应用和拓展，消费者行为研究开始突破主流经济学的藩篱，逐渐发展成一门独立的应用经济学新学科，在消费决策理论、消费动

---

① 1976 年米尔顿・弗里德曼因在消费分析、货币史、货币理论及对稳定政策复杂性的实证研究方面所取得的成绩而获奖；1985 年佛朗哥・莫迪利亚尼因对储蓄和金融市场所做的开创性分析而获奖；1992 年加里・贝克尔因把微观经济学分析的范围扩展到人类行为及其相互作用的更广泛领域而获奖；2015 年安格斯・迪顿因对消费、贫困与福利评价的研究而获奖，迪顿的研究采用了微观家庭消费数据，并把对微观消费数据的研究拓展到了对贫困和福利评价的研究；2017 年诺贝尔经济学奖得主理查德・塞勒通过对行为异象、禀赋效应、跨期选择、心理账户的研究，分析和解释了消费者行为、社会福利政策、储蓄投资政策等微观消费问题和宏观消费问题。

机、消费模式以及跨文化消费研究方面都取得了新进展，一些被新古典经济学和主流经济学所忽视的影响消费行为的因素（如消费者的信念、偏好、文化、情感以及群体效应等）对消费行为、消费方式和消费内容的影响明显加强。

名人专栏

米尔顿·弗里德曼（Milton Friedmann，1912—2006），芝加哥大学教授，货币主义的主要代表人物和芝加哥学派的领导人物，强调货币和自由市场。自20世纪50年代以来，弗里德曼一直是凯恩斯经济干涉主义的主要反对者。除诺贝尔经济学奖以外，他一生中还获得了经济学界几乎所有的重要奖项。其经济理论对经济政策的影响不亚于凯恩斯，主要代表作包括：《实证经济学论文集》（1956）、《消费函数理论》（1957）、《美国货币史：1867—1960》（1963，合著）、《自由选择》（1979）、《资本主义与自由》（1962，1982）、《价格理论》（1986）。

佛朗哥·莫迪利亚尼（Franco Modigliani，1918—2003），麻省理工学院经济学教授。他在1944年首次发表了重要论文，1954年发表了著名的关于生命周期分析的论文，1961年发表了关于金融市场效率的开创性论文。他一生的研究主要集中在三个方面：生命周期假说、公司财务、经济生活预期。在凯恩斯主义（主要强调市场失灵）和古典主义（只看见市场的成功）长达20年的冲突中，他始终是经济学研究中最重要的人物之一。他的经济理论成为里根政府经济政策的主要基础。他虽然一生中发表了若干篇重要的论文，却没有独立写过一本书。

加里·贝克尔（Gary S. Becker，1930—2014），芝加哥大学经济学和社会学教授，芝加哥学派的主要代表人物和新自由主义经济学的重要成员。在几十年的研究和教学生涯中，他独树一帜地发动了一场以其开创或研究的新家庭经济学、人力资本理论、犯罪经济学等为主要内容的“贝克尔革命”，对西方经济学界产生了重大影响。其主要代表作包括：《差别待遇经济学》（1957）、《生育率的经济分析》（1960）、《非理性行为和经济理论》（1962）、《人力资本》（1964）、《时间配置理论》（1965）、《人力资本和个人收入分配》（1967）、《歧视经济学》（1971）、《人类行为的经济分析》（1976）、《家庭论》（1981年第1版，1991年扩充版）等。

丹尼尔·卡尼曼（Daniel Kahneman，1934— ），普林斯顿大学心理学和公共事务教授，行为经济学的代表人物，2002年获诺贝尔经济学奖，对经济学的贡献在于“将心理学的前沿研究成果引入经济学研究中，特别侧重于研究人在不确定情况下进行判断和决策的过程”。20世纪70年代，卡尼曼和特维斯基（Tversky）发表了一系列震撼人心的研究成果，通过吸收认知心理学等领域的最新成果，以效用函数的构造为核心，把心理学和经济学有机结合起来，提出了基于前景理论的价值函数和概率权重函数。卡尼曼和特维斯基的开创性研究引发了大量的后续研究，1994年诺贝尔经济学奖得主泽尔腾、2001年诺贝尔经济学奖得主阿克洛夫、2002年诺贝尔经济学奖得主史密斯等都相继投入到该领域中，最终在20世纪80年代中期到90年代后期形成了现代行为经济学基本稳定的理论内核和构架以及研究阵营，对经济学的方方面面产生了巨大的影响，并激发了其他行为经济学家把相关研究领域拓展到经济学的各主要分支，从而形成了真正意义上的“现代行为经济学”流派。卡尼曼的主要代表作包括：《预测的心理学》（与特维斯基合著，1973）、《前景理论：风险条件下的决策分析》（与特维斯基合著，1979）、《不确定条件下的判断：直观推断和偏误》（与特维斯基等合著，1982）、《公平和经济学的假设》（与塞勒等合著，1986）、《原则式效应的试验检测及科斯定理》（与塞勒等合著，1986）、《谨慎选择以及大胆预测：风险的认知前景》（1993）、《投资者的心理侧面》（1998）。

安格斯·迪顿（Angus Deaton，1945— ），普林斯顿大学经济系教授。迪顿和米尔鲍尔在 1980 年提出了“近似理想需求系统”，即“迪顿-米尔鲍尔系统”，改进了需求函数研究，构建了一个近似真实需求的有效模型。1990 年前后，迪顿进一步发展了佛朗哥·莫迪利亚尼和米尔顿·弗里德曼对消费和收入之间联系的研究，以求理解收入变化如何驱动消费变化。迪顿指出，消费的变化要小于收入的变化，即“迪顿悖论”，他认为不要使用整个经济的汇总数据为重要决策提供依据，并且证明，只考虑代表性消费者的情况是不够的，了解不同消费者群体的具体情况（取决于他们的年龄或收入水平）是至关重要的。迪顿主张构建广泛的消费模式数据集，据此理解贫困的决定因素。他参与了多项家庭微观数据调查与数据搜集工作，并且使用微观家庭消费数据研究了贫困问题和福利评价。迪顿的研究认为，经济增长会带来更好的食物摄入，贫困援助计划不应当专注于提供食物，而应当积极促进经济增长。迪顿的主要代表作包括：《经济学与消费者行为》（1980）、《了解消费》（1991）、《家庭调查分析：发展政策的微观经济方法》（1997）、《胜利大逃亡：健康、财富和不平等的起源》（2013）。

理查德·塞勒（Richard H. Thaler，1945— ），芝加哥大学商学院教授，行为经济学研究的重要代表人物。先后执教于罗切斯特大学（1971—1978）和康奈尔大学（1978—1995），1995 年起任芝加哥大学商学院行为科学与经济学教授、决策研究中心主任，同时兼职于美国国民经济研究局（NBER）。塞勒主要致力于将认知心理学融合到经济决策模型中的研究。1987—1991 年，他发表了一系列以“异象”为标题的综述文章，阐述了一些看似违反理性经济学模型的现象，对于界定行为经济学领域起到了重要作用。在理论研究中，他对行为异象、禀赋效应、跨期选择、心理账户和行为金融等方面的研究奠定了行为经济学的基础；在实际应用上，他分析和阐述了消费者行为、社会福利政策、储蓄投资政策等。其代表作有《赢者的诅咒》（1991）、《准理性经济学》（1991）和《助推》（与桑斯坦合著，2008）等。

1.1.5 马克思主义经济学对生产与消费关系的分析

马克思在批判地吸收古典经济学的消费思想的基础上，科学地论述了在社会再生产过程中消费所处的地位及其与生产的关系。马克思把经济看成由生产、分配、交换、消费诸要素构成的有机统一体。从再生产过程角度分析，这些要素是先后有序的一个个链环，首先是生产，然后是分配，再经过交换，最后进入消费。结束了一个经济过程后，又进入下一个经济过程。在社会中，人是主体，要使社会能够生存和发展，就要使社会的主体——一定经济关系下的人能够维持生存、成长和繁衍，这就需要消费。要消费，首先要创造可供人们消费的对象——产品，这就需要生产。通过生产，人们创造出能够满足社会消费需要、具有使用价值的产品。人们在消费这些产品前，还必须确定这些产品归谁所有，确定人们占有社会产品的份额，这就是分配。分配规定了社会成员在社会产品的总量中所占的份额，人们只能在这个限度内支配它。但是，这只是产品转入消费的前提。要使产品能够真正转入消费，还必须使人们能够在所分得的份额内获得他们所需要的产品，这就有赖于交换。通过交换各自占有的产品，人们得到了自己所需要的产品并进行消费，从而实现了生产的目的。

在分析了经济运行过程的基础上，马克思认为，首先生产决定消费，“生产为消费创造作为外在对象的材料”；生产为消费提供对象；生产力水平决定消费水平，生产的发展速度决定着消费的提高速度；生产决定着消费的方式和结构；生产创造着人们对物质产品的需求，对消费对象的需要。因此，没有生产就没有消费。其次，消费对生产具有积极的反作用。一方面，在社会再生产四个环节的序列运动中，生产是消费的基本条件，它决定消费；但另一方面，生产归根结底要以消费为转移，要以消费为最终归宿。消费不仅为生产过程提供生产者主体，还“在观念上提出生产的对象”，创造出新的需求，并且消费作为生产的目的和归宿，关系到社会产品的最终实现。因此，“没有消费就没有生产”，社会再生产就不能良性运行。①

1.2 消费经济学的研究对象

消费经济学是以消费为研究对象的经济学。作为经济学的一个分支，消费经济学是在20世纪30年代以后得到发展并在50年代以后逐步成熟的。随着消费在社会经济运行中的地位不断提高，消费经济学研究的问题也受到越来越多的重视。经济学按照考察对象和分析立足点的不同，分为微观经济学和宏观经济学（近年来有相互渗透和融合的趋势）。微观经济学以单个经济单位作为考察对象，研究单个企业、消费者和市场的经济活动；宏观经济学以国民经济总体活动作为考察对象，研究经济运行中各个经济总量的变化及其相互关系。消费经济学对消费问题的研究在第二次世界大战以后也逐渐分化为两个方向。其一，从宏观的角度考察全社会的消费活动、总消费支出的变化、社会消费结构和消费方式的变化及其对经济的影响。宏观消费研究更多地运用实证分析的方法，通过定量分析，解释宏观消费现象，并为政府制定经济政策提供依据。其二，从微观的角度研究消费者行为。从经济学的角度研究消费者行为，更多地侧重于对消费者与收入分配决策相关行为的研究，包括消费者的消费行为、储蓄行为、劳动供给行为等（新家庭经济学亦研究消费者的时间分配）。较多地采用规范分析的方法，通过经济模型及相关假定分析消费者的行为。由此，消费经济学的研究对象大致可分为两部分：宏观消费问题和微观消费问题。

---

① 马克思，恩格斯．马克思恩格斯选集：第2卷．北京：人民出版社，1995：9－11.

1.2.1 宏观消费问题

第二次世界大战以后，由于科学技术的发展和生产力水平的提高，西方主要发达国家陆续进入买方市场阶段，经济发展由资源约束型转为需求约束型，需求不足成为制约经济发展的主要因素。由此，消费成为宏观经济分析中的一个重要变量。

研究宏观消费问题，首先要考虑消费需求对社会总需求和经济增长的影响。消费需求是社会总需求的重要组成部分，它不仅直接影响总需求，而且通过拉动投资需求对总需求产生进一步的影响（当然投资需求也会反过来带动消费需求）。对消费需求的研究要结合特定的经济发展阶段，这就涉及消费水平问题。其次是消费结构和消费方式。作为一定的经济发展阶段中消费者选择的结果，消费结构和消费方式会受到经济、社会、文化等因素的影响，对产业结构的形成、演变和升级具有引导作用。最后是消费政策、消费者保护与消费者责任。消费政策作为宏观经济政策的组成部分，旨在通过多种手段保证消费需求的适度增加，促进社会经济的可持续发展。消费者保护与消费者责任一方面强调要通过社会机制保护消费者权益，改善消费品的生产和流通环境；另一方面则强调消费者在促进社会经济的可持续发展中也要有责任意识。

1.2.2 微观消费问题

微观消费问题是从微观消费主体——消费者的角度来研究消费者的资源分配的。消费者行为中最基本的是消费行为和储蓄行为，即消费者如何将其收入在消费和储蓄之间进行分配，影响这种分配的主要因素是什么。在现代市场经济中，随着金融市场的不断发展，消费者的收入分配行为将极大地受金融市场的影响。比如，消费者可以通过借贷来增加当期可支配收入，也可以通过对金融工具的投资来增加未来的财富，因此消费信贷决策和投资决策也成为经济学对消费者行为分析的重要内容。同时，随着劳动力市场的发展，消费者对其劳动供给决策的选择不仅影响其当期收入，而且影响其一生的收入和消费，还影响其时间分配，进而影响其消费方式。因此，劳动供给行为也被纳入微观消费问题研究的范畴。

需要特别说明的是，行为经济学的发展突破了传统经济学理性“经济人”假设和效用最大化的前提，我们在微观消费者行为的分析中力图体现这些成果。

1.2.3 微观消费研究与宏观消费研究的关系

微观消费和宏观消费都是消费经济学的研究对象，两者的关系如下：

首先，微观消费研究是宏观消费研究的基础。由于总量消费是成千上万个微观消费主体选择的结果，因此宏观的消费经济现象总能从微观的消费者行为中得到说明。比如，对特定时期消费者消费倾向和储蓄倾向的研究可以对消费需求进而社会总需求以及私人储蓄进而社会总储蓄进行解释；社会产业结构的调整除技术进步和政府产业政策原因以外，也能从家庭消费结构的变化得到说明；个人和家庭消费方式的变化也会对产业结构、就业结构等产生重大影响；消费者自我保护意识的增强是消费者保护运动产生的基础，消费者保护运动的兴起和发展会推动社会生产与流通环境发生重大变化。

其次，宏观消费研究是微观消费研究的目的。消费经济学属于应用经济学的范畴，要研究作为宏观经济变量的消费需求、消费结构、消费方式等与其他经济变量的关系，以及其对经济增长和产业结构调整的影响等宏观经济问题。从应用经济学的角度对消费者行为进行研究，是为分析宏观消费现象和解决宏观消费问题服务，而不是为厂家和商家的经营决策服务。

最后，消费者行为与宏观消费现象之间存在复杂的关联关系。消费者行为要受收入水平、年龄、性别、受教育程度、文化等多种因素的影响，消费者的个人行为与家庭行为亦有不同。因此，针对特定的消费现象，不仅需要对消费者行为进行分类研究，而且需要对在多大程度上能从消费者行为中找到依据以及相应地采取何种消费政策进行定量研究。

正确认识两者的关系，有助于全面把握消费经济学的研究对象。

1.3 消费者及其行为

1.3.1 消费经济学所研究的消费者行为

要研究消费问题，首先要明确消费者的含义。经济学所考察的消费者，是指能够做出独立的消费决策的基本经济单位。它可以是个人，可以是家庭，也可以是团体①。由于通常情况下消费活动都是在家庭内部进行的，因此，消费者也就主要是指个人和家庭。② 常识告诉我们，消费者在实际生活中往往扮演多重角色，他不仅是商品市场的购买者和消费者，而且是金融市场的购买者和消费者，多数人还是劳动市场的供给者。经济学研究人类的经济活动，消费经济学则研究与消费有直接关系的人类的经济活动。

作为消费者，其经济活动最一般的特征是：在获取了可支配的资源（包括收入、时间等）③ 以后，通过一系列的选择和决策，最终将这些资源分配在不同的用途上，从而最大限度地满足自己的需要（当期需要和未来需要）。在这个过程中，消费者的决策大致包含了三个层次：（1）消费者的资源初次分配选择；（2）消费者的资源再分配选择；（3）消费者的资源消费—购买选择。

消费者的资源初次分配选择是指消费者将可支配收入在消费与储蓄④之间进行的分配；消费者的资源再分配选择是指消费者将其可用于消费部分的收入在各类消费项目（食品、衣物、住房、交通、服务、日用品、娱乐休闲、旅游等）之间进行的分配，以及将可用于储蓄部分的收入在各类金融资产（银行存款、国债、公司债券、股票、基金、保险等）和实物资产之间进行的分配；消费者的资源消费—购买选择则是消费者将

---

① 团体消费（或称集团消费或公款消费）在 20 世纪 80 年代中期到 90 年代前期曾经对中国的消费产生过重要影响，这种影响至今仍然存在。

② 本书对作为消费者的个人和家庭并没有做专门的区分，尽管在进一步研究时这种区分是必要的。

③ 本书提到消费者的资源时主要指收入，只在特定章节专门研究消费者的时间分配。

④ 本书提到的储蓄，如无特别说明，均指广义储蓄，即当期收入减去当期消费的剩余。这与人们习惯上说的储蓄不同，后者是指银行的储蓄存款（可以称为狭义储蓄），它只是广义储蓄的一部分。

分配于各类消费项目的资源用于最终购买时，对具体商品、品牌、规格以及购买时间、购买地点和购买方式的选择。消费者行为的三个层次可以用图 1-1 表示。

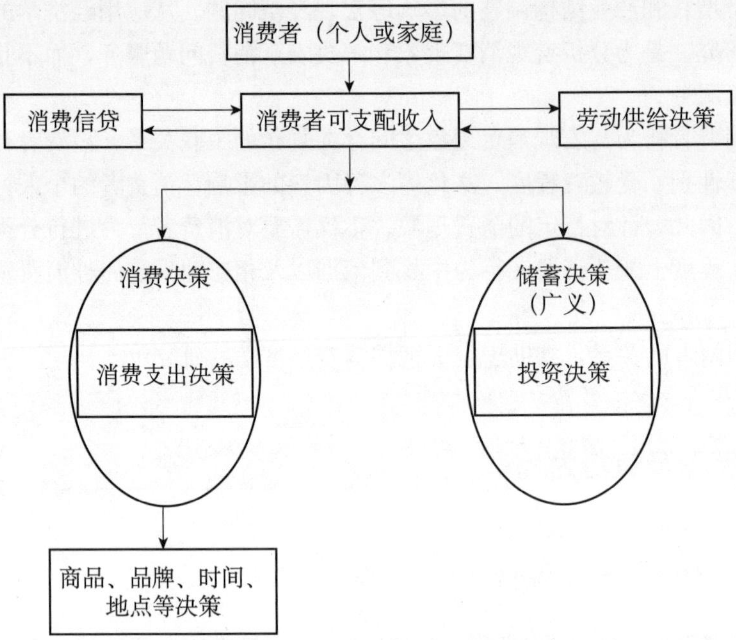

图 1-1　消费者行为的三个层次

把消费者行为划分为以上三个层次，主要是从消费者可支配收入的分配及使用的角度来考虑的。很显然，消费者行为的第三个层次是市场营销学所要研究的内容，前两个层次则是消费经济学所要研究的内容。此外，消费借贷和劳动供给行为还会对消费者的可支配收入产生影响。因此，概括地说，消费经济学所研究的消费者行为，是指消费者将其收入在各项消费支出和投资支出之间进行分配选择的全部活动过程。它包括消费者的消费行为、储蓄行为、投资行为、消费信贷行为和劳动供给行为。

消费经济学和市场营销学都研究消费者行为，但两者研究的角度、出发点和侧重点有所不同。站在生产者的角度，企业关心的是自己的产品能否卖得出去以及在什么样的情况下能够顺利地卖出去。因此，通过对消费者的购买决策过程进行研究，企业可以通过各种营销努力，对消费者的购买决策施加影响，达到影响消费者选择结果的目的。而消费经济学关心的是消费者的收入在消费与投资的各项支出之间的分配对宏观经济运行将产生什么样的影响。因此，消费经济学对影响消费者收入分配的各种因素进行研究，目的是为制定宏观经济政策服务。

看看市场营销学对消费者行为所下的定义，我们就可以更清楚地看出市场营销学和消费经济学对消费者行为研究的差别。美国市场营销学教授西福曼和卡乃克认为，消费者行为指的是消费者在寻找、购买和评价希望满足其需要的产品与服务时表现出来的行为。这包括他们买什么、为什么买、怎样买、什么时候买、在什么地方买、是否经常买以及买后的感觉等。另外两位学者罗伯逊和沃德则把消费者行为定义为：消费者行为是站在购买者和消费者立场上进行的活动和行为。

1.3.2 消费者行为的原则和特征

1. 效用最大化原则

这是理性消费者所遵循的基本行为准则，也是经济学分析消费者决策行为的基本假定。经济学在消费者偏好的基础上阐述消费者的选择和决策行为。效用作为描述偏好的一种方式，衡量了消费者从商品和服务的消费中得到的满足程度或者福利水平。所谓效用最大化即消费者面对既定的预算约束，找到一个不超出预算约束条件的商品或服务组合，从而最大化消费者的满足程度或者个人福利。效用最大化原则建立在边际效用分析的基础上。当消费者从各项商品或服务的消费中获得了等量的边际效用，消费者的效用或者福利就达到最大化。从现实中消费者对各种消费支出的安排和调整中可以看出，消费者做出安排和调整的目的，是试图在既定收入范围内即预算约束下，根据自己的消费偏好，尽量获得最大的满足程度。换句话说，当消费者的收入不变时，如果个体不改变当前的消费组合，则表明既定商品或服务组合实现了消费者效用（满足）的最大化；如果个体调整消费组合，则意味着当前的商品或服务组合未实现消费者效用的最大化，消费者试图通过调整来达到效用最大化。效用最大化原则反映了理性消费者在选择和决策中追求最优决策。效用最大化原则为经济学分析理性消费者的决策行为提供了一种统一的行为基础。但是，现实中的消费者并没有完全按照经济学的理性选择模型行事，从而，当试图准确地、以更为贴近现实的视角描述和解释消费者行为时，效用最大化原则是存在缺陷的。

生命周期理论的出现，将消费者行为分析从静态引向动态，即假定消费者不仅追求特定收入水平下的效用最大化，而且追求一生的效用最大化，通过储蓄的存入和提取平滑生命周期不同阶段的消费。动态效用最大化原则对消费者在消费与储蓄之间的选择、投资选择、消费信贷选择等都能做出解释。

2. 习惯性

习惯性是指消费者现有的行为方式要受过去习惯的影响。消费者行为习惯的养成是一个长期、缓慢的过程，短期内可以假定消费习惯不变。消费者行为习惯的养成，一方面受收入水平的影响，另一方面则受消费者的价值观念和所处的社会文化环境的影响。习惯性对不同的消费者以及消费者在不同的社会环境中会有不同的影响。相对而言，老年消费者的行为较中青年消费者更多地受到习惯性的影响；而在一个开放的、变化较快的社会环境中，习惯性的影响要比在一个封闭的、缺少变化的社会中更小。

3. 不可逆性

不可逆性是指消费者的消费支出不仅受当前收入水平的影响，而且受自己过去的收入水平和消费水平的影响。与收入水平的变化相比，消费者消费水平的变化相对缓慢。或者说，消费者一旦形成某种消费水平，这种消费水平的保持会对他目前的消费行为产生影响。如果消费者收入水平大幅提高，其消费水平的提高会滞后于收入的变化，在一定时间内增加的收入会更多地转为储蓄；而如果消费者收入水平大幅降低，他在一段时间内仍会试图维持原来的消费水平，他可以通过减少储蓄、提取储蓄或者借贷来达到这一目的。在凯恩斯以后对消费与收入关系的研究中，众多的消费函数理论都证实了消费者行为不可逆性的存在。人们常说的“由俭入奢易，由奢入俭难”从侧面反映了消费者行为的不可逆性。在实际的经济运行中，消费支出的变化落后于收入水平的变化，有助于缓解经济的周期性波动。当然，消费支出变化的不可逆性也是相对而言的。短期内，消费支出的变化滞后于收入的变化；长期看，当期收入仍是决定当期消费支出水平的最重要变量。

4. 示范性

消费者的行为方式不仅受自身的收入水平、消费习惯的影响，而且受周围其他人的消费方式的影响，这就是消费者行为的示范性。在社会生活中，每个人的行为方式都受其他人的影响，同时对其他人产生影响。这种示范作用的大小，与消费者的性格、社会交往活动的范围和程度等有很大关系。在消费者行为的示范作用上，社会阶层、关系集团、社会消费风气等都有着重要的作用。早在 100 多年前凡勃伦就看到，在社会各个阶层中，较低阶层往往以较高阶层的生活方式为标准，后者对前者具有示范作用。社会学家还发现，每个人都生活在一定的社会关系中，属于一定的关系集团，同时关系集团也是人们行为方式的“参考团体”，团体内部成员的消费方式在成员之间具有很强的示范作用。此外，当人们的价值观念更强调社会认同而不是个性的张扬时，消费者行为中的示范作用会更突出。

5. 有限理性

人的认知能力和思维能力并不是无穷无尽的，个体在消费选择和决策时不可能把所有与决策相关的各个方面都考虑到，从而消费者具有的是有限理性，而非完全理性。正因为消费者是有限理性的，所以在消费行为上，人们并不总是追求效用最大化。实际上，人们往往根据对决策环境的认知和有限的思维能力，做出令自己满意的消费选择和决策。有限理性还原了现实中人的真实行为特征，或者说还原了人性中的某些非理性本质。现实中，人们在消费选择方面呈现出的一些偏离、甚至完全违背理性选择模型的行为（这些行为被称为消费行为异象或者反常行为），在有限理性的前提下，通过引入心理因素，在还原人性的非理性本质之后，则可以得到合理的解释。

小 结

本章概要阐述了经济学对于消费问题认识和研究的历史发展过程，根据当代经济学对消费研究的发展总结出了消费经济学的研究对象，并界定了消费经济学所研究的消费者行为及其特征。

经济学对消费问题的认识和研究是随着经济学家所处的历史条件而发展变化的。在资本主义生产方式发展的初期，古典经济学家认为消费特别是奢侈性消费是非生产性的，不利于国民财富的增加，因此需要通过征税加以节制。19 世纪中期以后，随着资本主义生产的发展，生产和消费的矛盾逐渐显现，经济学家认识到了消费对社会生产发展的促进作用，新古典经济学的主要创始人马歇尔的需求理论为微观经济学奠定了基础。在 20 世纪 30 年代资本主义经济大危机以后发展起来的凯恩斯主义经济学，看到了消费在社会经济运行过程中所起的重要作用，从有效需求理论出发解释资本主义经济危机，建立了消费函数理论，并对社会消费趋势进行了分析，对消费经济学的发展具有重要影响。50 年代以后，经济学对消费问题的研究出现了一些新的特点，更加重视对消费者行为的研究、对家庭的研究以及对消费者跨期行为的研究。马克思主义经济学根据社会再生产过程的不断循环论述了生产与消费的关系，强调生产决定消费，同时消费对生产有积极的反作用。

消费经济学是以消费为研究对象的经济学，其研究范畴包括宏观消费问题和微观消费问题。微观消费问题侧重于研究消费者的收入分配决策行为，包括消费者的消费行为、储蓄行为、消费信贷行为、投资行为、劳动供给行为等；宏观消费问题则从宏观的角度考察全社会的消费活动、总消费支出的变化、社会消费结构和消费方式的变化及其对经济的影响。微观消费研究是宏观消费研究的基础，宏观消费研究是微观消费研究的目的。

经济学所考察的消费者，是指能够做出独立的消费决策的基本经济单位。消费经济学所研究的消费者行为，是指消费者将其收入在各项消费支出和投资支出之间进行分配选择的全部活动过程，包括消费者的消费行为、储蓄行为、投资行为、消费信贷行为和劳动供给行为。消费者的行为遵循效用最大化原则，并具有习惯性、不可逆性、示范性和有限理性的特征。

关键术语

消费者　　消费者行为　　消费者行为的效用最大化
消费者行为的习惯性　　消费者行为的不可逆性　　消费者行为的示范性
消费者行为的有限理性

思考题

1. 了解古典经济学对消费问题的认识以及这种认识所产生的背景。
2. 了解消费问题在新古典经济学和凯恩斯经济理论中的地位。
3. 了解当代经济学对消费理论的发展。
4. 分析消费经济学研究对象中微观消费与宏观消费的关系。
5. 观察并举例说明消费者行为的特征。

参考文献

[1] 安格斯·迪顿，约翰·米尔鲍尔．经济学与消费者行为．北京：中国人民大学出版社，2005.

[2] 凡勃伦．有闲阶级论．北京：商务印书馆，1964.

[3] 黄守坤．非理性消费行为的形成机理．商业研究，2005 (10).

[4] 邹新月，陈玉琳．理查德·塞勒对行为经济学的贡献．经济学动态，2015 (1).

[5] 马歇尔．经济学原理．北京：商务印书馆，1964.

[6] 威廉·配第．政治算术．北京：商务印书馆，1978.

[7] 亚当·斯密．国民财富的性质和原因的研究．北京：商务印书馆，1972.

[8] 杨小卿．64位诺贝尔经济学奖获得者学术贡献评介．北京：社会科学文献出版社，2010.

[9] 于春阳．消费者社会责任研究初探．商业时代，2007 (3).

[10] KAMENICA E，MULLAINATHAN S，THALER R H. Helping consumers know themselves. American economic review，2011，101 (3)：417－422.

第 2 章

消费者的消费决策

学习目的

生活中我们（个人或家庭）每天都要做出大量涉及衣、食、住、行的消费选择和决定，这或许是我们对消费决策最为朴素和直接的感受。

随着科学技术的发展和人们收入水平的提高，作为商品效用与价值的最终裁决者，以及主观欲望满足程度的最后认可者，消费者（个人或家庭）的消费需求越来越多样化、个性化、品质化和复杂化。在现实生活中，消费的范围和空间早已扩展到衣、食、住、行、用、医疗、保险、教育、娱乐等更加广泛的领域。所有这些变化和发展，更加显现出研究消费者行为和选择问题的现实意义和巨大价值。

本章从研究微观消费问题的角度出发，探讨消费者行为和选择问题。我们首先基于标准的经济决策模型，即理性选择模型，对消费者行为进行分析，考察消费者（个人或家庭）如何做出消费选择和决策，以及这些选择和决策如何受到收入、价格及税收因素的影响。随后，我们放弃理性选择模型中的完全理性假设，代之以有限理性假设，运用行为经济学的分析结论，解释一系列偏离理性选择模型的消费选择和决策行为。

2.1 消费者的消费选择与预算约束

2.1.1 我们所研究的消费

关于消费的概念，我们的定义是：消费是人们在生产和生活中，对物质产品、精神产品、劳动力和劳务进行消耗的行为和过程。广义的消费包括生产消费和生活消费两个方面。生产消费也叫中间消费，它归根结底是为了生产满足人们生活需要的各种产品和劳务。生活消费则是指人们为了满足个人生活需要而消耗产品和服务的过程。它属于最终消费，产品一旦经过生活消费，其使用价值便消失了。消费经济学所研究的消费主要是指作为最终消费的生活消费。

从理论上剖析，随着人类逐渐跨入高度发展和日益繁杂的经济社会，现代的科学研究活动也日益扩大和复杂，科学的发展更加分化和高度综合，学科分支越来越多、越来越专业化。消费经济学的发展同样如此。作为一门学科，消费经济学是一个由不同层次组成的复杂体系，其间既有宏观消费问题，又有微观消费问题。总而言之，它们都是我们需要研究的生活消费的一部分。

本章主要从微观角度探讨和解释消费领域的行为和活动，即消费者的个体行为和活动。本章所涉及的消费者选择和需求问题，与消费储蓄、消费投资、消费信贷以及消费者劳动供给决策一同构成了微观领域消费问题的研究重点。

标准的经济决策模型，即理性选择模型对消费者行为的分析，是以理性人假设为基础的。所谓理性意味着决策者了解一切，能够直接把握复杂的决策环境，并且做出最优的决策。基于经济学的理性行为假定，可以给出几个重要的推断：首先，每个人都是从大量的取舍中做出选择的；其次，在做出选择时，个人会因为已经做出的选择而必须放弃一个或更多的东西；最后，个人总是会尽量从可以做出的选择中，选择最有利的来使满足程度最大化。

当以经济学的理性人为分析的假定前提时，对消费者选择和行为模式的解释就包括两个基本要素：一是消费者选择的限制性条件，二是满足程度最大化的目标。前者与消费者的预算约束有关，后者与效用和偏好相关。

2.1.2　消费者预算约束

消费者行为和选择是要受到外力的制约和影响的，因而消费者的选择是有限制的选择。构成消费者选择限制的一个因素是收入[①]，消费者总是选择他们能够负担的产品和服务。预算约束概念就描述了收入对消费者选择的约束和限制。

预算约束是指消费者使用个人收入能够购买到的所有可能的商品组合。假定消费者 H 每月可以花费的收入是 2 000 元。在现实生活中，消费者 H 要消费很多商品。但是方便起见，我们这里只考虑消费两种商品的情形：商品 X 和商品 Y。假设两种商品的价格分别是 100 元和 5 元。图 2－1 显示的就是消费者 H 的个人预算集。图中，横轴表示消费者 H 购买商品 X 的数量，纵轴表示其购买商品 Y 的数量。线段 EF 与横轴和纵轴围成的阴影部分就是消费者 H 的预算集，即消费者 H 能够购买到的所有商品组合的集合。

我们可以使用公式，从一般的意义上描述消费者预算约束。假设 M 代表消费者的收入，P_X 和 P_Y 分别表示两种商品的价格，Q_X 和 Q_Y 分别表示消费者购买商品 X 和商品 Y 的数量，那么，消费者的预算约束可以表示为：

$$P_XQ_X+P_YQ_Y\leqslant M$$

因此，消费者的预算约束要求消费者花费在两种商品上的货币数量不超过消费者能花费的总数。

① 方便起见，这里所谈论的收入只考虑消费者的现期收入。

在图2-1中，线段EF就是消费者H的预算线。预算线上的点所代表的商品组合，是在价格既定的条件下，消费者用完其所有收入能够购买到的商品组合。阴影部分以外的部分是消费者现有收入所不能负担的商品组合；而阴影部分中的任何一点是消费者能够负担且收入有剩余的商品组合。

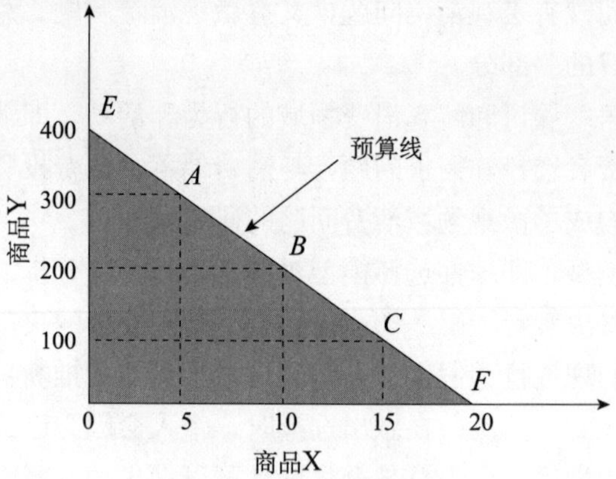

图2-1 个人预算约束

在这个例子中，如果消费者H将其所有的收入都花费在商品X上，那么他可以购买到20单位的商品X（预算线上的F点）。如果消费者H将所有收入都花费在商品Y上，那么他可以购买到400单位的商品Y（预算线上的E点）。消费者H也可以选择EF上的任何一点。例如，他可以购买300单位的商品Y和5单位的商品X（A点），或者100单位的商品Y和15单位的商品X（C点）。当然，他也可以选择预算集中的任意一点所代表的两种商品的数量组合。

虽然预算集中的任何一点都是消费者可以选择的商品组合，但实际上只有出现在预算线EF上的点，才是经济学所真正关注的，因为其所需费用恰好可以把消费者H的收入用完。在图2-1中，我们看到预算线是一条向右下方倾斜的直线。这表明消费者在购买时面临着一种取舍：为了多得到商品X，就需要放弃一部分商品Y；反之亦然。如图中的A点和B点。在A点，消费者H购买5单位的商品X和300单位的商品Y；但是如果他想得到10单位的商品X，就只能购买200单位的商品Y（图中的B点）。也就是说，为了多得到1单位的商品X，消费者就必须放弃20单位的商品Y。消费者H的取舍或者权衡的比例是由两种商品的价格决定的。由于商品X的价格是商品Y的20倍，所以为多得到1单位的商品X，消费者H就必须放弃20单位的商品Y。

消费者的预算线可以用公式表示为：

$$P_XQ_X+P_YQ_Y=M$$

公式中预算线的斜率等于$-P_X/P_Y$，即预算线的斜率等于两种商品的价格之比。由于预算线向右下方倾斜，所以预算线的斜率为负数。① 预算线的斜率度量了消费者为多消费一单位的一种商品而必须放弃的另外一种商品的数量。斜率的大小告诉我们在不

① 由于预算线总是具有负斜率，所以在随后的阐述中请忽略“负”这个字。

改变总支出数量的前提下两种商品可以相互替代的比率，即消费一种商品的相对价格。也就是说，预算线的斜率、相对价格以及替代比率，这三者是完全相同的。

2.1.3 预算线的变动

从图 2－1 中可以知道，消费者的预算集是由价格和收入决定的。当价格和收入变动时，消费者能够负担的商品组合即预算集也会变动。那么，价格和收入的变动是如何影响预算集的呢？

1. 价格的变动

为便于分析，我们仍假定一种简单的情形：消费者 H 只在两种商品中做出选择：商品 X 和商品 Y。商品 X 的价格为 P_X，商品 Y 的价格为 P_Y。如果商品 X 的价格发生变化，而商品 Y 的价格保持不变，消费者 H 的预算线会发生什么变化呢？图 2－2 显示了商品 X 的价格变动时，消费者预算线的变化。

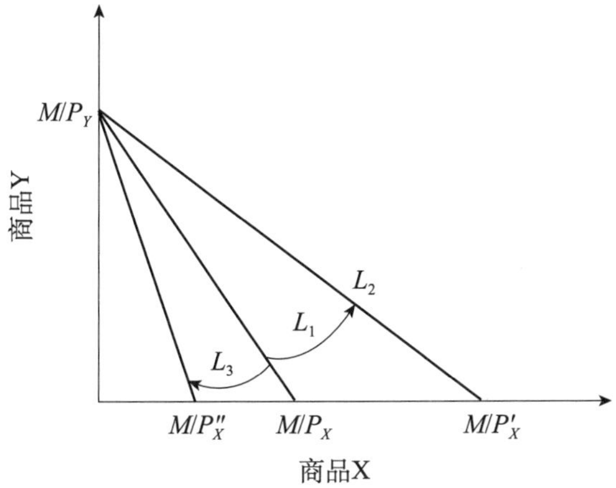

图 2－2　价格变动对预算线的影响

对于消费者 H 而言，他能够负担的商品组合是花费不超过其收入 M 的商品组合，从而，其预算线为图中的 L_1，用公式可以表示为：

$$P_XQ_X+P_YQ_Y=M$$

由此，预算线的斜率为 $-P_X/P_Y$。如果商品 X 的价格下降到 P'_X，那么预算线的斜率从 $-P_X/P_Y$ 变为 $-P'_X/P_Y$，预算线的斜率减小（绝对值），从而消费者 H 的预算线从 L_1 向外旋转到 L_2。如果商品 X 的价格提高到 P''_X，预算线的斜率则从 $-P_X/P_Y$ 变为 $-P''_X/P_Y$，从而消费者 H 的预算线从 L_1 向内旋转到 L_3。

从上述分析中可以看到，价格变动对预算线的影响，表现为预算线发生旋转。当商品 X 的价格下降时，预算线向外旋转，会变得平缓；当商品 X 的价格提高时，预算线向内旋转，变得更为陡直。显然，预算线的旋转反映了价格的变化引发的消费者购买能力的增大（预算线向外旋转）或者减小（预算线向内旋转）。这个结论也在告诉我们，消费者购买能力不仅取决于收入，也取决于价格。

2. 收入的变动

在商品价格保持不变的条件下，我们来分析收入的变化对预算线的影响。

如图 2-3 所示，如果消费者 H 的收入由 M 增加到 M'，收入的增加会引起预算线 L_1 平行地向外移动到 L_2，预算线没有发生旋转。这是因为两种商品的价格进而相对价格保持不变，那么两种商品之间的替换关系会保持不变，即预算线的斜率保持不变。预算线由 L_1 移动到 L_2，表明消费者 H 的可选择集合扩大了，如果消费者 H 愿意，他可以购买更多的商品 X 和商品 Y；如果消费者 H 的收入由 M 减少到 M''，收入的减少会导致预算线 L_1 向内平行移动到 L_3，从而消费者 H 可选择的范围缩小了。

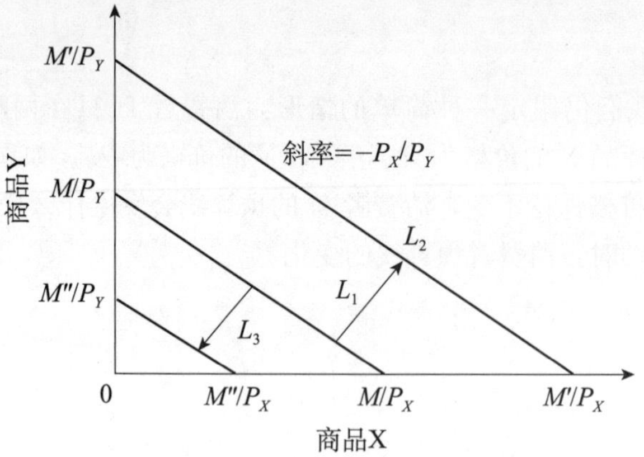

图 2-3　收入变动对预算线的影响

当价格和消费者的收入同时变化时，又会引起预算线发生怎样的变化呢？当消费者的收入 M 与商品价格 P_X 和 P_Y 同时变化时，预算线的斜率和截距会同时发生变动。如果 M 减少而 P_X 和 P_Y 提高，那么预算线的截距 M/P_X 和 M/P_Y 一定会变小，这意味着预算线将向内移动；如果商品 Y 的价格上涨幅度大于商品 X，那么预算线的斜率 $-P_X/P_Y$ 的绝对值会减小，从而预算线会变得更平缓（预算线向外旋转）；如果商品 Y 的价格上涨幅度小于商品 X，那么预算线会变得更陡直（预算线向内旋转）。

价格和收入的变动对预算线的影响，告诉我们什么因素会决定消费者的购买能力。显然，消费者的购买能力不仅取决于其收入，也取决于商品价格。在一个通货膨胀的经济环境中，消费者的收入和商品价格都会发生变动。通货膨胀在导致商品价格上涨的同时，消费者的货币收入也会增加。如果价格和收入水平都按相同比例上升，那么预算线的斜率和截距都不会发生变化。因此，一个价格和收入都按比例上升的通货膨胀，将不会影响消费者的预算线或者购买能力。

2.2 效用与满足程度

前面我们已经讲过，消费者行为和选择的逻辑是面对既定的预算约束，追求满足程度最大化。在上一节我们清楚了预算约束的性质，在这一节中，我们将解释满足程度最大化的含义。

2.2.1　边际效用递减

经济学的理性选择模型可用于研究消费者选择和决策中的最优决策问题。理性选择模型解释了消费选择中的一个非常简单的问题：消费者总是选择能够负担的、最佳的物品。从预算约束概念中，我们已经清楚了“能够负担的含义”，在这一节，我们解释“最佳物品”的经济概念。

我们假定这样一种情形：某人面对的消费束即消费选择的目标为一件夹克衫和三本书。如果他认为，相对于一件夹克衫，自己从三本书中获得了更大的满足程度或者个人福利，那么对他而言，书比夹克衫有更大的效用，从而他更偏好的是书，而不是衣服。在这里，我们看到经济学使用偏好和效用概念来衡量消费者从消费束中获得的满足程度。偏好是建立在消费者行为基础上的，效用则提供了消费者偏好的信息，是描述消费者偏好的一种方式。从而消费选择中的“最佳物品”的经济含义，就是找到一个消费束，在不超出预算约束的条件下最大化效用。

考察这样一个消费者，他正在消费某个商品组合（X，Y）。当商品 X 的数量增加一单位时，这个消费者的效用会怎样变化呢？这种效用的变动率称为商品 X 的边际效用。边际效用度量了消费者额外增加一单位商品的消费所获得的效用的增加。一般而言，个人从消费一单位商品中获得的满足程度或者收益，取决于他已经消费了的该商品的数量。例如，你购买了一份包含 2 个汉堡包的快餐。显然，第二个汉堡包带来的收益，即它的边际效用建立在你已经吃掉一个汉堡包这一事实的基础上。从而，第二个汉堡包带来的收益通常要低于第一个汉堡包带来的收益。在这里我们意识到这样一个规律，即边际效用递减规律。它表明随着一种商品消费量的增加，额外多消费一单位商品带来的边际效用是趋于递减的。这一规律可以表示为：

$$MU_X = MU_Y$$

式中，MU_X 表示消费一单位商品 X 的边际效用，MU_Y 表示消费一单位商品 Y 的边际效用。边际效用递减规律适用于所有商品。

在表 2－1 中，第三列的数值就是消费者额外消费一单位商品所获得的边际效用。当他消费了一单位商品时，额外消费一单位商品的边际效用为 80；当他已经消费了 2 单位商品时，再额外消费一单位商品的边际效用为 60……表中显示出了边际效用递减的趋势。

表 2－1　消费者的效用表

某商品的消费量	效用	边际效用
0	0	
1	100	100
2	180	80
3	240	60
4	280	40
5	300	20

边际效用决定了消费者如何配置其收入以实现效用最大化。当面临既定的预算约

束，要在不同商品之间进行选择时，消费者会根据等边际原则做出预算分配。也就是说，消费者会把预算配置到这样的状态——使得每种商品最后一单位的边际效用相等。之所以在这一状态下消费者达到效用最大化，是因为任何改变都不能增加消费者的总效用。因此，这个状态也称为消费者均衡，即消费者在实现个人效用最大化的购买方式下达到的稳定状态。用公式表达，在达到消费者均衡时：

$$\frac{MU_X}{P_X}=\frac{MU_Y}{P_Y}$$

式中，MU_X 表示消费一单位商品 X 的边际效用，MU_Y 表示消费一单位商品 Y 的边际效用，P_X 和 P_Y 分别是两种商品的价格。

显然，作为消费者的我们，在做出消费选择时不会想到效用和边际效用的概念，但这并不意味着我们没有对各种选择进行权衡，即并不意味着我们没有运用边际效用的概念进行衡量。比如，走进餐馆之后，你要做的第一件事就是看菜单，并且比较各种菜品的边际价值。在网上购物时，你会反复筛选放入购物车中的商品，以使得所花费的 500 元是最划算的。我们已经太习惯于进行这样的决策了，以至于我们已经觉察不出使用边际效用在不同选择之间进行比较的行动了。

当然，现实中消费者并非可以做出精确无误的权衡，因此，消费者无法达到一个完美的均衡状态。虽然消费者尽可能尝试达到均衡状态，但并不一定总能实现。

2.2.2 消费者剩余

通过上述分析我们知道，效用函数衡量和表达了消费者偏好，从而不同的偏好会产生不同的支付意愿，即消费者会愿意做出不同的价格支付，由此就产生了消费者剩余。

消费者剩余度量的是消费者愿意支付的价格与其实际支付的价格之间的差额。以表 2-1 中的消费者效用为例。假定市场上某商品的价格为 40 元，那么按照边际效用等于价格的规律，消费者应该会购买 4 单位的该商品。当然，他所购买的每一单位的商品的价格都是一样的，尽管它们所带来的消费者效用是不一样的。这 4 单位的商品带给消费者的总效用（从而消费者愿意支付的总价格）是 280 元：他愿意为获得第一单位的商品支付 100 元，为获得第二单位的商品支付 80 元，为获得第三单位的商品支付 60 元，为获得第四单位的商品支付 40 元。但是，基于 40 元的价格，他为获得 4 单位的商品所做的实际价格支付是 160 元。这两者之间的差额 120 元（即 280 元－160 元），即消费者愿意做出的价格支付与消费者实际价格支付的差额就构成了消费者剩余。图 2-4 中长方形部分 *ABCD*、*EFIC*、*HGJI* 代表的就是消费者剩余。

显然，在上述例子中，120 元的消费者剩余并非意味着消费者在购买中真的得到了 120 元，而是表明消费者得到了可以用 120 元衡量的获益或者满足感。消费者剩余并非有形的，而是无形的。作为一种额外的效用，消费者剩余仅仅是消费者的一种心理上的获益感觉。虽然只是一种心理感觉或者主观感知，但是对消费者来说，消费者剩余如同亚当·斯密所说的“看不见的手”一样，左右着消费者的购买行为，从而影响消费者的需求。在购买行为自愿的前提下，消费者需要从购买中获得消费者剩余，否则，他将不购买。

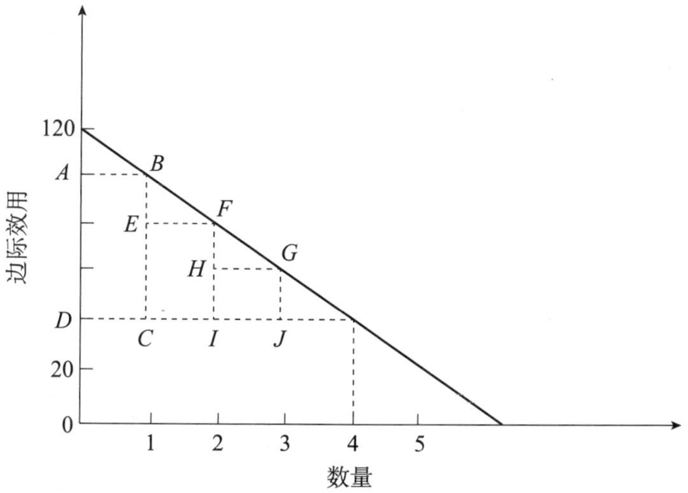

图 2-4　消费者剩余

2.3 收入与消费者选择

在前面我们分析了价格和收入的变化如何影响消费者的预算线，解释了受预算约束的效用最大化如何导致消费者的最优选择。在此基础上，我们可以进一步明确收入和价格的变化将如何影响消费者的选择和需求。我们首先考虑当消费者收入发生变动时，消费者的选择和需求会怎样变动。

2.3.1 正常商品与低档商品

我们知道，当收入变动时，预算线会发生向外或者向内的平行移动。

一般地，当收入增加时，消费者对商品的需求数量会增加，如图 2-5（a）所示。我们可以看到，当收入增加时，消费者的预算线由 L_1 平行移动到 L_2，从而消费者的最

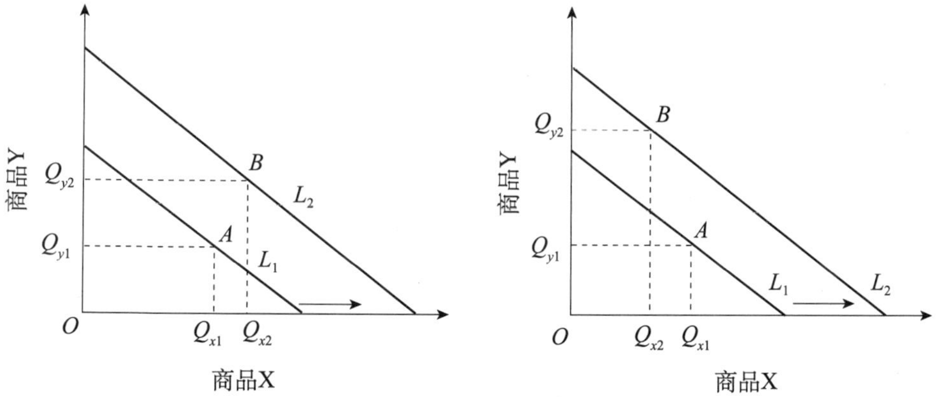

（a）正常商品　　（b）低档商品

图 2-5　正常商品与低档商品

优选择由 A 点移动到 B 点，消费者对商品X和商品Y的需求都增加了。这表明商品X和商品Y都是正常商品。所谓正常商品是指需求随着人们收入的增加而增加、随着收入的下降而下降的商品。

当收入增加时，也有一些商品的需求数量反而是下降的，如图2-5（b）所示。我们看到，当收入增加时，消费者的预算线由 L_1 平行移动到 L_2，消费者的最优选择由 A 点移动到了 B 点。显然，其只增加了对商品Y的需求，对商品X的需求反而减少了。这意味着商品X是低档商品。低档商品即需求随着收入的增加而降低、随着收入的降低而增加的商品。一些现实生活中的例子，可以帮助我们更好地理解这种商品的特性。比如刚开始工作的几年，由于收入有限，你只好每天乘坐公共交通工具上下班。工作了一段时间后，随着收入的增加，你会追求出行的便利性和舒适性，选择出租车服务。进一步地，你会购买一辆私人汽车作为出行工具。由此，你用于公共交通服务的费用，随着收入的增加不断地降低，公共交通服务是一种低档性的基本交通服务。

上述分析表明，收入变动对商品需求的影响取决于商品的属性。对于正常商品而言，更高的收入将导致更高的消费需求；对于低档商品而言，更高的收入将导致更低的消费需求。这在某种意义上意味着可以基于商品的属性预测收入变化对消费变化趋势的影响。2007年末爆发的经济危机，导致美国经济陷入萧条，引发大多数零售商，尤其是针对高收入人群的零售商的销售额出现下降。然而，沃尔玛和开市客（Costco）却从2008年开始，在随后的两年中销售额持续增加。这是由于消费者转向低端产品市场，更多购买价格较为便宜的商品。

但是基于正常商品和低档商品的商品属性，却不能预测收入改变后某一特定商品的需求变化情况。因为某种商品是正常商品还是低档商品是由个人决定的。不同的消费者在不同的市场中，对正常商品和低档商品的判断是不尽相同的。公共交通服务对于一些消费者而言是低档性服务，但是对于某些消费群体而言，比如环保主义者，则可能是正常商品。

2.3.2 需求收入弹性：消费者对收入变化的反应

假如个人和家庭的收入增加了，其所需求和消费的各种商品的数量变化是一样的吗？这中间又有什么规律呢？这个问题涉及需求对收入变动的敏感程度。经济学选择“弹性”概念测量敏感程度。

在经济学中，弹性概念用来表明两个经济变量变化的关系。当两个经济变量之间存在函数关系时，作为自变量的经济变量的变化，必然引起作为因变量的经济变量的变化。弹性表示因变量的变化对自变量的变化的反应程度或敏感程度。

需求收入弹性是指在其他条件不变时，商品的需求量对消费者收入变化的敏感程度。经济学在讨论需求收入弹性时排除了其他因素对需求的影响，如商品本身的价格、相关商品的价格以及消费者的偏好等。从定量的角度看，需求收入弹性系数等于需求量变化的百分比与收入变化的百分比之比，用公式表示为：

$$\text{需求收入弹性系数}=\frac{\text{需求量变化的百分比}}{\text{收入变化的百分比}}$$

如果用 η_m 表示需求收入弹性系数，M 表示消费者收入，那么上述公式可以表示为：

$$\eta_m=\frac{\Delta Q/Q}{\Delta M/M}$$

重新整理之后，可以得到更为一般的表达式：

$$\eta_m=\frac{\Delta Q/\Delta M}{Q/M}$$

回顾前面的内容，对于正常商品而言，需求量随收入的增加而增加，$\Delta Q/\Delta M$ 大于 0，从而正常商品的需求收入弹性系数为正值。对于低档商品而言，需求量随收入的增加而减少，$\Delta Q/\Delta M$ 小于 0，所以低档商品的需求收入弹性系数为负值。因此，需求收入弹性系数是正值还是负值，可以用来区分商品是正常商品还是低档商品。

需求收入弹性系数还可以告诉我们很多信息。对于正常商品而言，如果需求收入弹性系数大于 1，那么表明需求量增加的百分比大于收入增加的百分比，该商品称为奢侈品或者高档商品；反之，如果需求收入弹性系数小于 1（但大于 0），那么该商品称为必需品。这两种商品在需求收入弹性上的差异导致其恩格尔曲线①的形状不同。

我们已经知道，预算线伴随着收入的增加而向外平行移动，如图 2－6（a）所示。由此，追求效用最大化的消费者所做出的最优选择是图中无差异曲线②与预算线的切点。我们将一系列最优选择点连接起来，构成了图 2－6（a）中的收入扩展线，因而收入扩展线描述了不同收入水平上的最优选择。如果商品都是正常商品，那么，收入扩展线是向上倾斜的，曲线的斜率一定为正值。

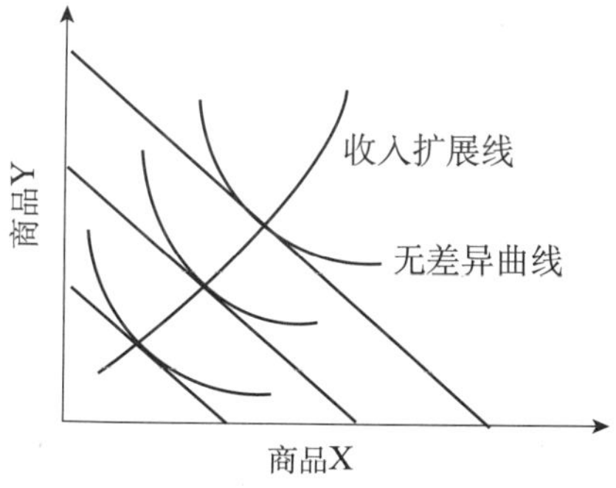

（a）收入扩展线

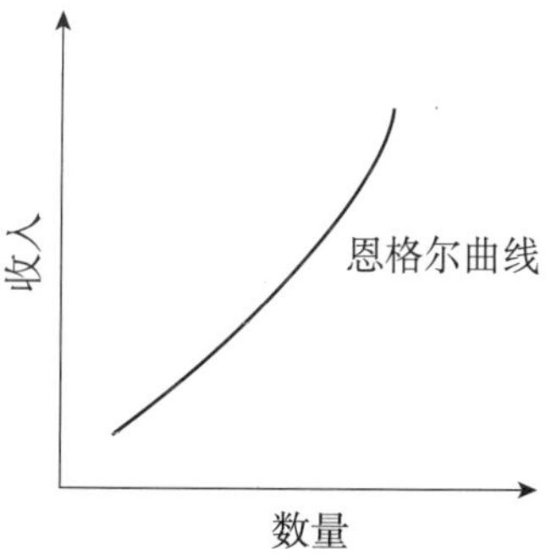

（b）恩格尔曲线

图 2－6　需求与收入变动

① 恩斯特·恩格尔（1821—1896）是德国统计学家。他从统计中发现：当收入增加时，收入中用于食物的支出所占的比例越来越小。这一发现被称作恩格尔定律。恩格尔曲线因恩格尔而得名。恩格尔曲线将一种商品的消费量与收入联系起来。

② 无差异曲线是一种简单的描述消费者偏好的曲线，反映消费者为实现同样的满足程度，增加对一种商品的消费就必须减少对另一种商品的消费。关于无差异曲线的分析请参见本章的附录。

在图 2-6（b）中，当我们绘制出商品 X 对应于不同收入水平的最优选择时，就得到恩格尔曲线。显然，恩格尔曲线将一种商品的消费量与收入联系起来，是表示消费者的收入与达到消费者均衡时的消费量[①]之间关系的曲线。

商品在需求收入弹性上的差异导致其恩格尔曲线的形状不同，如图 2-7 所示。图 2-7（a）表示的是商品的需求收入弹性系数大于 1 的恩格尔曲线。该曲线是向上方凸起的，表明商品需求量随收入的增加而增加，而且需求量的增长速度越来越快于收入的增长速度。图 2-7（b）表示的是商品的需求收入弹性系数小于 1 的恩格尔曲线。该曲线向下方凸起，表明商品需求量随收入的增加而增加，但是需求量的增长速度越来越慢于收入的增长速度。两类商品的恩格尔曲线的不同形状，表明随着收入的增加，消费者会把更多的收入花费在非必需性商品上。也就是说，消费者在将增加收入的一部分用于购买更好的食品和生活必需品的同时，会把更多的收入配置在高品质的耐用消费品、娱乐、旅行、医疗保健和保险等商品和服务上。

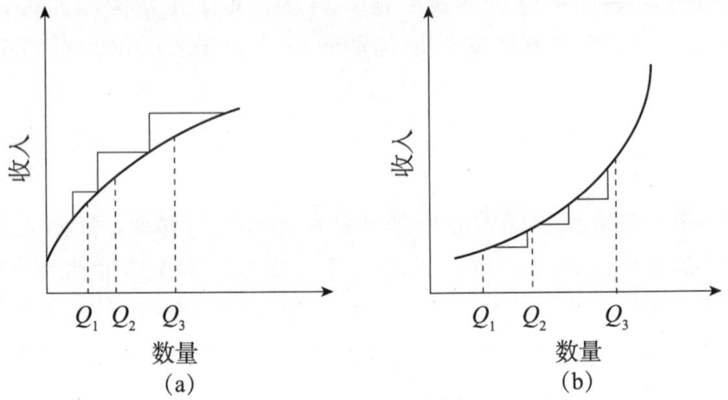

图 2-7　恩格尔曲线

2.3.3　预期收入

预期收入或者未来收入，是指消费者对自己未来收入水平的预期。虽然预期收入的变化不会直接影响消费者现期的需求和消费，但是预期收入能够调节消费者在现期消费与未来消费之间的选择。如果预期收入提高，消费者将提高现期的消费支出水平；如果预期收入降低，消费者可能会增加储蓄，以支持未来的消费水平。预期收入的变化会影响消费者的初次配置决策，从而影响消费者的再配置决策和购买决策。随着我国经济的发展和消费者收入水平的不断提高，以及我国资本市场金融服务品种和内容的不断丰富，预期收入对消费者当前的消费决策和选择将产生越来越深刻的影响。因而预期收入越发成为影响消费者的消费行为的重要因素，这也使得市场经济条件下我国消费者的消费决策和选择明显地区别于过去。

我们将在“消费者的信贷决策”一章中详细解释预期收入对消费者决策和选择的影响。

① 均衡消费量是消费者在实现个人效用最大化的购买方式下达到的消费数量。

2.4 价格与消费者选择

在这里我们考察价格的变动是如何影响消费者的消费选择和需求的，从而进一步确定需求曲线。

2.4.1 价格变化和需求曲线

需求曲线是作为消费者选择的结果而形成的，它描绘出在不同价格下，消费者对商品的最优消费数量。通过分析价格变动对预算线的影响，我们可以推导出消费者的需求曲线。

如图 2－8（a）所示。假设商品 X 的价格是变动的，而商品 Y 的价格和消费者的收入保持不变，这会引起预算线的旋转。在既定的预算约束下，追求满足程度最大化的消费者的最优选择是无差异曲线与预算线的切点，将一系列最优选择点连接起来，便形成了图 2－8（a）中的价格提供曲线。这条曲线描述了在商品 X 的不同价格水平上消费者的最优选择点。

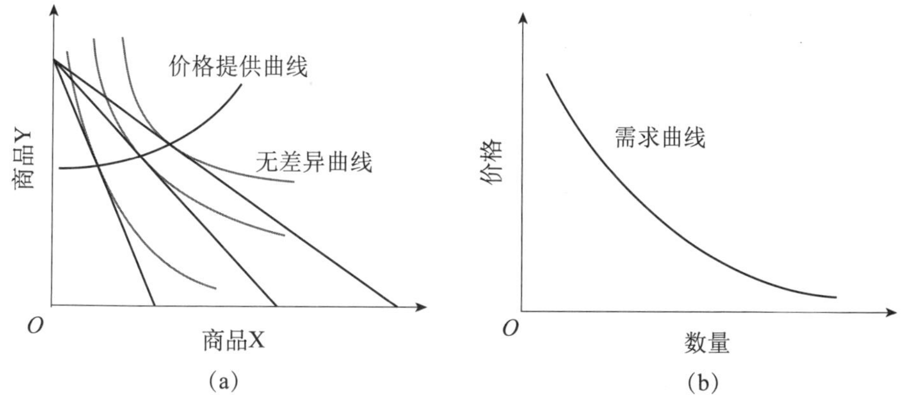

图 2－8　需求曲线的推导

图 2－8（b）显示了一条相应的需求曲线。需求曲线将商品 X 的价格和需求量联系了起来，描述了对应于商品 X 的不同价格，消费者对商品 X 的最优选择点。需求曲线向右下方倾斜，即商品的需求量随着价格的提高而减少。这表明价格和需求量二者的变化趋势是：价格提高，需求减少；价格下降，需求增加。经济学把价格和需求量呈相反方向变化的趋势称为需求定理。

可以将需求曲线表达的价格和需求量的变化关系，解释为替代效应和收入效应作用的结果。替代效应是指在收入保持不变的情况下，由于价格的变化引发的一种商品与其他商品之间取舍关系的变化。例如，当 DVD 的价格上涨后，消费者可能会转向租用 DVD，或者选择使用流媒体服务，以满足其对电影和娱乐的需要。如前文所分析的，当商品 X 的价格上涨时，消费者的预算线会向内旋转，从而个人为增加一单位商品需求就必须放弃更多的其他商品。新的替代关系会导致消费者减少对这种商品的消费量，而用其他商品来替代该商品。即随着价格的提高，替代效应减少了消费者对该商品的需求量；当商品价格下降时，替代效应会刺激消费者增加对这种商品的消费。

价格提高在导致预算线向内旋转的同时，也会缩小消费者可选择的集合。尽管消费者的货币收入没有改变，但使用这些收入能够购买的东西减少了，即消费者的实际购买力下降了，从而导致需求量减少，此时价格的收入效应便出现了。收入效应反映了商品价格的变动导致消费者的购买力发生变化，从而引起的需求的变化。

替代效应反映了由于价格的变化，一种商品相对于其他商品更便宜而导致的需求量的变化；收入效应则反映和度量了消费者购买力的变化引起的需求量的变化。对于正常商品而言，收入效应和替代效应的作用方向是相同的。当正常商品的价格下跌时，人们会用更便宜的商品替代其他商品，从而替代效应增加了商品的消费量。收入效应也进一步促进了消费者对商品需求的增加：随着商品价格的下降，个人的实际购买力增大，从而会增加对商品的需求。同理，当正常商品的价格提高时，替代效应和收入效应会导致人们对这种商品的需求和消费随着价格的提高而降低。受到替代效应和收入效应的作用，正常商品的需求曲线一定是向右下方倾斜的。

对替代效应和收入效应的分析表明，价格和需求量的反向变化关系，包含了经济学的理性行为假定，以及随着价格变动，消费者增加或者降低了购买商品的能力和意愿。

2.4.2 吉芬商品的需求曲线

一般而言，商品价格和需求数量的变动方向是相反的，这表明典型的需求曲线具有负斜率，需求曲线向下倾斜。然而，对于吉芬商品而言，需求曲线不是向右下方倾斜，而是向右上方倾斜，从而，当商品价格下降时，需求将会减少而不是增加。吉芬商品是以 19 世纪英国经济学家罗伯特·吉芬的名字命名的。吉芬对 19 世纪爱尔兰大饥荒中的土豆销售情况进行分析和研究，发现这样一种反常的现象：当土豆价格上涨时，市场对土豆的需求量随之上升；当土豆价格下跌时，市场对土豆的需求量随之下降。如何解释吉芬商品所呈现的需求量与价格之间的关系？假定你正在消费两种商品：方便面和牛肉饭。原先你一周的消费数量是 7 包方便面和 7 碗牛肉饭。现在方便面变得便宜了，如果你每周的消费数量不变，你就会有更多的钱用来购买更多的牛肉饭。事实上，一旦有了因方便面价格下降而节省的额外货币，你就会决定少吃方便面、多吃牛肉饭。因此，对于方便面这样的低档商品而言，价格变动引发的收入效应，导致当由于价格下降引发消费者的购买力增大时，消费者会放弃低档商品，而转向选择正常商品，从而对低档商品的需求将会减少。在这里，我们意识到，与正常商品不同，低档商品的替代效应和收入效应的作用方向是相反的，从而收入效应冲抵了一部分替代效应。但是对于低档商品，价格变动的替代效应仍然是主导性的，替代效应大于收入效应。因此，受到替代效应的作用，商品需求量与价格呈相反方向变动。

与低档商品一样，对于吉芬商品，价格变动的替代效应和收入效应的作用方向也是相反的，但是收入效应大于替代效应。由于收入效应的作用大到足以支配替代效应，从而吉芬商品的需求曲线就会向上倾斜，商品价格的下降反而导致需求量的减少。吉芬商品在现实生活中很难碰到。

2.4.3 需求价格弹性：消费者对价格变化的反应

需求曲线只反映了价格变化会对商品的需求量产生作用，而没有表明价格变化会对需求量产生怎样的影响。从图 2-9 中可以看出，在 P_1 价格下，两种商品的需求量是相等的。如果价格上升至 P_2，那么需求曲线 D_1 的变化要大于 D_2。在 D_1 中，需求量减少到 Q_1，而在 D_2 中，需求量仅下降到 Q_2。

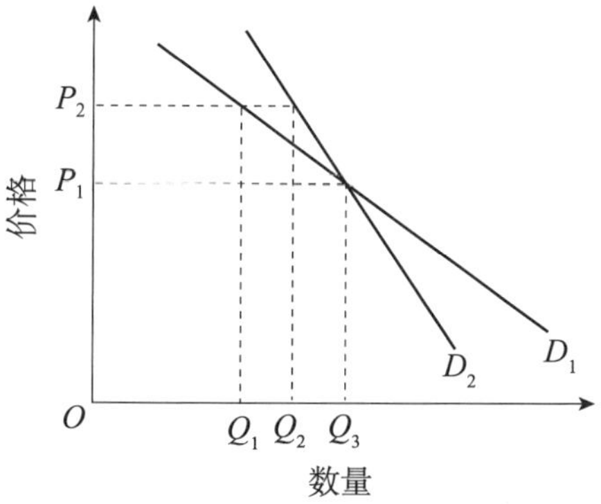

图 2-9 富有弹性和缺乏弹性的需求曲线

经济学将消费者需求量对于价格变化的反应程度称为需求价格弹性。需求价格弹性衡量了消费者需求对价格变化的敏感程度。在解释消费者需求对价格变动是相对敏感还是不敏感时，可以通过计算需求价格弹性系数来得到。需求价格弹性系数可以用公式表示为：

$$\text{需求价格弹性系数}=\frac{\text{需求量变化的百分比}}{\text{价格变化的百分比}}$$

如果用 η_p 表示需求价格弹性系数，用 P 表示价格，需求价格弹性系数公式可以写成：

$$\eta_p=\frac{\Delta Q/Q}{\Delta P/P}$$

进一步整理后，得到更一般的表达公式：

$$\eta_p=\frac{P}{Q}\cdot\frac{\Delta Q}{\Delta P}$$

通常情况下，商品的需求曲线向右下方倾斜，即价格提高引发需求量减少，价格下降引发需求量增加，所以需求价格弹性系数为负数。为了便于分析，在计算价格弹性系数时通常取绝对值。基于需求价格弹性系数的绝对值，可以识别需求量对价格变动的敏感程度：

（1）$\eta_p>1$，即需求价格弹性系数大于 1。这表示需求量变动的百分比大于价格变动的百分比，称为需求弹性充足或富有弹性。在这种情况下，需求量对价格的变动是非常敏感的，价格的提高（降低）引发需求和消费量的显著下降（增大）。在图 2-9 中，

需求曲线 D_1 是相对富有弹性的需求。当价格变化时，需求为 D_1 的消费者比需求为 D_2 的消费者反应更为敏感。

（2）$\eta_p=1$，即需求价格弹性系数等于1。这表示需求量变动的百分比正好等于价格变动的百分比，称为单位弹性。在这种情况下，消费者的总支出不变。

（3）$\eta_p<1$，即需求价格弹性系数小于1。这表示需求量变动的百分比小于价格变动的百分比，称为需求弹性不足或缺乏弹性。在这种情况下，需求量对价格变动的反应是极为迟钝的。价格的提高（降低）不会引发需求和消费量的显著下降（增大）。在图2-9中，需求曲线 D_2 是相对缺乏弹性的需求。当价格变化时，需求为 D_2 的消费者相对于需求为 D_1 的消费者反应不敏感。

（4）$\eta_p=\infty$，即需求价格弹性系数无穷大。这表示价格的微小变化会引起需求量的无穷大的变化。这是一种极端的情况，被称为完全弹性需求或无限弹性需求。在这种情况下，需求曲线是水平的，即需求曲线是一条平行于横轴的直线。

（5）$\eta_p=0$，即需求价格弹性系数等于零。这表示价格的任何变化都不会引起需求量的变化。这也是一种极端的情况，被称为完全无弹性需求。完全无弹性的需求曲线是垂直的，即需求曲线是一条平行于纵轴的直线。

借助需求价格弹性的概念，我们可以观察当商品价格发生变动时，消费者的总支出将发生怎样的变化。当商品价格提高时，消费者需求量将会减少。那么消费者的总支出将如何变化呢？当价格发生变化时，消费者的总支出是上升、下降还是保持不变，取决于需求价格弹性。例如，当商品X的价格是10元时，消费者的购买量为50件，从而消费者的总支出等于500元。现在商品X的价格上涨到15元，这导致消费者的需求量减少到40件，消费者的总支出增加到600元（$=15\times40$）。然而，如果消费者对商品X的价格变动反应敏感，从而价格提高导致购买量下降到30件，在这种情况下，消费者的总支出将会下降到450元（$=15\times30$）。

我们将上述分析中得到的结论进行归纳：

当需求富有弹性时：

- 价格下降，消费者的总支出增加；
- 价格提高，消费者的总支出减少。

当需求缺乏弹性时：

- 价格提高，消费者的总支出增加；
- 价格下降，消费者的总支出减少。

当需求为单位弹性时，无论价格如何变化，消费者的总支出不变。

2.4.4 替代品与互补品

消费者对一种商品的选择和需求，不仅受到这种商品价格变动的影响，而且与其他商品的消费和价格相联系。比如，对新车的需求会受到二手车价格的影响，对电子阅读器的需求会受到电子书价格的影响。

如果商品Y的价格上升时，商品X的需求增加，我们称X是Y的替代品。这里的含义是，当商品Y变得昂贵时，消费者会转向消费商品X，消费者用较便宜的商品替代较昂贵的商品。显然二手车是新车的替代品，二手车价格的提高会引发对新车需求的增大。

如果商品 Y 的价格上升时，商品 X 的需求下降，我们称 X 是 Y 的互补品，即两者是相互补充的关系。电子阅读器和电子书、剃须刀与剃须刀片、DVD 光盘和 DVD 播放器等就构成互补关系。我们意识到，构成互补关系的商品是需要一起使用的，因此，其中一种商品的价格变化会引起两个互补性商品的需求同时增加或者减少。

延伸阅读 | 消费者的住房需求

(一) 影响消费者的住房需求的主要因素

关于消费者的住房需求的影响因素，国外学者已经有了不少研究。一般而言，消费者的住房需求受到以下因素的影响：

1. 居民收入水平

居民收入水平与住房需求存在正方向变动的关系。从住宅消费需求的角度分析，在住房价格既定的前提下，居民的收入水平对住房需求具有决定性作用。

首先，居民收入水平的提高直接拉动了居住消费需求的增加。我国城镇居民长期以来受收入水平低的制约，居住水平和居住质量都比较低，改革开放以后，随着收入的大幅增加，其改善住房条件的愿望十分迫切，促使住宅的需求数量和质量快速提高，从而成为房地产市场发展的强大推动力量。

其次，居民收入水平的提高，还促使居民的消费结构发生重大变化，主要表现在恩格尔系数下降，即食品方面的支出所占比重下降，而“住”和“行”方面的支出所占比重上升。在住房制度改革以前，由于实行实物分房制度，房租极低，只占居民生活消费支出的 2%～3%；住房分配货币化后，多数居民购买商品房，同时房租逐渐上升到商品房租金的水平，居住消费在家庭生活消费支出中的比例也相应上升到 10%以上。国际上，发达国家的住房消费支出一般占家庭年收入的 1/3 左右。随着经济的发展和收入的提高，中国城镇居民的消费结构也将进一步优化。

2. 住房价格

房地产商品与其他商品一样，价格和需求量之间存在反方向变动的关系，即在其他条件不变的情况下，住房价格上涨，会限制消费者对住房的需求量；反之，住房价格下跌，会促使消费者对住房的需求量上升。可见，住房价格的高低对其需求量的多少有着重要的调节作用。但是，由于房地产是与土地相联系的一种特殊商品，其价格和需求都有一定的特点，因而房价对需求的影响必然呈现出极为复杂的情况。

3. 消费者对未来的预期

这是一种消费心理，带有主观色彩，但也在一定程度上反映了对住房价格和需求的科学预测。其中，主要是对未来经济发展形势的预测，若预测乐观，住房需求就会增加；反之，则相反。

同时，它也包括对未来房价变化的预测。一般消费者都存在“买涨不买跌”的心理，当房价上涨时，若消费者预期房价还会上涨，即使目前价格偏高，但由于今后存在上升空间，未来收益会促使消费者的需求提前释放，形成现实需求的增长。这种情况在投资性需求方面表现得尤为明显，因为投资性购房者的目的是投资获利，预期房价上涨吸引其投资买房。而当房价下跌时，若消费者预期房价还会下跌，则往往会持币待购，迟迟不肯入市，导致延期消费。

此外，还有一种消费心理即“负债消费”观念也会影响住房需求。例如，我国长期以来的“即期消费”观念使消费者难以接受住房消费信贷，从而会因为购房支付能力不足而影响住房需求；而当形成“负债消费”的现代消费观念以后，消费者在未来收入预期增长的基础上，敢于“用明天的钱圆今天的住房梦”，就会借助住房抵押贷款进入市场，从而增加了住房市场需求。

4. 国家有关经济政策

房地产需求还受到国家有关经济政策的制约。国家的土地政策、财政政策、货币政策和住房政策，对房地产的生产性需求和消费性需求都会产生相当大的影响。

国家的土地政策和财政政策的调整，会对房地产价格产生重大影响，进而影响房地产需求。同时房地产税收政策的变动还会增加或减少购房者的负担，发挥抑制或促进居民购房需求的作用。例如，在房地产市场需求不振时，降低契税税率，减轻购房负担，可以鼓励居民买房。

国家对利率政策的调整，也会对房地产消费性需求产生重大影响。贷款利率的升高或降低会从两方面影响房地产消费性需求：(1) 开发商贷款利率的高低，会直接影响房地产商品的价格变化，从而影响消费性房地产需求；(2) 居民住房贷款利率的高低，会增加或减少购房支出，从而影响消费性房地产需求。

国家的住房政策也是影响住房需求的重要因素。中国原有的实物分房制度，抑制了对商品住房的需求；改革以后实施的住房分配货币化政策，则促使居民购买商品房，增加了对商品住房的需求。

（二）住房需求的收入弹性和价格弹性

消费者（家庭）的收入水平和住房价格是影响住房需求的两个主要因素。一般来讲，住房需求的收入弹性和价格弹性是比较小的，即住房需求对收入和价格的变动是不太敏感的，具有一定的刚性或者黏性。然而，考虑年龄和家庭生命周期，住房需求的收入弹性和价格弹性会呈现一定的差异。表2-2显示的是基于对美国家庭住房需求的研究所得出的结果。

表2-2 住房需求的价格弹性和收入弹性

家庭组别	价格弹性	收入弹性
单身	−0.14	0.19
已婚，户主年龄小于30岁，有1个孩子	−0.22	0.07
已婚，户主年龄在30～39岁，有2个以上的孩子	0	0.11
已婚，户主年龄在50岁以上，有1个孩子	−0.08	0.18

从表2-2中可以看到，在不同的年龄和家庭生命周期阶段，住房需求的价格弹性和收入弹性是有差异的。比如，对于刚刚养育了孩子的年轻家庭，住房需求的价格弹性的绝对值是0.22，远大于那些户主已经年长的家庭。住房需求的收入弹性也随着家庭

成员的年龄和数量的改变而变化，对于已婚家庭，住房需求的收入弹性随着年龄的增加而增加。

一些研究表明，住房需求的价格弹性和收入弹性也取决于人们的居住位置。当关注价格弹性时，市中心的住房需求远比郊区更富有价格弹性；而住房需求的收入弹性是随着人们离开市中心的距离而增加的。由此，在现实中会看到，在住房选择中，相对于居住在郊区的收入水平较高的人而言，居住在市中心的收入水平较低（平均而言）的居民对住房价格的变动更加敏感。

2.5 税收与消费者选择

作为一种经济政策，税收是一种影响消费者选择和需求的工具。因为政府课税影响和改变了消费者的预算约束。

2.5.1 税收对消费者预算约束的影响

前述围绕消费者预算约束的分析表明，当收入和价格发生变动时，会引起预算线的移动。政府课税会影响消费者的收入和商品价格，从而导致消费者预算线发生变动。

首先，政府课税使消费者的可支配收入水平下降，从而降低了消费者的购买量，使消费处于较低的水平。假定消费者的收入是固定的，而且全部收入用于购买两种商品——商品 X 和商品 Y，且两种商品的价格不变。在图 2-10 中，L_1 是在既定的收入和价格下消费者的预算线。面对既定的预算约束，追求效用最大化的消费者所做出的最优选择是图中 E 点所描述的商品组合，即无差异曲线与预算线 L_1 的切点。

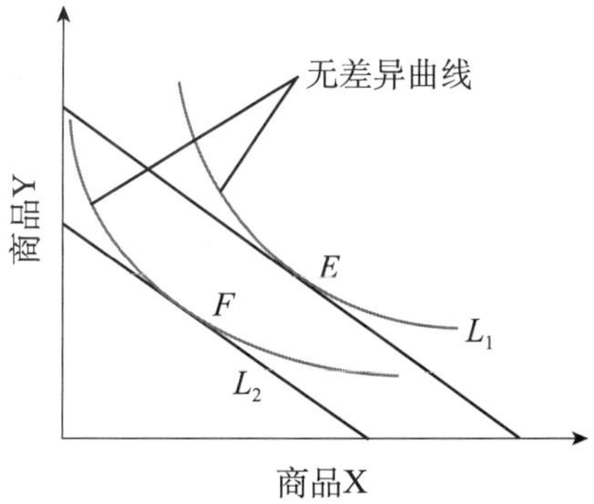

图 2-10　税收对消费的收入效应

现在假定政府对消费者征收一次性税收（如个人所得税），政府课税导致纳税人的可支配收入减少。收入的变动导致消费者预算线发生向内的平行移动，L_1 移动到 L_2，从而消费者可选择的商品组合的集合，即消费者预算集缩小。受到税后收入的约束，追求效用最大化的消费者，会将最优选择移动到图中的 F 点，即预算线 L_2 与无差异曲线的切点。这意味着由于政府课税，消费者的可支配收入下降，进而消费者的商品购买量或消费水平降低。

其次，当政府对某些特定商品征税，例如对香烟、酒精饮料和化妆品等商品征收消费税。对于消费者来说，这种税收等于提高了课税商品的价格，从而改变了商品的相对价格，进而引发预算线的斜率发生变化，如图 2－11 所示。

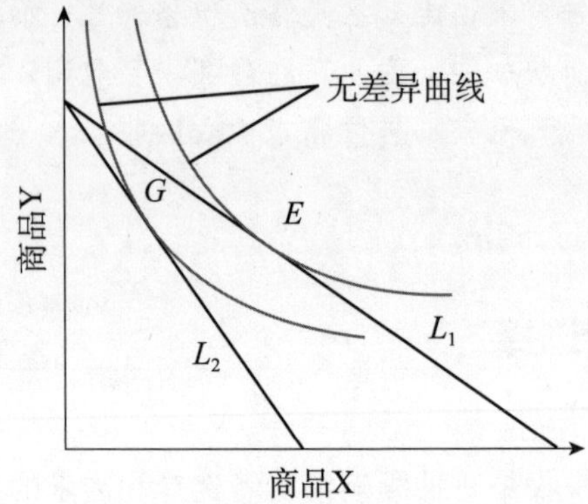

图 2－11　税收的消费替代效应

假定消费者的收入是既定的，其收入全部用于购买两种商品：商品 X 和商品 Y。如果政府对两种商品不征税，在既定的价格下，收入便构成了消费者选择和购买的一种约束，由图 2－11 中的预算线 L_1 表达，从而追求效用最大化的消费者的最优选择点为图中的 E 点，即预算线 L_1 与无差异曲线的切点。假设政府对商品 X 征收消费税，税率为 t；对商品 Y 不征税。征税使商品 X 的价格由 P_X 变为 $(1+t)P_X$，这导致预算线 L_1 发生向内的旋转，转动到 L_2，从而，预算线的斜率发生改变，预算线变得更为陡直。由此消费者的效用最大化选择由 E 点变动到 G 点，即预算线 L_2 与无差异曲线的切点。这种变动表明，由于政府对商品 X 征收消费税，消费者做出的最优购买模式发生改变，减少了商品 X 的消费量，相应地增加了对商品 Y 的消费。

税收对消费者的选择和消费的影响，受到商品的属性、征税范围的影响。从商品自身的性质来看，对需求富有弹性的商品，例如奢侈品等征税，税收导致的价格上涨，会使需求量和消费量出现很大幅度的下降，因为需求对价格变动是敏感的；对需求缺乏弹性的商品，例如汽油等征税，由于需求对价格的变动是不敏感的，因此即使征税后价格上涨，消费量也不会发生大的变化。

从税收的课税范围来看，课税范围越是狭窄，由税收引发的价格的替代效应越大。如果课税范围只涉及少数几种商品，替代效应会导致消费者减少对课税商品的消费，而转向替代品。从而，消费者的总体消费水平可能不变，改变的只是消费结构。课税范围越是宽泛，由税收引发的价格的替代效应越小。如果课税范围涉及大部分甚至全部商品，购买者的消费水平便不会因课税导致的价格提高而降低。

从消费者的收入水平来看，低收入者由于其收入主要用来维持基本生活需要，征税导致的收入减少，将迫使他们减少消费支出；而高收入的消费者通常不会因为政府课税而减少消费支出，他们只会通过减少一部分储蓄来维持既定的消费支出。由此可见，相对于高收入群体，政府征税对低收入群体的消费水平的影响更大。

2.5.2 与消费有关的税种

在现代社会中，政府是收入再分配最重要的主体，税收可以通过税收收入、宏观税率、税制结构等多个方面来发挥对消费需求的调节作用。同时税收又是政府调节收入再分配的重要手段之一。在所开征的税种中，与消费有关的税种主要有个人所得税、消费税、财产税类和关税。

（1）个人所得税。个人所得税是国家对本国公民、居住在本国境内的个人的所得和境外个人来源于本国的所得征收的一种所得税。根据 2018 年 8 月 31 日第七次修订的《中华人民共和国个人所得税法》，自 2019 年 1 月 1 日起，我国个人所得税免征额调至 5 000 元。根据世界银行的资料，工业化国家个人所得税额占税收总额的比重约为 28%，发展中国家约为 11%，其中亚洲的发展中国家约为 15%。2020 年我国个人所得税占税收总额的比重是 7.5%。

（2）消费税。消费税是对特定消费品和消费行为征收的税种。征收消费税的目的主要是调节产品结构，引导消费方向，保证国家财政收入。

我国的消费税共设置了烟，酒及酒精，化妆品，贵重首饰及珠宝玉石，鞭炮、焰火，成品油，小汽车，摩托车，高尔夫球及球具，高档手表，游艇，木制一次性筷子，实木地板，铅蓄电池，涂料等 15 个税目。

根据各国征税范围的宽窄，可将消费税分为有限型、中间型和延伸型。有限型消费税的征税范围较为狭窄，征税对象主要是传统的消费品，税目一般在 10～15 种。比如英国仅对酒精、烟草、烃油等征收消费税。中间型消费税的征税范围较为宽泛，除有限型消费税的征税范围所包括的内容外，还包括奢侈性消费品及一些服务。世界上有 30% 左右的国家采用这种形式。延伸型消费税已经接近于无选择的消费税，除了上述两类包括的范围外，还将生产、生活资料列为消费税的征税对象，韩国、意大利等采用这种方式。

（3）财产税类，包括房产税、物业税、车船税、车辆购置税、契税、遗产税、赠与税等。

房产税。房产税是以房屋为征税对象，以房屋的计税余值或租金收入为计税依据，向产权所有人征收的一种财产税。

发达国家一般没有单独的房产税，而是征收财产税。比如美国、英国、荷兰和瑞典就将房产和其他财产捆绑在一起征税。其中，美国将房产归为一般财产，征收一般财产税。各国的税收基础均为核准后的房地产价格，不同国家的税率各不相同，一般为 3%～10%。

物业税。物业税又称财产税，主要针对土地、房屋等不动产，要求其承租人或所有者每年都要缴纳一定税款，应缴纳的税款会随着不动产市场价值的升高而提高。世界上大多数成熟的市场经济国家都对房地产征收物业税，并以对财产的持有作为课税前提，以财产的价值为计税依据。

物业税与房产税都是财产税。2009 年我国在深化房地产税制改革的过程中，提出研究开征物业税。截至 2022 年 7 月物业税尚未在我国实施征收。房产税属于财产税中的个别财产税。2011 年，我国开始在上海、重庆两地试点征收房地产税。为积极稳妥推进房地产税立法与改革，引导住房合理消费和土地资源节约集约利用，促进房地产市场平稳健康发展，2021 年 10 月 23 日，第十三届全国人民代表大会常务委员会第三十一次会议通过《全国人大常委会关于授权国务院在部分地区开展房地产税改革试点工作的决定》，授权国务院在部分地区开展房地产税改革试点工作。

车船税。车船税是指对在我国境内应依法到公安、交通、农业、渔业、军事等管理部门办理登记的车辆、船舶，根据其种类，按照规定的计税依据和年税额标准计算征收的一种财产税。

国外并没有车船税的概念，例如美英等发达国家虽然非常重视私人汽车在使用环节的税收，但都不是固定税额，而是主要通过征收燃油税来实现“多开多交、少开少交”的调节功能。相对于征收车船税，这种做法直接导致消费者的支出与汽车的节能特性和用车频度、里程挂钩，从而能够发挥出更大、更科学的作用。

车辆购置税。车辆购置税是对在我国境内购置规定车辆的单位和个人征收的一种税，由车辆购置附加费演变而来。其适用税率为 10%。

发达国家对于车辆购置税通常的做法是实行轻税政策，即征收额较低。美国的车辆购置税属于地方税，各州的收取比例不同，最高的州也只有 6%左右。在购车环节，欧洲只征收增值税，各国税率不同，意大利和法国在 20%左右。在日本，普通轿车要缴纳 5%的购置税，而微型车只需要缴纳 3%。

契税。契税是以所有权发生转移变动的不动产为征税对象，向产权承受人征收的一种财产税。在我国，其适用税率是 3%～5%，各省、自治区、直辖市在这个范围内可自行确定各自的适用税率。

发达国家（如日本）的房地产购置税的税率是 4%。2008 年，在解决次贷危机的过程中，为促进金融市场和整体经济恢复稳定，美国政府出台了一项总额为 150 亿美元、针对首次购房者的退税优惠政策：2008 年 4 月 9 日至 2009 年 6 月 30 日首次购房的美国公民，可以得到联邦政府向其提供的房屋交易价格的 10%的个人所得税退税，但最高不超过 7 500 美元。

遗产税。遗产税是以被继承人去世后所遗留的财产为征税对象，向遗产的继承人和受赠人征收的税。遗产税是世界上许多国家和地区都在征收的一种税收，有助于加强对遗产和赠与财产的调节，防止贫富差距过分悬殊。目前，开征遗产税已列入我国税制改革的议事日程。

赠与税。赠与税是以赠送的财产为课税对象，向赠与人或受赠人课征的税。它也是世界上许多国家实行的一种财产税。征收赠与税，目的是防止财产所有人在生前利用赠与的方式逃避死后应纳的遗产税。赠与税多与遗产税同时实行。在现实生活中，赠与税在平均社会财富、调节收入分配、抑制社会浪费以及促进生产性投资等方面，发挥着积极的作用。

随着我国国民经济的持续、快速、健康发展，一部分地区和一部分人率先富了起来，出现了一部分居民与另一部分居民的收入和财富差距过于悬殊的问题，这说明目前在中国开征遗产税和赠与税，不仅已经具备条件，而且有其必要性。

（4）关税。关税是指进出口商品在经过一国（地区）关境时，由政府设置的海关向进出口国（地区）所征收的税。征收关税是政府增加其财政收入的方式之一，但是随着世界贸易的不断发展，关税占财政收入的比重在不断下降。关税和非关税措施是衡量一个国家（地区）市场开放度的主要标志。我国的消费品关税一直较高，一些学者认为，我国依靠出口来拉动经济发展是不可持续的，依靠国内消费拉动经济增长则有很大潜力，因此，应适当通过调低消费品进口税、适时将某些产品从奢侈品目录中排除等方式来降低关税，从而增加进口，满足国内的消费需求。

延伸阅读　提高香烟税是否可以增加政府税收？*

20 世纪 90 年代，美国围绕提高香烟税是否可以增加财政收入产生过一场争论。一些国会议员赞成大幅提高香烟的联邦税率，认为这样有助于为克林顿政府推行的医疗保险计划提供财政支持。医学界和反烟团体也支持这种做法，希望借此降低吸烟者人数。一些经济学家却提出不同的观点，他们认为提高香烟税带来的增加税收的作用是很有限的，从而大幅提高香烟税的理由很难站得住脚。

经济学家加里·贝克尔、迈克尔·格罗斯曼和凯文·墨菲进行了一项研究，对香烟的零售价格和收入水平等因素会对美国的吸烟人数造成何种影响进行了估计，从而比较准确地计算出提高香烟税能够增加多少政府税收。研究结果发表于 1994 年 6 月期的《美国经济评论》。

他们假设每包香烟的联邦税上调 25 美分，而零售价格也提高 25 美分（事实上，研究表明，零售价格的涨幅应该会稍微高于税率的增幅）。香烟的零售价格上涨以后，下列原因将导致吸烟人数减少：(1) 一些人因为价格上涨而不想学吸烟；(2) 一些吸烟者可能会由于价格提高而提前戒烟；(3) 继续吸烟的人可能由于价格提高而减少吸烟的数量。其中，香烟价格的变动对吸烟的青少年影响最大。

在初期，吸烟人数不会因为香烟价格的提高而大幅减少，因为很多老烟民并不能够很快地戒掉吸烟这个习惯。但时间越久，影响效果越大，吸烟人数会加速减少。他们估计，如果香烟的价格提高 10%，那么 1 年后吸烟人数会减少 4%左右，但 3 年以后，吸烟人数减少的幅度会增加到 8%左右。

当时每包香烟的税额是 24 美分，每年大约可以为联邦政府带来 60 亿美元的税收。他们估计，要实现长期税收收入的最大化，每包香烟的税额应该是 95 美分，这样每年将增加 60 亿美元的税收。一些国会议员提议：每包香烟的税收应增加 1 美元，从而每包香烟的总税额达到 1.24 美元。但从长期来看，因香烟税政府每年能征税 90 亿美元，只比现在多出 30 亿美元，但吸烟者的人数则会减少 70%左右。根据他们的估计，如果每包香烟的税收提高到 95 美分，那么政府税收会增加，而吸烟人数会减少。但如果税额超过 95 美分，则吸烟人数和政府税收都会减少。

另外，调高香烟的联邦税后，从邻近国家走私香烟到美国的现象一定会增加，这会减少联邦政府的税收。如果美国大幅提高香烟的税收，就会刺激墨西哥等拉丁美洲国家走私香烟，而且原来打算用于出口的美国香烟也会被非法卖到国内市场。

此外，重度吸烟者大多数是收入最低且受教育程度最低的人，因此，香烟税主要是

---

* 相关内容来自加里·贝克尔和吉蒂·贝克尔所著的《生活中的经济学》(北京：机械工业出版社，2013)。

由穷人来承担的。假如每包香烟的税额增加1美元，使得零售价格从1.80美元上涨到2.80美元，对于无法戒掉烟瘾的人来说，假定每天要抽一包半，那么一年所缴纳的香烟税是678.9美元。这对于依赖社会福利生活或者那些收入不高的人而言，是一笔不小的数目。

鉴于上述分析，三位学者认为，大幅提高香烟税，一方面增加税收的作用有限，另一方面又鼓励了跨境走私，而且，香烟税主要由低收入者承担，因此，大幅提高香烟税的理由很难站得住脚。

在前述的分析中，我们考察了消费者收入、商品价格、税收等因素对消费者的选择和需求的影响。几乎所有商品的需求，都以这样或那样的方式受到这些因素的影响。然而，任何个人和群体都是内嵌于特定的社会和文化环境之中的，社会和文化环境会形塑个人和群体的行为，对作为一种个人和群体行为的消费行为产生影响。同时，消费行为作为一种个人行为，也会受到心理因素的影响。这意味着在经济学的理性选择模型所涵盖的因素基础上，我们还需要关注社会文化因素和心理因素对消费者的行为和选择的影响。

2.6 有限理性与消费者决策*

解释消费者选择的理性选择模型，是经济学分析消费者决策的出发点。理性选择模型的背后隐含着这样的观念，即消费者是理性的，其所拥有的认知能力完全足以把握复杂的决策，从而能够面对既定的预算约束，进行最优化决策。显然，理性选择模型并没有解释消费者行为的全部。人们经常发现，现实中的消费者行为偏离了理性选择模型，甚至完全背离了理性选择模型。这样的行为被称为行为异象（behavioral anomaly）。在这种情况下，理性选择模型本身或许是不正确的。

2.6.1 消费者是完全理性的吗？

决策者的理性程度反映了决策者对决策情境或者决策问题的反应，这种反应受到人的认知能力与决策情境或者决策问题的复杂程度的约束。我们可以用决策者的认知能力与其所面对的决策情境或者决策问题的复杂程度的比值①来衡量其理性程度，从而将决策者的理性区分为完全理性和有限理性。当决策者的认知能力与决策情境或者决策问题的复杂程度的比值为1时，为完全理性。这意味着决策者的认知能力完全足以把握决策问题，从而可以毫不费力地迅速解决问题。除非决策者是全知全能的，否则完全理性只能在决策问题非常简单和调整非常迅速的情况下出现。经济学的理性选择模型是以决策者的完全理性为出发点的。

无疑满足完全理性条件，对于现实中的消费者而言过于苛刻，或者说是不现实的。

---

* 这一节内容参考了以下文献：大卫·R.贾斯特.行为经济学.北京：机械工业出版社，2017；丹尼尔·卡尼曼.思考，快与慢.北京：中信出版社，2012；董志勇.行为经济学.北京：北京大学出版社，2005.

① HEINER R A. The origin of predictable behavior. American economic review，1983，73（4）：560－595.

决策者的理性程度不仅受到决策问题复杂性的约束，而且受到自身认知能力的约束。这会导致决策者的认知能力不足以把握复杂的决策问题，从而决策者的认知能力与决策问题的复杂程度的比值小于 1。这使得个体在决策时，虽然“主观意图是理性的，但只能有限地做到这一点”①。决策者有限的认知能力，导致其不可能把握所有与决策问题相关的各个方面，这就是有限理性的情形。

有限理性还原了现实中的消费者的真实的行为特征，即现实中的消费者在决策中面临人的有限认知能力和决策问题复杂程度的约束，从而也还原了被理性选择模型所忽略的心理基石和人性中的某些非理性本质。进入 20 世纪 70 年代，认知心理学研究的进步，促使富有探索精神的经济学家和心理学家，将心理学的研究方法和理论与经济学有机结合起来，阐述人的经济行为的发生机制，并试图建立经济行为的心理学基础，从而形成了被称为“行为经济学”的流派或经济学分支学科。

在涉及消费者决策的问题上，行为经济学借鉴了部分心理学理论，用于解释和预测消费者实际上如何进行选择，从而提高了经济学对消费者行为的解释力。行为经济学许多分析和预测偏离了理性选择模型的分析结论。我们主要讨论部分已经得到行为经济学确认的重要消费行为现象和结论。

名人专栏

赫伯特·西蒙（Herbert A. Simon，1916—2001），卡内基·梅隆大学教授，研究工作涉及经济学、政治学、管理学、计算机科学和心理学等许多领域，并做出了创造性贡献。西蒙将自己的学术研究目标确定为“硬化”社会科学和促进自然科学与社会科学的联系，并认为描述人类决策过程的局限性和建立更加严谨的行为科学是这一目标的中心。然而，与同时代同样追求经济学严谨性的其他理论学者有所不同，西蒙认为完全理性假设剔除决策者的“人性”过于草率，他强调有关决策的合理性理论必须考虑人的基本生理限制以及由此而引起的认知限制，以及知识、信息、经验和能力上的限制，从而所探讨的应当是有限理性，而不是全知全能的理性。西蒙关于有限理性方面的研究成果使得他在 1978 年获得诺贝尔经济学奖。

西蒙的主要代表作包括：《管理行为》（1947，1957，1976，1997）、《人类模型：社会与理性》（1957）、《组织》（与马奇合著，1958）、《管理决策新科学》（1960）、《发明的模型》（1977）、《思维模型》（1979）、《人类活动中的理性》（1983）、《经济学、有限理性和认知革命》（与埃吉迪等合著，1992）等。

2.6.2　交易效用与参照依赖型偏好

1. 消费效用与交易效用

消费者偏好和效用是消费者选择与决策分析中的一个重要概念。从前面的分析中，我们知道在理性选择模型中，作为描述消费者偏好的一种方法，效用是商品满足人们的

① SIMON H A. Administrative behavior. New York：Free Press，1961.

欲望和需要的能力，亦即消费者在消费商品时所感受到的满足程度。理性选择模型假定消费者是理性的，且偏好是稳定的、一致性的。在这种假设基础上，理性选择模型形成了两种基于效用的决策分析方法，即边际效用分析和无差异曲线分析，两种分析方法都遵循着“追求效用最大化”这一原则。

理性选择模型仅涉及了消费者从消费中获得的效用，即消费者在消费商品时所感受到的满足程度。塞勒将这种消费效用称为“获得效用”（acquisition utility）。消费效用是消费者对商品价值的主观评估，与价格有很大关系。从消费者剩余概念中，我们意识到消费效用来自一种商品对于消费者的价值减去购买这种商品所支付的价格。与此同时，塞勒认为，消费者在消费中产生了另外一种效用，即交易效用（transaction utility）——消费者对交易划算程度的感知。我们列举一个具体情境来解释交易效用。

游乐园的通票价格是 180 元。消费者 A 愿意接受这个价格购买一张通票；如果通票价格是 250 元，消费者 A 则会放弃，因为他对在游乐园游玩一天的价值评估低于 250 元。在这里，我们看到消费效用或者获得效用对消费者选择的影响。然而，消费效用未必会使消费者 A 在游乐园体验一整天的时间。由于这是游乐园第一天开园，消费者 A 幸运地以 50%的价格获得了游乐园的折扣票。第一天的开园日，游乐园接待了大量游客，这使得参加每一个游乐项目都需要等待较长的时间，从而 A 玩到下午 1 点时，就感到疲惫不堪，并打算回家了。如果幸运没有降临到消费者 A 的头上，亦即他是以全价，即 180 元的价格购买了门票。游玩到下午 1 点时，A 虽然同样会感到疲惫不堪，但他可能会觉得仅仅在游乐园逗留了 4 个小时并没有完全实现门票的价值，因此，虽然由于感到疲惫而想回家，但他还是会尽量在游乐园逗留更长的时间。在这里，消费者 A 产生了另外一种效用，即交易效用。消费者 A 认为，仅仅在游乐园体验 4 个小时而花费 180 元是不划算的，逗留 6 个小时要比 4 个小时划算得多，从而交易效用影响了消费者 A 做出不同的逗留时间选择。

我们前面讲到，理性选择模型仅涉及了消费效用，即消费者从消费中获得的效用，而忽略了交易效用。如果将交易效用纳入消费者的选择和决策中，则可以解释两种明显偏离理性选择模型的消费行为异象，即沉没成本谬误和参照依赖偏好。

2. 沉没成本谬误

我们经常听到下列观点：“现在我不能放弃，因为我已经费了那么大的力气”或者“我已经花了那么多的钱，不得不把它进行到底”。人们一旦购买了某种物品，实际支付的费用就已经“沉没”或不再能够收回了。未来的行为不应该受到沉没成本的影响。然而，现实中人们往往关心自己为某种东西已经支付的成本。当人们通过继续进行收益为负的活动来试图收回沉没成本时，就产生了沉没成本谬误（sunk cost fallacy）。理查德·塞勒通过给出两个假想的例子来说明沉没成本谬误。

举例 1：某个家庭花 40 美元购买了篮球比赛的门票，比赛地点离家 60 英里。虽然比赛当天出现了暴风雪，但他们还是决定要去观看比赛。但是，如果比赛门票是送给他们的，面对恶劣天气，他们会放弃观看比赛。

举例 2：某个人参加了一个网球俱乐部并且支付了 300 美元的会员年费。在俱乐部打球两个星期后，他的肘部出现发炎症状。他忍受疼痛继续打球，他说：“我不想浪费

300 美元。”

在这两个例子中，消费者关于现在或者未来活动的决策是基于已经支付的并且不能收回的成本。显然，如果比赛门票是赠送的就不会在暴风雪天气去观看比赛，那么在花钱买票的情况下也不应该去观看比赛；肘部出现炎症后仍旧继续打网球，在忍受疼痛和痛苦的情况下也收不回会员费用。人们为什么会表现出沉没成本谬误？对沉没成本谬误的一种解释是基于交易效用的视角。由于相信自己进行了一次很划算的交易，消费者会从中获得交易效用。在举例 2 中，打一次网球花费 20 美元成本很高，这会导致低水平的交易效用。相反，每年花费 300 美元获得任意使用网球场地的机会是一项非常划算的交易（在这个过程中，消费者可能忽略了或者未能准确预测自己打网球的次数）。但是，支付 300 美元只使用场地两个星期则是不划算的，因为这使得打网球的平均价格很高，交易效用很低，甚至导致交易效用的损失。由于肘部出现炎症而停止网球活动，个体是可以获得某些效用的（肘部不再由于运动而疼痛），然而由于感觉为两个星期的场地使用时间支付了过高的价格，则产生了负的交易效用。如果个体对负效用的感觉过于强烈，他或许会考虑忍受疼痛延续网球运动以增加交易效用。

延伸阅读 | 协和超音速飞机和公共政策

沉没成本谬误有时也被称为协和悖论。

1956 年，英国和法国政府合作，开始研制协和超音速飞机。这个项目的复杂程度和技术水平，使它成为英法历史上耗费空前的项目之一。在项目开始时有人质疑，这种飞机的造价太高，而且每架客机仅有 100 个座位，导致运营成本高于传统客机。因此飞机即使研制成功，也未必会有商业前景。为了证明开发协和超音速飞机的决定是正确的，英国财政部曾列举了一系列原因：保持航空技术水平、提供就业、打开欧洲市场……

1962 年，两国政府同意各自为项目出资 2.24 亿美元，总计 4.48 亿美元。在项目早期，费用就开始超出预算。到 1964 年，项目花费已经超过了 9 亿美元。在产品开发的后期阶段，也就是 1973 年前后，两国政府都开始意识到其商业前景暗淡，该机型无法创造足够的利润以弥补开发成本和生产成本。但最后几经波折，项目仍旧以高昂的成本为代价继续运行直至完成。项目结束时，其花费是最初所预计的开发成本的 6 倍。研发出的协和超音速飞机仅有 14 架投入商业运营，其中大部分在购买时，航空公司享受了英国政府和法国政府的巨额补贴。这些客机在 1976—2003 年期间投入使用。2000 年 7 月，一架协和超音速飞机在巴黎戴高乐机场起飞后坠毁，导致 100 名乘客死亡，使得这种机型在短时期内停运。此后，由于石油价格的上升，以及 2001 年美国“9·11”恐怖袭击事件的发生，全世界的航空业都不景气，协和超音速飞机复飞无望。最终协和超音速飞机永久性退役。

也许，我们不能只从结果来评价协和超音速飞机项目，同时，必须承认沉没成本也并非导致项目继续进行的唯一理由。然而，在这个项目中，沉没成本谬误的确导致项目的投入，即“雪球”越滚越大，从而，在意识到项目的商业前景暗淡、无法收回开发成本和生产成本时，没有及时并理性地调整投资规模。

3. 参照依赖偏好

从上述分析中，我们意识到消费者对交易划算程度的感知，依赖于能够消费的数量以及产品自身的品质。然而，消费者对交易划算程度的感知不仅依赖于能够消费的数量以及产品品质，还依赖于消费者的购买或者决策环境。相同的褪色牛仔裤，放在服装市场销售与放在专卖店销售或许会获得非常不同的反应。人们不会在服装市场购买褪色牛仔裤，因为价格太贵了。但放在专卖店中的褪色牛仔裤则让价格显得比较合理，从而人们会按该价格购买。在这里，环境暗示或者以前类似环境下交易的记忆，为消费者确定了一个参照点和参照价格。

所谓参照[①]点（reference point）是消费者在决策中用来进行比较、帮助决策的点。交易效用取决于消费者购买该商品所支付的价格或者支付的成本与该商品的参照点之间的差值，即与参照点相比，该交易是否划算。如果支付的成本高于参照价格，消费者会认为交易很不划算，导致交易效用的损失。相反，如果支付的成本低于参照价格，消费者会感觉做了一次很不错的交易，导致正的交易效用。有大量的证据表明消费者在决策时会使用参照点。参照点在决定消费者的交易效用方面起着重要作用。

交易效用依赖于消费者的购买或者决策环境，这个结论给我们一些启示。我们需要将环境或者参照状态纳入对消费者偏好和效用的分析中，从而消费者偏好的形成并非一定是独立的过程，而可能是参照依赖偏好的。偏好和效用的参照依赖性，导致消费者在定义一次购买行为的“损失”或者“收益”时，优于参照点的结果被看成收益，而劣于参照点的结果则被看作损失。从而，消费者在定义购买中的收益或者损失时，实际情况与参照点的相对差异，比实际的绝对值更加重要。

交易效用是行为经济学分析消费者行为的一个重要概念，也是行为经济学区别于传统经济学的一个重要方面。从规范的角度看，交易效用会导致消费者产生两种类型的错误。第一，消费者或许会购买原本不想买的商品，选择购买仅仅是因为他们认为交易是划算的。第二，消费者也可能未能购买改善自身状况的商品，因为所处的环境给了一个更低的参照价格。例如，在一个普通餐厅，消费者可能不会消费价格为39元一杯的咖啡，但是在一个高档餐厅，他却愿意花39元消费同样的商品。如果消费者不考虑交易效用，并在做出购买决策时剔除环境的影响，则消费者会获得更高的消费效用。

2.6.3 损失厌恶与禀赋效应

消费者经常面临买什么和买多少的决策。经济学的理性选择模型认为，消费者为了做出决策，需要基于自身的偏好和所面临的预算约束（以及其他约束条件），进行最优决策。从而理性选择模型最常使用的分析方法是消费者效用最大化和净收益最大化。

理性选择模型认为，消费者对于所有事项的评估，都使用同一个效用函数。与理性选择模型相反，行为经济学则认为人们将事项分类为收益和损失，收益按照收益域的效用函数进行评估；损失按照损失域的效用函数进行评估，如图2-12所示。

---

① 参照是行为经济学分析消费者行为的一个重要概念。大量认知心理学的研究表明，人们常常使用参照和变化进行判断和决策。

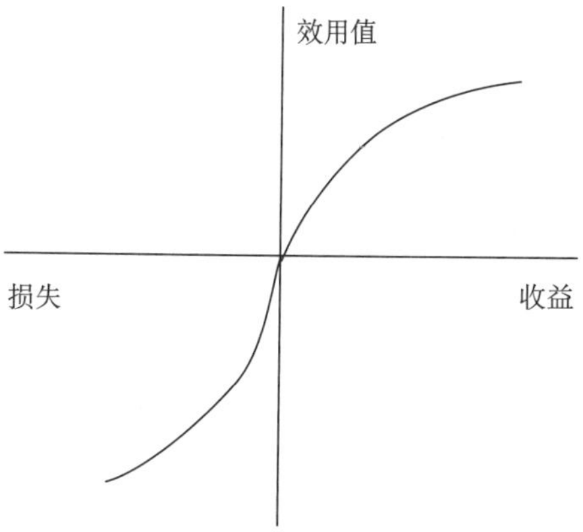

图 2-12 损失厌恶：人们对损失的反应比对收益的反应大得多

在图 2-12 中，效用函数呈现 S 形。图中第一象限是收益域，效用曲线的形状为上凸的。这表明消费在该函数上是递减的，从而收益域的效用函数表现出我们熟知的边际效用递减。效用曲线的形状为下凹的部分是损失域。损失域的效用函数要比收益域的效用函数更为陡直，并且表现出边际效用递增。损失是负的消费，因此消费的边际效用递增等同于损失的边际效用递减。这意味着消费者从损失中体验到的边际痛苦是递减的，如图中第三象限所示。损失域中更为陡直且曲线形状为下凹的效用函数，表明了以下结论：（1）与从收益中获得的边际效益相比，消费者从等量损失中体验到更大的边际痛苦，即对损失的反应比对同等数量收益的反应要强烈得多。这个结论也被称为损失厌恶（loss aversion）。（2）人们在面临条件相当的损失前景时更加倾向于冒险（风险偏好），而在面临条件相当的盈利前景时更倾向于确定性的盈利（风险规避）。

损失厌恶是行为经济学家提出的观点最为统一的理论。卡尼曼在解释损失厌恶时，构建了这样的选择情形：

现在用抛硬币的方式来打赌。

如果是背面，你会输掉 100 美元。

如果是正面，你会赢得 150 美元。

这个赌局吸引人吗？你想参加吗？

尽管这个赌局的预期价值显然是有利的，因为可能获得的盈利一定比可能遭受的损失小，但是大多数人还是不愿意下这个赌注。原因在于，为了做出选择，人们必须平衡得到 150 美元时的满足感和损失 100 美元时的失落感。对于大多数人来说，失去 100 美元的失落感比得到 150 美元的满足感更强烈，因此人们往往会规避损失。

损失厌恶与塞勒在 1980 年提出的“禀赋效应”（endowment effect）有相似之处。塞勒做过这样的实验：随机将咖啡杯发给半数参与实验的受试者，要求卖者（拥有杯子的受试者）和买者（没有杯子的受试者）分别给出愿意交易咖啡杯的价格。实验结果很有戏剧性：卖者要价（卖者愿意接受的价格）的中位数是 5.25 美元，买者出价（买者愿意付出的价格）的中位数是 2.25～2.75 美元，前者几乎是后者的两倍。这个实验用一种直观的方式揭示了禀赋效应。这里的“禀赋”可以理解为人们已经拥有的东西，或者可以延伸为某种已有的状态。禀赋效应主要是指人们对于已经拥有的东西或者已有的状态非常珍惜，让他们放弃所拥有的物品或者改变已有的状态需要付出很大的代价。从另外一个视角解释禀赋效应，禀赋效应是指当个体一旦拥有某个物品，那么他对该物品的价值的评价要比未拥有之前大大提高。

损失厌恶能够对禀赋效应做出解释。如果个体已经拥有某个物品，那么他就会考虑放弃这个物品的痛苦；如果还没有拥有这个物品，则会考虑获得这个物品的满足感。因为存在损失厌恶，即在放弃中体验的痛苦比从获得中产生的满足感更强烈，所以两者的价值并不相等。

损失厌恶和禀赋效应否定了理性选择模型中对消费者偏好的假定，即偏好是一致的、稳定的、不可逆转的，从而无差异曲线是不会相交的。

2.6.4 心理账户

依据理性选择模型，如果消费者从某种来源中获得一定量的收入，增加的收入就会导致消费者选择购买的消费束发生变化。在这里货币作为交易媒介，其自身是无差异的，即每一笔收入或者每一笔钱都是一样的。然而，心理账户理论认为每一笔钱都是不一样的，每一笔钱都具备特定的意义。消费者心理账户的变化，决定了每一笔钱该如何支出和花费。

我们来看一个研究者设计的实验：

随机将参与实验的受试者划分为 3 组。实验者询问第一组受试者在花费 700 元购买体育赛事门票后，是否还愿意花费 350 元购买剧院门票；第二组受试者被问询的问题是，如果送给他们一张体育赛事门票后，是否还愿意购买剧院门票；询问第三组受试者的问题是，如果已经花费 700 元购买了考试用书，是否还愿意花钱看剧院演出。有趣的是，与赠送体育赛事门票和花钱购买考试用书的情形相比，已经花钱购买了体育赛事门票的受试者更有可能拒绝观看剧院演出。

理性选择模型告诉我们，理性的消费者应该考虑观看剧院演出的成本和收益然后做出决策，而非考虑过往的支出活动。然而，实验结果表明，如果消费者近期在娱乐消费项目上产生了花费，似乎会减少未来在此类项目上的支出。因为，消费者将这两种活动的支出计算在同一个“账户”里，从而再次购买剧院门票会增加这个账户中的支出，这使得受试者可能会拒绝观看演出。购买考试用书的支出则被消费者归入另外一个不同的心理账户，它与“娱乐消费账户”是独立运行的，互不影响，所以购买考试用书的支出不会影响消费者购买演出门票的决定。

心理账户（mental accounting）理论认为，在消费和购买中，人们会将各种消费活动或者交易进行分组和归类，区别对待，从而在头脑中按照消费活动或者交易的类别，建立心理分类账户。当购买商品时，消费者会开设一个心理账户并做记录；一旦完成消费，会关闭该账户并进行评估。与企业使用的记账程序类似，心理账户也是对收入和支出进行记账、核算的过程，只不过此时自己是自己的记账人，并且账目被记录在头脑中的分类账户中。

心理账户理论认为对消费活动或者交易进行分类，将允许消费者分开进行决策，即人们将不同类型的消费活动或者交易划分为不同的、独立的心理账户，基于不同的、独立的心理账户，对收入和支出进行记账，确定每一项消费活动或者交易的收益和损失，并努力做到交易结束时账户余额为正或零。因为每笔消费活动或者交易都被计入某个分类账户中，所以消费决策不是综合做出的，而是零散做出的。

由于消费者基于不同的心理账户进行核算和评价，从而对于不同的心理账户或者收入来源，人们未必将它们看作是完全可相互替代的。对于特定类型的消费活动或者交易，人们可能认为某个账户更适用。当一个心理账户中的资金花光了的时候，人们可能不太愿意动用其他账户里的资金，因为这样做就打破了账户之间的独立性和稳定性。这将导致形成人为的消费壁垒。

我们来看一个实例。在很多情况下，降低所得税被看作应对经济不景气的一种方式。从 2000 年开始，美国政府几次降低个人所得税，主要目的是增加消费者支出。随着所得税的降低，人们的可支配收入增加了，进而消费意愿会增大。尼古拉斯・埃普利、丹尼斯・马克、洛兰・埃德森进行了一项实验。他们在购物中心对购物者进行访谈，请受访者回答有多少退税被花掉了。一些受访者将退税看作“扣缴收入的返还”，另外一些受访者则将其看作“奖金收入”。在将退税看作奖金收入的受访者中，有 87%的人告知他们已经将退税花费出去了，而在将退税看作扣缴收入的返还的受访者中，仅有 25%的人已经将退税花费了。进一步的实证研究表明，相对于将退税记入“应得收入返还”账户，将退税记入“奖金收入”账户会导致人们进行更多的支出。

心理账户理论将预算和复式记账的概念，与卡尼曼提出的对结果估值的理念融合在了一起。我们在前面提到，消费者将每一项消费活动划分为收益或者损失，然后按照两个效用函数进行估值，即收益按照收益域的效用函数进行评估；损失按照损失域的效用函数进行评估，如图 2－12 所示。对于潜在收益，效用函数是上凸的，表现出收益的边际效用递减；对于损失，效用函数是下凹的，表现出损失的边际痛苦递减。心理账户理论认为，要确定某项消费活动的效用，对结果进行分离还是整合是非常重要的。比如，某个人在餐馆吃完饭后，账单比预期多出 70 元，离开餐厅去停车场取车时，又发现停车费用比预期多了 20 元。在这里，可以将他的预期支付数额作为参考点，从而相对于参考点，就餐和停车两项活动都产生了损失。在衡量所获得的效用时，一种情形是，他或许这样想：“今天晚上外出花了比较多的钱。”在这种情形下，他认为两者都是外出用餐产生的额外费用，因此将它们全部看作一项损失。另一种情形是，他或许将这些费用分开，因为它们是不同时间不同地点发生的，从而他或许这样想：“首先，我为晚餐花了比较多的钱，然后为停车花了比较多的钱。”因为损失域的效用函数是下凹的，损失的边际痛苦是递减的，所以，相对于将两项损失整合在一起（整合这些费用后体验到的是 90 元的损失），单独评估 20 元的损失会产生更多的效用损失。这意味着，较之于分离两项损失，整合两项损失会改善其状况。当消费者整合不同消费活动或者事项的损失时，表明这些活动或者事项被记入相同的心理账户。

显然，上述分析已经使我们意识到：对于收益而言，产生的情况是截然相反的。如果此人的晚餐费用比预期少花费 70 元，停车费用又比预期少花费 20 元，则分离收益会改善此人的状况。因为在收益域，效用函数是上凸的，表现出收益的边际效用是递减的，从而，相对于将两项收益整合在一起，单独评估从节省 20 元停车费用中体验的愉悦要稍高一些。

心理账户理论无疑偏离了理性选择模型的结论，即消费者将所进行的消费活动或者交易放在一起考虑，进而做出最优决策。基于心理账户进行消费决策，会导致出现我们上述分析中的消费行为异象或者反常行为。

2.6.5 框架效应与锚定效应

1. 框架效应

理性选择模型假定人们的偏好是预先存在的，而且是稳定和一致性的。然而，在现实生活中，人们的偏好并不是稳定且一致的。这很有可能是人们在面对很多选择时，还未形成某种偏好。如果情况真是如此，那么在偏好形成的过程中，人们的偏好可能会受到与决策描述相关的某些外部暗示或者决策问题的表述方式的影响，从而产生所谓的“框架效应”。

框架效应是指描述决策问题的言语表达方式对决策的影响。描述决策问题的不同言语表达方式或者用词方式，会引发决策者或者关注与选择相关的损失，或者关注与选择相关的收益，从而关注点的转移会导致决策行为发生改变。卡尼曼和阿莫斯在阐述框架效应时，使用了这样的例子：

A. 若某赌注有 10%的概率赢得 95 美元，有 90%的概率损失 5 美元，你会接受这个赌注吗?

B. 若某彩票有 10%的概率赢得 100 美元，有 90%的概率什么也得不到，你愿意花费 5 美元买这张彩票吗?

比较两种情形，你会发现在两种情形下，你都要决定是否愿意接受一种不确定的结果，即得到 95 美元或者损失 5 美元，从而两种情形下的客观结果是相同的。只是在第二种情形下，一个不好的结果即损失 5 美元，通过语言的描述，人为地被架构为购买彩票的成本，这比简单地将其描述为输掉一个赌注更容易被人们接受。在这里我们意识到，选择中的“获得—损失”可以因为言语的表述方式不同而引发人们对两个框架下完全相同的客观结果做出不同的反应，框架即描述和表达问题的方式影响着人们的选择，从而人们的偏好和选择可以被人为地“构建”。

框架效应表明心理学家或者行为经济学家在涉及消费者偏好问题时，偏离了理性选择模型的分析结论。理性选择模型认为人们的偏好是预先存在的。根据这种观点偏好可以指导人们的选择，偏好可以解释行为。心理学家或者行为经济学家则认为偏好是构建出来的，人们通过自己的选择和消费行为发展或创造出偏好。

2. 锚定效应

框架效应表明消费者的偏好会受到与决策相关的某些外部暗示的影响，但这并不是唯一的现象。锚定效应（anchoring effect）也揭示了这个问题。所谓锚定效应，是指形成信念的一种直觉过程，即决策者将某些方便获取的数值作为锚定点，并围绕该数值进行调整，以确定最终的信念和结果。通常锚定点是决策时偶然出现的某个不相关的数字，虽然和决策问题不相关，但是该锚定点会影响所形成的信念和偏好。

锚定效应是实验心理学中最可靠也最稳健的结果。杜克大学的丹·艾瑞里（Dan Ariely）和他的合作者们设计了一项实验：向多名 MBA 学生展示平均零售价格在 70 美元左右的四种不同物品。他们首先询问每个学生是否愿意以自己社会保障号码的最后两个数字为价格购买上述物品。在了解学生们的购买意向后，他们又让学生给上述物品定价（也就是他们认为这些物品分别值多少钱）。实验结果很有趣：受试者给出的物品定价与其社会保障号码的最后两个数字有很高的相关性，即对于同样的物品，社会保障号码的最后两个数字偏低的学生给出的定价明显低于号码最后两个数字偏高的学生。很明显，一个人的社会保障号码不太可能决定这个人从消费某个物品中获得的效用，社会保障号码也不太可能是这些物品的互补品或者替代品。这个实验似乎揭示了一个荒谬的结论：人们的偏好或者信念明显受到没有包含任何信息的数字的影响。这也意味着受试者是按照锚定效应机制行事的。

锚定效应揭示了与决策相关的某些外部暗示对个体的选择和决策的影响，同时也揭示了人们倾向于运用“锚定—调整”的启发式想法，对某一未知量的价值进行估测：在形成信念或者判断时，使用方便获取的数字作为锚定点，然后估测它是过高还是过低，接着让大脑从锚定值上“转移”，并逐渐调整估值。在上述实验中，当被问及是否愿意支付与自己的社会保障号码的最后两个数字相同的价格时，学生们会以这个数字作为锚定点进行上下调整来建构他们的信念和偏好，最终形成的信念会包含用来构建答案的锚定点的痕迹。从而，社会保障号码的最后两个数字较大的学生，会给出相对较高的定价。在这里，社会保障号码成为帮助形成信念和偏好的简单工具。锚定效应再次表明，消费者偏好的形成不是独立的过程，这一过程在某种程度上是一个“诱导过程”，要受到决策环境的影响。

附录 无差异曲线与消费者偏好

经济学的理性行为概念意味着个人面临许多选择，他们能够根据自己的偏好对这些选择进行排序，面对选择的约束和限制，最大化自己的偏好。从而，基于理性行为假定研究消费者行为的一个步骤，是研究消费者偏好。

为了便于解释和理解，我们假定消费者只在两种商品 X 和 Y 之间做出选择。面对两个商品的任意组合（X_1，Y_1）和（X_2，Y_2），消费者可以按照自身的意愿对它们进行排序，即消费者可以确定其中一个商品组合比另一个商品组合带来的满足程度要大，或者两个商品组合对他而言是无差异的，即所获得的满足程度完全一样。如果消费者偏好其中一个商品组合，那么只要有机会他就会选择这个商品组合而不是另外一个。因此，消费者偏好是建立在消费者行为基础上的，消费者在选择中显露其偏好。

无差异曲线是便于描述消费者偏好的工具。在图 2－13 中，曲线 U_1 是一条描述消费者偏好的无差异曲线。一方面，图中点 A、B 和 D 都出现在无差异曲线上，这表明消费者对其所代表的三个商品组合的偏好是无差异的。另一方面，在 A 和 G 之间，消费者偏好 A 而不是 G，因为 G 在无差异曲线 U_1 的下方；在 A 和 H 之间，消费者更偏

好 H 而不是 A，因为 H 位于 U_1 的上方。因此，能够给予消费者同等满足程度的商品组合组成了一条无差异曲线，从而这些商品组合对于消费者而言是无差异的。

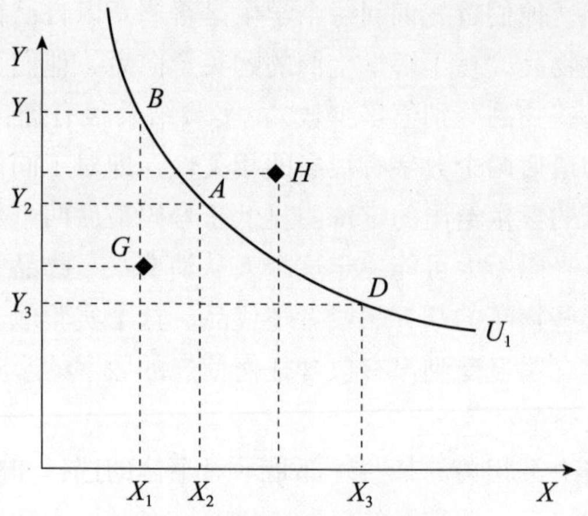

图 2-13　无差异曲线

我们可以用一组无差异曲线来描述消费者的不同偏好水平。图 2-14 中显示了三条无差异曲线。位于无差异曲线 U_3 上的任何一个商品组合给予消费者的满足程度都要大于 U_2 曲线上的商品组合（比如 A 点相对于 B 点）；而后者又比任何一个位于 U_1 曲线上的商品组合（比如 B 点相对于 D 点）更受到偏好。因此，无差异曲线越偏离坐标轴原点，曲线上的商品组合给予消费者的满足程度越大，从而更受到消费者偏好。

关于无差异曲线，有一个重要原理，即表示不同偏好水平的无差异曲线是不可能相交的。因此，图 2-15 所显示的情形是不可能发生的。图中的两条无差异曲线 U_1 和 U_2 相交于 A 点。由于 A 和 B 在同一条无差异曲线上，对于消费者来说，A 与 B 是同样偏好的；A 和 D 同样处于相同的无差异曲线上，消费者对 A 和 D 也是同样偏好的。由此，消费者对 B 与 D 也是同样偏好的。无疑这个结论是不可能发生的，因为 B 点所代表的两种商品的数量都比 D 点多，所以消费者对 B 点的偏好显然会高于 D 点。所以，无差异曲线之间是不会相交的，如果无差异曲线相交，将会出现逻辑矛盾。

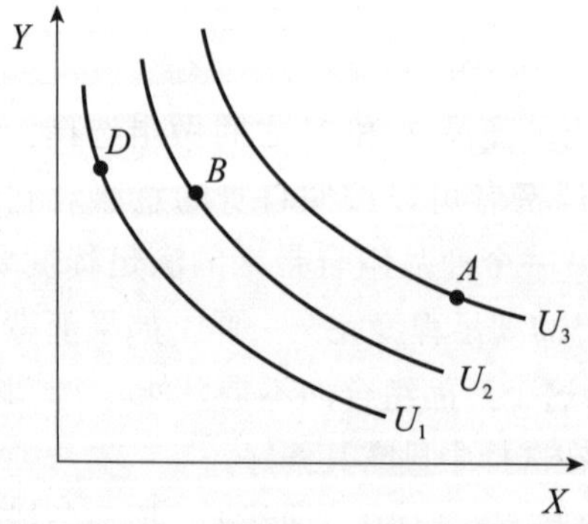

图 2-14　一组无差异曲线

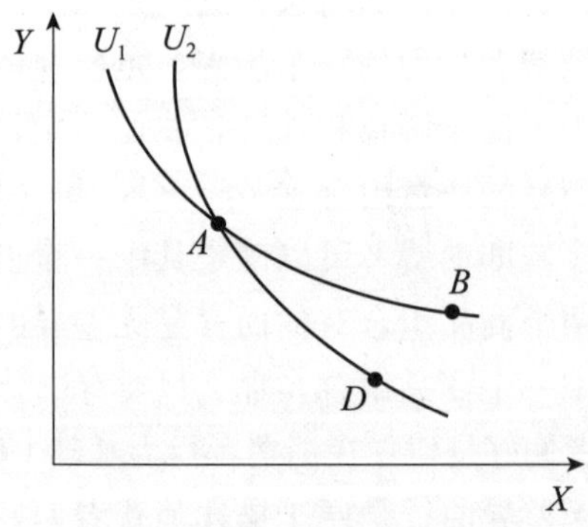

图 2-15　无差异曲线不会相交

对无差异曲线的斜率进行研究是很有用的。无差异曲线的斜率又称为边际替代率。在图 2-16 中我们看到，如果消费者的选择从 A 点转向 B 点，这意味着消费者愿意放弃一部分商品 Y 来获得更多的商品 X，而这种改变并没有影响其境况，其满足程度与之前一样好。我们将消费者愿意用一种商品替代另一种商品的比率称为边际替代率①。从而，边际替代率，或者说无差异曲线的斜率，衡量了消费者的边际支付意愿。

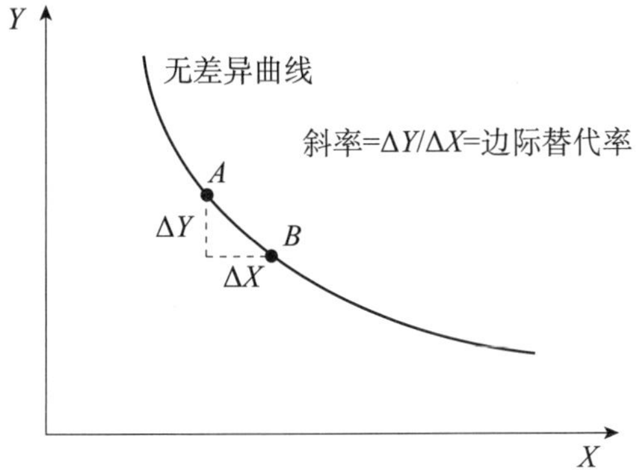

图 2－16　边际替代率

由于边际替代率描述了消费者的边际支付意愿，因此，边际替代率描述的无差异曲线的形状，可以表明商品的特性。

在图 2－17 中，消费者的无差异曲线是所有斜率为－1 的平行直线。这表明消费者愿意以固定的比率用一种商品替代另一种商品，从而商品 X 和商品 Y 是完全替代品。

在图 2－18 中，无差异曲线呈 L 形，这表明消费者总是以固定的比例一起消费两种商品，多消费其中任何一种商品并不会增大消费者的满足程度。这在某种意义上意味着两种商品是相互补充的，商品 X 和商品 Y 是完全互补品。

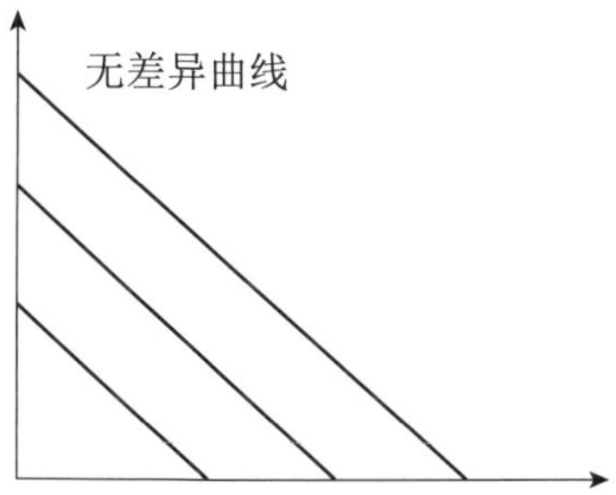

图 2－17　完全替代品

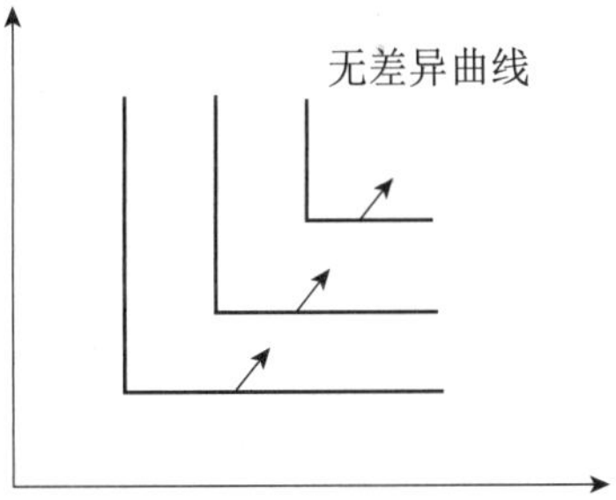

图 2－18　完全互补品

小　结

本章从微观视角解释消费者行为的逻辑。在试图解释消费者是如何做出选择和决策时，经济学的理性选择模型是以“理性人”假设为前提的，从而消费者决策的本质是将既定的收入有效地配置于预算约束，以实现满足程度或者福利水平最大化。在理性选择模型的视角下，消费者的选择和决策受到消费者收入、商品价格、税收等因素的影响。需求定理是理性行为假设的一个必然结果，借助需求量与价格之间的关系，以及需求对

① 边际替代率一般为负数，因为 ΔY 总是负的。

价格变动的敏感程度，我们能够对消费者行为进行一般性的预测。

然而，在现实中，人们在消费选择方面往往呈现出偏离、甚至完全违背理性选择模型的行为异象或者反常行为。在这种情况下，理性选择模型本身或许是不正确的。行为经济学利用心理学领域发展出的原理，通过引入心理因素，从而以“有限理性”替代“完全理性”，来解释消费者行为。在有限理性的前提下，在还原人性的非理性本质之后，偏离、甚至完全违背理性选择模型的消费行为异象或者反常行为则可以得到合理的解释。

关键术语

预算约束	效用	边际效用递减
消费者剩余	需求定理	需求收入弹性
需求价格弹性	替代效应	收入效应
正常商品	低档商品	吉芬商品
恩格尔曲线	替代品	互补品
交易效用	参照点	损失厌恶
禀赋效应	框架效应	锚定效应

思考题

1. 列举你最近购买的一件商品或一项服务。如果该商品或服务的价格更低，你会减少购买吗？请解释原因。

2. 如果商品2的价格提高，而商品1的价格和消费者的收入保持不变，预算线会发生什么变化？

3. 在下列每组商品中，哪些是互补品，哪些是替代品？在不同的情况下，它们可以既是互为补充又是互为替代的吗？

(1) 一堂数学课和一堂经济学课。

(2) 智能手机操作系统和App。

(3) 乘飞机旅行和乘火车旅行。

(4) 猪肉和鸡蛋。

4. 如果提高下列商品的价格，那么，哪种商品将导致较大的收入效应？哪种商品将导致较大的替代效应？

(1) 食盐。

(2) 住房。

(3) 歌剧门票。

(4) 方便面。

5. 假设某厂商将其产品的价格从40元提高到70元，该产品的销售量从250件降低到200件，那么该产品的需求是富有弹性的还是缺乏弹性的？

6. 关注你经常购买的一种商品或者服务。

(1) 假设你的收入增加了10%，你每年会多购买多少此种商品或服务？

（2）计算需求收入弹性。

7. 假设你在管理一条高速公路，对高速公路的需求 Q 由 $P=12-2Q$ 得到。

（1）画出高速公路的需求曲线。

（2）如果对行驶在高速公路上的车辆不收费，会有多少车辆通过高速公路？

（3）如果对行驶在高速公路上的车辆收取6元的通行费，由此导致的消费者剩余的损失是多少？

8. 假设北京拥有私家车的家庭每年消费1 500升汽油，每升汽油的售价是7.2元。现在政府开征10%的汽车燃油税。讨论开征燃油税对消费者的短期消费选择和长期消费选择的影响。

9. 在现实生活中，你是否经历过这种情形，即仅仅是由于交易划算而购买了未必能实现最大利益的商品？

10. 人们会发现，在现实生活中大多数人是没有办法“节俭到底的”。换言之，人们总是选择在某些事情上节俭，在其他事情上大方。比如，做父母的自己节俭，但是却给孩子选择价格昂贵的钢琴课和油画班；刚开始工作的女孩子，宁可节省吃饭的费用，也要购买一些奢侈品……这种类型的消费行为是否背离了理性选择模型？你能否对这种消费行为做出合理解释？

11. 请看下面这组实验问题：

消费者A购买了一张价格为100元的电影票。当他到达电影院后，打开钱包时却发现电影票不见了。A是否会再买一张电影票？

消费者A到电影院的购票处购买一张价格为100元的电影票。当A打开钱包时，发现用来买票的100元钱不见了。A可以使用信用卡买票。A是否会使用信用卡购买电影票？

在参与实验的受试者中，大多数人都认为在第一种情形下，消费者A不会再次购买电影票；而在第二种情形下，A会使用信用卡购买电影票。

请你对实验结果做出解释。

12. 在一家超市里，一段时间内一种调味料在做促销，降价10%。有那么几天货架上写着“每次限购7袋”，而其他时间则写着“不限量”。消费者在限购的几天里平均的购买数量是4袋，是不限购时购买数量的2倍。如何对这种现象做出解释？

参考文献

[1] 大卫·贾斯特．行为经济学．北京．机械工业出版社，2017.

[2] 丹尼尔·卡尼曼．思考，快与慢．北京：中信出版社，2012.

[3] 董志勇．行为经济学．北京．北京大学出版社，2005.

[4] 哈尔·R. 范里安．微观经济学：现代观点：第8版．上海：格致出版社，2009.

[5] 厉以宁．消费经济学．北京：人民出版社，1984.

[6] 迈克尔·R. 所罗门．消费者行为学：第8版．北京：中国人民大学出版社，2009.

[7] R.S. 平狄克，D.L. 鲁宾费尔德．微观经济学：第4版．北京：中国人民大学

出版社，2000.

［8］肖经建．现代家庭经济学．上海：上海人民出版社，1993.

［9］加里·贝克尔，吉蒂·贝克尔．生活中的经济学．北京：机械工业出版社，2013.

［10］郑毓煌，苏丹．理性的非理性．北京：中国商业出版社，2013.

第 3 章

消费者的储蓄决策

学习目的

经济学意义上的储蓄是指当期收入超出当期消费的剩余部分。储蓄的多少会对当期消费产生直接影响，储蓄率过低或者过高也会对经济的健康发展产生直接影响。因此，消费者的储蓄决策始终是消费经济学关注的重点内容。

影响消费者储蓄决策的因素十分复杂，对储蓄决策影响因素的准确判断和把握又是很多重要宏观政策的制定前提。本章首先从微观角度分析了人们进行储蓄的主要动机，包括生命周期储蓄、预防性储蓄、目标储蓄、出于遗产动机而进行的储蓄、投资性储蓄等；其次，根据消费者选择理论分析了消费者如何在当期消费和未来消费（储蓄）之间进行选择以及利率对消费者选择的影响；最后，分析了影响消费者储蓄决策的宏观因素和社会因素。

本章将分三节来说明人们的储蓄动机、影响储蓄的因素等一系列问题，它们是：(1) 储蓄的动机分析；(2) 预算约束、利率与储蓄；(3) 影响储蓄的其他因素，包括社会保障制度、资本市场和消费观念等。

3.1 储蓄的动机分析

在经济理论中，储蓄是指一个经济体（居民个人、企业或政府）为在未来创造收入而留出部分产出的过程。一般情况下，居民个人、企业或政府均有储蓄行为，我们在这里主要讨论居民个人的储蓄行为。居民个人的这种货币收入在当前消费与未来消费之间的分配，也是一种基本的经济选择行为。

居民储蓄有广义和狭义之分，狭义的居民储蓄仅指居民在银行等金融机构的储蓄存款，广义的居民储蓄则指货币收入中未被消费的部分，包括银行存款、保险、有价证券、固定资产、实物投资以及现金等。本章所提及的储蓄是指广义的居民储蓄。下面分别说明几种具有代表性的储蓄动机。

3.1.1 生命周期储蓄

人的一生要经历不同的阶段，从收入和消费的关系来看，大致有三个阶段：参加工作之前——有消费没有收入（依靠父母支持）；工作期间——有收入有消费；退休以后——有消费没有收入。为了保证退休后的消费水平与退休前大致持平，人们需要在工作期间为退休后的生活（养老）进行储蓄，这个动机被称为生命周期储蓄。1985 年诺贝尔经济学奖得主、麻省理工学院的佛朗哥·莫迪利亚尼教授在 1963 年发表的论文《储蓄的“生命周期”假说》（与 A. 安多合著）奠定了生命周期储蓄理论的基础，该理论成为西方各国分析其养老金制度的重要理论工具。

1. 生命周期储蓄概述

储蓄对一国的经济十分重要，因此，为了系统地解释人们为什么储蓄，经济学家们做了很多的努力。生命周期储蓄理论认为，消费者是在比工作时间更长的时间范围内计划他们的储蓄和消费行为的，人们以在整个生命周期内实现消费的最佳配置为目标，把储蓄看作为年老时的消费所做的准备。

图 3-1 是对生命周期储蓄模型的一个简单描述。在任何一个时间点上，一个人总的财富为过去储蓄的总和。图 3-1 表明了李刚的储蓄和他积累的财富。他在 25 岁时得到第一份工作，到 60 岁时退休，预计可以活到 90 岁。假设李刚从 25 岁到 59 岁每年赚的钱和储蓄的钱一样多。在 20 岁时他没有储蓄，在 60 岁时储蓄达到顶峰，此时他开始花费自己的储蓄，直到 90 岁时花完为止。曲线的形态反映了复式利息，随着李刚财富的增加，他赚得的利息也在增加，这些利息每年都加到新的储蓄上。

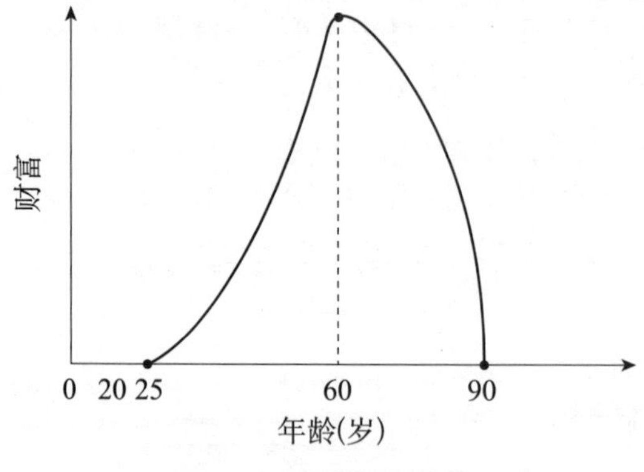

图 3-1 生命周期储蓄

现实生活中，大多数人的生命周期比这个简单图形所表示的要复杂得多。由于技能和经验的增长，大多数人在 40～50 岁时赚的钱要比他们在 20～30 岁时赚的钱多。因此许多人在 20 多岁这个阶段的储蓄相对较少，而在 40 多岁和 50 多岁阶段的储蓄相对较多。尽管如此，图形中的简化例子仍然为一般的储蓄行为方式提供了一个大致的说明。

2. 生命周期储蓄的决策过程

为了说明生命周期储蓄的决策过程，我们考虑一种最简单的情况。假定如下：不存在不确定性因素；某人从其生命的第一年开始工作且没有积累任何财富；他预计能活 N 年，其中要工作 M 年，并且工作期间每年赚取收入 Y；储蓄不赚取利息，价格水平保持不变，从而当前的储蓄将等额地转换为未来可能的消费。

在这种假设条件下，我们可以通过提出并回答以下两个问题来制定储蓄或消费决策：

（1）个人在其生命周期内的消费可能是多少？给定工作时间 M 年，则（来自个人劳动的）终生收入为 $Y\times M$，即每年的工作收入乘以工作年数。某人在其整个生命周期内的消费不可能超过其终生收入，因此其整个生命周期内的最大可能消费支出为 $Y\times M$。

（2）个人如何在其生命周期内分配储蓄与消费？我们假定该人所偏好的消费是每一时期进行等量的消费。由于生命周期内的消费等于终生收入，因此计划年均消费水平 C 乘以生活的年数 N 就等于终生收入：

$$C\times N=Y\times M \tag{3.1}$$

两边同除以 N 就得到每年的计划消费水平 C：

$$C=Y\times\frac{M}{N} \tag{3.2}$$

式（3.2）中的比例系数 $\frac{M}{N}$ 是一生中用于工作的时间比重。它说明在工作期间的每一年中，劳动收入中被用于消费的部分，其所占的比重等于工作时间与生活时间之比。

与式（3.2）相对应的是储蓄函数。我们已经知道储蓄等于收入减去消费，从而可得年均储蓄：

$$S=Y\times\frac{N-M}{N} \tag{3.3}$$

式（3.3）说明工作期间的储蓄率等于一生中退休时间所占的比重。

假设某人从 20 岁开始工作且计划工作到 65 岁，该人将在 80 岁时去世，因此工作时间 M 为 45 年(65－20)，生活年数 N 为 60 年（80－20）（这里假定该人 20 岁之前的生活开支由其父母支付，不由自己支付）。每年的劳动收入 Y 为 30 000 元，那么：

$$\text{终生收入}=Y\times M=30\ 000\times 45=1\ 350\ 000(\text{元})$$

该人在他的工作时期内将得到总计 1 350 000 元的收入，由于他计划在整个生命周期内均匀地消费这些钱，因而：

$$\begin{aligned}\text{年均消费 } C &=\frac{M}{N}\times Y\\ &=\frac{45}{60}\times 30\ 000\\ &=22\ 500(\text{元})\end{aligned}$$

$$\begin{aligned}\text{年均储蓄 } S &=\frac{N-M}{N}\times Y\\ &=\frac{60-45}{60}\times 30\ 000\\ &=7\ 500(\text{元})\end{aligned}$$

在这个例子中，该人工作期间每年劳动收入的 75%将用于消费。这是为什么呢？因为 75%是他一生中（20 岁之后）工作时间所占的比例。每年收入的 25%是他为一生中 25%的退休时间的消费而进行的储蓄。

在工作期间（持续 M 年）个人进行储蓄从而积累财产；退休后个人开始靠这些资产为生，在随后的（$N-M$）年进行负储蓄直到死亡。消费在整个生命周期内保持在水平 C 上，所有资产在生命结束时全部耗尽。

图 3－2 说明了包含消费、储蓄和负储蓄的生命周期模型。在整个生命周期内，存在比率等于 C 的均匀消费流，最终累计消费为 $C\times N$。工作期间的消费支出是由当前收入提供的，退休期间的消费支出则是通过花费工作期间所积累的储蓄实现的。因此，阴影面积（$Y-C$）$\times M$ 与 $C\times$（$N-M$）是相等的，即工作年限内的储蓄提供了退休期间的负储蓄（即消费）。

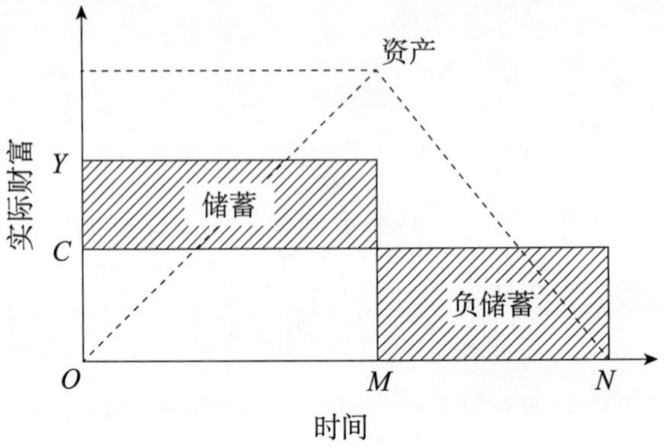

图 3－2　生命周期模型中的终生收入、消费、储蓄和实际财富

3. 生命周期储蓄的政策含义

根据储蓄的生命周期理论，储蓄率与消费者的当期收入水平无关，与利率也基本无关，储蓄率主要由收入的增长率和人口结构的变化决定。该理论假定消费者是理性的，并且追求一生效用的最大化。但是，由于消费者可能是短视的，未来的收入和寿命也可能是不确定的，因此消费者个人可能会出现储蓄不足或储蓄过度的情况，需要社会对养老金有制度性的安排。研究表明，全国性养老金制度的建立将导致私人储蓄的下降。

3.1.2　预防性储蓄

预防性储蓄是指风险厌恶的消费者为预防不确定性导致的消费水平的下降而进行的储蓄。凯恩斯在论述其储蓄的八种动机时首先提到“谨慎”动机和“预防”动机，其后的经济学家不断尝试寻找不确定的收入对人们储蓄行为的影响和收入不确定状态的测量方法。20 世纪 90 年代以来，预防性储蓄理论研究的发展使预防性储蓄的存在及重要性得到重视。

特别需要指出的是，不确定性在制度变革、社会变革时期表现得尤为突出。中国自改革开放以来，在向社会主义市场经济体制转轨的过程中造成收入不确定（失业、下岗）和支出不确定（医疗等）的增强，因此预防性动机成为居民储蓄率提高的重要原因。

3.1.3　目标储蓄

目标储蓄是指消费者为了实现未来特定的消费目标而进行的储蓄。目标储蓄的形成主要受未来收入的不确定性、消费者的家庭财富目标和信贷市场的流动性约束的影响。20 世纪 90 年代以后，美国学者迪顿、卡罗尔提出了缓冲储备（buffer-stock）储蓄理论。该理论认为，消费者有一个与其收入相适应的财富目标，当实际财富低于该目标时，消费者的预防动机就会占主导地位，从而增加储蓄，减少消费；而当实际财富高于该目标时，就会减少储蓄，增加消费。该理论还假定存在流动性约束，当信贷市场不发达时，流动性约束使消费者很难将收入风险在各个时期进行分散，从而不仅使消费低于正常水平，还会增加储蓄。从严格的意义上说，目标储蓄应归入由收入不确定引起的预防性储蓄。但是，由于有明确的消费（财富）目标，并且在中国，消费结构提升、信贷市场需要不断完善的因素特别突出，因此我们将它单列为一类。

根据国家统计局对居民储蓄目的的调查，可以归入目标储蓄的项目包括“子女教育”“买房”“子女婚嫁”“买车”等。

3.1.4　遗产动机

遗产动机是指人们为了能给孩子留下一份遗产而进行储蓄。从某种意义上说，具有这种动机的人不以自利的方式行动，他们牺牲了自己本来可以消费的支出，来提高其子女或孙辈的消费。父母的消费越少，留给孩子的越多（也有另外一种解释：父母可以被看成以自利的方式行动，他们从对孩子的馈赠中得到快乐，他们的动机是增加自己的快乐，而不是利他性质的）。

遗产动机是形成储蓄的又一个原因。遗产动机对储蓄的影响主要表现在以下两个方面：

（1）遗产动机越大，人们在工作期间进行的储蓄就越多；

（2）遗产动机越小，人们在工作期间增加的储蓄就越少。

关于遗产储蓄的实际重要性，经济学界有一些争论。除了为孩子接受高等教育筹集资金之外，大多数父母并不给孩子留下很多钱。不过也有一些富人给孩子留下巨额资金。富人的储蓄常常大于其退休生活的需要。一些经济学家认为：在总量上，少数相对富有的人的遗产储蓄要大于多数贫穷的人的生命周期储蓄。这对于政府制定政策很有意义：如果遗产动机比原来想象的更重要，为了保证政策有效，旨在刺激储蓄的政府政策也应当注意遗产储蓄。

3.1.5　投资性储蓄

当人们进行储蓄是为了获利时，我们把这种储蓄称为投资性储蓄。投资性储蓄主要受利率（投资收益率）的影响。当市场利率（投资收益率）升高时，增加储蓄能带来更高的回报，消费者的储蓄意愿增强；当市场利率（投资收益率）降低时，储蓄的回报降低，消费者倾向于选择增加消费从而减少储蓄。

3.1.6 其他储蓄动机

除了上述几种主要的储蓄动机外，一些特定的人群中还可能存在其他一些储蓄动机，比如中国老年人普遍存在节俭储蓄。受中国传统的节俭观念和长期形成的消费习惯的影响，很多老年人生活节俭，其储蓄并没有特定的目的。随着西方消费观念影响的不断扩大，受中国传统文化影响的节俭储蓄动机对年轻人的影响会越来越小。

3.2 预算约束、利率与储蓄

储蓄决策是指关于把多少收入用于今天的消费，把多少收入用于储蓄以备未来之用的决定，它是每个人面临的一个重要消费决策。我们可以用消费者选择理论来分析人们如何做出这种决策，再进一步分析利息率的高低如何影响人们的储蓄量。

3.2.1 两阶段的预算约束

让我们来看看提前为退休做准备的小王面临的决策。为了使问题简化，我们把小王的一生分为两个时期：第一个时期小王年轻而且有工作；第二个时期小王年老而且退休了。小王年轻时赚了 10 万元，他把这笔收入分为现期消费和储蓄。在年老时，小王将消费他的储蓄及利息。

假设利率为 10%，即小王年轻时每储蓄 1 元钱，年老时可以消费 1.1 元。小王必须在“年轻时消费”和“年老时消费”之间做出选择。利率在小王的选择中占有很重要的地位。

图 3－3 显示的是小王的预算约束线。如果小王不储蓄，那么年轻时小王将消费 10 万元而年老时没有消费。如果小王把所有的收入都储蓄起来，那么年轻时小王没有消费而年老时有 11 万元的消费。这是两种极端的情况。预算约束线表示这两种及所有中间的可能。

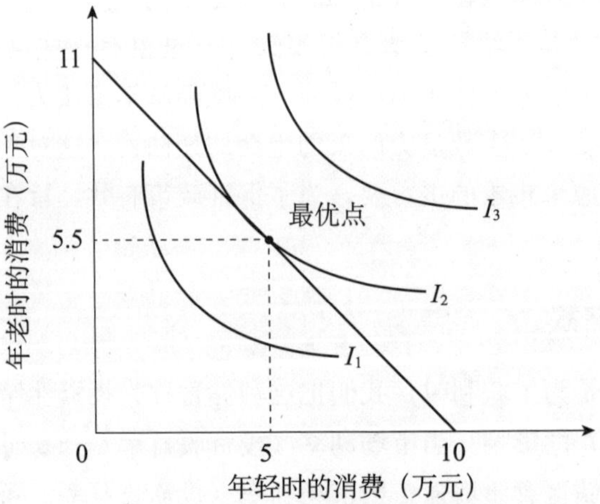

图 3－3 消费储蓄决策

图 3－3 用无差异曲线代表小王两个时期（工作与退休）的消费偏好。由于小王偏好在两个时期都多消费，因此他对较高无差异曲线上各点的偏好大于较低无差异曲线上的各点。小王在这种既定的偏好下选择生命两个时期消费的最优组合，便是既在最高可能的无差异曲线上又在预算约束线上的一点。在这种最优状态下，小王年轻时消费 5 万元，年老时消费 5.5 万元。

现在考虑当利率从 10％升为 20％时会发生什么变化。图 3－4 显示了两种可能的结果。在两种情况下，预算约束线都向外移动，而且变得更加陡峭了。在利率更高的条件下，小王在年轻时放弃的每 1 元消费在年老时都将得到更多的回报。

（1）高利率增加储蓄［见图 3－4（a）］。

1）更高的利率使预算约束线向外移动；

2）导致年轻时消费减少、储蓄增加；

3）从而年老时的消费增加得多。

（2）高利率减少储蓄［见图 3－4（b）］。

1）更高的利率使预算约束线向外移动；

2）导致年轻时消费增加、储蓄减少；

3）从而年老时的消费增加得少。

两幅图表现出小王的不同偏好以及对更高利率的反应。两种情况下年老时的消费都增加了，但年轻时消费对利率变动的反应是不同的。小王的储蓄是他年轻时的收入减去年轻时的消费量。在图 3－4（a）中，小王对高利率的反应是年轻时减少消费，因此储蓄必然增加。在图 3－4（b）中，小王对高利率的反应是年轻时增加消费，因此储蓄必然减少。

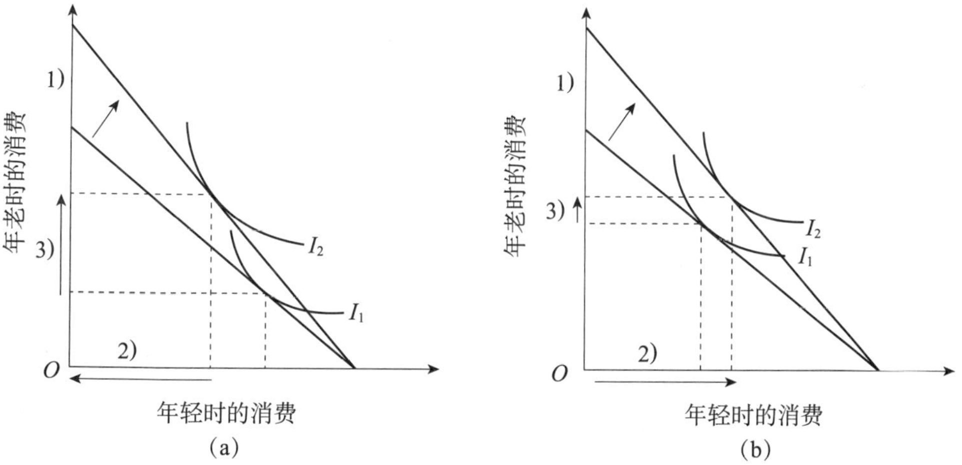

图 3－4　利率提高

在图 3－4（b）中，小王对利率上升的反应是减少储蓄。这种行为乍一看有点儿古怪，但进一步分析可以发现其中的原因。我们可以用高利率的收入效应与替代效应来说明这一点。

3.2.2 利率变化对储蓄的影响

我们先明确什么是收入效应、替代效应，之后我们再回到前面“利率的变化对小王储蓄的影响”的例子。

利率变化通过收入效应和替代效应对储蓄产生影响，并且最终的结果取决于两者的对比关系。

1. 利率变化产生的替代效应

当利率上升时，相对于年轻时的消费，年老时消费的成本变低了。因此替代效应使小王年老时消费得更多，而年轻时消费得更少。也就是说，替代效应使小王的储蓄增加。

2. 利率变化产生的收入效应

当利率上升时，小王移动到更高的无差异曲线，他现在的状况比以前更好了。只要两个时期的消费品都是正常商品，小王就会倾向于利用这种福利的增加在两个时期享受更多的消费。也就是说，收入效应使小王的储蓄减少。

3. 利率对储蓄的最终影响既取决于收入效应又取决于替代效应

如果高利率的替代效应大于收入效应，小王的储蓄增加；如果高利率的收入效应大于替代效应，小王的储蓄减少。

由此可见，消费者选择理论表明，利率提高既可能鼓励储蓄，也可能抑制储蓄。虽然从经济理论的角度看这种不确定的结果是令人感兴趣的，但从经济政策的角度看，这种结果令人失望。税收政策的一个重要争论部分被归结于储蓄对利率的反应。一些经济学家主张减少利息和其他资本收入的税收，认为这种政策变化会提高储蓄者可以赚到的税后利率，从而鼓励人们多储蓄。另一些经济学家认为，由于收入效应与替代效应的抵消，这种税收变化不会增加储蓄，甚至还会减少储蓄。目前，对于利率如何影响储蓄还没有形成一致的看法。

3.3 影响储蓄的其他因素

前两节我们主要从微观角度分析消费者的储蓄动机以及收入和利率对储蓄行为的一般影响。事实上，消费者生活在特定的社会经济和文化环境中，其储蓄行为还受到特定的经济、社会和文化因素的影响。在本节中，我们将结合现阶段中国的具体情况分析社会保障制度、资本市场和消费观念等因素对储蓄的影响。

3.3.1 社会保障制度

1. 社会保障制度的含义

社会保障制度是一系列国家社会保障政策和措施体系的总称。社会保障是指国家通过立法，积极动员社会各方面资源，保证无收入、低收入以及遭受各种意外灾害的公民能够维持生存，保障劳动者在年老、失业、患病、工伤、生育时的基本生活不受影响，同时根据经济和社会的发展状况，逐步增进公共福利水平，提高国民生活质量。完整的社会保障制度包括社会保险、社会救济、社会福利、社会优抚和社会互助等内容，其中，包括养老保险、失业保险、医疗保险、工伤保险和生育保险在内的社会保险是社会保障的核心内容。

一个国家社会保障制度的完善程度及其具体的制度安排对人们的储蓄行为有重要影响：完善的养老金制度会降低人们的生命周期储蓄，健全的失业保险、医疗保险等则会降低人们的预防性储蓄。西方发达国家的社会保障制度在第二次世界大战后随着经济的快速发展和“福利国家”思潮的影响日臻完善，但自20世纪70年代以来受到人口老龄化和经济缓慢增长的巨大挑战。2010年希腊爆发的债务危机蔓延至欧元区许多国家，引发国际金融市场动荡，其背后的根源是养老金制度的危机。发展中国家的社会保障制度则大多不完善，覆盖面窄、保障水平低，同时随着人口老龄化的出现，也面临越来越大的挑战。

2. 养老金制度对储蓄的影响

不同的养老金制度安排（不同的筹资方式、受益方式及管理方式）会有不同的储蓄效应。20世纪70年代以来，由于美国储蓄率的下降受到格外关注，许多经济学家试图从不同的角度寻找导致储蓄率下降的原因，因而社会保障对个人储蓄的影响受到很多人的注意。此外，有关私人养老金计划的积累状况对个人储蓄影响的分析也时有所见。但总体来看，迄今为止，有关养老金制度对储蓄影响的分析更多地集中在现收现付的社会保障制度方面，对基金积累制储蓄效应的分析则较少；分析的背景多是以美国为代表的发达经济体，缺乏以市场不健全的发展中经济体为背景的分析；缺乏对从现收现付制向基金积累制的制度转轨可能造成的储蓄影响的分析。

3. 现收现付的养老金制度对储蓄的影响

（1）对个人储蓄的影响。有关社会保障制度对个人储蓄的影响的研究是由费尔德斯坦首先进行的。他认为，社会保障会对个人储蓄产生两种方向相反的影响：其一是“资产替代效应”（asset-substitution effect），即人们从公共养老金计划当中获得的养老收益会降低为退休消费而进行资产积累的需要；其二是退休效应（retirement effect），因为与生活状况有关的社会保障能够增加储蓄，因而可能诱使人们提前退休。提前退休意味着工作期的缩短和退休期的延长，这又反过来要求人们在工作期有一个比较高的储蓄率。个人储蓄的净效应取决于两种效应的对比。费尔德斯坦利用其理论所做的经验研究表明，1929—1971年间（不包括1941—1946年），美国的社会保障制度大约减少了50%的个人储蓄，即社会保障所提供的公共养老金计划对个人储蓄具有“挤出效应”（crowding-out effect）。此后，其他的经验研究也证明了挤出效应的存在。

挤出效应存在的前提是生命周期储蓄理论的退休储蓄（养老动机）假定。巴罗在引入遗产动机后认为，社会保障对个人储蓄的挤出效应可能有一部分为通过遗产形成的个人资源的代际转移所补偿。在不存在退休效应的情况下，通过遗产机制，社会保障对个人储蓄的挤出效应应该是零，因此，美国的个人储蓄因社会保障而减少的比例也许不会有费尔德斯坦估计的那么大。尽管其他人的一些研究也对挤出效应给予了不同程度的否定，但社会保障的挤出效应还是得到了更广泛的认可。有人根据社会保障制度不完善的国家或地区（如日本）有较高的个人储蓄率的事实，从反面论证了挤出效应的存在。此外，对养老储蓄问题的进一步研究认为，无论是费尔德斯坦、巴罗的研究，还是其他的经验研究，都是在生命周期模型的完全确定性的前提下进行的，在引入了不确定性因素后，社会保障对个人储蓄的挤出效应可能要比以前估计的更大。另外，由于私人年金市场的逆向选择效应，人们难以通过购买年金来防范长寿风险，而更多地依赖社会保障制度，因而社会保障对个人储蓄有可能产生更大的挤出效应。

（2）对公共储蓄的影响。现收现付制是以近期的收支平衡为原则的，因此静态地看，能保障收支平衡的公共养老金计划不会对公共储蓄产生影响，但是动态地看，在现收现付的公共养老金制度建立的初期，由于制度赡养率低，公共养老金计划可能会有盈余，因而增加了公共储蓄，或者通过较低的税率促进了私人储蓄的增加。无论哪种情况，都会部分地抵消公共养老金计划对个人储蓄的挤出效应。随着人口的老龄化和制度的逐渐成熟，年金缴费和支出之间的差距会不断扩大，在其他条件不变的情况下，不断扩大的年金赤字意味着公共储蓄的下降；如果这一赤字是通过增加税收来弥补的，那么还意味着会降低私人储蓄。表 3-1 显示，在部分经合组织（OECD）成员国，1990—2150 年间预计要支付的年金现值与预计可收入的缴费现值的差额，是这些国家国内生产总值（GDP）的 2～3 倍；如果保持现行的年金政策不变，1990—2150 年间这七个国家都将出现财政收入缺口。

表 3-1 部分经合组织成员国为年金债务筹资的多种选择方案（1990—2150 年）

国家	（1）现收现付制（PAYG）* 年金差额占 GDP 的百分比（%）	需要增加的税收占 GDP 的百分比（%）		（4）所需的工资保值程度（%）	（5）所需退休年龄的增长（岁）
		（2）现收现付制不变	（3）部分积累		
加拿大	250	6.3	4.4	20	16
法国	216	5.5	4.0	60	8
德国	160	6.2	3.6	50	11
意大利	233	11.9	5.3	40	10
日本	200	6.8	4.3	30	9
英国	186	4.8	3.5	50	12
美国	43	4.4	1.1	50	4

* PAYG 是 pay-as-you-go 的缩写，即现收现付制。

注：各栏内容：（1）预计收入与支出的差额。
（2）在不进行调整的前提下，继续实行现收现付制。
（3）1990 年以来缴费率的一次性提高。
（4）工人的实际收入随实际工资增长率的变化而进行保值的程度。
（5）假定现行退休年龄为 60 岁，所需提高的退休年龄数。

资料来源：NOORD P，HERD R. Pension liabilities in the seven major economies. OECD economics working papers，1993（142）.

4. 资金积累的养老金制度对储蓄的影响

（1）规定受益的养老金计划的积累状况对储蓄的影响。在规定受益的养老金计划中，受益水平通常是以雇员的工作年限及目标替代率水平为基础确定的，而不是直接受养老金计划的积累状况或投资收益率的影响。由此，雇员从养老金计划得到的累积养老金可以与计划的基金积累状况区分开来。养老金净缴费（总缴费减总受益支付）构成了私人储蓄的组成部分，并形成了可以对投资和政府赤字融资的可贷资金。

从规定受益计划提供者（企业）的角度看，规定的受益是企业对雇员的应计债务，可以在某些假设条件下（假定某种利率、工资增长率等），计算出受益年金的贴现值，并与养老金资产的价值进行比较。由于养老金负债的资金积累具有确定的目标，基金资产的收益率越高，用于满足基金债务所需要的缴费就越低。如果基金资产的实际收益率高于假定的贴现率，基金的缴费就会趋于下降。正如典型的目标储蓄中的情况一样，规定受益的养老基金的缴费对实际利率具有负的弹性：利率提高，缴费下降；利率降低，缴费上升。

根据上述理论分析，有人认为 20 世纪 70 年代以来市场利率的提高，特别是养老基金投资收益率的提高导致养老金净缴费的下降，是造成美国私人储蓄率下降的一个重要原因。

（2）规定缴费的养老金计划对储蓄的影响。与规定受益的养老金计划有所不同的是，虽然个人缴费率的确定一般是根据某些假设（工资增长率、利率、替代率等）通过精算得出的，但规定缴费的养老金计划并不具有很强的目标储蓄性质，因而利率的上涨并不会对缴费（从而对私人储蓄）产生负的影响。

由于规定缴费的养老金计划具有完全积累的性质，因而会增加经济中财富的积累。但是个人储蓄的净效应取决于这种强制性储蓄对自愿性储蓄的边际替代率：如果边际替代率大于 1，则会减少个人储蓄；如果边际替代率小于 1，则会增加个人储蓄；如果边际替代率等于 1，则不会对个人储蓄产生影响。戴维斯 1995 年在对 12 个 OECD 成员国及智利和新加坡的养老基金进行分析后，并没有发现养老基金对个人储蓄的规律性影响，因而认为：“基金制养老金计划对个人储蓄的影响要依各个经济体的具体情况而定。”

3.3.2 资本市场

1. 资本市场概述

资本市场作为中长期（期限在一年以上的）金融产品发行和交易的市场，是金融体系的重要组成部分，在促进储蓄向投资转化、有效配置资源、分散金融体系风险、促进经济增长等方面发挥了积极的作用。

成熟的资本市场主要体现在三个方面：第一，市场体系健全，包括股票市场，政府债券市场，公司债券市场，以及场内交易市场、场外交易市场和全国性、区域性等多层次的股权交易市场；第二，金融产品丰富，包括股票、债券、金融衍生产品在内的各种金融产品能够很好地满足投资者和融资人多样化的投融资需求及风险管理需求；第三，市场效率高，即市场有较好的流动性，交易成本低，定价效率高，市场的资源配置功能能得到较好的发挥。

从理论上说，资本市场对储蓄的影响可能是双向的：资本市场的发展使可投资的产品更加丰富，投资的回报率提高，使个人投资的风险得到更合理的估价、管理和分散。这一方面可能会刺激投资的积极性，增加消费者的投资性储蓄；另一方面，其产生的财富效应也可能减少因未来收入的不确定而带来的预防性储蓄。有实证研究表明，资本市场的发展通过分流储蓄和财富效应两个渠道降低了居民储蓄率。①

2. 流动性约束

当消费者在高收入预期下无法通过借款来维持当前消费时，就存在流动性约束。大学生对流动性约束可能有特殊的感受。绝大多数学生都预期他们未来的收入要比现在当学生时高得多，而前面讲到的生命周期理论指出他们的消费应该建立在其终生收入的基础上，这就意味着他们当前的支出应该大大高于其收入。要做到这一点，他们就必须借钱。虽然他们能够在一定限度内借款，但是完全有可能无法通过充分借款来支持持久水平上的消费，这样的学生就将面临流动性约束。当他们大学毕业参加工作后，他们的收入将上升，消费也将相应上升。根据生命周期理论，只要他们收入的增加是可以预期的，他们的消费在收入上升时的增加就不应该太大。事实上，出于流动性约束的原因，消费在收入上升时会有大幅度的上升。由此，消费与当前收入的联系将比该理论所预示的更为密切。同样，若在收入暂时下降时无法借到款，人们也会面临流动性约束。

3. 资本市场对储蓄的影响

（1）若存、贷款利率相同，那么资本市场不会对储蓄产生太大影响。让我们来考虑这样一种情况。刘燕今年30岁，她现在有50 000元钱，并且知道自己在40岁时会得到一笔500 000元的遗产。假定借款和储蓄的利率是相同的。如果刘燕今天放弃1元的消费，明天她将得到（$1+r$）元的更多消费；如果刘燕今天消费1元，明天她将放弃（$1+r$）元的更多消费。由于知道10年后自己有能力偿还债务，现在刘燕可能选择借钱而不是等到10年后再花继承的遗产。如果当前的消费大于50 000元，刘燕必须借债；如果当前的消费小于50 000元，刘燕就在储蓄；如果刘燕当前的消费恰好为50 000元，那么她不需借款，也没有储蓄。

这里假设借款者支付的利息和储蓄者得到的利息相同，但这并不是典型的情况。通常贷款利率要高于存款利率，两者的差额一般有3～4个百分点，用于银行的管理费用以及坏账损失，剩余部分体现为银行的利润。

（2）当存、贷款利率相差很大时，人们很少储蓄。一个人的存款利率和贷款利率不同，导致预算约束线有一个折点。

图3-5说明了当刘燕面临的存、贷款利率不同时可做的选择。在这种情况下预算约束线不是直线，而是有一个折点H。在H点，刘燕当前的消费为50 000元，没有存款也没有借款。通过放弃更多的现在消费（从H点向左移），刘燕在本期每放弃1元钱，在下一期将得到（$1+r_s$）元。这里r_s表示存款利率。如果刘燕想在本期消费较多，即移动到H点右方，那么每增加1元的本期消费，她必须放弃（$1+r_b$）元的下期消费。这里r_b为贷款利率。由于贷款利率高于存款利率，H点右边预算约束线的斜率大于H点左边预算约束线的斜率。斜率的不同导致产生了折点H。

---

① 杨玲玲．资产市场对居民储蓄率影响的国际比较：兼论中美储蓄率差异．世界经济研究，2010（8）．

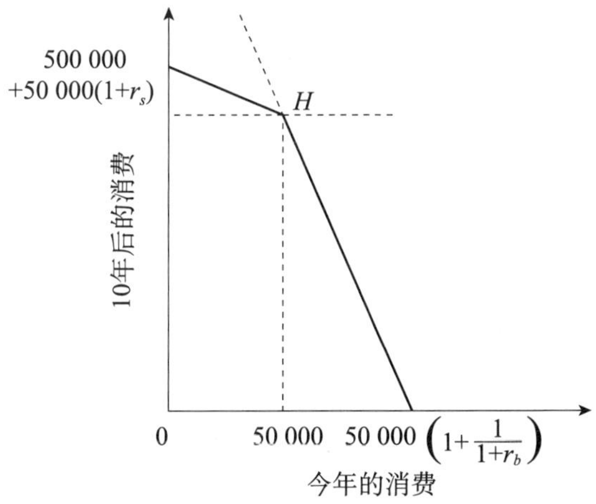

图 3－5　刘燕有折点的两时期预算约束线

为了考察折点的意义，假设存款年利率为 7%，贷款年利率为 12%。如果刘燕的借款期为 10 年，那么她必须为所借的每 1 元钱偿还（1.12）^{10} 元；如果刘燕储蓄 10 年，那么她储蓄的每 1 元钱最后只能得到（1.07）^{10} 元。*H* 点左边和右边的预算约束线的斜率明显不同。

当预算约束线有折点时，许多人既不借钱也不储蓄。他们能得到的储蓄利率太低，不足以说服他们储蓄；而必须支付的贷款利率又太高，使得他们不想借钱。对于这些人来说，存、贷款利率的小量变动没有什么实际意义，他们仍然既不存款也不贷款。

（3）当存、贷款利率差减小时，人们倾向于减少储蓄，增加消费。如果贷款利率下降，因为存、贷款利率更为接近，折点不再那么突出。对于借款者来说，贷款利率降低的收入效应和替代效应都将导致现在的消费增加。

任何降低管理成本的创新都会减少存、贷款利率之差，从图 3－6 与图 3－5 的对比中可以看出这种创新的效果。假设最初贷款利率很高，*H* 点右边的预算约束线看上去很陡，因此许多人会选择在 *H* 点消费。而现在经过改善的贷款机构右方降低了贷款利率，从而使得 *H* 点右边的预算约束线变得更为平坦，折点的折角不再像以前那么大，存、贷款利率更为接近。

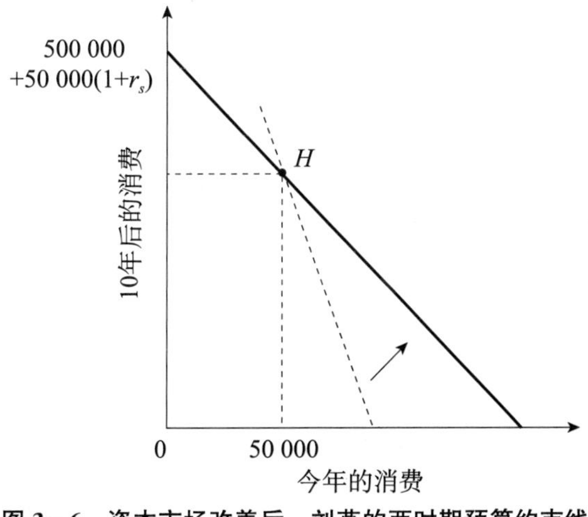

图 3－6　资本市场改善后，刘燕的两时期预算约束线

任何降低贷款利率的变动对借款者都既有收入效应也有替代效应。资本市场的改善使人们的处境变得更好，这意味着在今天和明天人们愿意消费得更多。收入效应使人们愿意增加对大多数商品的消费；替代效应使人们用现在的消费代替未来的消费，因为现在的消费相对便宜，更有吸引力了。资本市场就是通过这样一种方式来影响人们的储蓄的。

3.3.3 消费观念

消费观念亦称“消费意识”，是指支配和调节人们消费行为的思想、意识。它受到众多因素的制约和影响，包括政治、经济、文化、历史、道德、宗教及自然等因素，其中最根本的是社会经济发展阶段及其具体状况。某种消费观念总是一定的社会经济发展状况的反映，并伴随社会经济发展状况的变化而变化。消费观念一经形成，又反过来制约和影响消费生活与消费环境。总体来说，消费观念受文化环境和人的价值观的影响较大，人们由于人生观、幸福观和价值观的不同，在消费观念上必然表现出差异。

现在我们来看消费观念的变化趋势对储蓄的影响。随着社会发展由数量扩张向质量提升转型，人们的物质、精神和价值需求发生了由“从无到有”向“从有到好”的转变。人们更加注重自身的需求满足和全面发展，把人的生活质量、综合素质和价值实现，作为衡量社会发展和文明进步的重要指标。社会的进步、人民生活水平的提高也必然带来消费观念的重大变化。消费观念的变化主要体现为以下几个方面：

（1）由生存型消费向发展型消费转变。随着城乡居民收入水平的提高和消费结构的升级，用于吃、穿、用等生活必需品消费的支出比重会下降，用于耐用消费品和服务性消费的支出比重会上升，比如用于文化教育、休闲度假、旅游观光、体育健身等精神文化的消费支出。从20世纪90年代开始，中国居民的消费水平逐渐由生存型向享受型及发展型转变。其主要标志是：必需品消费比重下降，服务消费比重上升。根据国家统计局的统计，反映城镇居民生活水平的恩格尔系数从2000年的39.2%下降到2005年的36.7%，到“十一五”末期下降到35.7%，2017年为29.3%，首次降到30%以下。与此同时发展型消费支出的比重却明显上升。有资料表明，城镇居民人均支出增长最快的项目是交通、通信、娱乐、教育文化和居住。多年来，吃、穿、住、行的单一生存型消费结构逐步为享受与发展并重的消费结构所替代。发展型消费主要体现在医疗保健、教育娱乐、交通通信等方面的消费。

（2）超前型消费被更多消费者接受。影响人们消费的因素是多方面的，有文化因素、社会因素、经济因素和心理因素等。其中文化因素是对人们的消费行为影响最为广泛、最为深远的因素，消费观念则是影响人们消费行为的文化因素的核心。改革开放以来，随着社会生产力的大幅提高，消费品日趋丰富，传统的消费观发生了巨大的变化，尤其是“90后”人群，更普遍地接受消费信贷和超前消费。

（3）绿色消费等现代消费观念出现。绿色消费，是指以节约资源和保护环境为特征的消费行为，主要表现为崇尚勤俭节约，减少损失浪费，选择高效、环保的产品和服务，以降低消费过程中的资源消耗和污染排放。绿色消费观念是在消费者环境保护意识不断增强、更加注重健康的生活方式的背景下出现的。中国经历了多年的经济高速发展，生态环境问题日益被人们关注；并且随着物质生活的极大改善，浪费和奢靡之风甚盛，不仅中国经济的可持续发展受到挑战，消费者的身心健康也受到影响。绿色消费观念将促进健康理性的生活方式，从消费端推动经济增长方式的转变，因而得到了政府的政策鼓励和支持。2016 年 3 月，国家发展改革委等部门联合出台了《关于促进绿色消费的指导意见》。

消费观念对储蓄的影响是多方面的，从各国的发展路径看，随着消费水平的提高和消费观念的变化，居民储蓄多呈现下降的趋势。

延伸阅读 | 中国的养老金制度改革

从 20 世纪 90 年代初开始，中国为应对人口老龄化的威胁，启动养老金制度改革，引入个人缴费，由现收现付制向部分积累制转变。此后，随着改革的不断深入，我国建立了社会统筹和个人账户相结合的筹资模式，扩大了制度覆盖面，逐步降低了养老金替代率，建立了包含非职工群体的社会养老体系。2009 年和 2011 年分别试行的新型农村社会养老保险和城镇居民社会养老保险，填补了中国养老金制度的空缺，使我国的养老保险实现了制度全覆盖。经过历时近 30 年的养老金制度改革，中国初步形成了基本养老与补充养老相结合的三支柱养老保险体系。第一支柱为基本养老保险，是国家强制实施的保障离退休人员基本生活需要的一种社会保险制度，包括城镇职工基本养老保险、城乡居民基本养老保险。全国社会保障基金作为第一支柱的资金补充。第二支柱为补充养老保险，是企业或机关事业单位在基本养老保险之外专门为职工建立的附加保险，包括企业年金和职业年金。第三支柱为个人商业养老金，是居民以个人名义自愿参与的养老金，形式可分为保险、基金、信托、理财等，目前缺乏统一的统计口径。到 2016 年底，基本养老保险覆盖了中国接近 65%的人口，参保人数达到了 8.88 亿人。其中 3.79 亿人参加了城镇职工基本养老保险，5.08 亿人参加了城乡居民基本养老保险。截至 2021 年 10 月底，全国基本养老保险参保人数达到 10.23 亿人，其中全国城镇职工基本养老保险参保人数为 4.76 亿，全国城乡居民基本养老保险参保人数为 5.47 亿。

但是，面对“未富先老”和人口老龄化加速的现实，我国的养老保障制度面临着巨大的挑战。

第一，保障程度低，过度依赖“第一支柱”，养老金体系的其他支柱发展缓慢。作为“第一支柱”的基本养老保险，随着覆盖面和缴费基数的扩大，基金收入和积累额不断增加。截至 2019 年底，中国养老金结存金额为 8.89 万亿元，仅占 GDP 的 9.0%，占比远低于发达市场的水平。同期，一、二、三支柱的占比分别约为 70.7%、29.2%、0.1%，第一支柱独大，第二支柱占比偏低，第三支柱几乎缺位。总体上，中国的养老金资产存量低、占 GDP 的比重低，与已步入老龄化社会多年的发达国家差距显著，第二、三支柱，尤其是第三支柱存在明显短板。2018 年 5 月税延养老保险试点标志着我国第三支柱商业养老保险正式开启，2021 年 3 月推出的专属商业养老保险试点是我国第三支柱商业养老保险的又一实践探索，二者分别以税收优惠和灵活投保的方式刺激商业养老需求。

第二，基本养老保险个人账户“空账运行”的问题依然没有得到根本解决。自

1997年全国建立基本养老保险个人账户以来，因转型成本没有彻底解决，个人账户资金被用来支付当期养老金，造成个人账户多年来空账运行的问题突出。尽管2001年辽宁试点后将做实个人账户的试点由东北三省扩大到包括上海在内的13个省份，但空账规模仍不断扩大。到2015年底，相对于个人账户47 144亿元的记账额来说，空账规模超过4万亿元，做实账户占比不到10%。个人账户的空账问题若不解决，基金积累制将名存实亡。随着2020年后人口老龄化高峰的到来，中国的养老金制度将面临巨大的偿付压力。十八届三中全会提出“建立更加公平可持续的社会保障制度。坚持社会统筹和个人账户相结合的基本养老保险制度，完善个人账户制度”，意味着个人账户将由“做实”向“名义账户”转变，个人账户的积累功能也将消失。

第三，养老金分散管理，统筹层次低，保值增值面临挑战。基本养老金包括省级社会统筹的养老金和个人账户实际积累以及作为储备的全国社保基金。根据2021年8月全国社保基金理事会发布的《社保基金年度报告（2020年度）》，截至2020年，自基金成立以来，年均投资收益率为8.51%，累计投资收益额为16 250.66亿元。截至2019年底，全国已有22个省份与社保基金会签订了委托投资合同，委托投资金额超过1万亿元。除此之外，基本养老保险基金仍由各省管理，投资品种以银行存款、国债为主，收益率低。2020年，我国全面实现了基本养老金的省级统筹。2022年，我国将在充分发挥地方、中央两个积极性的基础上，加快推进基本养老金的全国统筹。

延伸阅读 | 人口老龄化将导致中国储蓄率下降

人口老龄化是世界各国面临的共同问题。1999年，中国60岁及以上的人口占到总人口的10%，中国进入了老龄社会；到2017年底，这个占比已经提高到17.3%。65岁及以上的人口在2000年时占总人口的7%；2020年第七次全国人口普查显示这一数字已经达到13.5%，65岁及以上的人口达到19 064万人；2022年中国将进入65岁及以上人口的占比超过14%的深度老龄化社会。

人口老龄化和人口结构的变化意味着老年人口抚养比率的提高、养老负担的加重。人口抚养比率为非劳动年龄人口（0～14岁和65岁以上）与适龄劳动人口（15～64岁）的比率。根据有关机构的预测，随着人口老龄化的加速，中国人口总抚养比率将在2027年达到50%的临界点，老年人口抚养比率将在2029年超过少儿抚养比率。

人口抚养比率与家庭储蓄率和国民储蓄率密切相关。对家庭而言，抚养比率高意味着需要赡养的家庭成员多，消费支出多，储蓄低；反之则储蓄高。而对国民储蓄而言，当企业储蓄率和政府储蓄率不变时，人口老龄化造成的人口抚养比率持续上升，将直接导致家庭储蓄率和国民储蓄率的下降。更进一步地，人口老龄化的加速将对企业经营和经济增长产生负面影响，导致企业储蓄率和政府储蓄率下降，从而进一步加剧国民储蓄率的下降。尽管人口结构的变化通常是缓慢的，其对储蓄和消费趋势的影响是渐进的，但却是持久的。人口老龄化将对未来中国经济的发展产生深远的影响。

小　结

本章从微观角度研究了消费者储蓄决策方面的一系列问题：首先对储蓄的主要动机

进行分析，包括生命周期储蓄、预防性储蓄、目标储蓄、遗产动机、投资性储蓄等；其次详细对预算约束、利率与储蓄进行考察，包括预算约束、收入效应与替代效应、利率变化对储蓄的影响；最后分析了影响储蓄的其他宏观和社会因素，包括社会保障制度、资本市场及消费观念等。

关键术语

生命周期储蓄	预防性储蓄	目标储蓄
遗产动机	投资性储蓄	预算约束
收入效应	替代效应	社会保障制度
资本市场	流动性约束	

思考题

1. 根据生命周期储蓄理论，分析人口老龄化对国民储蓄的影响。
2. 根据生命周期储蓄理论，分析中国养老金制度改革的必要性。
3. 什么是预防性储蓄？为什么中国的经济体制改革会导致储蓄率提高？
4. 什么是目标储蓄？举例说明。
5. 什么是利率提高的收入效应？
6. 什么是利率提高的替代效应？
7. 提高利率会鼓励人们增加储蓄吗？分析利率影响储蓄的机理。
8. 你认为中国社会保障制度的不完善是造成居民储蓄率偏高的主要原因吗？请说明理由。
9. 分析资本市场对储蓄的影响。

参考文献

[1] 蔡昉，都阳．中国的储蓄率变化、决定因素和影响．新金融评论，2020 (3).

[2] 陈利平．高储蓄率并非需求不足的根源．经济研究，2001 (3).

[3] 杭斌．基于财富目标的居民储蓄行为．统计研究，2008 (2).

[4] 李扬，殷剑峰．中国高储蓄率问题探究．经济研究，2007 (6).

[5] 石先进．高房价挤出中国储蓄了吗?：2008 年金融危机后中国储蓄率变化原因分析．中国流通经济，2019，33 (7).

[6] 孙凤．预防性储蓄理论与中国居民消费行为．南开经济研究，2001 (1).

[7] 汪伟，郭新强．收入不平等与中国高储蓄率：基于目标性消费视角的理论与实证研究．管理世界，2011 (9).

[8] 杨长汉．中国企业年金投资运营研究．北京：经济管理出版社，2010.

[9] 杨玲玲．资产市场对居民储蓄率影响的国际比较：兼论中美储蓄率差异．世界经济研究，2010 (8).

[10] 袁志刚，宋铮．人口年龄结构、养老保险制度与最优储蓄率．经济研究，2000 (11).

[11] 郑秉文. 中国养老金发展报告2011. 北京：经济管理出版社，2011.

[12] 朱春燕，臧旭恒. 预防性储蓄理论：储蓄（消费）函数的新进展. 经济研究，2001 (1).

[13] LELAND H E. Saving and uncertainty：the precautionary demand for saving. Quarterly journal of economics，1968：82.

[14] MODIGLIANI F，CAO S L. The Chinese saving puzzle and the life-cycle hypothesis. Journal of economic literature，2004，42 (1)：145 - 170.

第 4 章

消费者的信贷决策

学习目的

现实生活中的消费者，既可能将当期收入全部用于当期消费，也可能部分用于当期消费、部分用于储蓄（未来消费），还可能将部分未来收入用于当期消费，即提前消费。金融市场的发展，为消费者通过消费信贷将部分未来收入用于当期消费提供了可能性和便利性。适度的消费信贷，既有助于消费者平衡生命周期不同阶段的收入与消费支出，也有利于通过消费需求拉动经济增长。

本章首先通过预期收入与跨期消费概念的引入，分析消费信贷对消费者预算约束的影响；其次，介绍金融市场上消费信贷的主要种类；再次，分析影响消费者信贷决策的因素；最后，解释消费信贷决策的风险及消费者信贷管理的内容。随着数字经济的发展，消费信贷的应用场景更加广泛，在提供消费者信贷便利的同时，防范信贷风险变得更加重要。

4.1 预算约束与信贷决策

现实生活中，每一个消费者都将面临消费决策、储蓄决策、信贷决策以及投资决策，它们之间的关系是相互影响、密不可分的。消费者改变其中任意一项就会对其他决策产生影响，因为上述决策都受制于其预算约束。要分析消费者的信贷决策，首先要了解消费者的当期收入与预期收入、当期消费与未来消费之间的关系。

4.1.1 当期收入与预期收入

根据获得收入的时间的不同，可将收入划分为当期收入与预期收入两大类。在经济学中，收入有许多内涵，如劳动收入、财产收入、税前收入、非货币收入等。在本书中，为了便于学习，我们将当期收入定义为消费者已获得的工薪收入[①]；预期收入是指

① 读者如有兴趣，可将当期收入的范围扩大至货币收入，包括财产收入等。可以试着分析收入定义的变化对消费者信贷决策将产生什么样的影响。

消费者还未获得但预计将要获得的工薪收入。对一般消费者而言，当期收入不等于预期收入。根据宏观经济环境及对自我的评价，消费者可以根据当期收入来估算预期收入的多少。

预期收入与当期收入的关系具有一定的规律性。消费者一生的收入曲线大致如图 4－1 所示：在参加工作的初期，收入水平处于较低水平；随着技能的提高、经验的增长和资历的增加，收入会逐渐上升；收入水平在中年达到顶峰后随知识的老化、体能的下降而降低，直到退休后工薪收入接近零。

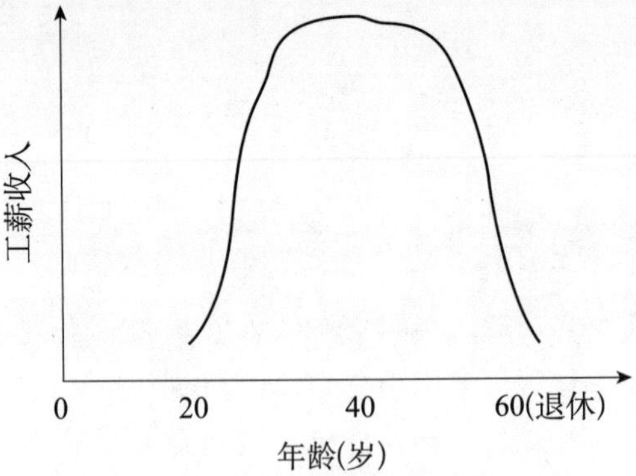

图 4－1　消费者一生的收入曲线

从图 4－1 中可以看出当消费者处于不同年龄段时当期收入与预期收入的关系。年轻时消费者的当期收入是小于预期收入的，而步入中年后，消费者的当期收入是大于预期收入的。

4.1.2　跨期消费

假定消费者是理性的①，会根据效用最大化原则使用一生的收入，安排一生的消费和储蓄，即消费不是取决于当期收入，而是取决于一生的收入。这可用公式表示为：

$$C=aY+bY'+cA$$

式中，C 为当期平均消费，Y 为当期平均收入，Y' 为预期平均收入，A 为当期平均财产，a、b、c 分别代表当期平均收入的边际消费倾向、预期平均收入的边际消费倾向及当期平均财产的边际消费倾向。从这个公式可以看出，消费者的当期消费不仅取决于当期收入水平，而且取决于预期收入和消费者拥有的财产。实证研究也显示，消费者的消费主要取决于财产和预期收入，而当期收入对消费者的影响比预期收入的影响要小得多。因此，如果能实现借贷，消费者的当期消费可以超出当期收入，也就是说，如果消费者的预期收入大于当期收入，则可以通过借贷把未来的收入提前用于当期消费。消费者的跨期消费曲线如图 4－2 所示。

① 美国经济学家莫迪利亚尼等人提出了生命周期假说，详见本书第 7 章。

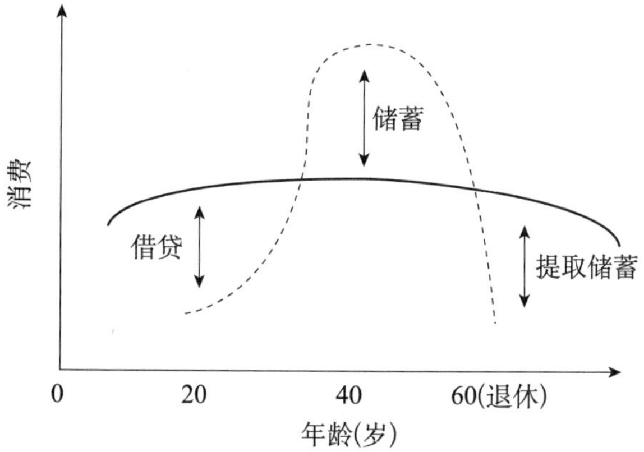

图 4-2 消费者一生的消费曲线

在图 4-2 中，实线代表消费曲线，虚线代表收入曲线。通过信贷及储蓄等手段，消费者可实现跨期消费：年轻时收入较少，通过借贷增加当期消费；步入中年后，通过储蓄减少当期消费。

4.1.3 消费信贷对预算约束的影响

在前面，我们曾经运用预算约束、效用以及无差异曲线等工具进行分析。当消费者对商品的偏好固定时，无差异曲线就确定了。消费者效用最大化目标的实现取决于预算约束线的位置：预算约束线越靠左，则效用水平越低；预算约束线越靠右，则效用水平越高。在消费者的收入以及商品价格水平一定时，借贷可以使预算约束线向右移动。借贷金额越大，预算约束线就向右移动得越多。消费者通过消费信贷增加了其可支配收入，从而使预算约束线与更高位置的无差异曲线相切，提高了自身的效用水平（如图 4-3 所示）。

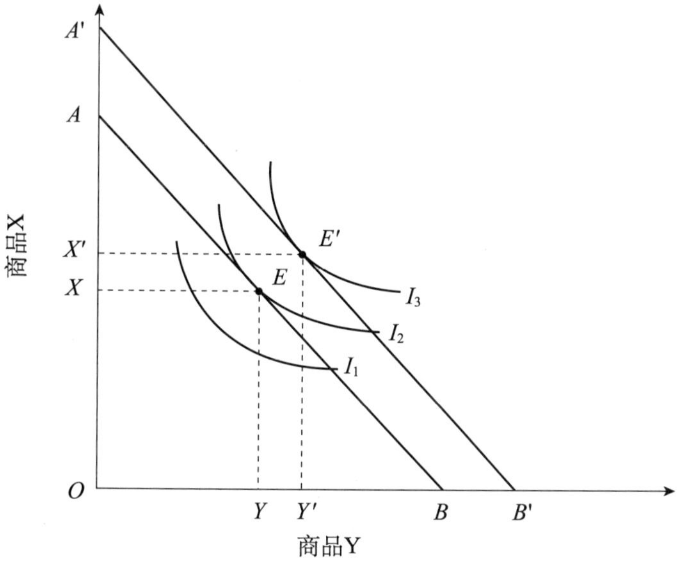

图 4-3 消费信贷对消费者效用水平的影响

图中，AB 表示消费者在借贷前的预算约束线；$A'B'$ 表示借贷后的预算约束线；I_1、I_2、I_3 表示无差异曲线。通过消费信贷，当期支付能力增大，预算约束线与无差异曲线相切于 E' 点，消费者所获得的效用水平大于原来的最大效用组合点 E（$X<X'$，$Y<Y'$）。这说明，通过消费信贷，消费者当期的效用水平得到了提高。

在图 4－3 中我们看到，商品 X 和商品 Y 的购买数量都有所增加。在现实生活中，大额消费信贷决策往往用于实现当期收入难以支付、价格较高的耐用消费品，而消费者对其他一般性消费品的消费水平基本不变。在这种情况下，预算约束线在向右移动时，其斜率也会发生变化（如图 4－4 所示）。

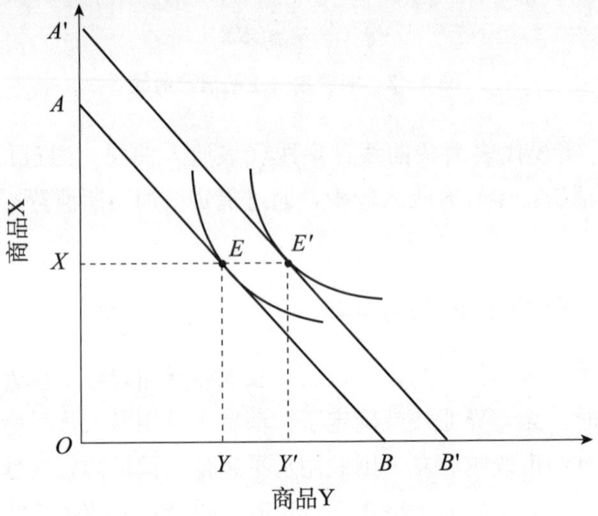

图 4－4　消费信贷对耐用消费品消费数量的影响

如图 4－4 所示，消费者在获得消费信贷后，预算约束线从 AB 右移至 $A'B'$。若将该笔收入全部用于购买耐用消费品 Y，则新的效用最大化购买组合 E' 中非耐用消费品 X 的数量没有变化。

从以上两个图中我们可以看出，消费信贷使人们改变了消费对当期收入的依赖，消除了流动性约束，从而实现了未来消费需求与当期消费需求的转换，把消费与一生的财富联系起来。通过理性地安排消费数量，消费者的消费能够在收入的不断变动中保持相对稳定。

4.1.4　消费信贷对储蓄的影响

储蓄与消费存在此消彼长的关系。消费信贷在提高消费者消费水平的同时，会影响消费者的储蓄行为，具有减少储蓄的作用。人们的储蓄动机是多种多样的，大体可以分为生命周期储蓄、预防性储蓄、目标储蓄、遗产动机、投资性储蓄等。其中目标储蓄是指为了将来的某种固定的消费目标而进行的储蓄，比如结婚、购房、子女教育等。尽管很难确定目标储蓄占消费者全部储蓄的比重，但可以肯定的是在消费结构发展的某一阶段——比如在耐用消费品逐渐普及的阶段，目标储蓄是很重要的储蓄动机。消费信贷的发展会减少人们因目标动机而进行的储蓄。

例如，某消费者想购买价值 60 万元的公寓。如果不申请消费信贷，他可能会省吃俭用，每年存 12 万元，这样 5 年后他可以购房；如果可以向银行申请获得房价七成 10 年的按揭贷款，他每年新增的存款可能会降低至 9 万元，这样两年后他就可以购房。两种方式下，消费信贷会使消费者增加当期消费，而减少当期储蓄。

此外，在获得消费信贷以后，每月收入不仅要满足日常消费开支的需求，而且要扣除贷款的还本付息额，相当于降低了当期的可支配收入，因而还会降低自由储蓄额。

4.2 消费信贷的种类

我们可以从不同的角度对消费信贷进行分类。按照贷款的发放方式消费信贷可以分为直接贷款和间接贷款。直接贷款是指商业银行或其他金融机构直接向消费者个人提供的贷款；间接贷款则是销售商（或生产商）以分期付款的方式销售商品，银行向销售商（生产商）提供授信额度，即向销售商（生产商）提供资金，消费者通过分期付款归还银行贷款。按贷款的担保方式消费信贷可分为抵押贷款、质押贷款、担保贷款和信用贷款四类。按贷款的偿还方式消费信贷可分为一次性还款和分期还款，前者多为短期贷款，后者多为中长期贷款。分期还款还可分为等额本息分期偿还和等额本金分期偿还两种。按照贷款资金的用途，消费信贷还可分为住房抵押贷款、汽车贷款、教育贷款、旅游贷款、房屋装修贷款等。

在越来越多的消费信贷中，住房抵押贷款、汽车贷款、信用卡贷款是主要品种，下面分别介绍它们各自的特点。

4.2.1 住房抵押贷款

在世界各国，居民住房抵押贷款都是消费信贷的最主要品种。住房抵押贷款的期限较长，通常在 10～30 年之间，以住宅本身做抵押，采取分期付款方式。居民住房抵押贷款作为消费信贷的一个主要品种，在促进住宅消费发展方面发挥了重要作用。在一些发达国家，房地产贷款占银行全部贷款余额的 30%～50%，对个人发放的住房贷款占房地产贷款的 60%左右。在美国房地产的融资结构中，消费环节的融资一般占到 60%以上，法国有 1/4 的家庭靠银行贷款买房。

国外早期的住房抵押贷款是固定利率、等额偿付的。这种方式存在两方面的问题：第一，使借贷双方都面临较大的利率风险。由于贷款期限较长，其间利率水平很有可能发生变化，且变化趋势难以预计。如果利率上升，银行的融资成本提高，会给银行造成损失；如果利率下降，则借款人会遭受损失。第二，在整个贷款期内，借款人的实际负担不均衡，前重后轻。由于人们的收入水平会随着参加工作时间的增长而提高，加之通货膨胀因素的影响，在贷款期间的前期，同样的还款额会占借款人收入的较大比重；而在贷款期间的后期，随着收入水平的提高，同样的还款额只在借款人收入中占很小的比重。贷款设计上的这样一个特点，使人们或者推迟借款的时间，或者减少借款的额度。

目前，住房抵押贷款有很多品种，包括可调整利率的抵押贷款、累进付款的抵押贷款。可调整利率的抵押贷款是指在整个贷款期间根据基准利率的变化定期调整贷款利率。可调整利率的抵押贷款既反映了利率的波动，又具有一定的稳定性，利率风险由借贷双方共同承担。

随着住房二手市场的发展，消费者对转按揭、加按揭业务的需求也逐渐显现。转按揭指消费者将未到期的抵押物，即住房，在征得银行同意的情况下出售给第三方，由第三方继续偿还贷款。加按揭指消费者通过增加抵押物等途径，提高按揭额度的业务。住房抵押贷款方式的多样化，极大地促进了居民住房消费的发展。

延伸阅读 | 我国住房消费信贷的发展状况

20世纪末期，我国住房消费信贷伴随着住房制度改革同步产生。我国现有的住房消费信贷模式是一种以住房公积金为基础，以商业银行发放个人住房抵押贷款为主要方式，政策性住房贷款和自营性住房贷款相结合的住房消费信贷模式。

1998年以来，我国个人住房贷款余额持续迅速上升。到2001年末，全国商业性和公积金个人住房贷款余额合计6 398亿元，是1997年末的33倍。2003年全国商业性和公积金个人住房贷款余额超过1万亿元，达到1.18万亿元。2006年个人住房贷款余额超过2万亿元，达2.27万亿元。截至2010年6月末，个人住房贷款余额达5.74万亿元。2018年末，个人住房贷款余额为25.8万亿元，占住户部门债务余额的53.9%。2021年第三季度末，个人住房贷款余额为37.37万亿元，占住户部门债务余额的53.74%。

我国住房抵押贷款期限通常在10～30年，包括公积金贷款、商业贷款、公积金和商业贷款混合三种贷款类型，主要采用等额本息和等额本金两种还款方式。

4.2.2 汽车贷款

汽车贷款在商业银行的消费信贷业务中也占有重要的地位。由于汽车属于高折旧率的耐用品，汽车贷款的期限必须符合汽车加速折旧的要求，所以，汽车贷款属于中短期贷款，一般最长不超过五年，比较常见的是三年至五年期的贷款。

在发达国家的汽车信贷市场上，主要有三类授信机构：商业银行和其他金融机构、专做汽车贷款的财务公司以及汽车制造商。汽车制造商可以利用自身的有利条件，将汽车的贷款业务、销售业务及市场开发等活动结合起来，为吸引市场的购买力，有时可以对某些促销的车型和车种提供十分优惠的贷款条件，使自己在市场竞争中处于有利地位。近几年，商业银行等金融机构在汽车贷款市场上的份额呈下降趋势。

延伸阅读 | 我国个人汽车消费信贷发展的三个阶段

我国个人汽车消费信贷经历了三个发展阶段，整体呈现N形走势。

第一阶段：快速发展阶段（1998—2003年）。1998年9月，中国人民银行下发《汽车消费贷款管理办法》，商业银行汽车贷款消费铺开，业务规模发展迅猛。从1999年至2003年末，我国汽车消费贷款从29亿元增加到1 839亿元。

第二阶段：萎缩调整阶段（2004—2006年）。随着贷款进入风险暴露期，各家银行的汽车消费贷款不良率迅速提高，银行放贷意愿减弱，部分保险公司随之停办车贷履约保证保险。截至2006年末，我国汽车消费贷款余额降至946.55亿元，履约保证保险方式占业务总量的比重从最高时的98%下降到30%左右。其间，部分商业银行的汽车消费信贷不良贷款率一度超过30%。

第三阶段：三足鼎立阶段（2006年至今）。2004年8月，第一家汽车金融公司上汽通用汽车金融有限公司获批开业。汽车金融公司的经营模式逐渐被市场接受，进入规模快速扩张时期，资产质量远远好于商业银行的整体水平。由此，出现了汽车金融公司、汽车集团财务公司和商业银行三足鼎立的市场竞争格局。近年来，信用卡车贷快速增长，商业银行、汽车金融公司、信用卡车贷形成了新的三足鼎立格局。2015年，我国汽车消费金融市场的总规模达7 460亿元，商业银行汽车信贷占49%，信用卡车贷占20%，汽车金融公司消费贷款占24%，其他占7%。截至2016年底，全国共有汽车金融公司25家，总资产规模由2005年的60亿元增长到4 190亿元。2016年，中国汽车金融的渗透率约为38.6%（乘用车新车，不包括二手车和商用车）。相比之下，2014年全球汽车金融的平均渗透率达70%，中国汽车金融产品的渗透和创新有较大的发展空间。

4.2.3 信用卡贷款

信用卡应该算是当今全球最流行的消费信贷方式之一。全世界消费类信用卡的数量庞大。信用卡由银行或非银行信用卡公司发行。持卡人因各自资信状况的不同而获得不同资信级别的授信额度。在此授信额度内，持卡人可以在任何接受此卡的零售商处购买商品或劳务及进行转账支付等。接受信用卡的零售商定期与发卡机构进行结算。如果持卡人在规定的期限内一次性付清账单，就可免费获得融资服务；如果不能在规定的期限内一次性付清账单，就要为所借款项支付高额利息（通常信用卡贷款的年利率高达12%～18%）。因此，信用卡的分期付款用户能为发卡银行或信用卡公司带来高额利润。信用卡贷款属于无担保贷款，贷款额度的确定主要根据持卡人以往的信用记录，因而面临较大的信用风险，由信用卡引发的犯罪也正成为全球性的问题。

信用卡出现于20世纪80年代，在高额利润的诱惑下，一些大公司开始进军该领域，比如美国电话电报公司（AT&T）于1990年开始通过银行提供信用卡，1991年福特汽车公司也宣布向其客户提供信用卡。目前，全世界使用较广泛的是Visa（维萨）信用卡、Mastercard（万事达）信用卡和American Express（美国运通）信用卡。目前，我国各商业银行发行的电子记账卡中有贷记卡、准贷记卡和借记卡三类，前两者统称为信用卡。

延伸阅读 | 我国的个人信用卡业务*

1985年6月，中国银行珠海分行发行了中国首张具有购物消费、存取现金和透支功能的准贷记卡。此后，中国工商银行、中国农业银行、中国建设银行、交通银行都相继发行了准贷记卡。

1995年，广东发展银行发行了国内第一张真正意义上的符合国际标准的人民币贷

* 部分数据来源于智研咨询发布的《2017—2022年中国银行卡收单行业深度调研及投资战略研究报告》。

记卡和国际卡，开了中国信用卡市场发展的先河。此后，各家银行纷纷发行这种真正的信用卡。

2003年被称为“中国信用卡元年”，共有11家银行发行了标准的贷记卡，分别是中国工商银行、中国银行、中国农业银行、中国建设银行、交通银行、招商银行、中信实业银行（现为中信银行）、广东发展银行、深圳发展银行、浦东发展银行和上海银行，全国新发行信用卡近400万张，超过了历年信用卡发卡数量的总和。成年人持有信用卡的比例开始接近3%，信用卡支付占持卡人日常支出的比例开始接近1%。

此后几年，我国的信用卡发卡量迅猛增长。截至2005年底，我国已发行信用卡（包括准贷记卡）约4 000万张。2011年5月，中国银行业协会发布的《中国信用卡产业发展蓝皮书》显示，截至2010年底，国内信用卡发卡量达到2.3亿张。信用卡消费额在社会消费品零售总额中的占比达到32%，信用卡已经成为居民日常生活中最主要的非现金支付工具。

截至2016年，我国信用卡累计发卡量达4.65亿张，但人均持卡量仅0.31张。考虑到当前我国的信用卡持卡人以20～59岁的城镇居民为主，以此为基数计算的人均信用卡持卡量为0.95张；美国金融危机后人均信用卡持卡量减少，但目前人均持卡量仍为2.90张，我国人均持卡量仅仅为美国的十分之一。从贷款规模来看，我国信用卡贷款余额占比由2008年末的0.52%持续提升至2016年末的3.81%。国内银行中，除信用卡业务发展较好的招商银行，其信用卡贷款余额占贷款总额的比重为12.5%，四大行的这一比例均在4%以下，远远低于美国花旗银行（23.8%）、摩根大通（15.8%）和美国银行（11.1%）的水平。

近几年，随着电子商务和电子支付的迅速发展，蚂蚁花呗、京东白条等互联网金融产品频频发力抢占信用卡客户群。与传统信用卡相比，虚拟信用卡在支付便利性、融资成本等方面有较大的优势，未来可能会有较快的发展。

4.3 影响消费者信贷决策的因素

影响消费者信贷决策的因素主要是指决定消费者是否借款消费的因素，以及消费者在决定借贷金额、借贷期限、借贷时间以及还款方式时考虑的因素。

4.3.1 预算约束对信贷决策的影响

消费者的信贷决策主要取决于预算约束（平均收入水平）与消费者的偏好。在偏好一定时，预算约束起关键作用。从长期来看，消费者的收入最终全部用于消费，即各期消费之和等于各期收入之和，用公式表示为：

$$\sum C_i = \sum M_i$$

式中，C_i 为第 i 期的消费，M_i 为第 i 期的收入。

消费者选择储蓄或借贷，即进行跨期消费。假设一个消费者的当期消费额为 C_0，

未来消费额为 C_t，当期收入为 M_0，预期收入为 M_t，利率水平为 r。如果消费者选择储蓄（$M_0>C_0$），那么当期储蓄的金额，即 M_0-C_0，可以使其在未来获得更多的消费，用公式可以表示为：

$$C_t=M_t+(1+r)(M_0-C_0)$$

同样，信贷决策也只是消费者将消费的时期进行了调整。当 $C_0>M_0$ 时，说明消费者当期借贷，上面的公式可变形为：

$$C_t=M_t-(1+r)(C_0-M_0)$$

$$C_0-M_0=\frac{M_t-C_t}{1+r}$$

式中，C_0-M_0 为当期消费者借贷的金额。它小于未来消费的减少，也就是说，未来收入不仅要偿还借款的本金，还要支付利息，剩余的才能用于消费。因此消费者的信贷决策受制于消费者的预算约束，即 $\sum M_i$。一般来说，银行在审核消费者的借贷申请时，会将每月的偿还金额控制在消费者当期收入的 30%以下。

消费者在进行信贷决策时，除预算约束外，还会受未来收入预期增减的影响。消费者对未来收入的预期不同，则信贷决策也会不同。假设消费者在每个时期均有一个“平均”消费量，即 C_0 和 C_t 都不等于零。

（1）当 M_0 较高，且 $M_t>M_0$ 时，如果 C_t 稳定，则消费者会尽量满足当期消费，即便需要借贷消费。

（2）当 M_0 较低，且 $M_t>M_0$ 时，如果 C_t 稳定，则消费者仍会增加当期消费，并使用消费信贷，由 M_t 保证偿还。

（3）当 $M_t<M_0$，且无法预测 C_t 的变化趋势时，则无论 M_0 的水平高低，消费者都会适当进行当期消费，借贷消费的可能性较小。

4.3.2　时间偏好及消费偏好对信贷决策的影响

时间偏好是指由于经济生活中不确定性的存在，消费者在就当期消费或未来消费进行选择时通常会看重当期消费。一般来说，人们会倾向于低估未来，低估满足未来需要的物品，尤其是当人们迫切需要在当期消费物品，或预期未来会更好时，因为当期消费的边际效用等于未来财富的边际效用的折现。消费者如果具有时间偏好，申请消费信贷的可能性就大。

影响消费者时间偏好的因素有很多，主要包括经济生活的不确定性、消费效用、储蓄水平、预期通货膨胀率、遗产动机等。最早研究人们的时间偏好的经济学家是苏格兰经济学家约翰·雷。他认为人们的跨时选择会受到促进积累和抑制积累两方面的影响。促进积累的因素有遗产动机和自我抑制的倾向。抑制积累的因素包括对将来认识的不确定性，以及人们对今天消费的愿望。这些因素共同决定了消费者的时间偏好。在此基础上，经济学家陆续提出了影响时间偏好的其他因素，如消费效用等。当期的消费效用越高，人们对将来的耐心程度就越低，这样，人们的时间偏好也就越大。消费效用的高低与消费品也存在一定的关系。对于技术发展较为迅速、折旧率较高的消费品，消费者可能更在乎消费信贷所需支付的高额利息，即对此类商品可能选择延迟消费。

此外，消费者的性格不同，信贷决策也不同。偏好谨慎、保守的消费者，往往当期收入大于当期消费，即偏好储蓄；偏好超前享受的消费者，则往往当期消费大于当期收入，即选择借款消费。国家统计局的调查显示，在我国，男性比女性更愿意进行信贷消费，高学历者比低学历者更愿意进行信贷消费，青年人比中老年人更愿意进行信贷消费。

4.3.3 利率水平及资产价格对信贷决策的影响

除预算约束和消费偏好外，消费者的信贷决策还将受到利率水平和资产价格走势的影响。利率水平实际上是当期消费与未来消费的相对价格。当利率水平较高时，相当于提高了当期消费的价格，此时延期消费、放弃消费信贷更有利，因为当期增加储蓄可获得较高的利息收入；当利率水平较低时，相当于提高了未来消费的贴现价格，则通过消费信贷增加当期消费更有利。消费信贷金额与利率的关系如图 4－5 所示。

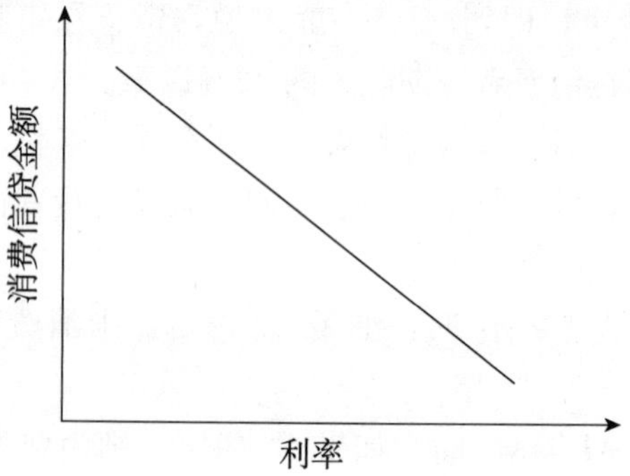

图 4－5　消费信贷金额与利率的关系

从图 4－5 中可以看出，消费信贷金额与利率水平呈负相关。利率越高，消费信贷金额就会越低；反之，如果利率下降，消费信贷金额会随之增加。同样，当借贷消费的资产价格趋于上升时，提前消费不仅可能增加效用，还能减少将来消费时的支出，消费者会倾向于借贷消费；当资产价格趋于下降时，为避免降价的损失，消费者会倾向于延迟消费。

4.3.4 信贷决策的内容

前面我们讨论了消费者在决定是否申请消费信贷时所考虑的因素。除了决定是否借款消费外，消费者还需对借贷金额、借贷期限、还款方式以及担保方式等问题进行决策。借贷金额越大、期限越长，则消费者需支付的利息就越多。因此，借贷金额、借贷期限的决策都需以预算约束为基础。

1. 还款方式的选择

消费信贷的还款方式主要有一次性还本付息、等额本息还款、等额本金还款和递减（增）还款四大类。目前使用较多的是等额本息还款和等额本金还款两类。

等额本息偿还指每期偿还相同金额的还款方式；等额本金偿还则指每期偿还相同本金的还款方式。如果采用等额本息偿还方式，虽然每期的供款金额相等，但实际偿还的本金是不等的；如果采用等额本金偿还方式，每期偿还金额为固定本金及相应利息之和，因此每期实际偿还的金额是不等的。举例说明如下：

假定某位消费者向银行贷款购买了一套价值 60 万元的住房，房价八成 20 年按揭，按月分期还款。贷款年利率为 6%（月利率为 5‰）。按照上述条件，这位消费者买房时首期需支付 12 万元。如果选择等额本息偿还，则每月的月供款为 3 439 元。具体的还款情况见表 4-1 所示。

表 4-1　等额本息的还款明细表　　单位：元

年次	月次	本金	应付利息	偿还额	剩余本金
1	1	480 000	2 400	3 439	478 961
	2	478 961	2 395	3 439	477 917
	3	477 917	2 390	3 439	476 867
	4	476 867	2 384	3 439	475 813
	5	475 813	2 379	3 439	474 753
	6	474 753	2 374	3 439	473 688
	7	473 688	2 368	3 439	472 617
	8	472 617	2 363	3 439	471 541
	9	471 541	2 358	3 439	470 460
	10	470 460	2 352	3 439	469 373
	11	469 373	2 347	3 439	468 281
	12	468 281	2 341	3 439	467 183
2	13	467 183	2 336	3 439	466 080
	14	466 080	2 330	3 439	464 972
	15	464 972	2 325	3 439	463 858
	16	463 858	2 319	3 439	462 738
	17	462 738	2 314	3 439	461 613
	18	461 613	2 308	3 439	460 482
	19	460 482	2 302	3 439	459 345
	20	459 345	2 297	3 439	458 203
	21	458 203	2 291	3 439	457 055
	22	457 055	2 285	3 439	455 901
	23	455 901	2 280	3 439	454 741
	24	454 741	2 274	3 439	453 576
3	25	453 576	2 268	3 439	452 405
	26	452 405	2 262	3 439	451 228
	27	451 228	2 256	3 439	450 045
	28	450 045	2 250	3 439	448 856
	29	448 856	2 244	3 439	447 662
	30	447 662	2 238	3 439	446 461
	31	446 461	2 232	3 439	445 254
	32	445 254	2 226	3 439	444 042
	33	444 042	2 220	3 439	442 823
	34	442 823	2 214	3 439	441 598
	35	441 598	2 208	3 439	440 367
	36	440 367	2 202	3 439	439 130
⋮	⋮	⋮	⋮	⋮	⋮

用 P 表示每月的等额本息还款额，A 表示借贷金额，I 表示还款次数，R 表示利率，则 P 的计算公式可表示为：

$$P=\frac{A\times R(1+R)^I}{(1+R)^I-1}$$
$$=\frac{48\times 0.005\times 1.005^{240}}{1.005^{240}-1}$$
$$\approx 0.3439(万元)$$

如果采取等额本金还款法，则每月还款额的计算公式可表示为：

每月还款额 $=A/I+(A-$已还本金额$)\times R$

具体的还款情况如表 4-2 所示。

表 4-2　等额本金的还款明细表　　单位：元

年次	月次	本金	应付利息	偿还额	剩余本金	每月还款额
1	1	480 000	2 400	2 000	478 000	4 400
	2	478 000	2 390	2 000	476 000	4 390
	3	476 000	2 380	2 000	474 000	4 380
	4	474 000	2 370	2 000	472 000	4 370
	5	472 000	2 360	2 000	470 000	4 360
	6	470 000	2 350	2 000	468 000	4 350
	7	468 000	2 340	2 000	466 000	4 340
	8	466 000	2 330	2 000	464 000	4 330
	9	464 000	2 320	2 000	462 000	4 320
	10	462 000	2 310	2 000	460 000	4 310
	11	460 000	2 300	2 000	458 000	4 300
	12	458 000	2 290	2 000	456 000	4 290
2	13	456 000	2 280	2 000	454 000	4 280
	14	454 000	2 270	2 000	452 000	4 270
	15	452 000	2 260	2 000	450 000	4 260
	16	450 000	2 250	2 000	448 000	4 250
	17	448 000	2 240	2 000	446 000	4 240
	18	446 000	2 230	2 000	444 000	4 230
	19	444 000	2 220	2 000	442 000	4 220
	20	442 000	2 210	2 000	440 000	4 210
	21	440 000	2 200	2 000	438 000	4 200
	22	438 000	2 190	2 000	436 000	4 190
	23	436 000	2 180	2 000	434 000	4 180
	24	434 000	2 170	2 000	432 000	4 170

续表

年次	月次	本金	应付利息	偿还额	剩余本金	每月还款额
3	25	432 000	2 160	2 000	430 000	4 160
	26	430 000	2 150	2 000	428 000	4 150
	27	428 000	2 140	2 000	426 000	4 140
	28	426 000	2 130	2 000	424 000	4 130
	29	424 000	2 120	2 000	422 000	4 120
	30	422 000	2 110	2 000	420 000	4 110
	31	420 000	2 100	2 000	418 000	4 100
	32	418 000	2 090	2 000	416 000	4 090
	33	416 000	2 080	2 000	414 000	4 080
	34	414 000	2 070	2 000	412 000	4 070
	35	412 000	2 060	2 000	410 000	4 060
	36	410 000	2 050	2 000	408 000	4 050
⋮	⋮	⋮	⋮	⋮	⋮	⋮

通过对两张表进行比较，可看出等额本息还款法与等额本金还款法的不同：(1) 利息负担不同。等额本息还款法每期偿还的本金呈上升趋势，而利息呈下降趋势。直观上，等额本息还款法所支付的利息要多于等额本金法，但如果考虑资金的时间价值，两种方法的利息支出是差不多的。(2) 还款压力不同。等额本金还款法每月的还款额呈递减趋势，即前期还款压力大。在上例中，直到第 9 年，等额本金还款法的月供额才降至等额本息还款法的水平。消费者在进行信贷决策时可根据自己当期收入与预期收入的特点，以及资金的投资回报来选择适合自己的还款方式。

2. 担保方式的选择

担保作为第二还款来源，主要用来尽量减少当借款人因主客观原因不能按时、足额还本付息时贷款人所承担的损失。消费信贷的担保方式主要有抵押（质押）、第三方担保、保险三大类。

可以充当贷款抵押或质押的资产包括：银行存单、政府债券、公司债券、股票、房地产等。高质量的抵押物具有流动性好、价值稳定、所有权真实的特点。在我国，通常充当贷款抵押或质押的资产主要有银行存单、政府债券和房地产。

第三方担保主要用于短期或中期个人贷款。当抵押物不足时，中长期贷款亦可采用第三方担保方式。对于担保人的资格，贷款人要进行严格审查，以保证第二还款来源的真实性与可靠性。

贷款人在认为借款人所提供的抵押品和第三方担保不足以保证其贷款的偿还时，还可以要求借款人进行保险，比如在住房抵押贷款中，通常都要求借款人投保规定金额和险种的保险。对于投保的借款，根据具体险种，当借款人由于死亡、疾病、伤残、失业等原因而丧失还款能力时，保险公司应承担相应的还款责任。

4.4 消费信贷决策的风险

消费信贷给消费者带来的好处是不言而喻的，但同时消费者在进行信贷决策时也承担了一定的风险。风险就是不确定性。消费者信贷决策的风险主要来源于收入及支出、市场利率、资产价格三方面。风险的存在既可能使消费者遭受损失，也可能为消费者带来收益。下面主要分析一下产生损失的可能。

4.4.1 收入减少及支出增加

收入及支出的变化是消费者在进行信贷决策时面临的最主要风险。由前面的分析我们已经知道，消费者的信贷决策建立在预期收入增加及未来消费需求稳定的基础上，尤其对于大额借款而言。但预期收入可能未按照消费者的估计那样变化，没有增加甚至有所减少，比如受宏观经济不景气的影响，公司裁员、减薪等；或者未来的消费需求因生病等突发事件的影响而大幅增加。在这种情况下，消费者的还款能力就会减弱，甚至无法还本付息。

当借款人无力还款时，贷款人会对借款人的经济情况进行全面的评估：如果确定借款人已无还款的可能，就会采取相应的资产保全措施，如查封抵押物等，并向担保人或保险公司追索；如果认为借款人的经济困难是暂时的，仍具备一定的还款能力，贷款人会对借款人的借款进行重组，采取诸如延长贷款期限、暂免支付本金等措施，以帮助借款人恢复还款能力，保证借款本息的安全收回。

4.4.2 市场利率的变化

利息是消费者因提前消费所支付的资金成本。消费者在签订借款合同时，为了降低成本，总是希望能够得到更低的利率。然而，借款利率一旦确定，无论利率是上升还是下降，消费者都将面临风险。

如果市场利率下降，就意味着消费者多支付了贷款利息。这是一种隐性的损失。目前，中长期消费信贷的利率一般都是浮动的，因而市场利率下降所带来的损失可以控制在一定范围之内。但是，由于贷款利率的调整是滞后于市场利率的变化的，因此消费者仍将承受一定的损失。对于短期消费信贷和固定利率的中期消费信贷来说，消费者所承受的市场利率风险更大。

反之，在市场利率上升时，消费者是否就没有损失呢？这取决于借款合同中有关利率的条款。如果合同约定利率为固定利率，则消费者可避免成本的上升；如果合同约定利率为浮动利率，即一定时间内可根据市场利率做相应调整，且借贷期限长于利率浮动期限时，消费者所需支付的资金成本也要上升。与利率下降时消费者承担的隐性损失不同，利率上升会增加消费者的实际支出，甚至可能会对还款能力造成影响。

4.4.3 资产价格的下跌

这里主要讨论大额消费信贷面临的风险，如住房抵押贷款、汽车贷款等。一般来说，不动产的市场价格较稳定，在通货膨胀时具有保值功能。但出于宏观经济环境不景气或其他原因，当资产价格出现下跌时，消费者将承担下跌部分的损失。如果资产价格持续下跌，还可能出现资产价格低于贷款本金的极端情况，即消费者在市场上重新购买该资产的价格低于需要偿还的贷款本金。

由此可见，资产价格下跌不仅会给消费者带来隐性损失，而且会给消费者再融资造成困难，甚至会影响消费者的还款能力，尤其是在贷款金额占房屋价格的比例较大时。

延伸阅读 | 第二波房贷违约潮侵袭美国

美国楼市正迎来继次贷危机后的第二波违约潮，此次发源于中高收入群体的优级房贷违约潮，将成为美国楼市乃至其整个经济复苏道路上的一大麻烦。与次贷危机由监管不力和地产泡沫破裂造成不同，此轮违约潮来自美国持续数月之久的就业危机。

很多优级房贷的房主在此轮危机中沦为失业大军中的一员，是造成大量逾期未还贷违约的重要原因。编制标准普尔/凯斯-席勒房价指数的两位经济学家罗伯特·席勒（Robert Shiller）与卡尔·凯斯（Karl Case）说，失业潮冲击的对象不分贫富，因此房贷违约在 2009 年仍将持续增加，这给美国楼市的复苏带来压力。2008 年就已有愈来愈多优级房贷的借款人还不起钱，即便 2009 年的经济复苏前景乐观，这种趋势仍将继续扩大。在耶鲁大学担任教授的席勒称，取消房屋赎回权与查封将继续发生，不只是次级贷的房子，也包括优质房贷的房子。这使得一大批房子现在虽然有屋主，但却是潜在的止赎对象。

随着失业率的节节攀升，占美国人口 65%～85%的中产阶层处境堪忧，导致了该群体背负的大量原本风险较低的优级房贷出现大规模违约。凯斯说："裁员不分薪水高低，有钱人、低收入户与中产阶层都会遇上裁员，而这些人都可能会有房贷。"失业的屋主最终可能放弃还贷，房屋被收回的情况将继续增加。

资料来源：第二波房贷违约潮侵袭美国．(2010-01-07). http://www.jjckb.cn/yw/2010-01/07/content_201190.htm.

延伸阅读 | 中国居民家庭的债务比率迅速上升

随着中国经济及金融领域整体去杠杆，长期以来未被高度关注的中国家庭债务问题逐步浮出水面，成为学界的研究重点和社会关注的焦点。

对于家庭债务比率的高低可以使用不同的指标来衡量。一个指标是居民部门杠杆率——居民部门的债务占 GDP 的比重，用来从宏观角度衡量债务水平。2008 年，中国的居民部门杠杆率仅为 18%，到 2017 年第三季度，该比率达到 48.6%，9 年间激增了 30.6 个百分点；2020 年的这一数据则从 2019 年末的 56.1%增长至 62.2%。从国际比较来看，我国的居民部门杠杆率水平低于美国和英国，但高于德国和日本。美英两国自 2008 年全球金融危机后都有一个显著的居民部门去杠杆过程，随后基本保持稳定；日本和德国的居民部门杠杆率也在金融危机后基本保持稳定。中国的居民部门杠杆率的最大特征在于 20 余年来攀升速度较快，从 2000 年的不到 5%增长至 2020 年的 62.2%，已引起广泛关注。

中国家庭债务比率的上升和贷款规模的大幅增长，与城市住房价格不断攀升有着直接的联系。在全部家庭贷款中，中长期贷款从2014年的68%上升到2017年7月的75%，在新增居民中长期贷款中，新增个人购房贷款占比在2016年第三季度达到90%。随着政府对房地产的调控，住房贷款在全部家庭贷款中的比重略有下降，但2020年末仍占到65%。居民家庭负债大幅增长且集中在住房贷款上，引发人们对房地产泡沫和居民家庭金融风险的担忧。

衡量家庭债务比率的另一个指标是债务收入比——家庭总债务与年收入之比。居民负债的大幅增加会对居民消费产生挤压。国际货币基金组织（IMF）在《全球金融稳定报告》中指出，当家庭债务占GDP的比重低于10%的时候，债务增加会对GDP增长起到积极作用；当家庭债务占GDP的比重超过30%时，家庭债务的增加就开始损害一个国家的宏观经济增长。

4.5 消费者的信贷管理

消费者如果对自身信贷管理不善，可能遭受较大的损失，甚至导致破产。因此，消费者应对自身的资产与负债进行积极的管理，以防范风险。

4.5.1 管理原则

1. 总量控制

总量控制是指消费者要把一定时期内的消费信贷总额控制在该时期的预算约束之内。统计资料显示：负债占收入的比例越高，消费者破产的可能性就越大。1980—1994年，美国全部家庭债务占家庭总收入的比重从65%增长到81%。然而，剔除通货膨胀因素后，家庭收入的中位线却保持不变。由于消费者实际债务的增长大大超过实际收入的增长，结果破产率大幅上升。1979—1997年，个人破产申请增长了4倍。20世纪90年代中期的增长尤其惊人。1996年，消费者破产申请首次超过100万件。①

一般而言，对于住房等大额信贷，消费者在确定借贷金额时往往会慎重考虑还款压力，同时银行等金融机构也会对消费者的还款能力进行一定的评估。但对于信用卡等便利贷款，消费者却容易忽视。目前，由于银行业竞争激烈，为吸引客户，各商业银行相对简化了信用卡的申请与使用手续。越来越便利的信用工具容易造成消费者的过度消费，甚至超过购买能力进行消费或购买根本不需要的物品。虽然各商业银行都会根据消费者的资信等级设置信用额度，但由于消费者可以同时向多家银行申请信用卡，因此消费者可能突破还款能力进行消费。

避免消费者过度信用消费，除了银行等金融机构要适当控制信用供给外，消费者也应加强对透支消费的总量管理，培养良好的消费习惯，在必要时制定相应的财务计划，将信用消费控制在合理的范围之内。

① SULLIVAN T A，WARREN E，WESTBROOK J L. The fragile middle class：Americans in debt. New Haven：Yale University Press，2001：18.

延伸阅读 | “房奴”和“卡奴”现象

“房奴”是指通过抵押贷款购房，在生命黄金时期中的 20～30 年，每年用可支配收入的 40%～50%甚至更高的比例偿还贷款本息，从而造成居民家庭生活的长期压力，影响正常消费的城镇居民。购房影响到教育支出、医疗支出和赡养老人等，使得家庭生活质量下降，甚至让人感到被奴役。按照国际通行的观点，月收入的 1/3 是房贷按揭的一条警戒线，越过此警戒线，将出现较大的还贷风险，并可能影响生活质量。就国内目前的经济发展水平而言，居民住房消费支出超过家庭收入的 30%就存在过度负担。有关调查显示，目前约 31%的购房者的月供占到月收入的 50%以上，已超过国际上公认的住房消费警戒线。

“卡奴”是指没有能力偿还信用卡透支额的卡民。因为使用信用卡、现金卡透支消费，月薪或收入无法将支出的部分摊平，首期只能偿还部分金额，之后需循环给付金融机构利息、违约金、手续费等费用，从而背负高额卡债，个人财务周转不灵，成为信用卡的奴隶。银行间为争夺客户“滥发”信用卡，使很多没有足够支付能力的人也拥有信用卡，以及持卡人狂购物乱刷卡，是“卡奴”现象出现的原因。上海某调查机构对上海市内信用卡使用者开展的调查显示，有 26.4%的人承认自己将每月薪水用到分文不剩，是典型的“月光族”。并且由于不能很好地调节消费、收入以及负债，有 32.5%的人担心自己会因为过度消费而步入“卡奴”的行列。

延伸阅读 | 消费信贷市场的发展

消费信贷是指除住房抵押贷款、汽车贷款、教育贷款等长期贷款之外的个人短期消费贷款，包括用于旅游、医疗、装修等目的的短期贷款。从事消费信贷业务的机构包括商业银行、网络小贷公司、线下小贷公司、持牌消费金融公司等。自 2009 年以来，国务院、央行等持续加大对消费信贷的政策支持力度，以促进消费信贷市场发展。2009 年，银监会发布《消费金融公司试点管理办法》，消费金融公司试点审批工作正式启动。近年来，互联网和移动通信技术的普及极大地促进了消费信贷市场的发展。互联网从客户、产品、服务、业务流程和风控等方面颠覆了传统的消费信贷，不仅持牌消费金融公司、电商平台、分期购物平台等纷纷发力消费信贷，传统金融机构也依托互联网技术开展消费信贷业务，推出线上消费信贷产品。

从消费金融的商业模式来看，市场上主要有三种：第一种是商业银行，其以线下渠道为主，注重产品创新和场景延伸。商业银行的消费金融产品包括信用卡、消费贷等，由银行基于申请资料向客户发放贷款。第二种是消费金融公司，其依托牌照优势深入经营。截至 2020 年中，已有包括蚂蚁金服、唯品会、陆金所、小米等在内的 30 家消费金融公司获批持牌。其具有非银行金融机构的不吸收公众存款，以小额、分散为原则，为境内居民个人提供以消费为目的的贷款的特征。第三种是互联网消费金融，其依托互联网技术，进行电子化、网络化及信息化经营。互联网消费金融最早起源于大型电商平台或者依托于大型电商平台，典型的例子有京东白条、蚂蚁花呗等。截至 2019 年底，全国有 26 家网络小贷公司获批。

据招商证券统计，到 2016 年末，中国消费贷款余额估计约 5.4 万亿元，其中银行发放的消费贷款（不含按揭贷款）余额是 4.93 万亿元，持牌消费金融公司发放的贷款余额估计有 1 000 亿元出头，京东白条、蚂蚁花呗发放的贷款余额估计分别为 1 000 亿元和2 000亿元左右，此外其他一些公司发放的消费贷款加总估计不到1 000亿元。到2020年，中国狭义的消费信贷余额达到15万亿元（含信用卡和消费贷款）。根据尼尔森发布的《2019中国年轻人负债状况报告》，在中国18～29岁的年轻人中，整体信贷产品的渗透率已超过80%，中国约有3亿“90后”“00后”年轻人口。一方面，随着城镇化的继续发展，三四线下沉市场的消费信贷仍有较大的发展空间；另一方面，随着消费信贷不良资产余额持续上升，2020年逾期超过90天的资产已达3 700亿元。因此加强消费信贷风险管理，防范某些人群的过度信贷以及中小消费信贷机构的信用风险，成为监管部门关注的重点。

2. 保持一定的流动性

流动性是指消费者拥有的可即刻变现且不受损失的资产与当期需偿还负债的比例。流动性越高，则消费者的偿付能力越强。消费者资产的流动性取决于两个方面：一是储蓄水平的高低；二是负债占消费者可支配收入比例的高低。随着消费信贷的发展，消费者的负债比率越来越高。据统计①，1990年底，美国的住宅抵押贷款与其他消费信贷的未清偿额约为3.4万亿美元，比1980年增加了近2.1万亿美元，年均增长率为10%；居民负债占个人可支配收入的比重1980年为65.4%，1990年为83.8%，2000年为93.9%，20年上升了28.5个百分点，表明居民负债程度明显加深。背负过于沉重的债务，会降低消费者的资产流动性，导致抗风险能力的降低。

保持多高的流动性才算安全呢？确定合理的流动性需考虑以下三方面的因素：一是宏观经济周期的影响程度。住房等中长期消费信贷一般都会经历两个以上的经济周期。在经济扩张时，消费者的收入呈增加趋势，资金的流动性较强，而当经济进入衰退期时，利率上升、物价上涨等会降低消费者的资产的流动性。如果预计经济周期时间短、波动幅度大，消费者应提高资产的流动性，反之则可以降低资产的流动性。二是可支配收入（即预算约束）的变化幅度。如消费者工作的行业风险较大，即失业、减薪等概率较大，则应适当提高流动性。三是可能增加的支出，比如教育投入的增加或养老保险、医疗费用的增加等。如果预计刚性支出增加的概率较大，则应适当提高资产的流动性，反之可略降低。

3. 期限匹配

期限匹配原则是指消费者应尽可能地提高收入与支出在时间上的吻合程度。消费信贷本身是一种跨期消费，即将未来期间预算约束内的消费提前到当期消费，因此收入与支出的期限本身是不匹配的。消费信贷的期限匹配是指在所跨期限内收入与支出的匹配。例如，如果还款来源于每月的工资收入，按期限匹配原则应选择分期付款；而如果还款来源于投资收入，比如年底股票分红，则可以选择一次性还款；如果在贷款前期收入低，后期收入高，则可以选择累进还款方式。短期收入与短期信贷匹配，长期收入与长期信贷匹配。期限匹配程度越高，则消费者因利率风险可能承受的损失的金额就越小，同时，合理分配每期的还款金额可以减轻消费者的还款压力。

4.5.2 国外的个人破产制度

在国外，当个人资产远远小于个人负债，无偿还可能时，在证实消费者并非有意，

① 数据来源：美国联邦储备系统公告（Federal Reserve Bulletin），1985—2001.

并经过一定时间的考察的基础上，可以批准其进入破产程序。实施个人破产制度，如同企业破产一样，是对社会经济的有效调整，也是重建个人信用的重要方法。按照个人破产制度，破产人在被豁免债务的同时，必须放弃一定的权利。比如，个人在宣告破产后的一段时间内不得进行高档消费，不得购置房产、汽车等高档物品；当再次进行消费信贷时会面临比其他顾客更苛刻的条件；等等。

1. 破产财产和自由财产

个人破产财产指个人破产时能够依法分配给全体债权人的财产集合。个人的破产财产并非由个人所有或有权处分的全部财产构成。各国有关个人破产财产的规定有两种态度：固定主义和膨胀主义。固定主义将个人破产财产界定在破产宣告时；膨胀主义则认为还应包括在破产宣告后至破产程序终结前所取得的财产。包括法国、英国、奥地利、瑞士、意大利、葡萄牙、荷兰、瑞典、阿根廷等在内的多数国家的破产法采用膨胀主义；德国、日本、美国、韩国等国家的破产法采用固定主义。

自由财产，又称豁免财产（exempt property），指破产程序开始后，破产人可自由支配和处分，而不受破产程序干预和限制的破产人的财产。自由财产主要由两部分构成：一是专属于破产人本身的权利，如名誉权、人身损害赔偿请求权等；二是法律明文规定不扣押的财产，如破产人及其家属的生活必需品。界定自由财产的目的是从人道主义的角度，确保破产人及其家庭最低限度的生活需要。

2. 免责制度

免责是指在破产财产分配完毕后，依法免除破产人一定范围内的未清偿债务。随着社会经济及破产立法的不断发展，各国对于个人破产的免责制度已达成共识：申请破产的债务人固然应对其所负债务负责，但债权人亦应就其债权承担相应的风险。

个人破产的免责制度起源于英国。目前个人破产的免责制度有当然免责和许可免责两种类型。当然免责指当个人破产程序终结后债权的请求权自动消灭；许可免责指破产人在符合法律规定的免责条件时，可申请法院许可免责，法院经审查合格后裁定许可破产人免责。个人申请免责要符合一定的条件：第一，申请免责的破产人应为诚实的人，无任何欺诈或违反破产法的行为；第二，应在法定允许期间申请免责。

小　结

消费信贷是指商业银行或其他金融机构向个人提供的，以特定消费目的为对象，用未来收入作为还款来源的一种贷款。它有助于提高居民的生活水平和生活质量。

消费者进行信贷决策，实际上是将消费的时期进行了调整。为了能在当期实现消费，消费者在未来要减少更多的消费，即未来收入不仅要偿还借款的本金，还要支付利息，剩余的才能用于消费。因此，消费者的信贷决策受制于消费者长期的预算约束。利率及资产价格的变化趋势也会对消费者的信贷决策造成影响。

消费信贷的分类多种多样，其中常见的品种有住房抵押贷款、汽车贷款、信用卡贷款。住房抵押贷款是消费信贷最主要的品种。住房抵押贷款的期限较长，通常在 10～30 年，因此住房抵押贷款的利率风险较大，且会受宏观经济周期的影响。

消费信贷决策的风险主要来源于收入及支出、市场利率、资产价格三方面。收入及支出的变化是消费者在进行信贷决策时面临的最主要风险。为避免因信贷决策而遭受较大损失，消费者应对自身的资产与负债进行积极的管理，以防范风险。管理的原则包括总量控制、保持一定的流动性和期限匹配三方面。

关键术语

预算约束	预期收入	信贷决策
担保	分期付款	等额本息还款
等额本金还款	流动性	期限匹配
个人破产制度		

思考题

1. 简述消费者储蓄决策、信贷决策及投资决策之间的关系。
2. 借贷消费会对消费效用造成什么影响？
3. 简述消费信贷的主要种类及特点。
4. 为什么预期收入对消费决策的影响比当期收入大？
5. 简述等额本息还款与等额本金还款的每期还款额的计算方法。消费者应如何选择适合自己的还款方式？
6. 简述消费信贷决策的风险。
7. 消费者如何进行信贷管理？
8. 我国是否应建立个人破产制度？该制度对消费者会产生什么样的影响？

参考文献

[1] 约瑟夫·E. 斯蒂格利茨，卡尔·E. 沃尔什. 经济学：第 3 版. 北京：中国人民大学出版社，2005.

[2] 杰克·R. 卡普尔，李·R. 德拉贝，罗伯特·J. 休斯. 个人理财：第 9 版. 上海：上海人民出版社，2011.

[3] 阿瑟·J. 基翁. 个人理财：第 4 版. 北京：中国人民大学出版社，2010.

[4] 李广子，王健. 消费信贷如何影响消费行为?：来自信用卡信用额度调整的证据. 国际金融研究，2017 (10).

[5] 刘志梅. 我国信用消费发展的瓶颈及对策研究. 中国流通经济，2008 (11).

[6] 陆智强，李红玉. 居民家庭负债对消费的影响：财富效应抑或财富幻觉：基于城乡居民家庭的对比分析. 中国软科学，2021 (5).

[7] 阮小莉，彭嫦燕，郭艳蕊. 不同消费信贷形式影响城镇家庭消费的比较分析. 财经科学，2017 (10).

[8] 谭燕芝，李兰. 论我国消费信贷的发展：基于借鉴美国消费信贷的视角. 消费经济，2008 (3).

[9] 徐杰华. 浅析我国商业银行房地产贷款信用风险. 金融经济，2010 (9).

第5章

消费者的投资决策

学习目的

对于消费者而言，投资是指为了在未来获得更高的期望收益而放弃现在的消费，将当期收入转换为资产的过程。相比而言，储蓄决策关注的是消费者在当期消费与未来消费（储蓄）之间如何进行选择；而投资决策则关注消费者在不同的投资产品上怎样做选择。随着中国经济的持续稳定增长，城乡居民收入水平不断提高，对投资的需求持续增长；而金融市场的快速发展，使金融产品更加丰富，在更好地满足人们投资和财富管理需求的同时，也对消费者的金融素养提出了更高的要求。

本章首先介绍消费者投资的主要类型和方式，以及各自的特点；其次，介绍投资收益的计算方式；再次，对消费者投资决策的主要影响因素以及投资风险进行剖析；最后，阐述投资管理策略。

5.1 消费者投资的主要类型和方式

当消费者计划将储蓄用于投资时，他会面临多种选择。按投资对象的不同，消费者投资主要可分为金融投资、实物投资和教育投资三大类。

5.1.1 消费者投资的主要类型

1. 金融投资

金融投资是以金融资产为对象的投资，包括银行存款、股票、债券、基金等。金融市场上的货币、资金作为交易对象，最终将被投入到实物市场中，所以金融投资实际上是为生产性企业进行实物投资提供所需的资金。金融资产的偿还性、流动性和风险性等特点，导致金融投资具有以下特点：

（1）使用权与所有权的分离。在进行金融投资时，消费者让渡的是货币资金的使用权。无论是银行存款，还是股票、债券的买卖，转移的只是这些资金的使用权，资金的所有权仍然属于消费者。因此，大多数金融投资都是有偿还期限的，消费者的收益实际上是通过让渡使用权获得的。

（2）流动性强。流动性指资产变为货币而不致遭受损失的能力。金融资产的流动性比实物资产等其他资产的流动性强。在所有的资产中，银行活期存款流动性最强，在变现时几乎没有任何损失。国家发行的债券、信用评级较高公司所承兑的商业票据、银行发行的大额可转让存单等，流动性也很强。

（3）波动性大。金融投资是为实物投资提供资金，而不是直接参与生产。它是建立在信用基础上的，因此投资者对未来的预期会对金融市场的收益产生很大影响。以股票市场为例，当人们对宏观经济走势的预期良好时，资金大量涌入，股票市场通常会显现为“牛市”；相反，当人们预期未来宏观经济会停滞不前时，资金大量撤出，股票市场通常会显现为“熊市”。除预期外，金融投资还普遍会受战争、疾病等突发事件的影响。与其他投资相比，金融投资产生信用危机的可能性更大。

2. 实物投资

实物投资指以有形资产为对象的投资，包括不动产投资、贵金属投资、珠宝古董及艺术品投资等。对于消费者而言，耐用消费品的支出在一定程度上可视为实物投资。美国消费经济学家玛格丽特·伯克认为，有些耐用消费品被买入后，既可作为家庭消费品，又可用为生产资料或物质资本，靠它们取得收入；有些耐用消费品被买入后，可以转卖或抵押。这些特点都使得耐用消费品的支出具有投资性质。实物投资具有以下特点：

（1）流动性弱。实物资产在质上具有多样性，导致资产与资产之间不同质，难以准确比较。由于实物资产具有不可复制性，比如建筑物的地理位置，加上实物的不可分割性、运输的高成本，以及消费者偏好的不同，因此，实物投资变现的时间都比较长，从而降低了流动性。

（2）有保值功能。由于有形资产基本都不受通货膨胀的影响，因而实物投资具有保值功能。通货膨胀指流通中的货币量超过商品交易的需要量而导致的货币贬值、商品价格上涨。有形资产是以实物形态存在的资产，当发生通货膨胀时，它的价格也会上涨，所以可以在一定程度上避免通货膨胀的影响。因此，实物投资都具有保值功能，这里的保值不包括技术、消费偏好变化等因素导致的无形损失。

应　用

100 元＝94.3 元？——通货膨胀下金融投资与实物投资的对比

现象　假设年初 100 元能买 0.035 盎司的黄金，而该年的通货膨胀率为 5%，那么到了年末，黄金价格上涨，100 元只能购买 0.033 盎司的黄金。按年初的价格兑换，只需 94.3 元就能买到 0.033 盎司的黄金，即年末的 100 元相当于年初的 94.3 元。

分析　银行存款是一种现金等价物。在货币的金本位体系下，现金等同于一定量的黄金。但是，货币所代表的黄金量不是固定不变的。在通货膨胀时，货币的购买力下降也就表现为实物价格的上涨。因此，一年前的 100 元与一年后的 100 元不等价，可能出现 100 元等于 94.3 元的情况。

3. 教育投资

与金融投资、实物投资不同，教育投资的投资对象是人本身，所以它具有自己的特点：

（1）教育投资具有投资和消费的双重特性。消费者在进行教育投资时不光是为了增加收入，还有满足自身发展的目的，如获得公众认可、提高社会地位等。举个典型的例子，许多老年人在退休后，如果身体及财力允许，依然要对自身进行教育投资。对于这些老年人本身而言，接受教育与其说是一种投资，还不如说是一种消费，因为他不是为增加自己未来的生产力而进行投资。然而，这又不同于一般物质产品的消费，他可以通过自身教育水平的提高来进一步加强对子女及后代素质的影响，从而使下一代的生产力提高，这又与投资有一定联系。通常情况下，教育投入的消费性质与投资性质是相互伴随的。

（2）教育投资的收益具有时间上的间接性。一般来说，一笔教育投资在投入和取得收益之间，往往需要一个过程。这既包括培训的时间（如培养一个中等文化程度的劳动者一般需要 12 年左右，培养一个合格的大学生则需 16 年左右），还包括教育者寻找工作、适应工作，最终发挥其劳动技能、取得收益的时间。因此，教育投资的循环与投资收益的补偿有一定的时间间隔，具有间接性。

5.1.2 消费者投资的主要方式

随着金融市场的发展，消费者可选择的投资方式更加丰富，常见的方式有以下几种：

1. 银行存款

我国可供居民选择的银行存款按币种不同可分为人民币存款和外币存款两大类。按存款期限的不同，居民存款可分为活期存款和定期存款两大类。定期存款可分为整存整取、零存整取、存本取息、整存零取、定活两便、通知存款、大额存单等类型。储蓄业务一般由银行和信用社办理。

与其他金融资产相比，银行存款的优点包括：一是品种多、档次全。如上所述，银行存款的种类很多，而且存款的期限也有很多种，如三个月、六个月、一年、二年、三年、五年等；存额大小自由，可满足社会上不同收入群体的需要。二是变现能力强。与其他有价证券相比，银行存款的流动性是最强的，其中，活期储蓄在所有的金融资产中流动性最强。三是偿还性高，风险小。储蓄基准利率由国家统一制定，计算方法由中国人民银行统一规定。银行储蓄只存在国家降息和银行倒闭的风险。前者的幅度是有限的，后者的概率更是微乎其微。四是对消费者专业技能的要求低。虽然市场上有多家银行，银行存款有多个品种，但普通的消费者完全可根据自己的需要来选择合适的银行和存款方式。消费者如果选择股票、债券投资，则需要较强的专业知识。

银行存款的缺点是收益率偏低。

2. 债券

债券是指政府、企业、银行或其他金融机构对其借款承担还本付息义务所开具的凭证，用以表明彼此间的债务、债权关系。购买债券者是债权人，发行债券者为债务人。由此可见，债券的本质是一种负债凭证。发行者承诺在未来的特定日期（通常是债券发行后的若干年），向债券持有人偿付规定金额的本金，同时在债券有效期内，定期向债券持有人支付规定的利息。因为一般来说债券的利息是事先规定的，所以债券又称为固定利息证券。总的来说，债券具有以下四个特点：

（1）债券的发行人和持有人之间是债权、债务关系。债券持有人只能凭债券按期向发行人取得利息，到期收回本金，无权参与企业的经营管理。企业如果破产则按破产法的规定清偿。

（2）债券有明确的面值和利息率。这是债券最基本的特征。债券的面值指债券到期偿还的本金，包括计价货币和数量金额。发行者可根据资金市场的情况和自己的需要，选择适当的面值。以美国国内债券市场为例，面额小的只有数十美元，大的则高达上百万美元。利息是债券发行者必须向债权人支付的使用资金的报酬。利息率的高低会直接关系到发行人和持有人双方的经济收益，并常常影响债券的发行量和债券价格。

（3）债券有一定的期限。债券除了规定面值和利息率之外，还要规定一定的期限，即债券的借款期。到期时，债券发行人要向债券持有人偿还本金和利息。债券的期限长短不一，如美国短期国库券的期限只有 91 天，而期限长的债券可长达几十年。近年来，由于利率和汇率波动频繁且剧烈，许多投资者都不愿投资期限较长的债券，以免冒太大的风险。为适应这种情况，债券发行人也倾向于缩短债券的期限。

（4）债券可以买卖流通。当债券持有人需要资金时，可以向第三人出售债券，提前收回本金。那么，债券的流通价格是否会等于债券的票面金额呢？答案是不确定的。除了票面金额外，债券的流通价格还要受到发行价格等因素的影响。首先，债券的发行价格可能与面值不一致，发行者根据自己的需要可以选择平价、溢价和折价发行。其次，债券进入二级市场流通以后，由于市场供求和银行利率等因素的影响，债券的价格常常偏离其发行价格。一般来说，随着债券到期日的临近，债券的价格会趋向于它的兑付值。

债券的历史可以追溯到 12 世纪末威尼斯共和国发行的债券。发展到现在，债券的种类已经相当多。下面简要介绍几种常见的分类方法。

（1）按发行主体来分，可分为政府债券和公司债券两种。政府债券包括国债和地方债。政府债券，顾名思义是由政府发行的债券，发行政府债券主要是为了满足财政开支的需要。政府债券的还本付息最终要依靠税收。由于借款人是政府，因此政府债券的安全性较好。公司债券指由企业、公司发行的债券。公司债券多为半年付息一次。

（2）按偿还期限来分，可分为长期债券、中期债券和短期债券三类。长期债券指偿还期限在五年以上的债券，中期债券指偿还期限为二至五年的债券，短期债券的偿还期限在一年以内。

（3）按发行方式来分，可分为公募债券和私募债券两种。公募债券指在市场上公开发行，没有具体发行对象的债券。私募债券的发行对象是事先指定的，它只在小范围内发行。

（4）按利息支付方式来分，可分为付息债券和零息债券。付息债券指按期（半年或一年）支付利息，到期还本的债券。大多数债券都属于这种形式。零息债券指在债券到期前不支付利息的债券。债券的利息在发行时就已从发行价格中扣除，到期日按债券面额偿还。发行价格与偿还的面额之间的差额即是债券持有人的利息收入。

（5）按币种所属国的不同，可分为外国债券和欧洲债券两类。外国债券指甲国发行者在乙国以乙国货币为面额发行的债券，欧洲债券指甲国发行者在乙国以第三国货币为面额发行的债券。

除了上面的划分方式外，还可按担保方式分为担保债券、抵押债券和信用债券；按所含期权分为可转换债券、可提前赎回债券等。新中国成立以来，我国发行了多种债券。

与其他金融方式相比，债券投资具有以下特点：

（1）风险较小。债券发行人如果不按时向债券持有人支付利息或偿还本金，则属于违约行为，会引起诉讼甚至导致破产，所以发行人一般都会尽量保证债券的收益。即便公司因经营不善而破产，债券持有人也有权较先获得清偿。债券因其发行人信誉程度的不同，风险也不一样。其中，政府债券的风险最小。总的来说，债券的收入稳定，风险较小。

（2）多样化。与银行存款一样，债券也具有品种多、档次全的特点，可以满足不同收入群体的投资者的需要。随着经济的发展和金融工具的创新，债券日趋多样化，出现了可转换债券、偿还基金等，投资者可以根据自己的需要自由组合。

3. 股票

股票是股份公司发给股东的所有权凭证，是股东取得股息和参与分红的一种有价证券。它像一般商品一样，有自己的价格，可作为买卖对象，也可作为抵押品，是资金市场主要的长期信用工具之一。

股票按其性质可以分成优先股和普通股两类。优先股需按固定比率支付股息。它兼有股票和债券两种投资方式的特性：从收益方面来看，它的收入是固定的，具有债券的一般利弊；从所有权方面来看，持有人是公司的所有者，即便公司不能按时支付利息也不算违约，而且它也没有期限，因而具有股票投资的特征。普通股与优先股不同，它的股息是随着企业利润的变动而变动的。在支付股息时，公司先支付优先股的股息，然后支付普通股的股息。如果公司经营状况好，普通股的股息会上升，反之股息会下降，甚至没有股息。此外，当公司破产时，优先股的持有者与其他债权人有权先于普通股持有人获得赔偿。

股票投资具有以下几个特点：

（1）风险较大。股票实质上是股东向公司进行的永久性投资。股票投资能否获得预期收益，完全取决于企业的盈利情况。股票是持有人作为企业所有人的证明，股东们共同享受企业的利润，但同时也共同承担企业经营失败的风险。

（2）流动性强。尽管股票持有人不能退股，但可以去证券市场上通过买卖而兑现，还可作为抵押品向银行或其他金融机构申请抵押贷款。在股票市场发达、宏观经济形势稳定的环境下，持有股票与持有现金几乎没有区别。正是股票的流动性促进了社会资金的有效和高效利用。

（3）需要投资者具有较高的专业技能。公司的未来收入是很难估计的，它不仅由企业自身的条件来决定，还会受到产业发展和宏观经济环境的影响，因而股息与股票价格经常波动。所以股票投资往往需要较多的专业知识。

4. 基金

基金，又称投资基金，是指专门的投资机构通过发行受益凭证或入股凭证，将社会上的闲散资金集中起来，交由各种专家进行经营和管理。基金一般分散于特定的金融产品或行业，投资者按投资比例分享基金的增值收益。具体来说，基金具有如下特性：第一，资金来源广泛。基金公司要先从大量的投资者手中募集资金，才能设立基金。第二，投资分散。为了确定投资的最佳收益目标、最大限度地降低投资风险，基金的管理者往往把集中的资金分散于各种投资对象，如股票、债券、期货、期权、不动产等。第三，按比例分配。投资收益按投资者出资额的多少进行分配。

目前，世界各国的投资基金形式繁多。概括地讲，按投资基金的法律地位来分，可分为契约型和公司型两大类；按基金可否赎回来分，可分为开放型和封闭型两大类，其他不同类型的基金都是由此演变而来的。

投资基金的优点主要体现在以下三个方面：

（1）规模经济。基金通过把零散投资者的零星资本集中起来，进行批量交易，可以帮助小额投资者节省大量的交易费用与分析时间。

（2）投资分散，降低风险。受到资本总额的限制，大多数个人投资很难做到投资分散化。比如，投资者将其为数不多的资本分别投向十几种股票，虽然能达到投资分散的目的，但是过分分散也会导致管理成本提高。其通过投资基金可以把资本投资到几十种甚至上百种股票上。

（3）具有专业管理效果。金融投资随着金融市场的完善变得日益复杂。高效率的证券投资需要广泛的知识，包括经济学、政策分析、财会、法律、管理等。投资基金通过聘请专业人士管理其投资，实现了专业化管理，可以增加投资收益。

与其他投资方式相比，投资基金的不利之处在于：第一，需要支付一定的费用。投资基金不但要支付管理费用，在购买时还要交纳认（申）购费。前者一般是基金净值的1%～1.5%，后者是认（申）购总额的1%左右。第二，存在管理风险。投资者的资金需要通过专业人员来进行投资。如果专业人员的管理水平不高或者不负责任，投资者反而得不偿失。

延伸阅读 | 我国证券投资基金的类型

根据不同标准，可以将证券投资基金划分为不同的种类：

（1）从基金的运作方式来看，根据基金单位是否可增加或赎回，可分为开放式基金和封闭式基金。开放式基金不上市交易，一般通过银行申购和赎回，基金规模不固定；封闭式基金有固定的存续期，其间基金规模固定，一般在证券交易场所上市交易，投资者通过二级市场买卖基金单位。

（2）根据组织形态的不同，可分为公司型基金和契约型基金。通过发行基金股份成立投资基金公司的形式设立的，通常称为公司型基金；由基金管理人、基金托管人和投资人三方通过基金契约设立的，通常称为契约型基金。目前，我国的证券投资基金均为契约型基金。

（3）根据投资对象的不同，可分为股票基金、债券基金、货币市场基金等。股票基金以股票为投资对象，是投资基金的主要种类。债券基金则以债券为主要投资标的，除了债券之外，尚可投资于金融债券、债券附买回、定期存款、短期票券等。货币市场基金投资于货币市场上的短期有价证券，如国债、商业票据、政府短期债券、企业债券等。

（4）按照投资理念的不同，可分为主动型基金和被动型基金。主动型基金是以寻求取得超越市场的业绩表现为目标的一种基金；被动型基金则不主动寻求超越市场的业绩表现，一般选取特定的指数作为跟踪的对象，通过试图复制指数来跟踪市场的业绩表现，因此通常被称为指数型基金。

5. 房产投资

房产投资无疑是消费者实物投资中最大的部分。消费者购买房产的动机一般有三种：一是消费需求，即购房是为了自己居住。完全消费型的购房动机只存在于社会经济发展比较落后的阶段，居民收入低，生活比较贫困，住房支出一般占人均收入的10%左右。二是保值需求，即把添置房产作为保值或持有资产的手段。当然，纯粹保值型的购房也不多见，更多的购房兼有保值和消费两方面的目的，这说明社会经济有了一定的发展，居民收入水平有所上升，消费者的各种基本需要已经得到满足，并有一定的储蓄积累。三是投机需要，即购房不是为了自用，而是为了出租、抵押、转卖，从中盈利。这时居民的住房应比较充裕，房产不仅成为消费预算中消费支出的大项，而且是消费者资产收入的一大来源。

6. 教育投资

教育投资包括正规学校教育（如小学、中学、大学教育）及职业培训（分为一般培训和专门培训）两大类。前者主要提高受教育者的知识存量，后者主要提高受教育者的技能存量。作为一种与物质投资相对应的人力资本投资，教育投资具有一些不同于其他投资的作用。总体而言，教育投资的作用体现在经济和非经济两方面。其中非经济方面的作用体现在：教育使人们获得了知识、技能和文化，提高了素质，为国家和民族的后续发展打下了基础。虽然这些作用无法量化，但意义十分重大。教育投资在经济方面的作用可以分为个人和社会两个方面。对个人而言，教育投资在经济方面的作用主要体现为工资收益，即受教育程度较高的人的未来工资收入可能超过受教育程度较低的人。对社会而言，受教育者知识的增加和技能的提高，将形成更高的劳动生产力，促进整体经济的增长。著名经济学家舒尔茨通过对1929—1957年间的美国经济增长进行分析，发现这一时期美国的平均教育收益率为17.3%，而且在整个国民收入增长额中，教育投资所起的作用占到33%。由此可见，教育投资对国民收入增长具有重要的作用。

5.2 投资收益

消费者在对众多的投资方式进行选择时，会同时考虑自己的个人需要和投资对象的特性。最理想的投资对象是流动性强、收益率高、风险性小且不必纳税的资产。但是寻找这样的投资机会是十分困难的。通常情况下，消费者的投资仅能具有一个较为满意的特征，比如以安全性为代价得到较高的回报。

5.2.1 收益方式

投资收益可以分成两个部分：利息（股息或租金等）与资本增值。资本增值指消费者购买资产的价格与出售价格之差。利息与资本增值之和构成了消费者的总收益。举例说明如下：

假定某个消费者在年初花 10 000 元购买了 A 公司的股票。年中，他得到了 200 元的股息。如果年末他以 10 600 元的价格出售了这些股票，那么这一年他投资股票所获得的总收益为：

$$200+600=800(\text{元})$$

如果年末以原价出售这些股票，那么总收益为 200 元；如果年末以 9 200 元出售这些股票，那么总收益为：

$$200-800=-600(\text{元})$$

根据收益内容的不同，收益的计算方式可以分为当期收益、持有期收益和到期收益三种。当期收益指持有的该资产在一定时间内的利息（股息或租金等）收入。当期收益率的计算公式为：

$$\text{当期收益率}=\frac{\text{利息}}{\text{购买价格}}$$

在上例中，如果年末以原价出售这些股票，则股票投资的当期收益率为 2%。如果当期收益是以一年为单位计算的，那么当期收益率就等于利息率。请注意，债券的利息率不同于当期收益率。因为债券的利息率是根据债券的面值计算出来的，当期收益率则是根据购买价格计算的。

持有期收益指购买某项特定资产一段时间后通过出售所获得的资本增值，即出售价格与购买价格之间的差额。持有期收益率可用公式表示为：

$$\text{持有期收益率}=\frac{\text{出售价格}-\text{购买价格}}{\text{购买价格}}$$

在上例中，假定没有股息，如果股票以 10 600 元的价格出售，那么持有期收益率为 6%；如果股票以 9 200 元的价格出售，那么持有期收益率为−8%。

到期收益指当期收益和持有期收益之和。到期收益率的计算公式为：

$$\text{到期收益率}=\frac{\text{当期收益}+\text{持有期收益}}{\text{购买价格}}=\frac{\text{利息}+\text{出售价格}-\text{购买价格}}{\text{购买价格}}$$

以债券为例，假定某消费者以 9 000 元买了一年期、利息率为 6%、面值为 10 000 元的国债，那么它的当期收益为 600 元（10 000×6%），持有期收益为 1 000 元（10 000−9 000）。这样，该债券的到期收益率为：

$$\text{债券的到期收益率}=\frac{\text{当期收益}+\text{持有期收益}}{\text{购买价格}}=\frac{600+1\,000}{9\,000}\approx 17.78\%$$

有些资产的到期收益等于当期收益，如银行存款。还有一些资产的到期收益等于持有期收益，如不派发股息和红利的股票。一般来说，在选择投资项目时，投资者比较的是到期收益，而不是当期收益或持有期收益。在比较不同项目的到期收益率时，还需要考虑另一个重要的因素，即获得收益的时间。以不同时间为期限计算出来的到期收益率是不具备可比性的。例如，一年期、到期收益率为 2%的银行存款和两年期、到期收益率为 4%的债券，不能因为后者的收益率比前者高，就简单地认为后者能比前者带来更高的收益。那么，这两个投资项目究竟哪个收益更高呢？这就需要了解有关货币时间价值的概念。

5.2.2 货币的时间价值

货币的时间价值是指当前持有的一定量货币比未来获得的等量货币具有更高的价值。换言之，今天拥有的一元钱比一年后拥有的一元钱更有价值。我们至少可以从两个方面来理解货币为什么会有时间价值：第一，货币可用于投资，获得收益，从而在将来拥有更多的货币量；第二，货币的购买力会因通货膨胀的影响而随时间改变。在不考虑通货膨胀的情况下，银行存款利息可以代表货币的时间价值。

在计算货币的时间价值时，需明白四个基本概念：

（1）现值：指在某个时间段资金的起始价值，通常用 PV 表示。

（2）终值：指未来某一时间所获得的货币总额，通常用 FV 表示。它等于资金的起始价值（现值）与利息之和。

（3）期数：指计算利息的次数，通常用 n 表示。

（4）利率：一期的利息与资金的起始价格之比，通常用 i 表示。如果利息按年计，那么 i 就是年利率；如果利息按月计，那么 i 就是月利率。

它们之间的函数关系为：

$$FV=PV\times(1+i)^n$$

货币的时间价值为终值与现值的差额，即 $FV-PV$。上述四项是影响货币时间价值的基本因素，其中任意一项的变化（假定其他三项不变）都将改变它的大小。举例说明如下：

假定年初某消费者存入银行 10 000 元，存款方式为一年定期，银行存款的一年期利率为 3%，那么他在一年后可获得 10 300 元，其中利息为 300 元；如果年初他存入的不是 10 000 元，而是 1 000 元，那么这一年获得的利息只有 30 元；如果利率不是 3%，而是 2%，那么利息将是 200 元。同理，当利息不按年计，而按月计时，利息数也不一样。

因为货币具有时间价值，所以终值是按计算复利的方法计算出来的。复利即利息的利息。复利计息指本期末形成的利息计入下期本金，也计算利息。举例说明如下：

假定年初存入银行 10 000 元，一年期利率为 3%。那么，年末这笔钱的终值为：

$$10\,000\times 1.03=10\,300(\text{元})$$

假设这笔钱连本带利继续存在银行，那么第二年末的终值为：

$$10\ 300\times1.03=10\ 609(\text{元})$$

这一年的利息为309元，它可以分解为两部分：一部分为单利，即10 000×0.03=300（元）；另一部分是前期利息的利息，即复利，为300×0.03=9（元）。同理，第三年末这笔钱的终值为：

$$10\ 609\times1.03=10\ 927.27(\text{元})$$

第三年的利息为318.27元，其中单利300元，复利18.27元。

从这个例子中我们可以看出，单利保持不变，而复利却逐年上升。期限越长、利率越高，复利上升的速度也就越快。

在 PV、FV、n 和 i 这四个基本要素中，只要知道其中任意三项，就可以推算出第四项。例如，在计算收益率时，即是通过 PV、FV 和 n 来计算 i。

5.2.3 收益率的计算

当我们需要比较不同投资的收益率时，可以把它们的收益率转换成同样计息时间的，然后比较它们的大小。

假定你面临两个投资选择：一个是售价为9 000元、两年期、面值为10 000元的零息债券；另一个是两年后到期、面值和售价均为9 000元、年息为5%的其他债券。你应该选择哪一个呢？

先来看零息债券。我们知道，零息债券是不支付利息的，它的收益就是购买价格与面值之差，所以零息债券的到期收益率为：

$$\text{到期收益率}=\frac{10\ 000-9\ 000}{9\ 000}=11.11\%$$

但这是两年的总收益，所以不能直接与另一债券的年息相比。实际上，投资零息债券等于 PV 为9 000、FV 为10 000、n 为2的投资。根据上面所讲的公式，我们可以得到：

$$10\ 000=9\ 000\times(1+i)^2$$

可以算出 i 约等于5.4%，略高于另一债券。当两者风险相同时，应该选择购买零息债券。

5.2.4 流动性与税负

1. 流动性

在进行前面的分析与计算时，我们是以市场上不存在交易费用为前提的，即假设所有资产都具有完全流动性。具有完全流动性的资产是指资产在变现时没有销售费用或发现“合适”的购买者所需要的时间很短，基本上是即时完成的。在现实生活中，银行存款就是具有完全流动性的资产（也有例外，如银行破产时），因为你只要写一张支票就可以立刻把它变成现金，而且没有任何费用。大公司的股票也被认为具有相当强的流动性，任何一个在证券交易所大厅的人都可以看到它现在的价格，而且以此价格出售的成本比较小。

但出售或购买某些资产的交易费用是非常明显的，比如住宅。一般来说，住宅的交易成本会达到住宅价值的 7%～10%，而且寻找到合适的购买者通常要花很长的时间。不同顾客愿意支付的价格不同，等待的时间越长就越可能发现某个真正喜欢这所住宅的人，成交的价格也可能越高。

资产的流动性弱，无论是表现为交易费用高，还是表现为等候的时间长，都意味着收益的损失。费用是会抵消收益的，交易费用越高，被抵消的收益就越多；同时，货币具有时间价值，等待的时间越长，损失的货币时间价值也就越大，收益相对而言也就减少了。

2. 税负与收益

对于几乎所有的投资，政府都要以税收的形式拿走一部分利润。由于税法对不同资产的态度是不同的，因此在选择投资项目时，税负方面的考虑极为重要。毕竟，人们所关心的是税后的收益而不是税前的收益。

税负同费用一样，会减少收益，这是显而易见的。通过下面这个公式，我们可以看出税率对投资收益率的影响：

$$i_{税后}=i_{税前}(1-T)$$

式中，$i_{税后}$为税后的收益率，$i_{税前}$为税前的收益率，T 为税率。

下面就以开征利息税为例，说明税前和税后的投资收益率的变化。我国 2007 年 8 月 15 日至 2008 年 10 月 8 日之间对银行存款征收 5%的利息税，此后暂免征收利息税。假定一年期银行存款的年利率为 3%，那么 2008 年 10 月 8 日之后，税前投资收益率与税后投资收益率相同，都是 3%；而 2007 年 8 月 15 日至 2008 年 10 月 8 日之间，税后投资收益率要低于税前：

$$\begin{aligned}税后收益率&=税前收益率\times(1-税率)\\&=3\%\times(1-5\%)\\&=2.85\%\end{aligned}$$

由此可见，征收利息税之后，对于投资者来说就相当于损失了一部分利润。这种税负的不同会影响人们的投资选择，即人们会愿意投资那些税率相对较低或者可以得到一定税收优惠的资产，这种资产又被称为惠税资产。因此，惠税资产的市场均价一般会高于其他资产。是否选择惠税资产，取决于对最终的投资收益率的比较。如果税收方面的好处大于价格上涨带来的损失，人们就会选择惠税资产；如果价格上涨带来的损失大于税收方面的好处，人们就会选择其他资产。最终，市场会达到均衡，即惠税资产和其他资产的实际收益率大致相等。举例说明如下：

假定有两种债券，一种是纳税债券（税率为 20%），另一种是免税债券，两者期限相同，均为 1 年，利率相等，均为 4%，面值也一样，均为 100 元，但免税债券的市场价格高于其面值，为 101 元，而纳税债券的市场价格等于其面值。那么，免税债券的收益率为：

$$\begin{aligned}免税债券的收益率&=\frac{当期收益+持有期收益}{购买价格}\\&=\frac{100\times4\%+100-101}{101}\\&=2.97\%\end{aligned}$$

而纳税债券的投资收益率为：

$$\text{纳税债券的收益率}=\frac{\text{当期收益}+\text{持有期收益}}{\text{购买价格}}=\frac{100\times4\%\times(1-20\%)}{100}=3.2\%$$

由此可见，免税债券的收益率低于纳税债券。理智的投资者应该会选择纳税债券而不是免税债券。免税债券的均衡价格应该是多少呢？大家不妨自己计算一下。

5.2.5 定期定额投资（定投）策略

定期定额投资策略在国外投资市场上被广泛采用。以美国为例，有超过半数的家庭购买基金理财，其投资基金的方式大多采用定期定额投资策略。美国基金（股票）的定期定额投资策略发展得最成功的是401K退休计划，它是美国养老金的第二支柱，也是养老金体系三大支柱中的最大一项。此外，作为第三支柱的个人税延养老金制度和人寿保单等自我保障计划，也和第二支柱相似，一般都通过市场化手段投资运营，多采用定期定额投资策略来实现资金的积累。国外的定期定额投资大多和养老保障密切相关。

与发达国家相比，我国的养老金规模较小，特别是作为第二支柱企业补充养老金计划的企业年金发展缓慢，2006年企业年金资金才逐步开始市场化运作，而且规模较小。作为第三支柱的个人养老主要以传统的购房、储蓄和人寿保单为主。

根据发达国家和地区的经验，定期定额投资以及投资的市场化运营，将是我国迎接长寿时代的重要养老投资手段，无论是对企业还是对个人。

对个人而言，基金定投不失为一种补充养老的有效手段。基金定投一方面可以消除投资者在资本市场择时的困扰，操作简单，适合长期投资；另一方面还可以积少成多，并获得复利效应。如果定投的期限足够长，即使投资标的的收益率只有平均水平，期末获得的资本积累也十分可观。当然，定投的标的应该选择股票或偏股型基金或者指数型基金。

定投的计算公式为：

$$F=A[(1+i)^n-1]/i$$

式中，F 指期末终值，A 指定投金额，n 指定投期数，i 指收益率。我们也可以通过查询年金终值系数表或基金定投计算器来了解定投的终值。

5.3 投资风险

在本章一开始，我们就提到投资具有不确定性的特点。对于任何投资者来说，投资的风险性是必然会考虑的一个问题。风险是指某一行动后果的不确定性，或不确定因素造成未来损失的可能性。风险是与损失相联系的一个概念。但风险并不等于损失，而只是产生损失的可能性，即对投资过程和投资结果产生不利的可能性，而非现实性。只有当这种不利结果成为现实时才是损失。

背景资料

2015—2016 年股市

2015 年的中国股市可谓惊心动魄。上证综指从年初的 3 000 多点，一路狂飙到 6 月 15 日的 5 176.79 点后掉头向下，自此一发不可收拾。随后的半年中共发生了 12 次千股跌停，其中：6 月 26 日 2 020 只股票跌停，7 月 27 日 1 810 只股票跌停，8 月 24 日 2 170 只股票跌停。

从 2016 年新年后的第一个交易日开始 A 股交易实施股指熔断机制，但是遭遇抵制，当天千股跌停，股指大跌 242.92 点，跌幅为 6.86%，其后在短短的 18 个交易日里，大盘跌幅高达 22.71%，而熔断机制实行了 4 天便结束了其使命。

自 2015 年 6 月 12 日以来的一年内，A 股总市值蒸发超过 25 万亿元，上证综指跌幅超过四成。按照中国证券登记结算有限责任公司（中证登）的统计数据，截至 2016 年 6 月，A 股和 B 股的投资者总数约为 1.07 亿，其中个人投资者约为 1.067 亿。按照这个数据计算，一年来平均每个投资者的市值缩水了接近 24 万元。

2018 年股市

2018 年 12 月 28 日 A 股的交易落下帷幕，上证综指报收 2 493.9 点，深证成指报收 7 239.79 点。整个 2018 年上证综指的跌幅为 24.59%，深证成指的跌幅为 34.42%，中小板指的跌幅为 37.75%，创业板指的跌幅为 28.65%，沪深 300 指数全年下跌 25.31%，上证 50 指数全面下跌 19.83%。

在所有股票中，当年跌幅在 30%～40%的个股占比最高，达到 24.7%，共 882 只；跌幅在 20%～30%和 40%～50%的个股排列二、三位，分别达到 678 只和 650 只，整体来看当年超七成个股的跌幅超过 20%。

中证登的统计数据显示，2018 年 A 股期末时的投资者数量为 1.45 亿，以市值减少 14.39 万亿元计算，当年 A 股投资者人均亏损 9.92 万元。

5.3.1　风险的类型

按照不同的标准，可以将风险划分为不同的类型。

1. 按照风险是否可以避免，分为系统风险与非系统风险

系统风险，又称不可分散风险，指某一投资领域内所有投资者都将共同面临的风险，是无法避免或分散的风险，如战争对整体经济环境的影响、政府新出台的证券管理政策对证券市场的影响、利率的变化对债券市场的影响等。系统风险是由一些共同因素所导致的，将影响某一系统内所有的投资，人们不可能通过多样化的投资组合来避免。

非系统风险，又称特定风险或可分散风险，指影响某一投资对象的某些独特事件的发生而引起的风险，如某一公司新产品研发失败、市场营销计划落空、重大项目投标失利、竞争对手出现、生产工艺/技术落后、合同违约、劳资纠纷等都属于非系统风险。由于这些因素或事件的发生本质上是随机的，因此此类风险可以通过多元化的投资来分散或消除。

系统风险和非系统风险可以用图 5－1 表示。从图中可以看出，投资的总风险可以分解为系统风险和非系统风险。随着投资者投资的分散化，非系统风险会逐渐减少，最后趋向于零。

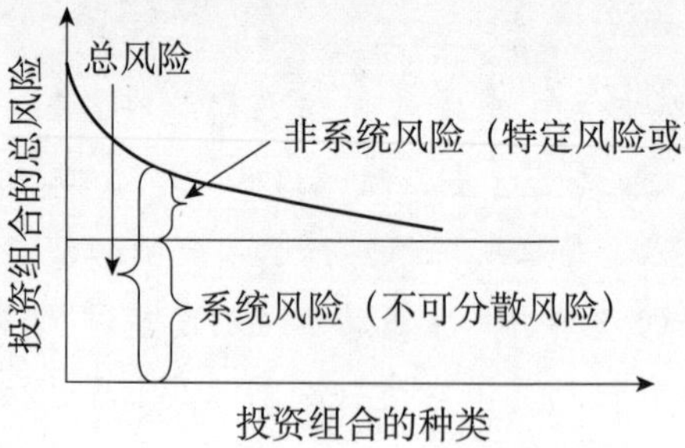

图 5－1　风险的种类

2. 按照投资风险产生原因的不同，分为市场风险和经营风险

市场风险是指由于投资市场中的各种因素（如利率升降、外汇汇率涨跌、购买力的大小等）而导致投资者亏损的可能性。这是由投资者所处的市场环境的变化引起的。当市场的各种因素变化较大或较频繁时，投资者遭受损失的数额或可能性就会变大。2000 年以来美国股市危机造成的养老金大幅减值是投资者所面临的市场风险的一种。

经营风险主要指投资过程中对未来的预期出现偏差，导致决策不当，操作失误，从而遭受损失的可能性。经营风险强调投资者在管理投资过程中遭受损失的可能性，其原因主要是主观判断、操作及管理失误。

3. 按照风险的大小，分为高风险和低风险

衡量风险的大小有两个指标，一是出现坏结果的可能性，二是出现坏结果所造成损失的大小。高风险指坏结果出现的概率大，或一旦坏结果出现会造成较大损失的风险；低风险指坏结果出现的概率小，或坏结果出现所造成的损失较小的风险。人们常常用预期收益率（即各种可能收益率的加权平均）的大小来表示风险的大小。但这是不正确的。两个投资项目的预期收益率相同，并不代表两者的风险是一样的。两者中谁的方差（反映各种可能结果与预期收益之间偏离程度的指标）大，谁的风险就大；谁的方差小，谁的风险就小（如图 5－2 所示）。

图 5－2 中项目 A 和项目 B 的概率分布都是对称的，有着相同的中点，因此两者的预期收益率相同，但项目 A 取得非常低的收益和非常高的收益的概率都更大，因此项目 A 的风险大于项目 B。

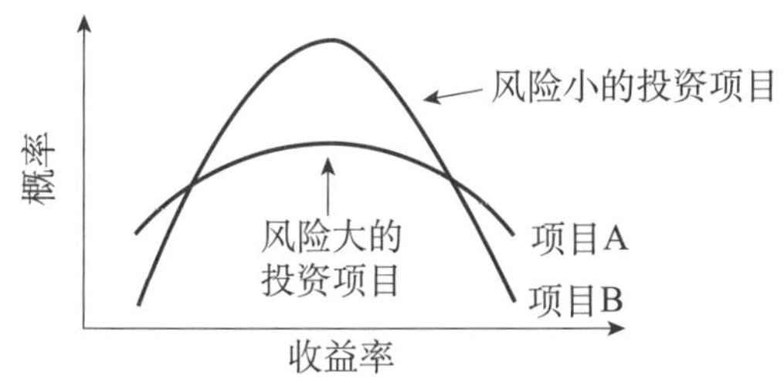

图 5－2　用概率分布描述风险

背景资料

P2P 行业的惨痛教训与互联网金融风险

2005 年，英国出现了世界上第一家 P2P 公司 Zopa，提出了“摒弃银行，每个人都是自己的主人，都可以拥有更多的信贷交易”的口号。2006 年，美国的 Prosper 创立，并逐渐成为享誉世界的 P2P 平台。2007 年，拍拍贷在中国上海成立，成为中国第一家 P2P 平台。在 2013 年以余额宝的出现为标志性事件的“中国互联网金融元年”之后，资本快速涌入 P2P 行业，P2P 机构的数量呈连年爆发式增长，为寻求金融服务的民众提供了诸多选择。2015—2016 年高峰时期运营的 P2P 平台约有 5 000 家。

P2P 平台原本的业务逻辑是借助互联网和大数据在小额借款人与小额款项之间发挥信息中介的作用，不作为信用中介直接介入双方的资金往来，也不对借款标的可能的违约风险承担连带责任。当然，平台需要优化借款人的信息展示效果、提升借款人的信息质量，以便为投标人制定投标决策提供有效依据，从而提升平台的交易效率、改善用户的使用体验。

但随着资本快速涌入 P2P 行业，平台数量快速增加，市场竞争也越来越激烈。在激烈的竞争中，有些平台开始在商业模式上进行调整，有的采取了债权转让模式，有的采取机构担保模式，有的打着低风险、高收益的旗号吸纳资金端用户在平台投标，许多民众则在高回报率的吸引下进入 P2P 领域。而半数以上的 P2P 平台也逐渐偏离了信息中介的定位，出现吸收存款、沉淀资金、发放贷款等性质的经营行为，转而成为信用中介。在一些极端案例中，有的平台还通过吸收公众资金的方式构建资金池，甚至为此在平台中发布虚假借款标的，设置庞氏骗局以骗取公众资金，最终平台工作人员卷款潜逃；还有的平台肆意设置高利率，暴力催收等。刚刚步入发展快车道的 P2P 行业在 2014—2016 年间呈现出无序发展的状态，e 租宝、“校园贷”等事件甚至使得许多民众将 P2P 与骗子画上了等号。2016 年以后，监管力度不断加大，国家对 P2P 行业全面整顿清理，到 2020 年底我国全部 P2P 平台清零，标志着 P2P 退出了历史舞台。

P2P 行业从快速发展到爆雷清零，众多的投资者蒙受损失，教训惨痛，也凸显了在互联网金融发展过程中投资者面临的一些新风险：金融诈骗风险、监管风险等。

5. 3. 2　投资者对待风险的态度

风险是一种不确定性，这种不确定性可以通过一定的方法测量出概率，但我们大多数情况下都不喜欢这种不确定性。现实生活中，我们可能会花几元钱去购买彩票或是摸奖，但在大部分情况下，我们都在避免风险，并尽量降低风险的严重程度。对于厌恶风险的人而言，如果可以得到预期收益率相同但风险更小的资产，他们肯定会选择风险小的资产。多数人都厌恶风险这个事实意味着投资者们在承担风险时，会要求更高的预期收益率。股票的风险一般大于公司债券的风险，公司债券又比政府债券的风险大，这就是股票的平均收益比公司债券高，而公司债券的平均收益要高于政府债券的原因。

人们总的来说是厌恶风险的，但在一些情况下，我们观察到有些人是喜欢风险的，属于偏好风险的人。对于他们而言，在预期收益相同的情况下，风险高的项目更有吸引力。有的时候，他们甚至可能不计较收益率，而追逐那些高风险的投资，如美国拉斯维加斯的赌徒。虽然他们感觉能在冒险中获得快乐，但在经济学家或整个社会看来，这些风险偏好者不断地用他们的收入或财富来从事高风险的活动，是目的不明确且不合乎理性的表现。

还有一种人介于厌恶风险与偏好风险之间，他们是风险中性的。风险中性的人只关心预期收益率，他们在预期收益相同而风险不同的两种资产之间是没有偏好的。当投资只占财富的很小一部分时，人们的选择可能是风险中性的。

5.3.3 风险与收益的关系

在现实中，我们观察到收益与风险一般呈正相关。这是由于人们多数都厌恶风险，因而只有提高投资收益率，投资者才会选择高风险的投资项目。也就是说，投资者对于其承担的风险，要求有一定的额外收益作为补偿。这种额外的补偿是指超过货币时间价值的那部分额外报酬，又被称为风险溢价或风险价值。在没有通货膨胀的条件下，投资者所要求的报酬率就应当是无风险收益率（货币的时间价值）与风险溢价之和：

期望投资报酬率＝无风险收益率＋风险溢价

通常，无风险收益率用银行存款利率或政府短期债券的利率来表示。

只有提高收益率才能吸引投资者投资高风险项目，反过来说也是如此，投资者如果要高收益就必须承担高风险。风险与收益的替换关系，可以用证券市场线①来表示（见图 5－3）。

从图中我们可以看出，在无风险收益率一定的情况下，投资的风险越大（即风险系数 β 越大），投资者要求的收益率就越高；反之，风险越小，要求的收益率就越低。可见，风险与收益之间存在正相关关系。需要指出的是，在无风险收益率一定的条件下，证券市场线的斜率是由市场平均风险溢价决定的。市场平均风险溢价与投资者对风险的厌恶程度有关。厌恶风险的程度越高，市场所要求的风险溢价就越高，证券市场线的斜

---

① 证券市场线的公式为：

$$R_i = R_f + \beta_i (R_m - R_f)$$

式中，R_i 是投资项目的预期收益率，R_f 是无风险收益率，β_i 是该投资项目的风险系数，R_m 是市场组合情况下的平均投资收益率。

率就越大，从而证券市场线就越陡峭；反之，风险溢价就越低，证券市场线就越平坦。

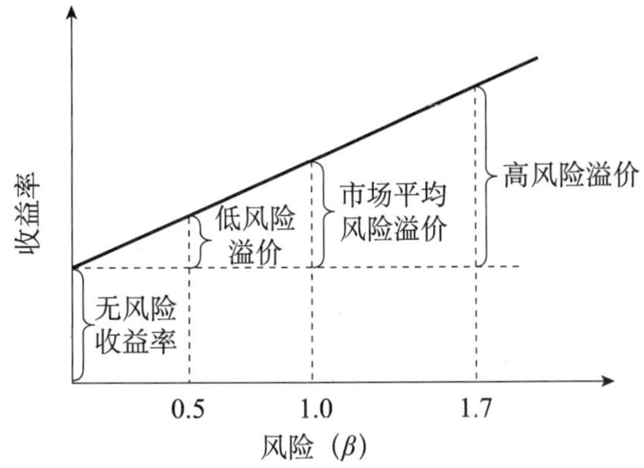

图 5－3　证券市场线

证券市场线反映的是单个投资项目的风险与收益之间的关系，即没有进行分散化的非系统风险与收益之间的替换关系。系统风险与收益之间的替换关系可以用资本市场线来表示，它的形状与证券市场线类似，也是一条向右上方倾斜的直线，即系统风险与收益之间也呈正相关关系：系统风险越大，要求的风险溢价就越高；系统风险越小，要求的风险溢价就越低。

资本市场线和证券市场线是在一定的模型假设条件下得出的，其中包括假设市场上没有交易费用、没有税负。但在实际生活中，交易费用和税负是存在的。虽然现实与理论模型的不一致并不影响其理论的正确性，即风险与收益呈正相关，但交易费用和税负的存在会对投资的收益产生影响。

5.4　投资管理决策

5.4.1　有效市场理论

在前面的例子中我们看到，当免税债券的价格等于面值时，由于其实际收益（税后收益）大于其他纳税债券，因此投资者会购买这类免税债券。一旦需求增加而供给不变，免税债券的价格就会上涨。如果免税债券的价格上涨超过一定限度，导致收益率低于纳税债券，投资者就不会再继续选择免税债券，而会投资于其他债券或资产。其结果是供给不变，需求减少，导致免税债券的价格下跌。最终，免税债券的价格会处在一个均衡水平，即免税债券与纳税债券的实际收益率大致相等。

但在现实社会中，市场价格并非总能反映资产的所有特性。这是因为信息在传播时受到阻碍，投资者无法了解到有关资产的所有信息。经济学家们以价格是否能反映资产的所有特性来判断市场是否有效，这里的特性包括资产的预期收益、风险、税收待遇以及流动性。市场的有效性是指价格能够反映资产特性的程度。在高度有效的市场上，市场价格反映了一切，投资者付出多少相应地就会得到多少。如果某种资产的收益率比大多数其他资产的平均收益率更高，那么该资产必然会表现出更高的风险性、更弱的流动性或税收待遇不佳。

按照市场有效性的高低，我们可以将市场分为强有效市场和弱有效市场。强有效市场的特点表现为市场价格能反映所有资产的信息，市场上的每个人都知道影响资产价格的全部信息。在这种市场上，没有人能够左右市场价格。市场价格完全由资产的收益、风险、流动性等特点来决定。

弱有效市场的特点表现为价格只反映该资产过去的市场价格信息。在弱有效市场上，资产的市场价格可能没有正确地反映其全部的特性。所以，谁对这种资产的信息掌握得更准确、更完全，谁就能更准确地预测它的价格走势，从而获取更高的收益。

5.4.2 投资策略

前面介绍了消费者可以利用的多种投资方式。人们在进行投资决策前，首先要考虑不同种类投资的特性，然后根据自己所希望的收益和所能承受的风险来制定自己的投资策略。

1. 确定收益目标

收益目标的确定是以自身的资产状况为基础的，资产状况包括存量资产和未来收入及预期支出。根据生命周期理论，人的一生可分为不同阶段。在每个阶段，因家庭的财务状况、获取收入的能力、财务需求与生活重心不同，理财目标会有所差异，理财策略也会不同。简单地，可以将家庭的生命周期分为青年单身期、家庭形成期、家庭成长期、子女教育期、家庭成熟期和退休养老期六个阶段。每个阶段的理财目标及特点如下：

（1）青年单身期：参加工作至结婚的这段时期，一般为 1～5 年。这一时期的收入比较低，消费支出大，投资需求较大。这段时期的重点是培养未来的获利能力。财务状况则表现为资产较少，可能出现负债，如贷款、向父母借款等。理财重点是为买车、买房、结婚积累资金。

（2）家庭形成期：指从结婚到新生儿诞生的时期，一般为 1～5 年。这一时期是家庭的主要消费期。经济收入增加而且生活稳定，家庭已经有一定的财力和基本生活用品。为提高生活质量往往需要较大的家庭建设支出，如购买一些较高档的用品；贷款买房的家庭还需一笔大开支——月供款。

（3）家庭成长期：指从子女出生直到上大学的时期，一般为 18 年左右。在这一阶段，家庭成员不再增加，家庭成员的年龄都在增长，家庭的最大开支是保健医疗费、学前教育与智力开发费用。同时，随着子女的自理能力的增强，父母精力充沛，又积累了一定的工作经验和投资经验，投资能力大大增强。

（4）子女教育期：指子女上大学的这段时期，一般为 4～8 年。在这一阶段，子女的教育费用和生活费用猛增，财务上的负担通常比较重。

（5）家庭成熟期：指从子女参加工作到家长退休的这段时期，一般为 10 年左右。在这一阶段，家长自身的工作能力、工作经验、经济状况都达到高峰，子女已完全自立，债务已逐渐减轻，理财的重点是扩大投资。

（6）退休养老期：指退休以后的时期。这一时期的主要内容是安度晚年，投资和花费通常都比较保守。

2. 设计投资组合

明智的投资决策者绝不会将所有资金都投资到单个资产上，而是进行包含多种资产的组合投资，这样做可以在维持投资收益率不变的情况下减少风险。我们知道，如果资产组合的分散程度达到一定水平，非系统风险是完全可以消除的。投资家常说的“别把所有的鸡蛋都放在一个篮子里”，就是这个道理。

明智的投资策略不是为了获得最大利润，而是为了尽可能避免投资错误。进行资产组合就是一种明智的投资策略。通过分散投资风险，投资者至少可以获得市场平均收益率。至于如何获得超额收益率，方法主要可以分为两类：主动的投资策略和被动的投资策略。主动的投资策略是传统的做法，它认为市场不是充分有效的，只会给某些投资者带来高于市场平均收益的机会——投资者通过准确的预估能发现被低估或被高估的资产，而且要在正确的时机内买进或卖出这些资产。具体方法有水平分析法和收益曲线法等。

被动的投资策略是以有效市场理论为基础的。它认为：既然市场价格能充分反映其价值，收益率更高的资产其风险必然更大，那么投资者耗费时间、精力、财力寻找偏离其实际价值的资产是没有益处的，倒不如将资本分散投资在不同的资产上，保持一段时期后，至少能获得市场平均收益。如果运气好，投资者说不定就能获得超额收益。换言之，由于市场的变化类似于随机变量，因此取得成功的人（那些获得超额利润的人）不是因为他们有超常的分析或判断能力，而是因为运气好。被动的投资策略的分析工具有持续时间分析法和避免风险分析法等。

应　用

公募基金逐渐成为我国投资者的主要理财方式

继 2020 年底公募基金总规模首次突破 20 万亿元大关之后，2021 年底公募基金总规模再上一个台阶，超过 25 万亿元。根据中国银河证券基金研究中心的统计数据，截至 2021 年 12 月 31 日，我国共有 149 家公募基金管理人，合计管理的基金数量达 9 050 只，管理的基金资产净值达 25.57 万亿元，管理的份额规模约为 21.82 万亿份。

根据中国证券登记结算有限责任公司发布的信息，截至 2019 年 12 月底，我国公募基金场外投资者的总账户数约为 6.08 亿。其中，专业机构投资者为 11.2 万，一般机构投资者为 93.0 万，自然人投资者约为 6.07 亿，占比达 99.8%。

2020 年 7 月，西南财经大学中国家庭金融调查与研究中心联合蚂蚁集团研究院，共同发布的 2020 年第二季度《中国家庭财富指数报告》显示，中国家庭更倾向于买基金而非炒股。该报告还显示，中国家庭更倾向于中长期持有基金。

投资者愿意选择基金的一个重要原因是其合规性和透明度。在资管新规的背景下，理财产品被要求净值化，即使是银行理财产品、券商理财产品，也开始出现公募化运作的趋势，而且很多理财产品的背后，实际上也是投向了公募基金。可见“受人之托、代客理财”的公募基金在普通投资者心目中的地位越来越重要，也真正践行了普惠金融的理念。

3. 控制投资风险

要控制投资风险，首先要正确认识并评估投资风险。只有正确地识别、评估风险，投资者才能将投资的风险控制在自己所能承受的范围之内。本章前面已经简要介绍了风险的种类、来源及衡量指标，我们了解到，投资风险是不可避免的。消费者所需承受的风险等于坏事件发生的概率乘以事件发生可能造成的损失。然而，消费者作为个体，在弱有效的市场环境中，不仅获得信息的途径有限，而且在识别、评估风险中所投入的时间、精力也相对有限。消费者不同于机构投资者，既不可能用德尔菲法、流程图法、实地考察等方法去识别投资风险，也不可能用外推法、矩阵图分析等方法去评估投资风险，特别是在判断风险的产生概率时。现实生活中，许多消费者严格控制投资上限，这不失为控制投资风险最简单也最有效的办法之一。

小 结

消费者的投资具有两个特性：一是时间性，即投入的货币或者说牺牲的消费是现在的，而可能的收益则是将来的，从支出到获得之间有一个时间差；二是不确定性，即虽然现在支付的金额是确定的，但未来的收益却是不确定的。因此，当消费者进行投资决策时，必然要分析收益和风险的关系。

消费者投资主要可分为金融投资、实物投资和教育投资三大类。目前，在我国可供消费者选择的投资方式主要有银行存款、债券、股票、基金、房产投资、教育投资等。

投资收益可以分成两个部分：利息（股息或租金等）与资本增值。资本增值指消费者购买资产的价格与出售价格之差。利息与资本增值之和构成了消费者的总收益。在选择投资项目时，投资者比较的是到期收益，而不是当期收益或持有期收益；此外，还需要考虑获得收益的时间、交易费用和税负等。

投资一般都有风险，只是不同的投资其风险大小不同。风险是指某一行动后果的不确定性，或由于不确定因素造成未来损失的可能性。风险是与损失相联系的一个概念，但风险并不等于损失，只是发生损失的可能性，即对投资过程和投资结果产生不利的可能性，而非现实性。只有当这种不利结果成为现实时才是损失。

市场的有效性与多数投资者对风险的厌恶所导致的投资收益与投资风险正相关。投资者对其承担的风险，要求有一定的额外收益作为补偿。理论上，投资收益可以分解为无风险收益与风险溢价两部分。

制定投资策略是对风险与收益之间对价的选择。进行资产组合就是一种明智的投资策略。通过分散投资风险，投资者至少可以获得市场平均收益率。

关键术语

投资	流动性	通货膨胀
金融投资	实物投资	教育投资
债券	股票	基金
优先股	资本增值	当期收益
持有期收益	到期收益	货币的时间价值

现值	终值	风险
系统风险	无风险收益	风险溢价
税后收益率	惠税资产	市场的有效性
强有效市场	弱有效市场	主动的投资策略
被动的投资策略		

思考题

1. 简述消费者投资的三大类型及其特点。
2. 简述银行存款、债券、股票、基金的特点。
3. 如何计算当期收益、持有期收益、到期收益和投资收益率？它们之间有什么关系？
4. 货币时间价值的成因是什么？通货膨胀与其有关联吗？
5. 如何比较不同投资项目的投资收益率？
6. 如何划分及衡量风险？
7. 简述市场的有效性与投资策略的关系。

参考文献

［1］约瑟夫·E. 斯蒂格利茨，卡尔·E. 沃尔什．经济学：第3版．北京：中国人民大学出版社，2005.

［2］安格斯·迪顿，约翰·米尔鲍尔．经济学与消费者行为．北京：中国人民大学出版社，2005.

［3］吴晓求．证券投资学．3版．北京：中国人民大学出版社，2009.

［4］杰克·R. 卡普尔，李·R. 德拉贝，罗伯特·J. 休斯．个人理财：第9版．上海：上海人民出版社，2011.

［5］阿瑟·J. 基翁．个人理财：第4版．北京：中国人民大学出版社，2010.

［6］廖理．中国消费金融调研报告：2009. 北京：经济科学出版社，2010.

第 6 章

消费者的劳动供给决策

学习目的

我们应该认识到，消费者与生产者的划分是相对的，大多数人既是消费者，又是生产者。劳动供给决策中涉及的劳动与闲暇时间的分配、有酬劳动与家务劳动的分配、退休年龄的选择和妇女劳动参与率等问题，都会改变消费者的资源配置（收入及时间），从而影响消费方式，因而考察消费者的劳动供给决策对更加深刻地理解消费经济学有着十分重要的意义。从经济意义的角度来分析与消费者的劳动供给决策有关的各经济因素，将有助于我们在微观上理解消费者的劳动供给决策过程，并从宏观上把握劳动供给的变化趋势。

6.1 劳动供给决策

马克思把劳动看作人与动物最大的区别，他认为在社会发展的初级阶段，劳动只是一种谋生的手段，但随着社会的进步，劳动将会成为人内在的第一需要。本章在分析消费者的劳动供给决策时，只把劳动作为一种获得收入的手段，在假定劳动是消费者获取收入的主要途径的前提下，建立消费者的劳动供给分析模型。

背景资料

谁的工作时间更长?

20 世纪 30—50 年代，欧美等地的经济发展到了一定阶段，人口出生率开始下降，劳动供给逐渐不足，迎来了劳动供给和劳动需求的变化节点，于是劳动者的弱势地位有所改变；同时，经济发展的推动力也发生了转变，资本相对充足，劳动力的价格提高了，市场对劳动者的受教育程度的要求也提高了，经济增长方式由劳动密集型转向了知识密集型。这导致劳动制度和劳动供给模式出现了一系列变化。在女性参与工作的比例提高的同时，劳动者的工作时间也发生了变化。

图6-1描述了1999—2008年一些国家劳动者工作时间的变动趋势。欧洲国家，尤其是法国和意大利，劳动者的平均工作时间在10年间是下降的，1999年法国、意大利的劳动者的平均周工作小时数分别是39.7小时和39.4小时，2008年的相应数字是37.5小时和34.6小时，分别下降5.5%和12.2%。10年间日本劳动者的平均工作时间也是下降的，而美国略有上升。相对于这些经济发达国家，我国劳动者的平均周工作小时数是最长的，但是也呈现出一定的下降趋势。2003年我国劳动者的平均周工作小时数是45.4小时，2008年则减少到44.6小时，下降幅度是1.8%。

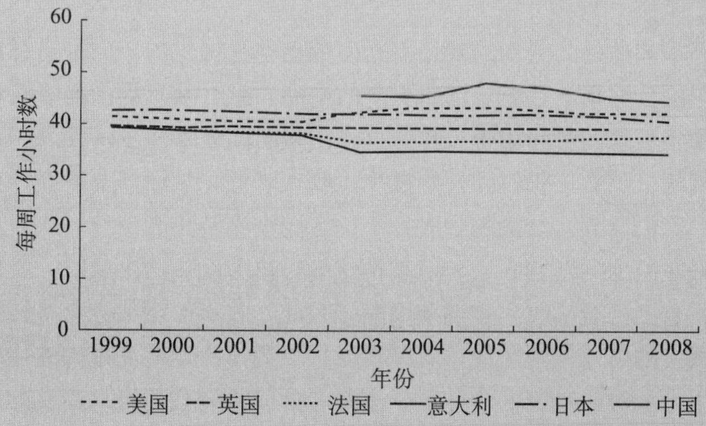

图6-1　1999—2008年劳动者平均工作小时数的变动趋势

资料来源：国际劳工组织统计数据。

图6-2显示的是不同岗位和行业的劳动者平均工作时间的国际比较。从中可以明显看出，在劳动者工作时间上不同行业呈现出一定的差异。

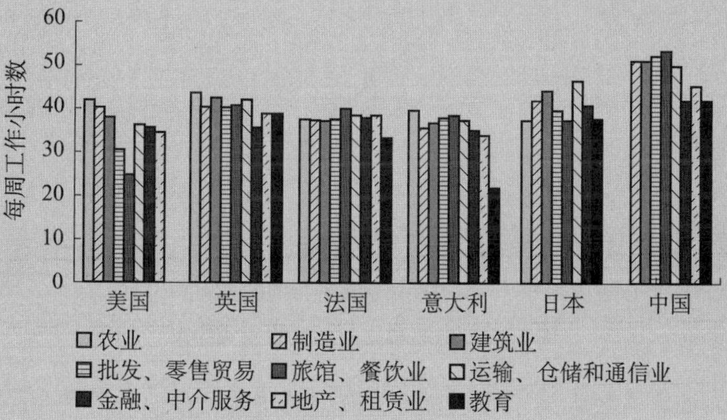

图6-2　2008年不同行业平均工作小时数的国际比较

注：1. 中国的数据为2005年数据。

2. 美国批发、零售贸易的数据为2001年数据。

3. 美国缺教育数据，日本缺地产、租赁业数据，中国缺农业数据。

资料来源：国际劳工组织统计数据。

是什么导致了劳动者工作时间上的变动趋势和差异？人们究竟如何选择工作时间的长短或者决定是否参加工作呢？

6.1.1 消费者在收入与闲暇之间的选择

经济学家是借助选择模型来建立劳动供给模型的，即消费者提供多少劳动的决策可以视为在劳动与闲暇之间进行选择，这与消费者在消费决策中所面临的选择是一样的（对经济学家来说，闲暇是指个人本来可以从事付酬工作，但实际上在付酬工作以外消磨了的全部时间。例如，父母用于照顾子女的时间就是这种意义上的闲暇）。劳动供给决策是消费者的一种时间分配和利用方式选择。时间的使用主要有两种方式：一是用于闲暇，二是用于工作。

与普通商品不同的是，劳动的效用不是由劳动本身提供的，而是通过使用劳动所得进行消费而获得的。如果消费者想消费更多的商品，就必须有更多的收入；要想有更多的收入，就必须将更多的时间用于工作，这样闲暇时间就缩短了。反之，如果消费者想要得到更多的闲暇，那么工作时间必然减少，收入降低，从而需要放弃一些消费。

在第 3 章中我们看到，增加的收入并不一定会立刻转化为消费，人们会选择是现在消费还是在将来花费他的新增收入。但是在这里讨论劳动供给决策时，我们不做这种区分，假设个人将自己的全部收入在现期用完，因此，收入的增加会直接转化为消费的增加。可见，消费者的劳动供给决策，就是在受自然规律决定的满足人的生理需要的时间以及其他维持生命的时间既定的条件下，消费者如何将剩余的可自由支配时间（如每天 18 小时）在工作（收入）与闲暇之间进行配置和选择（见图 6 - 3）。

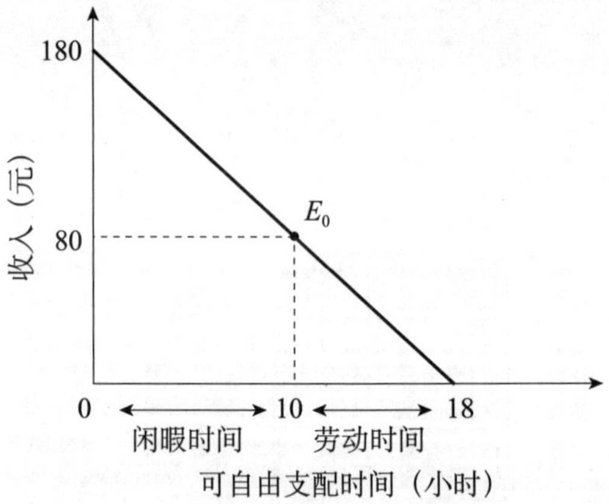

图 6 - 3　闲暇和收入之间的预算约束

对于消费者而言，收入与闲暇之间的替换跟消费决策中面对两种商品之间的替换是有一点区别的。商品可以一件一件地买，但工作时间却不太可能一小时一小时地增加。典型的工作一般是有固定的时间要求的——你要么一周工作 35 小时或 40 小时，要么不工作。但在分析消费者的劳动供给决策时，我们假定两者之间的替换是可能的。毕竟人们还是可以通过多种方式来影响所提供的劳动数量的。虽然我们对是否要全天工作没有选择权，但我们在一定程度上可以对是否加班做出选择。此外，许多人还会兼职做其他工作，此类工作在工作时间上是相当自由的。因此，即使人们在主要工作和工作时间上不能选择，但仍可以在其他方面进行选择。而且，不同职业每周正常的工作时间是不一样的，这意味着人们在选择他们希望工作的时数方面，有一定的灵活性。

对消费决策的分析告诉我们，消费者是在收入约束下在各种商品和服务之间进行选择的；而在决定劳动供给时，他们是在时间约束下在收入（工作）与闲暇之间做出权衡和选择的。在消费者的劳动供给决策中，构成预算约束的自然不是收入，而是时间。对每个人来说，时间都是稀缺的。我们每个人一天都只有 24 小时，去掉满足生理需要的必需时间，剩余的可自由支配时间可以划分为两部分，即工作和闲暇。如果闲暇时间增加，工作的时间必然减少；反之亦然。显然，工作时间与闲暇时间之间是负相关的。

图 6－3 给出了消费者的预算约束。图中的横轴代表可自由支配时间，纵轴代表通过工作所获得的收入。如图所示，横轴上的最大值为 18 小时，这是闲暇与工作两项时间的总和。纵轴上的最大值为 180 元，这表示将 18 小时全部用于工作能够获得的收入。图 6－3 中的斜线即消费者所面临的闲暇与收入之间的预算约束线。预算约束线的斜率表示收入与闲暇之间的替代率，即工资率，图中所示的是每小时 10 元。

正如在消费决策中消费者在两种商品之间进行的选择一样，消费者将根据自己的偏好在预算约束线上选择一点。消费者会选择哪一点呢？显然，从已有的分析中我们已经知道，消费者会按效用最大化的原则来进行选择。为了达到此目的，消费者在预算约束线上选择的点必定是边际收益（用额外一小时的工资可以购买的商品）等于边际成本（因此而放弃的一小时闲暇的价值）的点。不同的消费者对收入与闲暇的偏好不同，因而边际成本与边际收益的均衡点也不同。

比如，我们看看小王、小陈、小李三个偏好不同的人会如何选择。小王是那种把生活中物质性的东西看得比闲暇更重要的人，他愿意放弃多单位的闲暇以换取一单位的商品（通常我们称之为"物品偏好者"）。因此，他在预算约束线上边际收益与边际成本的均衡点将位于预算约束线的上部（图 6－4 中的 E_1 点），即用于闲暇的时间少，用于工作的时间多。小陈则是更看重闲暇的人，对他来说，在同等条件下，消费单位商品给他带来的效用小于单位闲暇的效用（通常我们称之为"闲暇偏好者"）。因此，要使多工作一小时所获得的额外收入能够弥补减少一小时闲暇的损失，则必须有足够的闲暇时间（按照边际效用递减规律，随着闲暇时间的增多，它的边际效用会降低），所以他的选择点就会位于预算约束线的下部（图 6－4 中的 E_2 点），他会将更多的时间用于闲暇。最后，我们看看小李，他对闲暇与收入的偏好程度大致相同，那么他可能会在预算约束线的中间选择一点（图 6－4 中的 E_0 点）。假定小李选择了 E_0 点，即拥有 10 小时的闲暇时间，同时工作 8 小时，获得 80 元的收入。这说明对于他来说，在这一点工作的边际收益正好等于放弃闲暇的边际成本。一般来说，消费者不会选择预算约束线的端点，即预算约束线与坐标轴相交的点，毕竟收入和闲暇对于消费者来说不是可有可无的"选择品"。

当人们在预算约束线上选择均衡点的同时，也就确定了他们的劳动供给量。影响人们选择的因素有很多，如个人偏好的改变、非劳动收入的增减、工资的升降、工作的非货币特性（包括工作的物质环境、人际关系的复杂性等）、社会经济水平的提高等。下面，我们还是依据选择模型，来分析一下非劳动收入和工资的增加是如何影响消费者的劳动供给决策的。

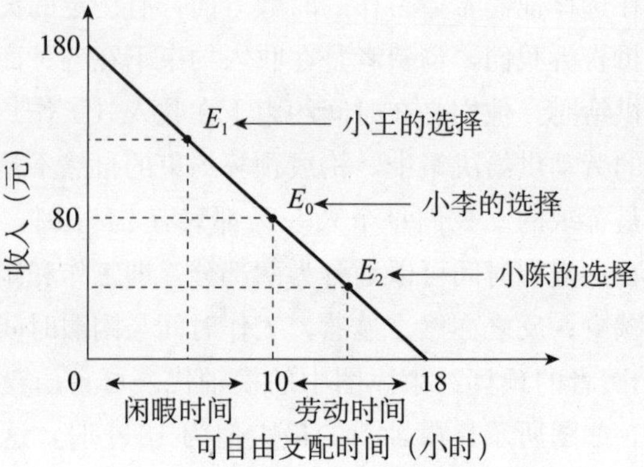

图6-4　不同偏好的消费者的不同选择

6.1.2　财富增加对劳动供给的影响

按照收入的来源，人们的收入可以分为劳动收入和非劳动收入两种。凡是没有通过自身劳动而获取的收入都属于非劳动收入。非劳动收入的种类很多，其中包括各种政府计划，如失业保障、医疗和养老保险等，以及遗产和私人养老金等。在经济发达、社会保障体系健全的国家还有一些特殊的资助计划，如AFDC（美国政府实施的一项针对抚养儿童家庭的援助计划）等。另外，夫妻间一方（主要收入获得者）的劳动收入也可以看作另一方的非劳动收入，因为它不是靠自己的劳动供给得来的收入。

消费者的非劳动收入变动时，也就意味着消费者财富的变动。财富包括一个家庭的银行储蓄、金融投资和物质财产。工人的技能在一定程度上可以看作财产，因为工人的技能可以按一定的价格出租给雇主。一个人的工资越高，表明其人力财产的价值越高。这时，收入与闲暇之间的替换关系并没有改变，即斜率没有改变，所以预算约束线是平行地向外或向内移动。也就是说享受一小时闲暇的机会成本不变。如果非劳动收入增加——财富增加，预算约束线将平行向外移动。我们通常不能对财富本身进行衡量，但对财富报酬进行衡量则比较容易。例如，小赵从父母那里继承了一笔遗产，包括若干股票和债券。这笔遗产能为他带来每天30元的额外收入。因此，与获得遗产之前相比，现在他选定的任意劳动供给量都可以获得更高的消费水平。这样，他的预算约束线 BC 就平行向外移动到 B_1C_1，如图6-5所示。小赵即使不劳动（即享受18小时闲暇），也能享受30元的消费，当然这完全来自他从父母那里继承的遗产。对于初始的预算约束线，这一来源为零，但对于新的预算约束线，这一来源为每天收入30元。

通常，随着人们的处境变得更好——由预算约束线的外移来表示——消费者将愿意享受更多的商品（低档商品除外）。我们假定闲暇是一种正常商品，因为在现实生活中，收入增加而工资和偏好不变会导致消费者对闲暇需要的增加。因此，预算约束线的外移会引起闲暇时间的增加，这样劳动供给时间会相应减少。从图6-5中我们可以看到，在非劳动收入增加后，预算约束线由 BC 移到 B_1C_1，消费者选择的均衡点由 E_0 移到 E_1，闲暇时间和消费水平都有所提高，劳动供给时间减少。反之亦然。当一个人的处境变坏（如原来的非劳动收入来源减少或消失）时，如果工资率不变，他愿意工作的时间就会增加，劳动供给量就会增加。

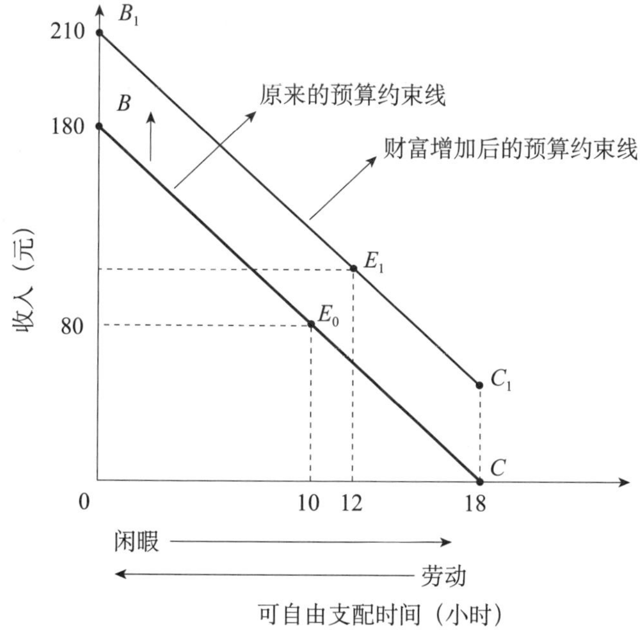

图6-5　劳动供给的纯收入效应

6.1.3　工资增加对劳动供给的影响

工资的变化实际上是一种价格的变动。它的变化将导致闲暇与收入之间的替代关系发生变化，即预算约束线的斜率发生改变。如果工资增加，那么对于劳动供给者来说，现在每放弃一小时闲暇能得到更多的收入，因此预算约束线将以横轴上的端点为支点向外旋转，如图6-6所示。从图中，我们看到这个人的预算约束线与横轴相交，这说明他除了劳动收入——工资外，没有其他收入。当他的工资增加后，预算约束线的斜率增大，以横

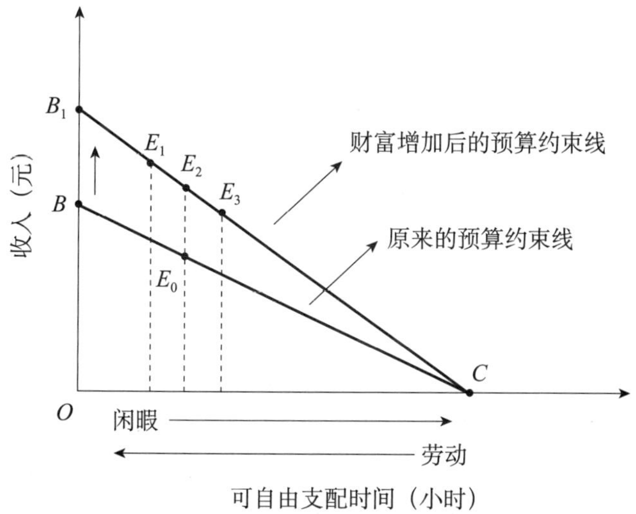

图6-6　工资增加对劳动供给的替代效应和收入效应

轴上的端点为支点向外旋转。新的预算约束线（B_1C）位于旧的预算约束线（BC）之外（除非他不提供劳动供给，即选择 C 点）。显然，工资的增加使得他的处境变好了。

在第 2 章，我们将典型商品情况下价格变动引发的效应分解成两个部分：一个是收入效应，即价格越高人们的实际收入越低，意味着人们的处境变坏，将会减少对这种商品的消费；另一个是替代效应，即价格上涨后人们会用其他商品来替代这种商品。这两个概念同样适用于理解工资变动的效应。工资的变动既有收入效应也有替代效应。在高工资时，在工作时间既定的条件下，消费者的处境要比低工资时更好。在维持同等消费水平的前提下，他可以享受更多的闲暇，可能会减少对工作的需求。这就是收入效应，它会导致劳动供给的减少。与此同时，工资的增加也会改变取舍关系。由于工资的增加，消费者每多放弃一小时的闲暇，就可以获得更多的商品。这会激发他愿意工作更长时间。这就是替代效应，它刺激劳动供给的增加。

我们知道，正常商品的价格变化的收入效应与替代效应是同方向作用的。然而，虽然闲暇是一种正常商品，但工资变化的收入效应与替代效应却是反方向作用的：工资增加的收入效应导致更多的闲暇和更少的劳动时间，替代效应却导致更多的劳动时间和更少的闲暇。正因为工资的增加所产生的收入效应和替代效应是反方向作用的，所以工资的增加既可能导致闲暇的增加（劳动供给的减少），也可能导致闲暇的减少（劳动供给的增加）。最终劳动供给是增加还是减少，取决于替代效应和收入效应孰大孰小。例如，假定在工资增加前，消费者根据他个人的偏好权衡了收入（消费）和闲暇之间的替换关系并选择了 E_0 点（如图 6－6 所示）。工资增加后，预算约束线向外旋转，由 BC 转到 B_1C。他将在新的预算约束线上选择某一点。如果对于他而言收入效应大于替代效应，那么工资增加后他会减少工作时间。他的选择点在 E_0 点的右上方，如 E_3 点。如果收入效应小于替代效应，那么工资增加后他会增加工作时间。他的选择点在 E_0 的左上方，如 E_1 点。还有一种特殊的情况，即替代效应与收入效应相等，那么工资增加后消费者的闲暇时间和劳动时间没有发生变化，即他的选择点由 E_0 点变为 E_2 点。这种情况发生的概率非常小。只有当原工资水平及其变化幅度处于特定值时，才会发生此类情况。

6.1.4 劳动供给曲线

以上我们分析了消费者如何在闲暇和收入之间进行选择，并且知道了工资变化会对消费者的选择产生何种影响，下面我们就来推导个人劳动供给曲线。在下一节，我们再继续推导市场劳动供给曲线。

1. 个人劳动供给曲线的推导

当工资水平变化时，每个消费者都会有一个劳动数量的供给意愿，即他愿意提供多少工作时间。将对应于不同工资水平的劳动供给量连接起来，就得到了该消费者的劳动供给曲线（如图 6－7 所示）。请注意，劳动供给曲线图的纵轴表示工资水平，横轴表示工作时数。图 6－7 中给出了两种形式的劳动供给曲线。图 6－7（a）显示了替代效应大于收入效应时的劳动供给曲线。当替代效应大于收入效应时，工资增加，劳动供给增加，因此劳动供给曲线向右上方延伸。图 6－7（b）显示了替代效应小于收入效应时的劳动供给曲线。当收入效应大于替代效应时，工资增加后，消费者闲暇的时间增加，劳动供给量减少，因此劳动供给曲线向右下方倾斜。

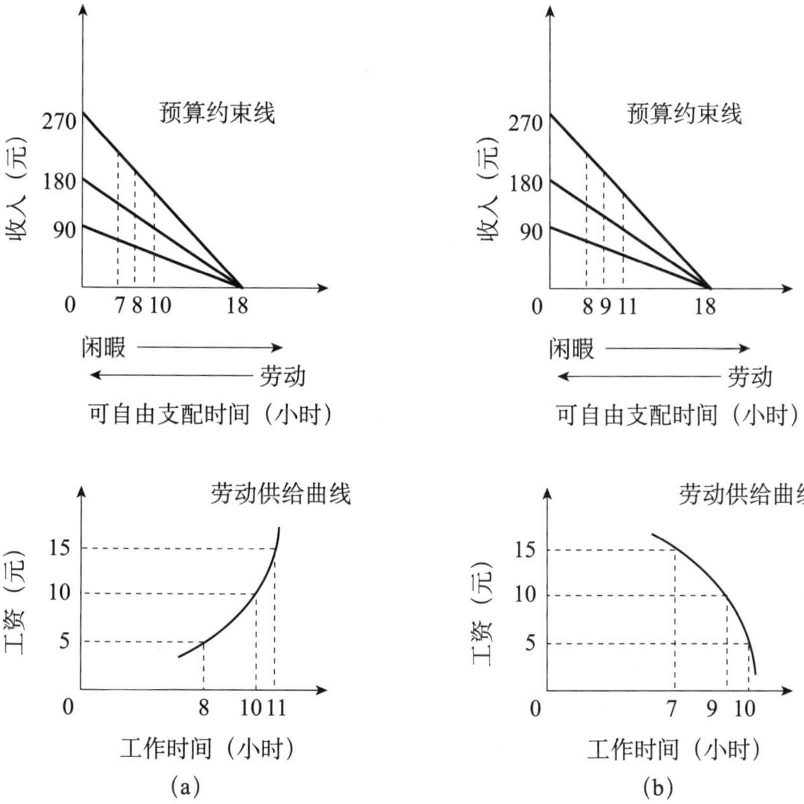

图 6－7　劳动供给曲线的导出

大家可能有点儿糊涂了，劳动供给曲线的形状究竟是向右上方还是向右下方倾斜呢？随着工资的增加，人们的处境变得更好，收入效应诱使他们工作更短的时间。但同时替代效应又在抵消这种作用——更大的工作回报激励人们工作更长的时间。两种效应中的任何一种都可以占优势——随着工资的增加，劳动供给的数量可以增加，也可以减少。由此可见，仅凭经济理论，我们无法得知随着工资的增加，某个消费者的劳动供给是会增加还是会减少，因为单凭逻辑推理无法准确判断替代效应和收入效应哪一个的作用会更强一些。在现实社会中，收入效应大于替代效应或者替代效应大于收入效应都是可能的，因此，劳动供给曲线有时向下倾斜，有时向上倾斜。

虽然我们不能准确地判断某个消费者某个时刻工资的增加会导致他增加劳动供给还是减少劳动供给，但是根据规范经济学和实证经济学的研究结果，我们可以得到一条一般意义上的个人劳动供给曲线（如图 6－8 所示）。它被称为向后弯曲的劳动供给曲线。因为整体上看，它的形状有一个显著的特点：向后弯曲。在图 6－8 中，在较低的工资水平下，替代效应大于收入效应，从而当工资从 W_0 增加到 W_1 时，工作时数随工资的增加而增加，这样劳动供给曲线是向上倾斜的；但是，在较高的工资水平下，即当工资增加到 W_1 后，收入效应大于替代效应，工资的增加将造成劳动供给量的下降，从而在这一范围内，劳动供给曲线是向下倾斜的。对于不同的消费者来说，W_1

点的位置是不同的。个人的劳动供给曲线会在什么样的工资水平下向后弯曲，取决于每个消费者的偏好。但每个人的劳动供给曲线最终都将终止于负斜率，即向后弯曲，这几乎是不可避免的，因为不管他对物品有多么强烈的偏好，一定会有某个较高的工资水平（每小时 100 元、每小时 1 000 元等），使他可能比现在工作得少些，但仍能以奢华的方式消费。

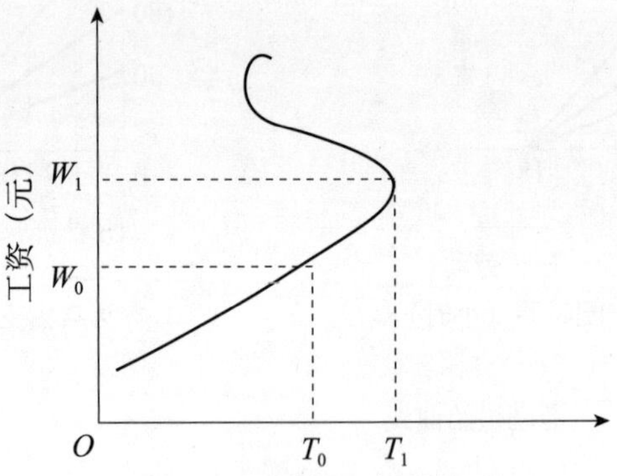

图 6-8 向后弯曲的劳动供给曲线

延伸阅读 | 为什么劳动供给曲线会向后弯曲?

很多读者发出了这样的疑问：为什么劳动供给曲线与我们经常看到的供给曲线不太一样，是向后弯曲的呢?

实际上，向后弯曲的劳动供给曲线是替代效应大于收入效应以及收入效应大于替代效应这两种情况的结合。其基本推理如下：开始时工资比较低，消费者把较高的工资当作提高其物质生活水平的机会。收入增加的大部分都被用于增加物品消费，而闲暇增加得很少。因此，在这个阶段，替代效应强，而收入效应弱，工资增加会导致劳动供给量的增加。但是，随着工资和工作时数的增加，替代效应会逐渐减弱，收入效应则不断加强。这一方面是因为当人们的生活水平已经达到很高的程度时，增加的商品就不那么为人们所向往了（即商品的边际效用下降），这会弱化替代效应，使人们更多地选择闲暇；另一方面是由于工作时数较多后，闲暇对于人们的边际效用增大，收入效应得到强化。所以，这时工资的进一步增加将会造成劳动供给量的减少。

2. 劳动供给弹性

工资的变化会引起劳动供给的变化。我们用劳动供给弹性来测量劳动供给对工资变化的反应程度。

与需求价格弹性类似，劳动供给弹性的定义为：某一消费者的劳动供给量对工资变化的反应程度。它等于劳动供给量变化的百分比与工资变化的百分比之比，即

$$劳动供给弹性=\frac{劳动供给量变化的百分比}{工资变化的百分比}$$

如果用 W 表示工资，L 表示消费者愿意提供的劳动供给量，η_w 表示劳动供给弹性系数，那么劳动供给弹性公式可以写成：

$$\eta_w=\frac{\mathrm{d}L/L}{\mathrm{d}W/W}=\frac{\Delta L/L}{\Delta W/W}$$

由于劳动供给曲线的斜率（$\mathrm{d}L/\mathrm{d}W$）既可能大于零，也可能小于零，因此劳动供给弹性系数可能为正，也可能为负。当劳动供给曲线向右上方延伸时（如图 6－8 中 W_0 到 W_1 的劳动供给曲线所示），劳动供给弹性系数为正，即工资的增加会引起劳动供给量的增加；反之，工资的减少会导致劳动供给量的减少。当劳动供给曲线向右下方倾斜时（如图 6－8 中工资水平高于 W_1 的劳动供给曲线所示），劳动供给弹性系数为负，即工资的增加会导致劳动供给量的减少；反之，工资的减少会引起劳动供给量的增加。

如果劳动供给弹性系数的绝对值大于 1，我们就称之为弹性充足，或者有弹性；反之，则称之为弹性不充足，或者无弹性。当劳动供给有弹性时，工资的较小变化能引起劳动供给量较大的增加或减少，如图 6－8 中工作时间处于原点到 T_0 的阶段。当劳动供给无弹性时，工资的较大变化只能导致劳动供给量较小的改变，如图 6－8 中工作时间处于 T_0 到 T_1 的阶段。

6.2　劳动供给决策的扩展

在上一节中，我们用比较简单的方法分析了个人的劳动供给，本节将从一个新的角度来分析这个问题，并在此基础上讨论市场的总劳动供给以及劳动力参与问题。这只是一个思维角度的改变，上一节中有关劳动供给的基本结论并没有改变。换一个角度，对于大家更好地理解劳动供给决策是有好处的。

6.2.1　家庭生产、时间配置与个人劳动供给

1. 新家庭经济学①与劳动供给决策

经济学的传统看法是生产活动只在企业中进行，而消费活动在家庭中进行。新家庭经济学则提出，家庭起着双重作用，它既是生产者又是消费者。与认为个人直接从商品和闲暇中获得效用的观点不同，新家庭经济学认为，家庭实际上进行了大量的生产活动，它们把时间与各种货币性投入——商品结合起来以生产“家庭商品”供自己使用，因而家庭生产实际上间接为消费者提供了效用。

在上一节中，我们把个人的时间分成两大部分：工作时间和闲暇时间。但我们会感觉到，生活中有的时间很难划入闲暇时间或工作时间。例如，用于买东西、搞卫生、熨衣服、修理用具或照料孩子的时间通常不直接提供效用，所以它不是闲暇时间，但是它

① 这种新的经济理论方法主要是以加里·贝克尔的著作为基础的。1965 年贝克尔在《经济学杂志》上发表了《时间配置理论》一文。1976 年他的《对人类行为的经济学研究》一书由芝加哥大学出版社出版。

也不获得工资，所以也不是劳动供给。我们该如何考虑这部分时间呢？

新家庭经济学就对这部分时间进行了研究。它把这种时间表述为用于家庭生产的时间。它与商品（用有酬劳动收入和非劳动收入购买的）相结合，可以生产出可供消费的物品，并提供效用。例如，食物、能源再加上准备时间就可做出供家庭成员享用的饭菜；书、玩具，再加上照料小孩的时间，有助于孩子的成长。这些都是提供效用的。

新家庭经济学通过进一步的深入研究，把这种生产扩大到家庭消费的每一件东西上，因此，这里分析劳动供给决策不是在闲暇与有酬工作之间进行的，而是在家务劳动和有酬劳动之间进行的。为了理解如何在家务劳动与有酬劳动之间构建劳动供给模型，我们设想一个只有一个决策者的家庭：一个单身母亲（当然这只是为了理论分析的简便，我们希望所有的家庭都幸福美满），为使自己与孩子的效用最大化，她会按照其偏好来决定多少时间用于从事有酬劳动，多少时间用于抚养孩子（家务劳动）。

这位母亲可以有多种效用相同的抚养孩子的方式。一种方式是尽量少地从事有酬劳动，尽量少地购买商品和服务，待在家中照看孩子，准备饭菜，甚至自己做孩子的衣服；另一种方式是投入家务劳动的时间很少，通过尽可能多地外出工作来获取收入，以雇人照看孩子、购买加工好的食物和所有衣服。既然有多种家务劳动与收入的组合方式（这里我们仍然假定当期收入当期消费完，所以购买商品的支出就等于有酬劳动的工资收入），那么我们可以为本例中的单身母亲画出一条表示所有产生相同效用的家务劳动时间与收入组合的曲线，这条曲线又称为等效用曲线。图 6－9 给出了两条等效用曲线，分别为 M_0 和 M_1。

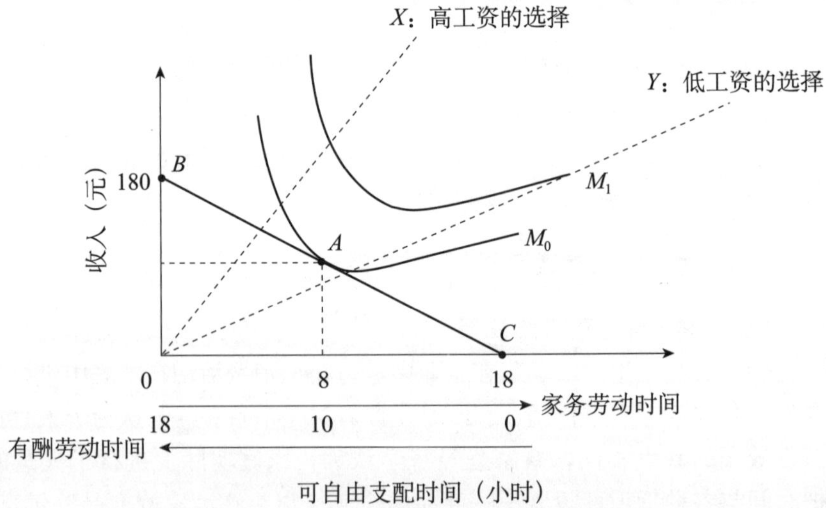

图 6－9　家务劳动与有酬劳动的选择决策

图 6－9 中的等效用曲线表示：

第一，沿 M_0 曲线，这位单身母亲及其孩子得到的效用不变。沿 M_1 曲线，从家务劳动时间与收入的组合中所得到的效用也不变，但它大于 M_0 表示的效用。因为这种组合方式可以为她自己和孩子做更多事情，如有更多的时间陪孩子或购买更多更好的商品等。

第二，等效用曲线 M_0 和 M_1 都是负斜率，且凸向原点。负斜率反映出在“家庭生产”中，家务劳动与收入是可替代的。如果家务劳动时间减少，就需要增加收入以保持自身及抚养孩子的效用不变。

等效用曲线向原点的凸性反映了这样一个现实：随着家务劳动时间的减少，要保持效用不变，则用收入来替代家务劳动将越来越困难。如果这位母亲曾经花许多时间在家中，如做衣服，那么她现在可以很容易地用工资收入来购买衣服以替代部分时间并保持效用不变。但是如果这位母亲用于家庭中的时间本来就已经很少，那么再减少时间就难以保持效用不变了。例如，假定这位母亲从事有酬劳动的时间是 10 小时。如果她想再减少 1 小时的家庭劳务时间，则需要很高质量的育儿服务来替代这 1 小时。

因此，等效用曲线的斜率反映了一个人在家务劳动时间和有酬劳动时间之间的权衡。如果等效用曲线非常陡峭，用收入来替代减少的这 1 小时的家务劳动时间是相对困难的，因此，这 1 小时家务劳动时间的价值非常高。如果是较为平坦的等效用曲线，那么替代家务劳动时间则较为容易，因此，追加的 1 小时的家务劳动的时间价值就不那么高。

在从图 6－9 的原点引出的任何一条射线（如线 X、线 Y）上，收入与家务劳动时间之间的组合比率都是个常量。从图中我们可以看出，线 X 的斜率大于线 Y 的斜率。换言之，当这位母亲按照线 X 的比率来组合时，有酬劳动时间所占的比重大而家务劳动时间所占的比重小；当她按照线 Y 的比率来组合时，家务劳动时间所占的比重大而有酬劳动时间所占的比重小。因此，当她的有酬劳动时间价格比较高（即工资比较高）时，她会选择线 X 上的某个点，在家劳动的时间少，而收入较多；反之，她会选择线 Y 上的点，尽管收入较少，但在家劳动的时间很长，可以取得同样的效用。

与消费者在闲暇与收入之间进行选择一样，当她在家务劳动与收入之间进行选择时也要面临预算约束线，如图 6－9 中的 BC。如前所述，预算约束线的斜率反映该劳动者的工资水平，因为它表示新增加 1 小时的有酬劳动时间所增加的收入。如果工资高，那么该消费者的预算约束线的斜率大；如果工资低，则斜率小。图中预算约束线 BC 表示收入与家务劳动之间的替换是每小时 10 元。如果上例中的这位母亲的预算约束线和等效用线分别如图 6－9 中的 BC 和 M_0 所示，那么为了实现效用的最大化，她会选择 A 点来进行组合，即每天从事有酬工作 10 小时，在家工作 8 小时。

2. 劳动供给决策

与上一节一样，在分析了消费者的选择模型后，我们来推导个人劳动供给曲线，需要考虑时间价格——对于当工资发生变化时，用于家庭生产和有酬劳动的时间将如何变化，我们还是利用收入效应和替代效应这两个概念来帮助分析。从图 6－10 中可以更清楚地看到这两种效应。

假定一个人起始的选择位于 A 点。工资增加后，家务劳动的时间价格上涨，替代效应使得该消费者由 A 点移向 B 点，即工资增加后有酬劳动时间的供给增加。除了替代效应外，还有一个收入效应。工资水平的提高增加了个人的收入，使之有可能购买更多的商品，因而增加了家庭物品的消费。收入效应将怎样影响劳动供给呢？在收入-闲暇模型中，假定闲暇是正常商品，因而收入上升会增加对闲暇的消费。然而，依家务劳动的性质很难简单地判定它是正常商品还是低档商品。但我们知道，工资增加的收入效

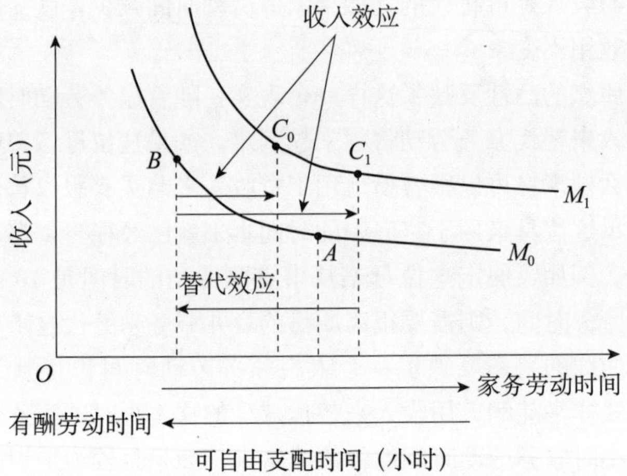

图 6-10　工资对家务劳动与有酬劳动决策的影响

应会使预算约束线平行地向外移动，这样，消费者可以追求更大的效用。在通常情况下，不仅会增加商品的消费，同时还会增加家务劳动时间，这样会使效用增加得更快。因此，收入效应会使一个人增加家庭劳务的数量，而减少在劳动力市场的工作时间。最终工资增加后，他会选择 C_0 点还是 C_1 点，取决于收入效应的强度。从图中我们可以看出，与收入-闲暇模型一样，在家务劳动—收入模型中，收入效应和替代效应是相互抵触的。从理论上很难预言工资增加后劳动供给是会增加还是会减少。

很明显，无论是从闲暇的角度分析，还是从家庭生产的角度分析，劳动供给理论的结论都是不变的。那是不是说新家庭经济学没有用了呢？当然不是。虽然这种新的研究方法对劳动供给理论没有提出新的结论，但它开辟了对人类行为进行经济分析的全新领域，尤其是对非市场时间的各种用途的分析。新家庭经济学理论体系中已经分析了一系列传统的非经济活动，从结婚、离婚到生育和做父母等行为，直到旅游方式的选择。此外，它对于理解 20 世纪以来已婚妇女劳动供给的变化有着重要的作用。

6.2.2　市场的劳动供给曲线

如同整本书的理论一样，在分析了微观（也就是个人）层面的行为之后，我们要上升到宏观（也就是社会）层面来研究劳动供给理论。这也是我们最终的目的所在。

以上我们分析了个人的劳动供给行为，现在来分析市场的劳动供给曲线。市场的劳动供给曲线是将市场中所有个人的劳动供给曲线相加而得到的，即把每一工资水平下每个人期望工作的小时数相加。某些人的劳动供给在某一工资水平下可能是零，这说明这个人在该工资水平下不愿意工作。

市场劳动供给曲线是什么形状的呢？我们知道个人的劳动力供给曲线是向后弯曲的，那么市场劳动供给曲线的形状也是这样的吗？还是会向右上方倾斜，或者是像需求曲线一样是负斜率，向右下方倾斜？

经济学家们发现，在现实社会中，多数情况下市场劳动供给曲线是向右上方倾斜的。我们在上一节说过，个人劳动供给曲线的特点就是向后弯曲。那么，为什么会从向后弯曲的个人劳动供给曲线中推导出向右上方倾斜的市场劳动供给曲线呢?

这至少有两个方面的原因：第一，每个人的偏好不同，当一些消费者减少劳动供给时，其他的消费者可能正好相反，会增加劳动供给。第二，对有些人来说，工资增加只会导致劳动供给的增加。这些人在工资较低时不愿意工作，宁愿从事一些非市场的劳动，如家庭劳务等。但随着工资的增加，他们发现工作是值得的。经济学家称他们具有较高的保留工资。保留工资即消费者愿意工作的最低工资，如果工资低于保留工资，消费者就不会参与劳动。考虑到消费者的保留工资，工资增加的效应主要体现为替代效应，因而工资增加会增加他们的劳动供给。因此，总的来说，市场劳动供给曲线是向上倾斜的。

图 6－11 体现了上述思想。图 6－11（a）是一组个人劳动供给曲线，图 6－11（b）是相应的市场供给曲线。请注意，这两个图的横轴单位有一点细微差别：个人的劳动供给曲线是按每天工作的小时数计算的，而市场供给曲线是以每天百万小时计算的。市场的劳动供给曲线是个人劳动供给曲线在水平方向上的加总，它在大部分区域都表现为向右上方倾斜。

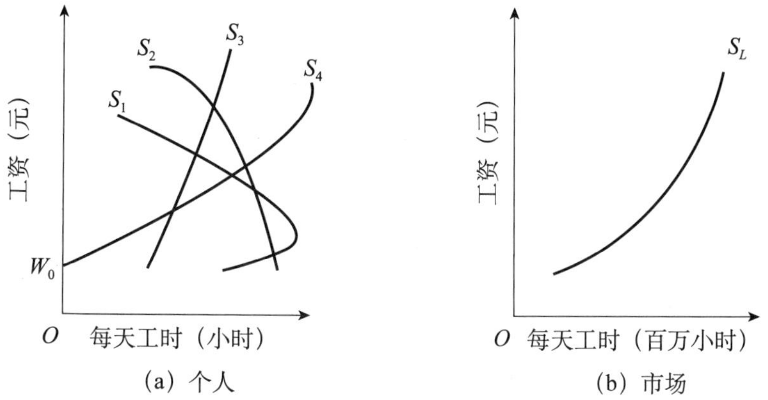

图 6－11　市场劳动供给曲线的导出

若沿着图 6－11（b）中的市场劳动供给曲线移动，总劳动供给量（即所有人愿意工作的总时数）也在改变。它的变动可以归结为两个方面的原因：一是每个人改变他愿意工作的时数，二是愿意工作的人数发生变化。因此，我们也可以将个人的劳动供给决策分成两个部分：是否去工作，以及如果工作的话工作多长时间。

细心的读者可能已经发现，前面我们一直在分析的就是第二个方面的问题，也就是每个人愿意工作的时间，而对于第一个问题——愿意工作的人数，却没有考虑。下面我们就来分析这个方面的问题。

6.2.3 劳动力的参与

有关是否工作的决策称为劳动力参与决策。分析劳动力参与问题，就是分析消费者的期望工作时数是否大于零的问题。在对劳动力的参与问题进行分析之前，必须澄清一个问题。到目前为止，我们已经从两个不同的角度分析了劳动供给决策：第一是收入（劳动）和闲暇之间的选择模型；第二是收入（有酬劳动）与家庭生产之间的选择模型。

虽然这两者的推理和结论是一样的，但其精确形式和表述方式却是不同的。那么，我们应该使用哪一种方法来分析劳动力参与问题呢？收入-闲暇模型是简明有效的，但家庭生产的思想又是必不可少的。为了解决这个难题，我们用非劳动时间来包容这两个模型。非劳动时间即未用于劳动力市场的时间，它既可以是闲暇时间也可以是家务劳动时间。这样，以下关于劳动力参与的讨论就简化了。

如图 6－11 所示，第四个人的劳动供给曲线（S_4）与纵轴交于 W_0 点，这意味着当工资低于 W_0 时，他会决定不去工作。这时，他的劳动供给为零。实际上，决定不参与劳动力市场与决定供给零工作时数是一回事。消费者之所以会决定供给零工作时数，是因为这样他能够获得最大的效用。如前所述，要使得效用最大化，必然是选择边际收益（效用）等于边际成本的点。当消费者决定不参与劳动供给时，其边际收益是新增的非市场劳动时间，边际成本是因此而损失的工资收入。当然，消费者决定不参与劳动供给还有一个非常重要的前提——有非劳动收入，否则肯定是要工作的，因为只有这样他们才能生存。

具体地说，消费者决定不参与劳动力市场的原因有三个：

（1）消费者对非劳动时间的偏好较强。这可能表现为家庭生产时间的高生产率，或者对闲暇的强偏好。

（2）对收入（消费商品）的弱偏好，这意味着他可以在低财富状态下生存。

（3）工资低，因而消费者宁愿从事家务劳动或休闲。

只要上述三者中的任意两个成立，消费者不参与劳动供给的概率就非常大。例如，在一些福利国家，其社会保障等福利非常好，使得人们不依靠工资收入也可以生存，因此那些对物品偏好弱的消费者就会不愿意参加工作。另外，一些已婚妇女之所以不参与劳动供给，是因为她们参与有酬劳动时的工资比较低，而且她们在家从事家务劳动（非劳动时间）的效用很大。

劳动力参与的标准计算方法是劳动力参与率。劳动力参与率指劳动力在总人口中的比重。计量劳动力参与率的第一步是计算劳动供给量，即劳动力在某一特定时期内愿意工作的时数。劳动力可以分为两种：一是有工作的；二是虽然没有工作，但在积极寻找工作的。后一类人被称为失业者。失业者之所以被认为是劳动力参与者，是因为他们期望的劳动力供给大于零，尽管他们的实际工作时数为零。那些没有工作并且不想工作的成年人，如家庭主妇、学生等，都不属于我们这个“劳动力”的范畴。除了计算整个社会的劳动力参与率以外，我们还可以计算不同性别或不同年龄组的劳动力参与率，如妇女的劳动力参与率、60 岁以上人口的劳动力参与率等。劳动力参与率是宏观分析的一个非常重要的指标。它能告诉我们某种从劳动供给曲线中不能直接了解的东西，即劳动力与劳动力市场联结或“联系”的程度。计算劳动力参与率，并不是为了从数字上给予评价，因为高参与率并不一定就比低参与率好，反之亦然。关注劳动力参与率随时间的变化情况，有助于我们理解经济发展的内涵，把握整体经济的变化趋向。

下面我们将对经济生活中两个方面的人口的劳动力参与率进行分析。

1. 妇女的劳动力参与率及其影响因素

在几十年前，人们关于女性是否应该工作是有争论的，至少社会观念认为有孩子的妇女应该退出劳动市场，许多母亲在她们的孩子长大以后也没有再进入劳动市场。不管是由于社会习俗还是出于选择，那时妇女的劳动力参与率是比较低的。今天，关于妇女工作的传统观念已经改变。大多数没有孩子的妇女已经进入劳动市场，许多有孩子的妇女只离开相对较短的一段时间，妇女的劳动力参与率有了极大的提高。这种转变不仅存在于中国，而且发生在世界各国。

妇女劳动力参与率的提高对经济乃至整个社会的发展具有深远的影响，因此许多经济学家和非经济学家对影响其变化的因素进行了大量的研究。不同的学者分析的侧重点不同。社会学的分析比较强调社会态度改变的作用。他们认为妇女劳动力参与率提高的原因是，随着社会的发展，人们对女性在社会中扮演角色的看法有了较大的改变。这种改变既体现在女性自身对自己工作的看法以及男性对女性工作的看法的转变上，也体现在雇主方面态度的改变以及国家对妇女工作的保护等方面。此外，他们认为，妇女劳动力参与率的提高还与社会生活方式的变化（如晚婚、离婚增加、家庭规模变小等）有密切的关系。

经济学家对这种现象的分析更侧重于经济性质的分析，强调价格、收入和个人选择的作用。他们认为，导致妇女劳动力参与率提高的一个主要的影响因素是妇女工资水平的提高。在过去的几十年中，妇女的工作机会大大增加，工资水平也得到了提高。随着工作收益的增加，妇女置身于劳动力市场之外的机会成本也增加了。为取得效用最大化，原来不参与市场劳动的妇女也加入劳动力市场中。图 6－12（a）反映了工资水平对个体劳动行为的影响。当市场工资由 W_0 增加到 W_1 时，按照边际收益等于边际成本时效用最大的原则，这位女性对于劳动供给的选择点由 A 点变为 B 点，由原来提供零小时劳动变为每天工作 9 小时。

经济学家认为，即使没有发生其他任何社会变化，工资水平的上升也会导致劳动力队伍中妇女数量的增加。从图 6－11 中我们知道，市场的劳动供给曲线是向右上方倾斜的，随着工资的增加，劳动供给量也增加。假定所有妇女的劳动供给为确定的时数（如每周 35 小时），那么妇女的劳动力参与曲线和劳动供给曲线看上去会是相同的。图 6－12（b）中的曲线 S_0 和 S_1 表示的是妇女的劳动力参与曲线。工资水平提高后，整个社会中妇女参与市场劳动的人数由 L_0 增加到 L_1。

影响妇女劳动参与行为的另一个因素是家庭生产技术的巨大变化。大量高质量的家用电器、成衣和袋装食品的出现，缩短了妇女操持家务的时间，从而为她们提供了外出工作的条件。从某种意义上说，这是劳动力市场上的就业代替了家庭就业。家务劳动方面的这些技术改进使得妇女的劳动供给曲线向右移动，妇女的劳动力参与曲线也随之右移。如图 6－12（b）所示，妇女的劳动力参与曲线由 S_0 右移到 S_1，妇女参与市场劳动的人数由 L_1 增加到 L_2。

综上所述，妇女劳动力参与率的提高可以分解为两部分：一部分是沿劳动供给曲线向上方移动的结果，如图 6－12（b）所示，妇女参与劳动的人数从 L_0 增加到 L_1；另一部分是妇女的劳动供给曲线向右移动的结果，如图 6－12（b）所示，妇女参与劳动的人数由 L_1 增加到 L_2。

对于妇女劳动力参与率为什么会提高，有些经济学家还从偏好改变的角度加以解

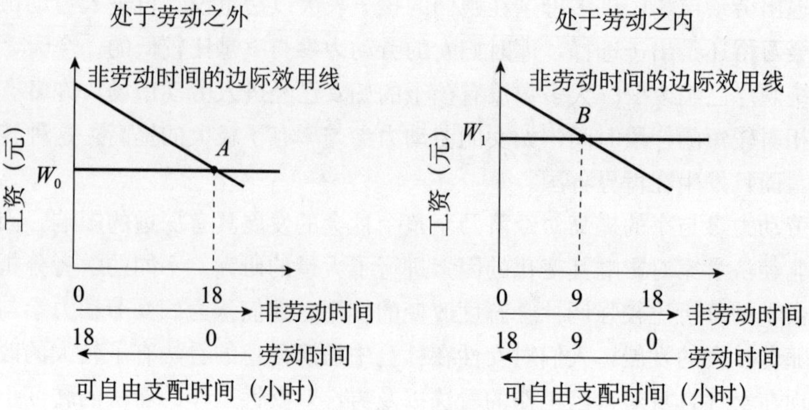

(a) 个人的劳动参与决策

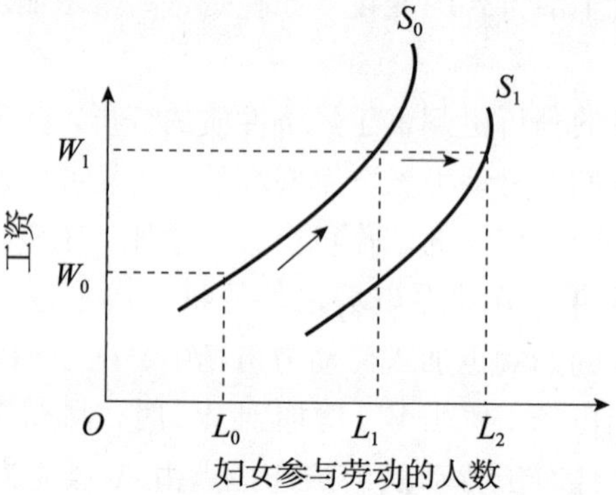

(b) 市场劳动供给曲线与劳动力参与曲线

图6-12　对妇女劳动力参与率提高的说明

释。他们认为，家庭偏好的变化也是妇女劳动力参与率提高的原因之一。由于家庭变得比过去更趋向于消费型，即对物品的偏好增加，因而丈夫会希望妻子牺牲一些闲暇多做一些工作，同时妻子自己也愿意这么做，以便共同享受较高的物质生活水平。但是这种解释存在某些问题。其一，偏好的变化难以直接进行观察，因而没有直接的论据。其二，如果男性的工资收入一直处于上升状态，那么妻子不参与市场劳动也能享受较高的物质生活水平。

美国经济学家理查德·伊斯特林从预期与实际情况相偏离的角度来分析此问题，并提出了“相对收入假说”。他认为，妇女劳动力参与率提高的主要原因在于丈夫的收入低于其对收入增长的预期。大约从1973年开始，美国家庭的实际工资不再按第二次世界大战后那个时期的速度增长，但个人和家庭当时已经习惯于收入的不断增长。当这种增长不再时，他们感觉到一种损失。他们的收入不是绝对量下降了，而只是相对于预期降低了。这种变化促使许多已婚的妇女接受非全日制或全日制的工作，以此来保持家庭收入的增长。他的这种理论又被称为伊斯特林假说。

在关注了妇女这一特殊人群后，我们接下来再关注60岁以上人口这一人群。与妇女一样，这一人群选择继续工作还是退休，对劳动参与人数有着重要的影响。

2. 退休年龄的选择

退休是劳动力参与决策的另一个重要方面。从经济学角度分析，退休也是消费者权衡收益和成本的结果。退休后，人们可以享受更多的闲暇，有更多的时间照顾家人或旅游、学习，或者追求年轻时未能实现的梦想，这是退休的收益。但是如果人们推迟退休，一来可以获得工资收入，二来退休后可以得到更多的养老金。所以退休的成本包括工资高于养老金的部分以及推迟退休可以多获得的养老金。当退休的收益大于成本时，人们就会决定退休。

退休年龄的选择可以用收入效应和替代效应来理解。正如我们在前面分析的，人们在处境更好时会希望享受更多的闲暇。随着经济的发展，人们的工资水平较过去有了比较大的提高，这使他们在年老时积累的财富比过去多，所以会愿意选择更多的闲暇，这是收入效应。同时，工资水平的上升也意味着人们早退休的成本更高，这是替代效应。现实中，收入效应与替代效应的比较，决定了人们对退休年龄的选择。较早实现财务自由的高收入群体，更倾向于选择提前退休，享受退休后的自由和闲暇；工薪阶层则会更多权衡退休对收入的影响。随着人口寿命的提高，退休后领取养老金的时间延长，这就要求有更多的储蓄积累，人们出于理性的选择会延迟退休时间。

随着社会保障制度的不断完善，国家的养老金制度和法定退休年龄成为影响人们退休决策的最重要因素。在人口寿命显著提高的大背景下，由于人口老龄化程度加深，退休人口与适龄劳动人口之比不断提高，政府养老金的负担持续加重，越来越多的国家选择延迟法定退休年龄，以增加养老金的供给、减少养老金的支出。

延伸阅读 | 发达国家促进老年人参与发展和延迟退休的经验

2001 年全球 60 岁及以上老年人口的比重超过 10%，标志着人类社会步入老龄化时代。老龄社会成为人类的共同未来、共同关切、共同挑战和共同应对。发达国家最先感受到老龄化对传统生产和生活方式的冲击，也创造了全面应对老龄社会的丰富经验，其中延迟退休和鼓励老年人参与发展是延缓老龄化进程和减轻老龄社会压力的积极做法，例如：

第一，转变观念，从保障老年人安享晚年到鼓励老年人参与经济社会发展。

第二，退休改革，延长全生命周期的生产性年龄时长。

一是男女同龄退休的国家循序渐进同步提高男女退休年龄。据统计，发达国家把法定退休年龄目标设定为 65 岁的占 67%；设定为 67 岁及以上的占 17%，如丹麦、冰岛、澳大利亚、挪威、美国、英国等；设定为 65 岁以下的占 18%，如比利时、法国、希腊和卢森堡等。① 日本自 20 世纪 90 年代以来一再提升退休年龄：1998 年实施 60 岁退休年龄；2006 年实行企业三选一方案——或 65 岁退休或引入 65 岁继续雇佣制度或废除退休年龄；2021 年对三选一退休方案再做调整——或 70 岁退休或引入 70 岁继续雇佣制度或废除退休年龄，并增加鼓励老年人再就业、资助个人职业和非营利组织活动等条款，基本实现了无龄退休社会。

---

① 三者之和为 102%，原数据如此。

二是男女差龄退休的国家多数把延迟退休的目标定为男女同龄。如 OECD 国家中，2010 年实行男女差龄退休的国家有 9 个，包括澳大利亚、奥地利、捷克、匈牙利、波兰、斯洛伐克、瑞典、土耳其、英国，占成员国总数的 30%；2020 年，匈牙利、斯洛伐克和英国已经实现男女同龄退休；预计 2030 年，澳大利亚也将实现男女同龄退休。这意味着实行男女差龄退休的国家越来越少。

总体上，延迟退休年龄和促进男女同龄退休已成为发达国家退休制度改革的通行做法，既能释放长寿红利，又能释放性别红利。但是，多数发达国家的法定退休年龄只具有指导性，并不具有强制性，一般会根据养老金收益及缴费年限进行弹性调整，通过减少提前退休的养老金收益和增加延后退休的养老金收益，让个人退休年龄的选择具有一定的弹性和灵活性。

资料来源：原新．开发长寿红利的中国思考//复旦金融评论．（2022-01-13）. https://page.om.qq.com/page/OfP6DyKXu9CrTzJv9Ly1b5oQ0.

6.3 人力资本与教育

国民生产总值的大小不仅取决于劳动的数量，即劳动供给时间的长短，还取决于劳动的质量，即劳动生产率的高低。劳动生产率的提高主要有两个途径：一是提高机器设备的效率，这主要依靠科技进步来实现；二是提高劳动者的劳动技能，这主要通过对劳动者进行教育和培训来实现。因此，一个国家教育水平的高低通常会直接影响到其综合国力，而个人受教育程度的高低通常直接影响其工资水平的高低。

6.3.1 人力资本与人力资本投资

人力资本是一个与物质资本相对应的概念。物质资本是指转化为机器、设备、厂房等物质产品的资本；人力资本则指通过教育或培训转化在人身上的各种技能。通过对人力资本进行投资，我们可以提高劳动供给的“质量”，从而影响到未来的货币收入和物质收入。

经济学家认为人力资本是教育投资的结果，这种投资采取的是“未来导向”，即目前投入一定的成本，期望在持续一段时间后能获得相应的收益。经济学主要研究的人力资本投资活动包括以下六个方面：从小学、中学到大学所接受的各级正规教育；走上工作岗位后参加的各种在职培训；为保证身心健康而付出的各种努力；父母用于照看孩子的时间和金钱；工人寻找工作的活动；工人从一个地区向另一地区的迁移。其中，前面四项投资是为了增加一个人所掌握的人力资本的数量，而后两项则是为了提高一个人的人力资本的利用效率和获利能力。

2012 年，我国财政性教育经费首次突破 2 万亿元，占 GDP 的比重首次超过 4%。这是我国教育发展史上的一个重要里程碑。2012—2016 年，国家财政性教育经费五年累计投入 13.5 万亿元，超过 1952—2011 年 60 年的累计投入之和。2019 年国家财政性教育经费首次突破 4 万亿元。2020 年国家财政性教育经费达到 4.29 亿元，其占 GDP 的比重已连续 9 年保持在 4%以上。

从世界范围来看，根据世界银行的统计数据，1991 年世界范围内的公共教育经费支出占国内生产总值的比重是 4.12%，2001 年是 4.55%，2009 年上升为 4.75%，2018 年的这一数字为 4.49%。20 世纪 90 年代以来，不同经济发展水平的国家的公共教育投入总体上是上升的，但是，其相互之间有比较大的差距（见表 6-1）。

表 6-1 公共教育经费支出占国内生产总值比重的国际比较（%）

项目	1991 年	2000 年	2001 年	2002 年	2003 年	2004 年	2005 年	2006 年	2007 年	2008 年
世界平均	4.12	4.32	4.55	4.47	4.58	4.25	4.43	4.41	4.33	4.52
高收入国家	4.49	4.63	5.00	5.01	4.90	4.67	4.68	4.62	4.59	4.79
中等收入国家	3.96	4.36	4.46	4.41	4.62	4.25	4.63	4.53	4.34	4.67
低收入国家	2.78	3.35	3.61	2.83	2.99	2.94	2.65	3.07	3.25	3.15
项目	2009 年	2010 年	2011 年	2012 年	2013 年	2014 年	2015 年	2016 年	2017 年	2018 年
世界平均	4.75	4.49	4.47	4.43	4.52	4.52	4.61	4.58	4.49	4.49
高收入国家	4.98	4.96	4.89	4.96	5.14	4.94	4.95	4.95	4.66	4.77
中等收入国家	4.90	4.53	4.50	4.39	4.49	4.55	4.71	4.74	4.63	4.54
低收入国家	3.25	3.22	3.34	3.39	3.30	3.52	3.40	3.08	3.37	3.54

资料来源：世界银行。

从表 6-1 中显示的国际比较来看，高收入国家的公共教育经费支出占国内生产总值的比重高于中等收入国家和低收入国家，即经济发展水平越高，公共教育经费支出占国内生产总值的比重越大。

随着我国经济的稳步发展，政府和居民对教育的重视程度日益提高。图 6-13 显示了 1993—2019 年我国财政性教育支出的变动趋势。从图中可以看出，21 世纪以来，我国财政性教育支出占财政支出的比重及占 GDP 的比重总体均呈上升趋势。

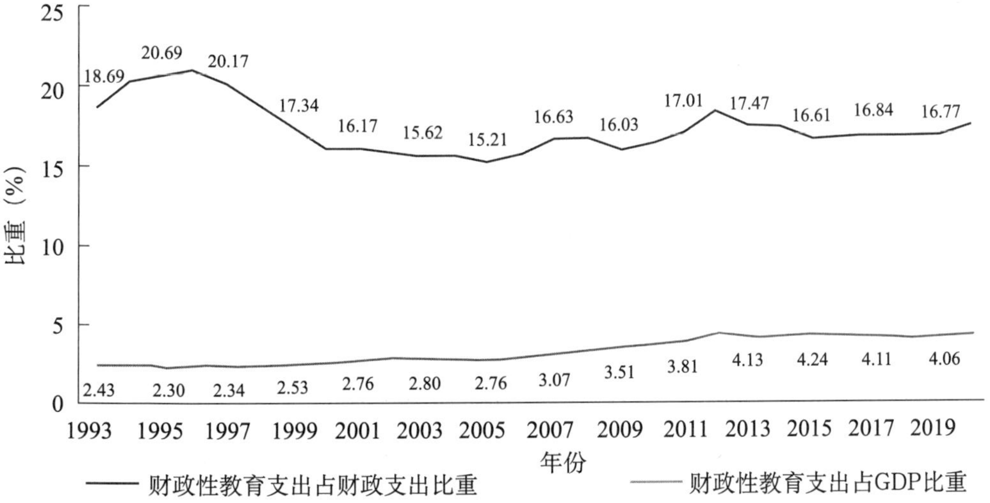

图 6-13 1993—2019 年我国财政性教育支出相关指标

6.3.2 教育对消费的影响

教育是最常见的人力资本投资方式。作为一项投资，教育要求人们有一定的投入，主要包括经济成本、心理成本和机会成本。经济成本包括各种学杂费、书费等直接的教育费用，以及任何高出不上学时的生活费用。例如我国实行九年制义务教育，在这期间，家庭对子女的教育投入是相对较低的，但是接受大学以上的高等教育则基本上是自费的。心理成本是指那些不愿意接受教育但迫于压力而上学的学生在心理上受到的伤害，毕竟不是每个人都喜欢去学校念书。机会成本是指个人由于上学而牺牲了的收入。例如在许多低收入国家，家庭总是希望子女能尽快工作，以提高家庭的收入水平。如果继续上学，不但会增加家庭负担，而且减少了潜在的收入。

从个体的角度来看，教育投资的结果是在将来为个人带来一系列的收益。首先是货币收益，通常情况下，受教育程度越高，收入也会越高。这一关系一般用教育带来的终生收入（税后）的增加来表示。据统计，美国高中毕业生的一生所得要比没有高中学历的工人高出 40%以上，收入对比是 43 万美元对 26 万美元。大学毕业生与高中毕业生相比，终生收入差别也接近 40%。其次是福利收益，白领员工的福利和工作条件一般都比蓝领员工优越。此外，还有许多非市场收益，包括对自己的健康、闲暇的质量、子女的健康和教育的影响等。

因此，人们是否愿意接受教育主要取决于个人对教育成本和收益的对比分析。如果人们认为教育的未来收益大于现在的成本投入，就会牺牲眼下的消费，延长接受教育的时间，推迟进入劳动力队伍。同时，他们也会更加努力地学习，放弃闲暇时间，以期取得更好的成绩。

从上面的分析中可以看出，人们在进行教育投资决策时，必须在当前消费和未来消费之间进行权衡。假设我们将人的一生分为两个阶段——“年轻时期”和“未来工作时期”，那么随着人们在年轻时放弃的消费的增加，即在学校花费的时间越长，他对未来消费的预期就越高，因为他可以指望他的收入增加。图 6－14 描绘了“年轻时期的消费”与“未来工作时期的消费”之间的关系。从曲线凹向原点的形状中可以看出，教育的边际收益呈现递减趋势，即今天在教育上投入更多的花费（减少消费）会提高未来的收入，但是每单位新增的教育投资提供的边际收益却越来越小。

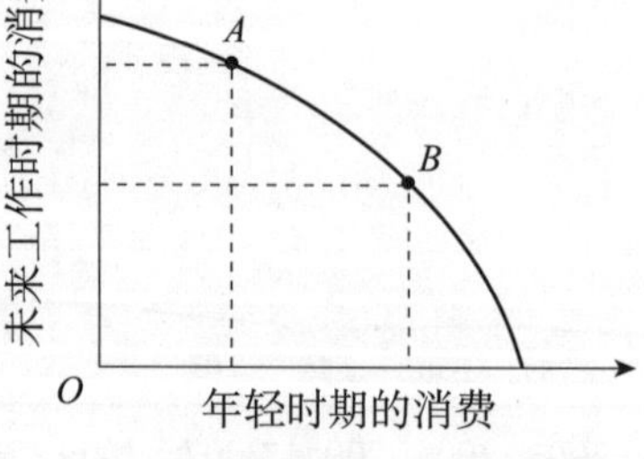

图 6－14 教育与现期消费同未来消费之间的替换

A 点表示一个完成大学本科学业的全日制学生的现期消费和对未来消费的预期。他

在毕业前（他的年轻时期）的收入很少，但在以后的时期可以有较高的收入。B 点表示高中毕业后就离开学校的结果，这样他现期的收入会较高，消费水平高于继续在校读书的同龄人，但在以后的时期收入比本科毕业生低，消费水平也随之降低。A 和 B 之间其他的选择点表示消费者进入大学后没有毕业就退学的情况。

6.3.3　教育造成的工资差距

前面曾经提到，平均而言受过大学教育的人的终生收入要高于高中毕业生，这是因为缺乏技术的工人通常不能与技术工人完成同样的工作，所以由供求决定的技术工人和非技术工人的均衡工资是不一样的。如图 6－15 所示，这两类人的工资是由不同的劳动市场供求关系决定的。图 6－15（a）显示了非技术工人的劳动需求曲线和供给曲线，分别是 DU_0 和 SU_0，非技术工人的均衡工资为 WU_0；图 6－15（b）显示了技术工人的劳动需求曲线和供给曲线，分别是 DS_0 和 SS_0，技术工人的均衡工资为 WS_0。从图中我们看到，技术工人的均衡工资比非技术工人要高。

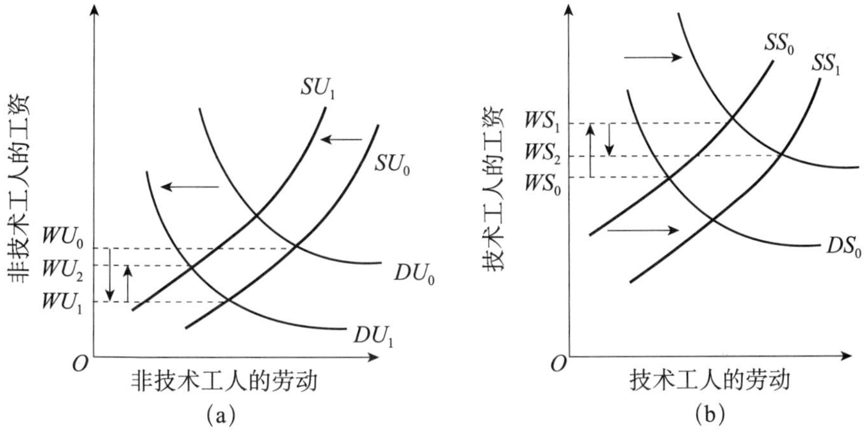

图 6－15　非技术劳动市场和技术劳动市场

对于教育造成的工资差距不仅要从静态的角度来比较，还要从动态的角度来分析。随着经济的发展，整个社会的技术是在不断进步的。技术水平提高后，社会对技术工人的需求会增加，而对非技术工人的需求会减少。假定技术变动将使技术工人的劳动需求曲线向右移动到 DS_1，并且使非技术工人的劳动需求曲线向左移动到 DU_1，那么情况会怎么样呢？非技术工人的工资将由 WU_0 减少到 WU_1，技术工人的工资将由 WS_0 增加到 WS_1。这种工资差距的扩大，从长期来看，会导致更多的工人去获取技术，所以非技术工人的劳动供给会向左移动，而技术工人的劳动供给会向右移动。结果，非技术工人的工资由 WU_1 上升到 WU_2，而技术工人的工资由 WS_1 下降到 WS_2。由此可见，劳动力资源的流动减弱了工资短期变动的结果，缓和了技术工人与非技术工人之间的工资差距。

20 世纪 70 年代以来，技术的变革越来越快。这导致了非技术工人的实际工资（经过生活费用变化调整的工资）下降，同时技术工人的工资明显增加。因此，技术工人和非技术工人的工资差距有不断扩大的趋势。

6.3.4 学历竞争

技术工人的高工资是企业或其他雇主支付的。他们之所以会以高工资雇用受教育程度高的人，是因为他们认为这些人具有更强的能力，能创造更多的价值。然而，当雇主雇用员工时，他们实际上并不知道这些雇员的全部特征，就像经济学家描述的那样，他们掌握的信息是不完全的。虽然他们知道所有来应聘的人当中有一些人的能力比另外一些人要强，但他们很难从候选人中把能力较强的人识别出来。为了更好地做出雇用决策，他们必须尽可能地利用所有可以利用的信息。

受教育程度就是一个很好的标志，它可以帮助雇主认定那些应该被雇用的人。某些职业要求雇员有较强的分析能力以及快速反应的能力。那些在大学里修完高深课程并获得良好成绩的学生，表明了他们有雇主所需要的那种头脑。从这个角度看，教育所做的主要不是提高生产率，而是确定哪些人具有更高的生产能力或一些罕见的能力。所以说学校具有对人进行筛选的功能，教育水平则是能力的一种标志。大学毕业生可以得到更高的收入，因为他们有更高的生产率。但是更高的生产率不一定是在大学里得到的，大学不过是发现了人才。

当然，学生在大学里学的东西确实提高了生产率，大学并不仅仅是个筛选装置。但教育的这种筛选和标志的信号作用是非常重要的，因为试用一个工人的代价是很高昂的：雇主必须招聘、甄选、雇用并培训每个雇员。雇用一个不合格的员工意味着浪费培训经费，而且还要重复一次雇用过程。因此，雇主愿意把机会留给那些他认为最有可能成功的人，即具有“最好的”信号或资历的人。

自然，学生们知道雇主会以这种观点来看待完成大学教育的人，因此他们在学校里花费的时间较他们本来愿意花的时间更长。也就是说，人们待在学校里可能主要不是为了获得生产技能，而是为了使潜在的雇主确信他们属于具有较高生产率的一员，应该得到高工资。这个趋势引发了学历竞争。人们为了使潜在的雇主相信他们确实是有才华的，为了表明他们有更强的能力，在学校里待的时间更长，并获得了更高的学位。在过去的几十年中，许多职业对执业资格要求的提高可能不仅反映了完成这些工作所需知识的增加，而且反映了学历竞争的存在。

延伸阅读 | “考研大军”壮大的背后

近年来，我国的研究生报考人数不断增加，其中，应届毕业生所占的比重更是越来越大。2011 年全国硕士研究生招生考试报名人数高达 151.1 万人，比 2010 年的 140 万人增加了十余万人，是 1997 年报考人数的 6 倍多。2020 年全国硕士研究生招生考试报名人数再创新高，达 341 万人，比 2011 年增加了 189.9 万人。图 6－16 显示了 1997—2020 年我国硕士研究生报考人数的上升趋势。

我们可以用上面的理论来分析“考研大军”不断壮大的原因。教育作为一种投资，产出的是人力资本。当教育造成的工资差异越来越大时，人们纷纷选择接受更高程度的教育。显然，学生们是在衡量了继续接受教育的边际成本和边际收益之后，才做出理性选择的。

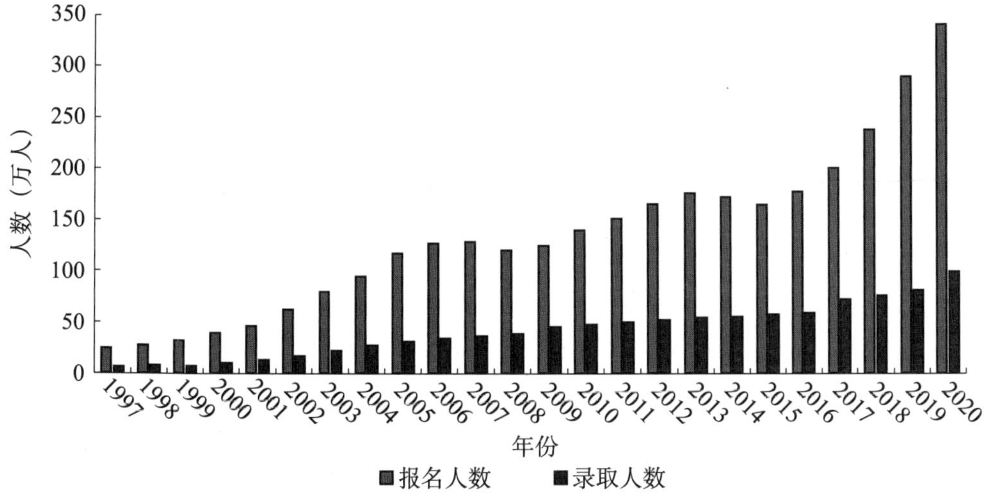

图 6-16　1997—2020 年全国硕士研究生报考人数与录取人数的变动趋势

6.4　家庭规模决策与长期劳动供给

家庭规模决策，即有关家庭中孩子数量的决策，对下一代的劳动供给有着强有力的影响。通常人们对家庭规模决策的分析只是从社会学的角度，即从人们的情感或个人偏好出发。但有大量证据表明，经济因素对家庭规模决策也有着巨大的影响。

6.4.1　工资与家庭规模

从经济的角度来分析家庭规模决策，就是从收益与成本的角度来分析家庭规模决策。虽然生养孩子的收益及成本的边界非常模糊，我们不能精确地计算生养孩子的成本，但生养孩子所损失的机会成本是可以准确测算的。它包括：母亲暂时放弃工作而损失的工资收入、生产的费用、抚养及教育孩子所需的费用等。虽然多数家庭在决定家庭规模时可能只是很模糊地意识到这些问题，但有大量数据表明，这些因素的确影响了家庭规模决策。

美国经济学家分析了 1960 年和 1986 年妇女的工资及其家庭规模。他们发现，平均而言，具有更高实际工资的妇女有更小的家庭。对于这种现象，经济学家们给出了不同的解释。

第一种看法认为，当要孩子的机会成本较高，即母亲的工资较高时，家庭会决定少要甚至不要孩子。根据这种观点，是高工资“导致”家庭规模变小。

第二种看法认为，家庭规模较大的妇女不得不把更多的精力放在家务上，因此用在工作上的精力就少。例如，当孩子生病时，她们可能更经常地缺勤。或者她们选择了那些能在时间上给她们以更大的灵活性但工资更低的工作。根据这种观点，是大家庭“导致”了低工资。

第三种看法认为，存在其他一些因素，如教育，它既导致了高工资，也导致了家庭的小规模。芝加哥大学的经济学教授加里·贝克尔通过研究发现，受教育多的妇女比受教育少的妇女生育的孩子少。1976 年受过四年以上大学教育的妇女平均有 2.2 个孩子，而只受过八年初等教育的妇女平均有 3.5 个孩子。他认为这是因为照顾孩子要花费很多时间，而在劳动力市场上，受过教育的妇女的时间价格比较高，即更多的教育导致了更高的工资，从而减小了家庭规模。其他一些经济学家则认为，是教育改变了妇女的生育观。更多的教育可能会引起兴趣的多样化，这使得要孩子似乎不那么具有吸引力了。教育能够完全解释妇女工资与家庭规模之间的关系吗？通过考察相同受教育程度和年龄的妇女的工资及其家庭规模（排除教育的影响），经济学家们发现，大家庭和低工资仍有关系，尽管这种关系不像直接分析工资与家庭规模时那样强。因此，教育只能部分地解释工资和家庭规模之间的关系。

人们在进行家庭规模决策时，肯定不是先考察工资、教育与家庭规模的关系，然后根据自己的收入、受教育程度来决定自己应该有几个孩子。他们只可能通过衡量多要一个孩子的边际成本和收益来做决策。当要孩子的机会成本（工资是衡量机会成本的主要尺度）更高时，他们可能倾向于要更少的孩子。经济学家们把要孩子称为对孩子的“需求”。工资更高表示孩子的“价格”上涨。对孩子的需求量的改变可以看作价格变化后沿需求曲线的移动，需求量的降低可以看作对价格上涨做出的反应。

延伸阅读 | 一对经济学者夫妇的争论

在前面我们已经知道，个人的劳动供给决策可以用基本的消费者选择模型来加以分析。同时，其他一些重要的家庭决策也可以用这一模型来分析，要孩子的数量就是其中一个重要决策。

我们就遇到了小赵、小陈夫妇这么一个新婚家庭。现在，在浪漫的烛光下，他们坐在餐桌前讨论他们的未来。与其他家庭一样，他们也渴望生一个孩子，享受为人父母的欢乐。但与其他家庭不同的是，小赵夫妻俩都是学经济的，于是，他们将餐具推到一边，拿出计算器，开始为未来的家庭规模做理性决策。

他们考虑到要孩子的全部成本，包括母亲本来可以在外面工作而失去工资的机会成本。小陈参加工作已经三年，现在部门经理职位空缺，正面临被提拔的大好时机，而如果要孩子，自然就失去了晋升的机会。于是，小赵夫妻俩就要好好考虑妻子的预期赚钱能力了。他们通过权衡养育孩子的边际成本与边际收益来考虑他们的家庭规模。从这一观点出发，他们把要孩子的决策转变为对孩子的需求，这种需求由于母亲较强的挣钱能力从而提高了孩子的“价格”而沿着需求曲线向下移动。

可能你觉得一般的家庭不会以这种方式来决定要不要孩子，但他们都或多或少考虑过这个问题。经济学家注意到，这一模型确实可以解释经验的事实：收入较高的妇女一般有比较小的家庭规模，高工资国家的人口出生率低于挣钱机会少的国家的人口出生率。这一联系不断被不同国家和同一国家不同时期的事实所证明。

6.4.2 家庭规模决策对长期劳动供给的影响

在工资等条件一定的情况下，劳动供给在很大程度上是人口数量的函数。人口越多，劳动供给也就越多。家庭规模决策对长期劳动供给的影响主要表现为它对未来就业的人口数量的影响。如果平均家庭规模增大，即孩子的数量比过去多，那么未来的劳动供给可能会过剩，对未来的就业市场造成压力，从而影响下一代的劳动供给。如果家庭规模过小，即孩子的数量少，那么若干年后劳动供给可能会不足，也不利于经济的稳定发展。

在我国，家庭规模受法律规定——计划生育的限制。虽然人们受经济因素的影响自发选择的余地很小，但对家庭规模决策与长期劳动供给的关系进行研究，将有助于我们更深刻地理解消费者的劳动供给决策。

小　结

我们可以应用第 2 章介绍的分析消费决策的基本工具——预算约束和偏好来分析消费者的劳动供给决策，即消费者如何在工作和闲暇之间做出选择。在选择时，个人面临沿着预算约束线在闲暇与收入之间的取舍。一个人放弃闲暇可以得到的收入是由工资率决定的。

影响人们进行选择的因素有很多。其中，财富的增加会使预算约束线向外平移，从而劳动时间减少。工资的增加则会使预算约束线的斜率发生变化，最终劳动时间是增加还是减少，则取决于收入效应与替代效应孰大孰小。

在劳动市场上，工资变动的收入效应与替代效应的作用方向相反。工资的增加使人们的境况得到改善，他们在享受更多消费的同时，也希望享受更多的闲暇，这就是收入效应。但是，工资的增加提高了闲暇的机会成本，鼓励他们更多地工作，这就是替代效应。

通过消费者在闲暇与收入之间的选择模型，我们导出了个人的劳动供给曲线。它不同于常见的供给曲线，部分向后弯曲，我们用收入效应和替代效应的关系来解释向后弯曲的劳动供给曲线。在较低的工资水平下，工资增加的替代效应大于收入效应，劳动供给曲线向上倾斜；而向后弯曲的劳动供给曲线表示，在较高的工资水平下，收入效应大于替代效应，劳动时间随着工资的增加而减少。

人力资本是教育投资的结果。人力资本投资决策是消费者在当前消费与未来消费之间的一种权衡和选择。当前的教育投资会减少消费者的当期消费，但是将提高消费者未来的收入（未来消费）。理性的消费者在权衡了教育投资的边际收益和边际成本之后，做出选择。人力资本对生产率的影响，人力资本造成的工资差别的扩大，促使政府和个人不断加大对人力资本的投资。

当一个家庭决定是否要一个孩子时，从经济学的角度讲，它必须衡量多要一个孩子的边际收益和边际成本。而长期来看，家庭规模的大小，将影响整个社会的就业人口数量。

关键术语

劳动供给决策	劳动供给曲线	劳动供给弹性
家务劳动	有酬劳动	人力资本
劳动力参与决策	保留工资	

思考题

1. 如何将第 2 章介绍的分析消费者消费决策的基本工具应用到分析其劳动供给决策的问题上来？

2. 什么因素决定了个人的工作时间或他是否选择工作？收入效应与替代效应如何有助于我们理解劳动供给决策？

3. 劳动供给曲线有向后弯曲的部分吗？如果存在向后弯曲的劳动供给曲线，那么该如何做出合理的解释？

4. 为什么经济学认为教育是一种投资，并将其结果称为人力资本？

5. 如何理解个体的受教育程度是一种信号传递？如何看待学历竞争问题？

6. 家庭规模对长期劳动供给有何影响？

参考文献

[1] 安格斯·迪顿，约翰·米尔鲍尔．经济学与消费者行为．北京：中国人民大学出版社，2005.

[2] 加里·贝克尔．人类行为的经济分析．上海：格致出版社，2008.

[3] 加里·贝克尔．家庭经济分析．北京：华夏出版社，1987.

[4] 刘相波，马超，赵忠．降低养老保险缴费率和延迟退休政策组合的双重红利．中国人民大学学报，2021，35 (6).

[5] 刘子兰，郑茜文，周成．养老保险对劳动供给和退休决策的影响．经济研究，2019，54 (6).

[6] 约瑟夫·E. 斯蒂格利茨．经济学：第 2 版．北京：中国人民大学出版社，2000.

[7] 闵维方，等．教育投入、资源配置与人力资本收益：中国教育与人力资源问题研究．北京：经济科学出版社，2009.

[8] R. S. 平狄克，D. L. 鲁宾费尔德．微观经济学：第 4 版．北京：中国人民大学出版社，2000.

[9] 肖经建．现代家庭经济学．上海：上海人民出版社，1993.

[10] 杨良初，李桂平，卢娜娜．延迟退休政策：国际经验与中国道路．地方财政研究，2021 (10).

[11] 张文贤．人力资本．成都：四川人民出版社，2008.

第 7 章

消费函数理论

学习目的

前面六章从微观角度对消费者行为进行了分析，自本章开始我们将从宏观层面来剖析消费问题。经验告诉我们，消费在一国的经济增长过程中起着越来越重要的作用，它已经成为宏观经济分析中的一个重要变量。国家统计局的统计数据显示，2021 年中国的最终消费支出对经济增长的贡献率为 65.4%，拉动 GDP 增长 5.3 个百分点。

对宏观消费的分析需要从消费需求与总需求、消费与经济增长、消费结构与经济结构等诸多方面入手，对收入与消费的关系即消费函数的分析则是阐述宏观消费问题的开端。本章将逐一把这些理论介绍给大家，包括绝对收入假说、相对收入假说、持久收入假说、生命周期假说、消费品存量调整假说、近似理想需求系统，以及完全市场模型、确定性等价模型、流动性约束假说、预防性储蓄假说和心理账户理论对消费行为的影响，并对消费函数理论进行客观评述。希望读者能够把握各种收入与消费支出的关系，并以此来分析我国的消费经济活动的特征。

消费函数理论一开始诠释的是消费领域中的总量关系，有关消费函数的研究首先关注于对宏观消费数据的分析和研究。

消费函数理论起源于 20 世纪 30 年代，发展于 20 世纪 50 年代，到 20 世纪 70 年代成为不确定性下跨期选择研究的一个转折点。自 1936 年提出了消费函数概念后，现代经济学理论又陆续提出了绝对收入假说（absolute income hypothesis，AIH；凯恩斯，1936）、相对收入假说（relative income hypothesis，RIH；杜森贝里，1949）、生命周期假说（life cycle hypothesis，LCH；莫迪利亚尼，1986）等一系列消费理论。20 世纪 80 年代和 90 年代，收入风险和借贷约束被完全纳入跨期消费模型，除了少数优化问题可以解析求解的情况外，其他研究都基本依赖于数值模拟方法。

消费函数理论主要揭示了收入与消费两个变量之间的相互关系，一开始的研究主要是在消费者行为分析的基础上对总量消费状况的描述。由于总量消费是个体消费的总和，宏观经济特征可以由微观消费者的行为得到解释。从实证研究来看，后继的研究考虑到了个体异质性的各种来源，许多研究都使用了家庭的微观经济数据。微观经济数据更强的可获得性和模拟方法的发展表明，消费者所处市场的风险和特点深刻影响了他们的跨期决策。采用微观家庭调查数据的文献逐渐突破了对宏观消费与收入关系研究的限制，转向更能刻画消费决策行为的大样本家庭数据调查和在此调查基础上的相关研究，更多地关注基于消费跨期选择的家庭消费支出的异质性，以及家庭内部消费支出的差异。部分学者的研究逐渐由关注跨期选择的消费决策问题转向更为关注消费支出所代表的社会福利问题分析，例如关注消费不平等问题、消费偏好的非标准化和时间偏好的不一致性，研究数据从微观调查数据逐渐转向随机实验和田野实验的调查数据，从而为消费政策的研究提供更为细致的微观证据。

7.1 绝对收入假说

7.1.1 主要内容

“绝对收入假说”由凯恩斯提出，其中心思想是消费倾向递减。绝对收入假说的基本思想是：消费随收入的变化而绝对地变化。随着收入的增加，消费也会增加，但消费的增加幅度小于收入的增加幅度。

绝对收入假说可以用下面的公式表示：

$$C=a+bY$$

式中，C 为当前消费；Y 为当前收入；a 为已知常数，代表各种主观因素；b 为平均消费倾向（即收入中用于消费的比例），为小于 1 的正数。

这个公式有以下几个含义：

（1）实际消费支出是实际收入的稳定的函数。短期内消费支出的变化，主要是由于以工资单位计算的收入的变化，而不是由于消费支出与收入之间的比例关系的变化。也就是说，短期内的消费倾向基本稳定。

（2）随着收入的增长，人们的消费支出也会增长，但收入的增量不会全部用于消费，边际消费倾向[①]是一个小于 1 的正数。由于人的欲望随收入的上升而容易满足，因而边际消费倾向随收入的上升而下降。

（3）由于边际消费倾向递减，平均消费倾向也随收入的上升而下降。

“绝对收入假说”体现了这样的思想：当实际收入增加时，由于边际消费倾向递减，维持习惯上的生活水平所需要的费用与收入之间的差额将会逐渐增大；反之，如果实际收入减少，维持习惯上的生活水平所需要的费用与收入之间的差额则会逐渐缩小。

---

① 消费倾向（C/Y）指消费在收入中所占的比例；储蓄倾向（S/Y）指储蓄在收入中所占的比例；边际消费倾向（$\Delta C/\Delta Y$）指消费增量在收入增量中所占的比例；边际储蓄倾向（$\Delta S/\Delta Y$）指储蓄增量在收入增量中所占的比例。

7.1.2 凯恩斯消费函数中的主观因素和客观因素①

凯恩斯消费函数研究的是宏观经济中的消费需求与国民收入之间的关系。但是对宏观消费问题的分析离不开对消费者行为的考察。凯恩斯的《就业、利息和货币通论》一书，在分析作为总量的消费需求的同时，专门用了两章来分析消费者行为。

1. 影响消费倾向的主观因素

凯恩斯认为，有八个主观因素影响人们的消费倾向，即谨慎、远虑、计算、改善、独立、投机、自豪、贪婪。具体如下：

（1）建立准备金，以应对预料不到的变化。

（2）为可以预料到的未来个人和家庭的需要做准备，比如由于年老、子女教育、亲属抚养等需要而进行储蓄。

（3）牺牲目前较少的消费，赚取利息和投资收益，以增加未来的收入，使未来能有更多的消费。

（4）出于本能，人类总希望未来的生活水平能比现在高，所以存钱留作将来享受。

（5）即使心目中不一定有什么特殊的用途，也想存钱来保持个人的“独立感”和“有所作为”的感觉。

（6）存钱作为投机或企业经营之用。

（7）把钱作为遗产，留给后人。

（8）纯粹的吝啬，以致节省到不合理的程度。

以上是人们不愿多消费或愿意储蓄的动机，这些动机也适用于分析公司和政府部门的储蓄。凯恩斯认为，影响人们消费支出的主观因素是比较稳定的，改变缓慢。因此，在分析消费和收入的关系时，可以把主观的消费动机和储蓄动机看成已知的量。

2. 影响消费倾向的客观因素

（1）工资单位的变化。消费者的收入就是他通过劳动所得到的工资，以工资单位计算的消费量随以工资单位计算的收入量的变化而变化。当其他条件不变，工资单位也不变时，消费倾向也不会变化；工资单位变了，消费倾向也会发生变化。

（2）收入和净收入之间的差额的变化。收入是指产品的价值减去要素成本（或直接成本）的余额；净收入是指收入再减去补充成本或非自愿原因而引起的资本贬值的余额。由于消费的多少被认为主要与净收入有关，因此也就同收入和净收入之间差额的变化有关。

（3）财产的货币价值发生意想不到的变化，即财产的意外增值或损失。这种变化与收入之间并不存在有规则的关系，但会对消费倾向产生影响。

（4）利息率的变化。利息率的变化对于当前的消费是有影响的，但这种影响很复杂，它取决于其他多种因素。

（5）财政政策的变化。财政政策中的个人所得税、资本利得税、遗产税及国债偿还的有关规定会影响消费与储蓄之间的关系。

---

① 厉以宁．消费经济学．北京：人民出版社，1984：48-51.

（6）个人对未来收入预期的变化。个人如果预计到未来收入与现期收入相比会有所增加或减少，将改变自己的消费支出。

在上述六个客观因素中，凯恩斯认为，除第一个因素之外，其余五个因素在短期内都可以看成是变化不大的。因此在消费函数中，消费以收入为主要变量。

3. 长期消费倾向的变化

在分析边际消费倾向递减规律时，凯恩斯假定社会收入分配状况不变，并且利息率的短期变动对人们消费的影响可以忽略不计。但从长期来看，这两个因素都将发生变化，并对消费倾向产生影响。

（1）利息率的长期变动趋势对消费倾向的影响。凯恩斯认为，从长期考察，利息率将呈下降的趋势。这是因为，资本本身不是稀缺产品，当资本数量逐渐增多时，资本的边际效率将会下降。为了使社会或多或少继续维持充分就业，利息率大概也会逐渐下降。由于利息率逐渐下降，因此人们有可能减少自己的储蓄，从而提高消费。

（2）收入分配格局的变化对消费倾向的影响。凯恩斯认为，资本的积累来自富人的储蓄，如果改变财富和收入分配的格局，富人的储蓄就会减少，资本的积累也会减少。但是如果采取有利于消除社会不公平的措施来重新分配财富和收入，消费倾向的提高将通过对投资的诱导，促进资本主义经济增长。为此，他主张将遗产税作为财富再分配的措施。凯恩斯认为财富再分配是资本主义社会不可避免的长期趋势，因此，长期看，社会的消费倾向将会提高。

应 用

对绝对收入假说的修正

库兹涅茨1946年在其著作《1869年以来的国民产值》中，根据1869—1938年美国的收入消费资料证明：从长期看，美国人的消费在国民收入中所占的比例是相当稳定的。在这期间，美国人的收入增加了7倍，但消费与收入的比率基本保持稳定，即平均消费倾向保持在0.84～0.89之间。如果绝对收入假说是正确的，储蓄率应有所增加。

萨缪尔森在其著名的《经济学》一书中，对凯恩斯的消费函数理论做了一些修改。他认为，凯恩斯所说的边际消费倾向递减只适用于单个居民和家庭，至于社会消费倾向则是长期稳定的。他以统计经验为依据，得出结论："在每1美元的可支配收入中，美国消费者储蓄7美分而花掉93美分。"

7.2 相对收入假说

7.2.1 含义

"相对收入假说"由美国经济学家杜森贝里首先提出。其中的相对收入有两个含义：第一，相对于别人的收入，消费者的收入和消费要与周围人的收入和消费进行对比；第二，相对于过去的收入，消费者的现期收入和消费要与自己过去的收入和消费进行对比。

相对收入假说的基本含义是：消费或储蓄是现期收入与以前最高收入水平之比的函数。只要现期收入与按物价指数调整过的以往达到的最高收入之比是一个常数，那么现期储蓄与现期收入之比也就是一个常数。

相对收入假说可以用以下公式表示：

$$C = KY$$

式中，C 为消费者的现期消费；Y 为消费者的相对收入；K 为消费与收入之比，接近常数。

7.2.2 相对收入假说消费函数的主要内容①

杜森贝里相对收入假说的消费函数理论所包含的要点如下：

（1）消费者的消费支出不仅受其自身收入的影响，而且受周围人的消费行为及其收入和消费的相互关系的影响，这就是消费的“示范效应”。一个人的消费支出对周围的人的消费方式有诱导作用。一个人的社会活动越频繁，他的消费支出对别人的影响就越大。与此同时，他对别人的消费方式的诱导力的抵抗能力也越弱。而凯恩斯的绝对收入假说假定消费者的消费支出是彼此独立的，人们的消费行为不受他人消费行为的影响。

（2）消费者的消费支出不仅受自己目前收入的影响，而且受到自己过去收入和消费水平的影响，特别是受过去“高峰”时期的收入和消费水平的影响。某人一旦形成某种消费水平，这种消费水平的保持会对他目前的消费行为产生影响，以至于在他的收入水平下降后，他仍记得并想保持过去达到的那种较高的消费水平。因此，消费支出具有不可逆性。而凯恩斯假定消费者的消费支出只受本人目前实际收入的影响。

（3）根据以上假说，一个消费者的消费支出变化往往落后于其收入的变化。当他的收入比以前减少时，他在短期内仍要维持过去“高峰”时期已经形成的消费水平，从而通过减少储蓄来达到这一目的。消费支出的变化落后于收入变化的情况，被称为消费的“棘轮效应”，它可以在一定程度上缓解经济衰退的程度。

（4）当消费者减少了的收入又逐渐回升，并恢复到过去的水平时，消费者可能首先恢复储蓄，而消费并不会增加。其原因在于：消费者的储蓄与消费比率是根据过去的收入水平决定的，收入恢复后，与过去的收入相比没有变化，因而消费和储蓄倾向也没有太大变化。

杜森贝里关于消费的“示范效应”和“棘轮效应”的论点，被认为是第二次世界大战后西方经济学中关于消费函数理论的重大发展。

此外，需要指出的是，在杜森贝里之后，许多经济学家对“相对收入”概念做了进一步分析。其中很有代表性的是“关系集团”分析法。经济学家认为，相对收入假说中提出的两种相对收入含义都与“关系集团”有关。也就是说，一个人的消费行为及消费习惯，很大程度上与“关系集团”的影响有关。

---

① DUESENBERRY J. Income，saving，and the theory of consumer behavior. New York：Oxford University Press，1967.

应 用

棘轮效应的作用分析

棘轮效应的作用如图7-1所示。

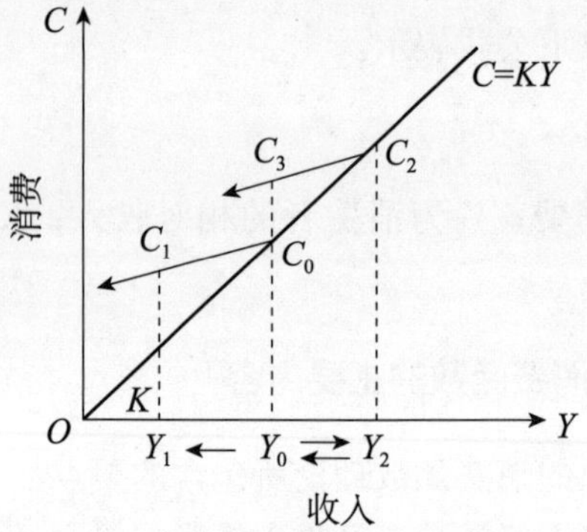

图7-1 棘轮效应的作用图

当收入沿着长期趋势增长时，C 和 Y 沿着 $C=KY$ 变动，平均消费倾向保持不变。假定现在的消费为 C_0，Y_0 点是历史上的高峰收入。若经济衰退，Y 降低至 Y_1，C 将不会沿着 $C=KY$ 减少，而是沿着短期消费曲线减少至 C_1；当经济复苏，Y 提高到 Y_2，C 迅速增加到 C_2；若 Y 再减少到 Y_0，C 也只会降到 C_3，而不是 C_0。如此反复，短期消费曲线就像棘轮一样，对消费下降起着阻滞的作用。

7.3 持久收入假说

7.3.1 含义

持久收入假说是美国经济学家米尔顿·弗里德曼提出的。他认为，凯恩斯提出的“边际消费倾向递减”的规律不一定存在，因为一旦人们愿意预支未来收入并将其作为现期消费支出，消费倾向就会发生不规则的变化，而不一定是递减的。但他提出持久收入与持久消费有函数关系。持久收入假说的核心是消费者的持久消费与持久收入是固定的比例关系。这一理论与前面几种理论的不同在于，它用人们的长期收入（未来收入）来分析人们现期消费支出的变化。

持久收入假说用公式表示如下：

$$C_p=KY_p$$

式中，C_p 为持久消费；Y_p 为持久收入；K 为持久消费与持久收入的比例，接近常数。

7.3.2 持久收入假说的要点

（1）消费者的收入和消费都可以分为两类，即“一时收入”和“持久收入”，“一时消费”和“持久消费”。“一时收入”是指瞬时的、非连续的、带有偶然性的收入；“持久收入”是指消费者可以预料到的长久性的、较稳定的收入，比如工薪收入、房租收入、利息和股息收入等。“一时消费”是指非经常性的消费支出；“持久消费”则是指经常性的消费支出。

（2）可以假定某些家庭的“一时收入”是正值，另一些家庭的“一时收入”是负值；也可以假定某些家庭的“一时消费”是正值，另一些家庭的“一时消费”为负值。这样，社会的“一时收入”和“一时消费”的平均值都等于零。就整个社会而言，平均收入等于“持久收入”的平均值。

（3）“持久收入”与现期收入不同，消费者预计到的现期收入在一生中可能有较大变化，但预计到的“持久收入”则是一个常数。一个人平均每年的“持久收入”等于预期今后全部收入之和（还要考虑到利息的收付）被预期一生的年数所除得出的商。

（4）“一时收入”和“一时消费”之间不存在固定的比例关系；“一时收入”与“持久收入”之间，“一时消费”与“持久消费”之间也不存在固定的比例关系。但消费者的“持久收入”与“持久消费”之间则可以有一定的比率。这个比率的大小取决于利息率、消费者的总物质财产同“持久收入”之间的关系、消费者的年龄及偏好等因素。

（5）根据持久收入假说，人们的消费支出主要不是与他的现期收入有关，而是与他的可以预计的未来收入，即“持久收入”有关。一个人尽管目前的收入不高，但如果他预计的未来收入较高，仍然可以进行较多的购买，他实际上是动用了未来可以预计到的收入来用于现期消费。因此，消费者是用他可以支配和预期得到的全部收入来安排现期消费的，一个人的现期消费支出可以大大超过他的现期收入。在经济衰退时期，尽管人们的现期收入减少，但消费支出不一定会减少，因为消费者可以预支未来的收入。这是在用持久收入假说来重新解释棘轮效应。

按照持久收入假说考察边际消费倾向时，应当区分“一时收入”的边际消费倾向和“持久收入”的边际消费倾向。前者较低，后者较高。同时，“一时收入”在被用作消费支出时，主要用于购买耐用消费品。耐用消费品支出与“一时收入”的关系要比与“持久收入”的关系更密切。

弗里德曼的持久收入假说，旨在说明货币需求主要取决于由“持久收入”代表的总财富。既然持久收入具有高度稳定性，则货币需求也具有高度稳定性。经济的稳定与否主要取决于货币供给量的变动。同时，按照持久收入假说，由于家庭的消费主要与“持久收入”相联系，因此凯恩斯主义的相机抉择税收政策（临时性的增税或减税）对于现期消费的影响很小。

政策分析

持久收入假说下减税措施的应用效果

如果政府为了应对经济萧条而采取临时性的减税措施，以便增加居民的可支配收入和刺激消费，那么，按照持久收入假说，这一临时性的减税措施是无效的。因为居民的这种临时性的额外收入只有很少一部分会作为实际消费，其余将全部转化为储蓄，所以，政府减税不可能达到刺激消费的目的。反之，如果政府为了应对通货膨胀而采取临时性的增税措施，以减少居民的可支配收入和抑制消费，那么按照持久收入假说，这一临时性的增税措施也是无效的，因为临时性的增税将使居民预期其一生收入的总数将有所减少，而当年的实际消费只占其中的一小部分，从而增税所减少的其余部分都是储蓄，所以政府增税也不能抑制消费。总之，只要家庭的消费主要与预期的未来收入、一生收入，而不是同期收入相联系，凯恩斯主义的相机抉择税收政策（增税或减税）对于现期消费就只有很小的影响。

7.4 生命周期假说

生命周期假说是运用生命周期分析方法，考察消费者一生中不同阶段消费支出的变动状况的消费函数理论。其主要代表人物是美国经济学家莫迪利亚尼、布伦贝和安多。

7.4.1 生命周期假说的主要内容

生命周期假说的要点可以表述为：个人的现期消费取决于个人现期收入、预期收入、开始时的资产和个人年龄的大小；个人储蓄也取决于个人现期收入、预期收入、开始时的资产和个人年龄的大小。

与持久收入假说类似，生命周期假说也把未来收入作为影响现期消费的因素。同时它假定：每个人都追求自己从少年到老年整个一生的效用最大化，因而总想把自己一生的全部收入在生命周期的各个阶段的消费支出中进行最优分配。

根据生命周期假说，人的一生至少可以分为两个时期：赚取收入或收入大于消费支出的时期（壮年时期），此时的储蓄为正值；不赚取收入或收入小于消费支出的时期（少年时期和老年时期），此时的储蓄为负值。

按照这样的假定，一个人对消费的安排是从一生的各个阶段的收入与消费或收入与储蓄的关系来考察的。少年时期需要借款来维持消费；壮年时期不仅要归还少年时期所借的本钱和利息，还要进行储蓄以保证老年时期的消费；老年时期则靠提取壮年时期的储蓄来维持消费。由此可见，个人的现期消费不仅取决于个人的现期收入，还取决于他的预期收入、开始时的资产和个人年龄的大小。同时，壮年时期的收入水平和储蓄率及开始时的财产状况，决定了一个人一生的储蓄和消费状况。

根据生命周期假说，可以对全社会的消费和储蓄做出这样的推论：在一个人口总数和收入总数不变的社会里，个人的净储蓄总额将是零；退休者的负储蓄刚好弥补工作者的储蓄，而工作者进行储蓄的唯一目的是为自己未来的退休做准备。然而，在一个人口不断增长或人均收入不断增长的社会中，个人的净储蓄总额将是正值，并且人口增长率越高，或人均收入增长率越高，储蓄在总收入中所占的比例也越大。

7.4.2　生命周期假说的运用

根据生命周期假说，可以对收入、财产与消费之间的关系进行分析。

在假定消费者开始时没有任何财产且以后没有意外获得财富的情况下，他的所有财产都来自自己收入中的储蓄部分，以及购买可以借此获得收入的财产（比如房产）的支出。他的可预计到的未来收入将取决于他在各个时期的收入和由此积存财产所能带来的收入。这样，他的财产或收入与消费支出之间的关系，长期来看是较稳定的。而在假定消费者开始时有财产，并且以后可能获得意外财富或遭受意外损失的情况下，由于从全社会来看意外的收入和损失相互抵消，财产或收入与消费支出的关系从长期来看仍然是比较稳定的。

运用生命周期分析方法得出的论点，也可以称为“持久财产假说”。与持久收入假说不同的是，生命周期假说考察的是包括未来收入在内的一生的总财产，它更强调消费与财产之间的关系。生命周期假说认为，对财产状况的分析将会比对收入状况的分析更有助于说明消费的变化和经济的波动。在任何时期，一个家庭的消费水平总是与它的财产水平（而不是与收入水平）保持稳定的比率。

生命周期假说（持久财产假说）可以用以下公式表示：

$$C_p = KY_p$$

式中，C_p 为消费者生命周期各阶段的现期消费；Y_p 为消费者生命周期各阶段的现期收入，包括劳务收入和财产收入；K 为消费与收入之间的比例，接近常数。

根据上述假定，当一个社会的各种社会经济因素使家庭的财产状况发生变化时，家庭的消费支出就会发生变化，从而影响社会的经济稳定。因此，为了保持社会经济的稳定，必须研究那些可能使家庭财产状况发生变化的因素，并采取稳定家庭财产水平的对策。

新视角

生命周期假说和持久收入假说失效了吗?

虽然持久收入假说和生命周期假说在一定程度上符合客观事实，但居民户的消费表现出比这两种理论所说的对现期收入的更多依赖。这主要因为耐用品和信贷配额起到了重要的作用。

一方面，当一个家庭的收入暂时降低时，它不是借钱去买耐用品，而是简单地推迟购买。第二次世界大战后美国耐用品购买的变动情况说明了这一点。经验研究表明，甚至非耐用品消费支出对现期收入的依赖也比这两种理论所说的要大。

另一方面，上述两种理论假设的前提——在居民收入暂时下降时，或者拥有一大笔可以提取的储蓄，或者可以轻而易举地借到钱——都不符合客观实际。当人们不能以市场利率得到资金时，信贷配额就出现了。对那些没有资产而信贷又受配额限制的人来说，当收入下降时，除了削减消费就没有什么别的选择了。因此，对这些人来说，消费主要取决于现期收入。

7.5 其他消费函数理论

7.5.1 消费决策影响收入假说

与众多消费函数理论都强调收入决定消费不同，美国著名消费经济学家詹姆斯·摩根提出了“消费决策影响收入”的论点。其基本观点是：在现代社会，并不是收入（现期的、过去的或未来的）决定消费，而是消费决策影响收入。其要点如下：

（1）消费决策之所以能够影响收入，是因为收入（包括现期收入和未来收入）中包含不确定的成分，家庭在做出消费决策后，通过某种努力，可以使收入中的不确定部分变为确定的部分，从而使收入增加。

（2）消费决策对收入的影响，包括对现期收入的影响和对未来收入的影响。从对现期收入的影响来看，现代的家庭往往先决定自己的消费，再决定从哪些方面取得为实现其消费决策所需要的收入。家庭取得收入的途径包括：家庭主妇出去工作，丈夫加班或兼职，举债，提取储蓄等。当家庭做出这些增加收入的决策以后，消费决策就对现期收入产生了影响。

（3）消费决策还会对家庭的未来收入产生影响。家庭的未来收入包括家长的未来收入和子女的未来收入。家庭在进行一系列消费决策之后，如果认为由于消费支出的不断增加，需要增加未来的收入，它就会考虑从某些方面取得收入以维持消费支出的增加。家庭未来收入增加的途径有：家长改换职业，从收入较低的职业转换到收入较高的职业；送子女上大学，以便将来有较多的收入；等等。

（4）詹姆斯·摩根等人认为，现代消费之所以能够以消费决策来影响收入，是因为经济高度发展，从而挣钱机会增加，信贷事业发展。在这样的条件下，由于消费决策能够影响收入，因而在一个特定的时期内，消费者的消费支出可以超过已知的现期收入。

消费决策影响收入假说中，实际上暗含着两种努力，即厂商的“销售努力”和消费者的“寻职努力”。具体表现为：在现有收入条件和价格条件下，厂商通过“销售努力”影响消费者的消费决策，消费决策促使消费者做出“寻职努力”，从而影响其现期收入和未来收入。

7.5.2 消费品存量调整假说

这一假说由美国经济学家贺塔克和泰勒提出。其中心思想是：现期消费依存于现期收入、消费品价格和已有的消费品存量。消费品存量调整假说的基本观点如下：

（1）消费品存量越大，对该种消费品的现期购买就越少，因为消费者有一种想通过现期支出调整消费品存量，使它保持某种平衡的企图。

（2）消费品存量调整是就耐用消费品而言的；对于非耐用消费品而言，影响其购买的主要是消费习惯。由于消费习惯的作用，非耐用消费品的购买对收入变动的依赖程度小于耐用消费品的购买对收入变动的依赖程度。

（3）在对消费支出进行分析时，“情况变量”① 是一个重要的概念。它是指“过去消费支出所留下的已经贬值（或折旧）的余量或存量”。在分析耐用消费品时，由于已有的耐用消费品存量对消费支出有消极的影响，因此“情况变量”是负数；在分析非耐用消费品（包括劳务）时，由于不存在“存量”或“存量”不起作用，“情况变量”表现为一种“习惯积累力量”，因此是正数。在全部消费支出中，由于对非耐用消费品和劳务的购买一般多于耐用消费品，“习惯积累力量”的影响较大，因而“情况变量”仍是正数。

7.5.3 近似理想需求系统

近似理想需求系统（almost ideal demand system，AIDS）由迪顿和约翰·米尔鲍尔于 1980 年提出。1974 年，迪顿明确指出了现有需求系统的两大弊端：首先，即使所有人都是理性消费者，消费者的选择也应该是基于个体的，而不应该从整体层面来考虑；其次，已有的一些模型（如 LES 模型、鹿特丹模型等）关于消费行为的假设约束条件过于严格，无法切实反映消费者的真实选择。近似理想需求系统，也称迪顿-米尔鲍尔系统。这一模型由一系列的方程组成，用以表明消费者对于不同商品和服务的需求。而且，需求随商品价格、消费者收入和人口因素的变化而发生变化。可靠、有用的需求系统能够适合从数据中观察到的模式，并且与理性消费者理论兼容。这一系统模型能够简单、直观、准确地反映出各种变量对消费结构的影响，可以精细地分析消费者需求，从而为衡量消费者对价格和收入的反应提供了基本工具。这一模型已经被广泛应用于经济分析之中。

7.5.4 完全市场模型

相较于生命周期假说和持久收入假说，完全市场模型研究的是不确定性下的消费者跨期决策。在面临不确定性的情况下，消费者可以使用全套保险合同以免受任何可能的风险。尽管在完全市场模型中消费者面临风险，但完全市场假设实际上抵消了其对消费的影响。生命周期假说和持久收入假说中消费者不受不确定性的影响的假设大大简化了消费者决策的实际分析，并且不符合消费者决策的真实情境。个人可能会在没有通知的情况下失业，或者其工作的公司可能突然倒闭；股市可能会意外地繁荣或萧条；意外的社会保障改革可能会影响退休年龄或退休人员有权获得的退休金的规模……为了应对这些生活中的变化，现代的跨期消费选择理论对消费者所面临的不确定性的性质做出了明确的假设（关于收入、资产回报、寿命等）。因此，在考虑不确定性下的经济模型时，必须首先确定是否存在个人可以针对自己所面临的风险进行保险的市场。完全市场假设对消费者跨期选择的分析有两个观点：首先，完全市场消除了不确定性对个人消费随时间分布的影响，表现出消费者好像没有受到过不确定性的影响；其次，完全市场使个体行为与总体行为趋于一致。

---

① 这一概念是由贺塔克和泰勒于 1966 年在《1929—1970 年美国消费者需求的分析和预计》一书中提出的。这一概念的提出，被认为是他们在消费函数理论方面的新发展。

7.5.5 确定性等价模型

确定性等价模型研究了市场不完全时不确定性对消费者跨期决策的影响。由于完全市场假设完全抵消了个人不确定性，所以当消费的边际效用为线性时，就得到了确定性等价模型。这种方法即使在存在不确定性的情况下，也可以为消费者决策提供一种分析方法。确定性等价模型假设消费者对风险的增加不做出反应，并且消费者所偏好的特征在于风险规避增加和生命周期中某一时点的消费中会存在“幸福点”（即消费效用的最大化）。确定性等价模型假设消费者必须在其整个生命周期的剩余时间内最大化预期效用。由于劳动收入和利率是不确定的，消费者会受到一个动态的预算约束的影响，消费者从与初始财富禀赋相关联的最优消费序列中获得最大期望效用，运用线性规划的分析方法将多周期决策简化为简单的两期决策。在简化的两期决策中，消费者在 t 时期内消费减少一个单位而导致的效用减少，通过将消费推迟到 $t+1$ 期获得预期折现效用的增加而使决策实现均衡。因此，消费者边际效用的最佳预测值是前一期的边际效用，在生命周期中的某一时点消费中会存在“幸福点”。从确定性等价模型得出的消费函数具有几个有趣的特性：首先，时间资源的分配不会影响消费选择；其次，消费效用是终生期望值的线性函数，消费者的总财富包括了消费者的人力资本和金融财富之和；最后，在确定性等价模型中，消费者没有未雨绸缪的动机。确定性等价模型认为，不同类型的收入冲击对消费的影响可以得到较为准确的预测。例如，永久的冲击会被完全消耗掉（例如，边际消费倾向为 1），而短期冲击的影响很有限或没有影响。

7.5.6 流动性约束假说

已有的跨期选择模型假设信贷市场没有缺陷，认为消费者根据需要进行借贷和储蓄的能力（仅施加跨期预算约束）允许消费者随时间的推移进行资源转移，从而在整个生命周期内维持稳定的消费状况。流动性约束假说认为，由于现实中流动性约束的存在，人们并不是在任何时候都可以借到钱，他只能消费当前的财富，所以为了保证收入下降时消费不会大幅下降，消费者就会被迫降低当前的消费，增加储蓄，以此来作为对收入下降效应的一种保险。因此，储蓄平滑各期消费的作用被凸显出来，避免了各期消费的大幅波动。流动性约束假说分析了信贷市场摩擦下消费者决策发生了什么变化，流动性约束可以解释为什么消费增长对预期的收入变化敏感（消费的过度敏感性）。不完全信贷市场是指消费者能借到的金额受到限制，消费者通过借贷既可以为非耐用消费品的消费申请贷款，也可以为耐用消费品或住房的支出申请贷款。流动性约束假说更多地关注为消费者购买非耐用消费品提供的贷款。流动性约束假说假设如果给定贷款合同的条款（利率、贷款期限、分期付款等）和预期收入的时间范围，若消费者不能按要求贷款，则该消费者将受到流动性约束。在一个没有流动性约束的模型中，信贷资源在消费者生命周期中的分配并不重要。例如，某个希望将来升职的人将通过借贷立即增加当前的消费。在有流动性约束的模型中，收入变化的时机很重要，因为消费者只有在升职实际发生时才能借到贷款并增加消费。流动性约束假说提供了两个有趣的结论：第一，收入的时机会影响消费的时机；第二，如果借贷约束具有约束力，消费者必须推迟消费，这意味着随着时间的推移，下一期消费的增长会比在完美的信贷市场下更大。

7.5.7 预防性储蓄假说

预防性储蓄假说在吸收了理性预期思想的基础上，将不确定性引入分析框架，从而在更一般的意义上考察消费者的跨时优化选择行为。未来不确定性的增加，会刺激消费者采取比确定性条件下更为谨慎的行为，增加储蓄，减少消费，从而把更多的财富转移到未来进行消费，以防范未来的不确定的劳动收入所带来的冲击。储蓄不仅仅是为了在整个生命周期内将收入进行均等分配，同时也是为了对不确定性事件例如收入冲击加以保险。在完全市场中个人完全可以抵御收入冲击，而预防性储蓄假说假设当市场不完全时，消费者不能完全将冲击多样化，必须依靠自我保险（也就是增加储蓄）来抵御收入冲击。预防性动机不仅可以解释人们为什么储蓄，原则上还可以解释总财富中相当大的一部分。在预防性储蓄动机的研究中，消费预期增长率的方差是一个内生变量，因为它依赖于第一阶段的消费（由消费者选择），预防性动机取决于消费增长的条件方差、利率的方差以及两者之间的协方差。关于预防性储蓄动机的研究采用了更现实的效用函数和更现实的收入过程，并且允许永久和暂时的收入冲击，同时收入冲击对消费的影响不仅取决于它的持久性（不管它是永久性的还是暂时性的）和消费规划期限的延长，而且取决于偏好参数，例如更谨慎的人对收入冲击的反应不那么强烈，因为他们可以利用积累的财富（储蓄）来缓和冲击。

7.5.8 心理账户理论

已有的消费函数理论一直假设消费者是理性的，他们动态地做出一致的选择，并充分了解市场价格、金融机会及其概率分布。在现实世界中，许多事实都与这些假设相冲突，促使标准生命周期模型及其主要假设的替代方法得以拓展，其中一些研究偏离已有模型相对较小，不会改变其基本见解和含义。但近年来的一些方法借鉴了心理学的研究成果，将多种心理特征、启发式和社会考虑纳入主要理论分析框架，这些相关研究在分析有关储蓄和投资组合选择的某些难题方面特别富有成效，对经典消费函数理论形成了挑战。第一个挑战是谢夫林和塞勒（Shefrin & Thaler，1988）提出的心理账户理论，解释为什么人们经常以不同的方式对待不同的收入（当前或未来）和财富来源，因为不同收入来源的边际消费倾向是不同的。第二个挑战是心理学、实验室实验和实证研究得出的实质性证据，即人们不会做出时间一致的决定。特别是，许多研究发现，有证据表明人们没有适当地将未来贴现（他们希望立即得到满足，之后只会后悔过去的决定）。例如，当人们对遥远的未来消费进行效用评估时会很有耐心，并计划为退休储蓄，但随着未来的临近，人们会以更高的利率对其进行贴现，并对当前的消费有强烈的偏好。这些发现的形成引起了对时间不一致的偏好和双曲贴现。还有一类基于心理账户理论的海量文献研究了由于社会偏好，消费者自己的选择受到其他消费者的选择的影响。在某些情形下，人们模仿一个选定的参照组做出选择（“跟随琼斯”模型），而在另一些选择中，他们试图通过展示珠宝和跑车等高度可见并且昂贵的商品（“炫耀性消费”模型）来给同辈留下深刻印象。有关心理学的已有研究已经远远脱离了标准生命周期模型，提出了包括非标准偏好、行为偏差、不完美信息和社会偏好等诸多理论解释。

7.6 对消费函数理论的简单评价

首先，消费函数理论关于消费支出与收入关系的分析抓住了发达国家经济生活中有关消费现象的特征，有些模型与西方发达市场经济的现实运行有很好的拟合度。凯恩斯在不存在流动性约束和不确定性，消费者只追求一种预算约束下的效用最大化的假定基础上提出了绝对收入假说。由于该假说对消费者行为的外部环境设定和内在设定比较窄，因此这类消费者又被认为是“原始的、短视的”消费者。杜森贝里在凯恩斯的理论分析框架内进一步假定消费者的行为具有“示范效应”和“不可逆性”，从而提出了相对收入假说，这就使消费者的消费行为具有了“攀附性”和“后瞻性”。弗里德曼和莫迪利亚尼等人在原有消费者行为分析框架的基础上进一步扩展和延伸，假定没有流动性约束，存在不确定性，消费者具有风险预期和规避风险行为，且追求跨时效用或一生效用的最大化，在此基础上提出了以持久收入假说和生命周期假说为主要代表的前瞻的消费函数理论，储蓄则被用来将不均衡的收入路径平滑为平缓的消费路径。可见，消费函数理论正是基于不断完善的消费者行为假定才得以不断发展的。这些理论对于分析中国的消费问题具有部分借鉴作用。如，关于影响消费支出的收入的表述，绝对收入、相对收入、过去收入、未来收入、收入预期、持久收入、暂时收入、财产收入等重要概念，有助于我们从多种角度对消费需求做出全面的分析。又如，消费函数理论建立在不断完善的消费者行为假定的基础上，而消费者行为的这些特征在一定程度上具有相似性的趋向：如消费支出要受周围人的影响，受过去消费习惯的影响；在消费信贷很发达、收入增加的机会较多的条件下，消费者对未来收入的预期也会发生作用；等等。因此，可以借鉴这些理论来分析我国消费增长的行为特征。

其次，应该看到，每一种理论的产生都有其特定的经济环境。特别是经济研究中实证方法的广泛应用，使得很多经济研究得出的结论，是以特定的社会经济环境为背景，并为特定时期的经济政策服务的。我们在运用这些结论分析中国的经济问题时，必须注意它们产生的条件。总的来看，消费函数理论产生的共同背景是西方比较完善的市场经济体制，其在经济发展阶段、收入分配制度、价格体制、社会保障制度以及很多方面都有不同于我国现阶段的特征。国外学者的研究主要以制度确定条件下的国家作为研究对象，在模型中撇开了制度变迁、人口和收入差异等因素。这些研究对于发展中国家的消费分析有着极强的理论启示，但难以合理地解释发展中国家的问题。在中国，制度变迁超越了人们内生的行为，与西方研究的消费者主要是内生决定行为完全不同，在相当长的一段时间内中国消费者的行为是一种短期性决策模式，在实证分析中更接近凯恩斯假说的短期消费函数。随着社会主义市场经济体制的逐步建立，内生化行为模式确立后，长期的消费预期将逐渐形成。随着社会主义市场经济体制的深入发展，消费相较于收入而言表现出更多的平滑特征，中国居民的消费增长行为将越来越受到多重社会因素的影响，例如人口老龄化、社会流动性、新型城镇化政策等，因此研究好中国特色消费函数理论可以更好地服务于建立强大的国内市场和经济高质量发展。

应　用

已有研究对我国消费函数的分析

已有的采用国家统计局家计调查数据对消费函数进行的实证研究的结果表明：当期收入是影响居民消费的最直接、最重要的因素；在持久收入和暂时收入中，城乡居民的消费主要取决于持久收入的变动；收入分配是影响我国居民消费的因素之一，收入分配差距越大，城乡居民的消费倾向越低；随着人口老龄化趋势的加剧和城乡居民改革预期的不断增强，消费倾向将继续降低；消费信贷对促进近几年城乡居民消费增长的作用比较明显；利率的变动对我国居民消费的影响不显著。

例如，简单的消费函数模型可以考虑收入和消费支出的滞后项，为了方便对结果进行解释，对消费和收入都取对数，估计的结果如下所示。

城镇居民的消费函数（2001—2020 年）：

$$\begin{aligned}&\ln C_t = -0.73 + 0.29\ln Y_t + 0.75\ln C_{t-1}\\&\quad(-3.58)\qquad(4.07)\qquad(12.19)\\&R^2=0.998\quad DW=1.89\quad F=5\,659\end{aligned}$$

农村居民的消费函数（2001—2020 年）：

$$\begin{aligned}&\ln C_t = -0.20 + 0.34\ln Y_t + 0.69\ln C_{t-1}\\&\quad(-2.12)\qquad(4.13)\qquad(9.26)\\&R^2=0.998\quad DW=1.74\quad F=6\,018\end{aligned}$$

式中，C_t 为第 t 期的消费支出；Y_t 为第 t 期的绝对收入。

回归结果表明，城乡居民的当期消费主要取决于当期收入，边际消费倾向分别为 0.29 和 0.34，即每增加 1 元的当期收入，城乡居民的当期消费分别增加 0.29 元和 0.34 元。其中农村居民的边际消费倾向高于城镇居民的边际消费倾向。由于农村居民的可支配收入低于城镇居民的可支配收入，研究表明农村居民将当期增加收入的更大比例用于消费支出。同时，相较于农村居民，城镇居民消费支出的增长表现出更大的前后期消费习惯形成。

相较于近 20 年的收入和消费关系，研究采用了城镇（1981—2003 年）住户资料和农村（1983—2003 年）住户资料来估计这一时期消费与收入的关系，并在研究中区分了持久收入（可以理解为消费者一生的消费支出总和，可以用家庭资产的数据代替）和暂时收入（可以理解为当期的工资性收入），估计得出的结果如下所示。

城镇居民的消费函数（1981—2003）年：

$$\begin{aligned}&\ln C_t = 0.56 + 0.83\ln YP_t + 0.13\ln YZ_t\\&\quad(4.66)\qquad(19.31)\qquad(3.88)\\&R^2=0.99\quad DW=1.58\quad F=15\,268\end{aligned}$$

农村居民的消费函数（1983—2003 年）：

$$\ln C_t = 0.55 + 0.85\ln YP_t + 0.09\ln YZ_t$$
$$(7.17) \quad (66.41) \quad (7.31)$$
$$R^2 = 0.99 \quad DW = 1.25 \quad F = 3\,456$$

式中，YP_t 为第 t 期的持久收入；YZ_t 为第 t 期的暂时收入。

回归结果表明：城乡居民的消费对持久收入的敏感性较强，持久收入对城乡居民消费的弹性系数分别为0.83和0.85，远高于暂时收入对城乡居民消费的弹性系数（分别为0.13和0.09)。在持久收入和暂时收入中，城乡居民的当期消费主要取决于持久收入的变化。相较于2001—2020年的消费函数估计，可以看出城乡居民随着其可支配收入的持续增长，边际消费倾向大幅下降，表现出随收入的增加边际消费倾向逐渐递减的规律性。

除城乡居民边际消费倾向的逐渐递减以外，近年来中国城镇居民的消费行为又呈现新的特点。国内一些学者提出城镇居民消费中存在着较强的预防性储蓄动机。原因有二：

一是较强的流动性约束。中国城镇居民正面临消费结构的进一步升级，这就使存在的流动性约束凸显出来，居民不得不选择增加当期的储蓄，进行积累，以便在未来获得想要的消费。即便各类消费信贷已经起步，一定程度上放松了城镇居民面临的流动性约束，但对财富积累较少的居民来说，流动性约束依然影响他们的消费行为。此外，随着教育体制的改革，子女教育费用快速上涨，这一预期也有增无减。在贷学金制度尚未建立的情况下，父母必然会选择增加储蓄，以备子女教育之需。

二是居民未来收入的不确定性的增加。首先，随着市场经济体制的逐渐形成和中国加入世贸组织，工资作为劳动力这种生产要素的价格会更加市场化，不确定性的程度也会进一步加深，下岗失业的风险使城镇居民对未来收入的预期降低。其次，加入世贸组织后，我国的经济发展受国际经济波动的影响增大，导致整个宏观经济运行情况的不确定性也大大增强。最后，从20世纪90年代中后期开始居民收入的增长速度放慢，医疗保健制度改革和劳动保障制度改革等改革措施的不断出台，使居民对未来支出的预期增加，从而对未来收入的不确定程度非常敏感，更看重未来消费。

基于此，这一时期我国城镇居民的消费函数比较符合预防性储蓄假说和流动性约束假说关于消费行为的假定，因而对未来收入不确定性的增强，表现出较为谨慎的消费行为，存在较高的储蓄倾向。

小 结

消费函数理论是从凯恩斯开始产生的。它通过建立收入与消费之间的函数关系，揭示了收入与消费支出之间的相互影响。凯恩斯首先提出了自己的消费函数理论，第二次世界大战以后，西方经济学家对凯恩斯的消费函数理论进行了补充和修正，使消费函数理论得以发展。

绝对收入假说由凯恩斯提出。其基本思想是：消费随收入的变化而绝对地变化。随着收入的增加，消费也会增加，但消费的增加幅度小于收入的增加幅度，即边际消费倾向递减。

相对收入假说由杜森贝里提出。其基本思想是：消费者的消费受周围人的收入和消费及自己过去的收入和消费的影响，因此，消费行为具有“示范效应”和“不可逆性”。

持久收入假说由弗里德曼提出。其基本思想是：消费者的现期消费和现期收入并不存在边际消费倾向递减的趋势，但消费者的持久消费与持久收入存在固定的比例关系。

生命周期假说的主要代表人物是美国经济学家莫迪利亚尼、布伦贝和安多。其基本思想是：个人的现期消费不仅取决于个人的现期收入，还取决于他的预期收入、开始时的资产和个人年龄的大小。他的消费支出与财产或收入存在比较稳定的关系。

消费决策影响收入假说由詹姆斯·摩根提出。其基本思想是：在现代社会，并不是收入（现期的、过去的或未来的）决定消费，而是消费决策影响收入。消费决策之所以能够影响收入，是因为收入（包括现期收入和未来收入）中包含不确定的成分，家庭在做出消费决策后，通过某种努力，可以使收入中的不确定部分变为确定的部分，从而使收入增加。而消费决策之所以能影响收入，是因为经济高度发展，从而挣钱机会增加，信贷事业发展。

消费品存量调整假说由贺塔克和泰勒提出。该假说认为现期消费依存于现期收入、消费品价格和已有的消费品存量。其中，消费品存量越大，对该种消费品的现期购买就越少；消费品存量调整是就耐用消费品而言的，对于非耐用消费品，影响其购买的主要是消费习惯；在对消费支出进行分析时，“情况变量”是一个重要的概念。

近似理想需求系统由迪顿和约翰·米尔鲍尔提出。这一系统模型能够简单、直观、准确地反映出各种变量对消费增长及其结构的影响，可以精细地分析消费者需求，从而为衡量消费者对价格和收入的反应提供了基本工具。虽然分析思路不是理论性的消费函数模型，更适用于实证分析，但这一需求模型已经被广泛应用于消费增长和经济分析之中。

完全市场模型研究的是不确定性下的消费者跨期决策。在面临不确定性的情况下，消费者可以使用全套保险合同以免受任何可能的风险。尽管在完全市场模型中消费者面临风险，但完全市场假设实际上抵消了其对消费的影响。

确定性等价模型研究了市场不完全时不确定性对消费者跨期决策的影响。由于完全市场假设完全抵消了个人不确定性，当消费的边际效用为线性时，就得到了确定性等价模型。

流动性约束假说认为，由于现实中流动性约束的存在，人们并不是在任何时候都可以借到钱，他只能消费当前的财富，所以为了保证收入下降时消费不会大幅下降，消费者就会被迫降低当前的消费，增加储蓄，以此来作为对收入下降效应的一种保险。

预防性储蓄假说在吸收了理性预期思想的基础上，将不确定性引入分析框架，从而在更一般的意义上考察消费者的跨时优化选择行为。未来不确定性的增加，会刺激消费者采取比确定性更为谨慎的行为，增加储蓄，减少消费，从而把更多的财富转移到未来进行消费，以防范未来的不确定的劳动收入所带来的冲击。

心理账户理论研究了由于社会偏好，消费者自己的选择受到其他消费者的选择的影响。在某些情形下，人们模仿一个选定的参照组做出选择（“跟随琼斯”模型），而在另一些选择中，他们试图通过展示珠宝和跑车等高度可见并且昂贵的商品（“炫耀性消费”模型）来给同辈留下深刻印象。有关心理学的已有研究已经远远脱离了标准生命周期模型，提出了包括非标准偏好、行为偏差、不完美信息和社会偏好等诸多理论解释。

这些消费函数理论都或多或少地抓住了经济生活中的某些现象，并各具特点。绝对收入假说揭示的消费者是“原始的、短视的”；相对收入假说揭示的消费者具有“攀附性”和“后瞻性”；持久收入假说和生命周期假说揭示的消费者的行为具有前瞻性；后续其他消费函数理论逐渐放开了原有消费函数理论的理性预期和确定性假设，为丰富消费函数理论的相关研究做出了理论贡献。这些消费函数理论对于研究我国的消费者行为具有一定的借鉴意义。

关键术语

消费函数	绝对收入	消费倾向
储蓄倾向	边际消费倾向	相对收入
示范效应	棘轮效应	持久收入
暂时收入	持久消费	一时消费
持久财产	近似理想需求系统	完全市场模型
确定性等价模型	流动性约束假说	预防性储蓄假说
心理账户		

思考题

1. 凯恩斯绝对收入假说的核心思想是什么？你能证明它存在局限性吗？
2. 如何理解相对收入假说体现了消费的“示范效应”和“棘轮效应”？
3. 持久收入假说体现了什么样的消费行为特征？
4. 生命周期假说对研究社会消费有什么启示？
5. 消费决策影响收入假说得以存在的前提是什么？
6. 有人认为改革开放前的中国消费者的行为更符合绝对收入假说，你同意这种观点吗？为什么？
7. 试用消费函数理论分析现阶段我国消费增长的行为特征。

参考文献

[1] 刘伟．体制改革中的消费增长及其经济作用．消费经济，1986（2）．

[2] 臧旭恒．中国消费函数分析．上海：上海三联书店，上海人民出版社，1994.

[3] 龚志民．消费经济学前沿．北京：经济科学出版社，2002.

[4] 施建淮，朱海婷．中国城市居民预防性储蓄及预防性动机强度：1999—2003．经济研究，2004（10）．

[5] 臧旭恒，等．新经济增长路径：消费需求扩张理论与政策研究．北京：商务印书馆，2010.

[6] 任兴洲．扩大消费需求：任务、机制与政策．北京：中国发展出版社，2010.

[7] 孟祥轶，杨大勇，于婧．中国城市炫耀性消费的特征及决定因素：基于北京市家庭数据的实证分析．经济研究，2010，45（51）．

[8] 迟福林．消费主导：中国转型大战略．北京：中国经济出版社，2012.

[9] 袁志刚．中国居民消费前沿问题研究．上海：复旦大学出版社，2011.

[10] 尹世杰．消费经济学．2版．北京：高等教育出版社，2007.

[11] 陈锋．中国现阶段消费需求与收入差距研究．北京：经济科学出版社，2010.

[12] 祁京梅．我国消费需求趋势研究及实证分析探索．北京：中国经济出版社，2008.

[13] DEATON A，MUELLBAUER J. An almost ideal demand system. American economic review，1980，70（3）：312－326.

[14] DEATON A，MUELLBAUER J. Economics and consumer behavior. Cambridge：Cambridge University Press，1980.

[15] 黄明清，聂高辉．人口老龄化与居民消费水平关系：基于省际面板数据的实证研究．消费经济，2015，31（2）．

[16] 石明明，江舟，邱旭容．老龄化如何影响我国家庭消费支出：来自中国综合社会调查的证据．经济理论与经济管理，2019（4）．

第 8 章

消费与经济增长

学习目的

在分析了消费与收入的关系之后，现在我们把目光转到消费与经济增长这一问题上来。具备一些经济学常识的人都知道，在一个存在过剩的机器能力和劳动力失业的环境下，社会产出完全由总需求决定，总需求则由消费需求、投资需求和净出口构成。消费需求不仅直接影响社会总需求，而且通过与投资需求的相互关联对社会总需求以及经济增长产生进一步的影响。研究消费需求与经济增长的关系，目的是从总量上把握消费需求，以保证总需求与总供给的平衡，并保证经济的持续增长。

本章将从社会总需求的构成入手，分析消费和投资是如何拉动总需求增长的；剖析在经济增长的不同阶段以及不同的国家消费对经济增长的贡献；阐述可持续增长和可持续消费问题；探讨衡量一个社会消费状况的首要指标——消费水平问题。希望读者能够了解消费与经济增长的关系，并分析出一个社会的消费水平是如何形成的，从而对党的十九大报告中提出的到 2050 年“全体人民共同富裕基本实现”这一目标有进一步的理解。

8.1 社会总需求的构成

8.1.1 社会总需求

社会总需求亦即国民收入 [$D(Y)$]，通常由四个部分构成：对消费品的需求（C）、对投资品的需求（I）、政府支出（G）、出口净需求（X），它们之间的关系用公式表示为：

$$D(Y)=C+I+G+X$$

政府支出（G）可以分解为投资支出和消费支出；当把国民经济作为一个封闭体系

考察时，出口净需求（X）可以略去。由此，社会总需求就由消费需求和投资需求组成，即国民收入等于投资与消费之和，用公式表示为：

$$D(Y)=C+I$$

基本概念

总支出曲线

总支出是指用于消费、投资、政府物品与劳务和净出口支出的总和。总支出曲线表示在一个固定的价格水平上总支出和国民收入——经济中每个人的收入的总和——之间的关系。总支出曲线有三个关键特征：

第一，它向右上方倾斜——随着国民收入的增加，总支出也增加。其他变量的变动（如利率、税率和汇率）会引起总支出曲线向上或向下移动，这些变量的变动甚至会改变总支出曲线的斜率。

第二，当收入增加一货币单位时，总支出的增加小于一货币单位。

第三，即使国民收入为零，总支出也仍然是正数。

总支出随收入的增加而增加。总支出和产出在总支出曲线和 45°线的交点处实现均衡（见图 8-1）。在产出大于 Y^*（如 Y_1）时，总支出小于产出，说明生产出来的物品卖不出去，有非合意存货积累。在产出小于 Y^*（如 Y_2）时，总支出大于产出，说明购买的多于经济所产出的。

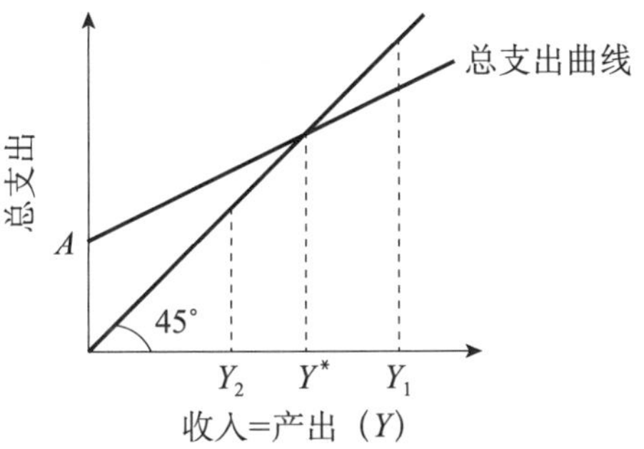

图 8-1　总支出曲线和收入-支出分析

在国民经济运行中，总需求与总供给是否平衡，决定着国民经济能否均衡发展。凯恩斯以前的传统经济学认为，需求是由供给创造的，只要供给增长，需求就会自行扩张，与供给相适应（萨伊定律）。新古典经济学认为，所有的供给都是对其他某些产品的潜在需求，所以社会不会出现任何全面的生产过剩或总需求不足。20 世纪 30 年代的经济大危机，从实践上批驳了这种观点，证明市场本身并不能自动实现供求均衡，有效需求不足（即总需求小于总供给）的情况是会出现的。同样，新中国成立以来大部分时间的经济实践也反复证明，另一种总供求不均衡（即总需求大于总供给）的情况也会出现，并且在我国经济的货币化过程中，由于货币供给量增长过快造成的消费需求和投资需求双膨胀，曾经成为经济增长过程中的主要问题。20 世纪 90 年代后期以来，社会总需求特别是消费需求不足又成为我国经济发展过程中的新问题。因此，如何保持国民经济的大体均衡增长也就成为经济学研究的重要课题。

8.1.2 消费需求对社会总需求的影响

总需求由投资需求和消费需求构成，因此引起总需求变化的无非是这两种需求的变化。

在假定一个经济中只有居民户和厂商的情况下，居民将其收入的大部分用于消费品和劳务的支出，其余的用于储蓄（可以采取各种形式，如去银行存款，购买债券、股票，手持现金等）。厂商则通过向银行借款，发行债券、股票等形式取得资金，用于投资，进行生产。如果公众储蓄的总金额恰巧等于企业家花在投资上的总金额，那么总需求的水平就得到了维持，国民收入的水平也不会变化。

但是如果被储蓄的收入数量和企业家希望用于投资的数量不相符，总需求就会发生变化，这或者是由于投资数量的变化，或者是由于消费支出数量的变化。

假定消费支出不变。如果企业家减少了用于投资的借款，投资需求减少，总需求就会缩小。这种情况通常是由于企业家对未来收入的悲观预期（以及技术因素等）造成的。相反，如果企业家对未来收入预期很乐观，他就会增加投资，从而使总需求扩大。由于投资乘数的作用，总需求扩大的规模要比投资需求增加的规模大得多。

假定投资额不变。在收入一定的情况下，如果消费者将更多的收入用于消费支出，总需求就会增加。如果消费者将更多的收入用于储蓄，总需求就会减少。相对于企业家的决策，消费支出变动的影响因素更加复杂，比如消费者的收入水平及其变动、消费习惯、心理因素、政府的税收政策、市场及社会环境等。

8.1.3 消费需求与投资需求的相互影响

以上我们假定消费需求和投资需求是独自变化的，从而对总需求产生独立的影响。而实际上，问题远比此复杂得多。消费需求与投资需求的相互影响，使得任何一方的变动，都会对总需求产生更大的影响。

1. 边际消费倾向对投资“乘数”的影响

乘数，也称倍数，是国民收入的变动量与引起这种变动的初始注入之间的比例。若注入的是投资，这个比例就叫作投资乘数。

乘数原理表明，虽然投资只占国民收入中的较小部分，但当投资数量变动时，却能使总收入和总就业量的变化程度远远超过投资量本身的变动程度。国民收入的增加量与投资的最初增加量之比，称为投资乘数，即

$$投资乘数=\frac{国民收入的增加量}{投资的最初增加量}$$

以公式表示为：

$$K=\frac{\Delta Y}{\Delta I}$$

式中，K 为投资乘数；Y 为国民收入；I 为投资。

投资之所以有乘数作用，是因为国民经济各个部门之间是相互关联的，某一部门新增一笔投资，不仅会增加本部门的收入，而且会在国民经济各部门中引起连锁反应，从而增加其他部门的投资和收入，最终使国民收入成倍增加。例如，新增投资100万元，首先就使投资品生产者的收入增加100万元。但收入的增加不止于此。假设他们将新增收入的80%用来消费，则将有80万元用来购买消费品。这又引起了相应的消费品生产部门的收入增加，这80万元就成为第二轮增加的收入。得到这80万元的生产者再以80%即64万元用于消费，就会进一步引起相应生产者的收入增加，这64万元就成为第三轮增加的收入。依此类推，则总收入的增加量为：

$$\begin{aligned}&100+100\times(80/100)+100\times(80/100)^2+100\times(80/100)^3+\cdots\\=&100+80+64+51.2+\cdots\\=&500(\text{万元})\end{aligned}$$

这就是说，对于100万元的投资，如果新增收入中用于消费（边际消费倾向）的比例为80%，则增加的总收入就为500万元，可见总收入的增加量为投资最初增加量的5倍，即投资乘数为5。

显然，投资乘数的大小与边际消费倾向有关。仍然采用上面的计算方法，如果边际消费倾向为50%，则增加的总收入为200万元，总收入的增加量为投资最初增加量的2倍，投资乘数为2。如果边际消费倾向为0，那么除了最初投资所增加的等额收入外，不会引起收入增长的连锁反应，即没有乘数效应，这时投资乘数为1。

由此可见，投资乘数的大小由边际消费倾向的高低决定。边际消费倾向越高，也就是说消费增加量在收入增量中所占的比例越大，最初增加的投资所产生的作用就越大；边际消费倾向越低，投资增加所产生的作用越小；如果边际消费倾向为0，就不会引起收入增长的连锁反应。由此，我们得出如下公式：

$$K=\frac{1}{1-a}$$

式中，a 为边际消费倾向。

可见，投资乘数是1减去边际消费倾向后的倒数。投资乘数与边际消费倾向呈同方向变动。通过边际消费倾向对投资乘数的影响，消费需求会对总需求产生更大的影响。

应 用

总支出曲线的移动

经济中的各种变动使消费和投资多支出一些或少支出一些，就会引起总支出曲线的移动。总支出的增加会引起均衡产出的增加，但均衡产出的增加大于总支出曲线最初的移动。大出多少取决于总支出曲线的斜率，斜率越大，均衡产出增加得越多（见图8-2）。

总支出曲线向上移动引起均衡产出水平增加。总支出曲线向上移动一定量所引起的

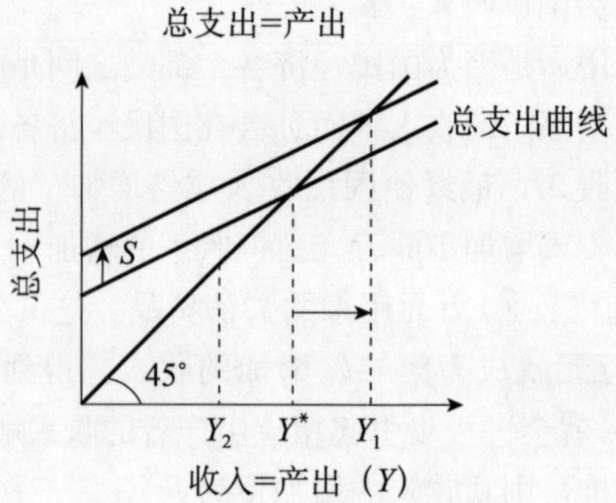

图 8-2　总支出曲线移动的影响

均衡产出的增加量大于总支出曲线的向上移动量，即 $Y^* - Y_1$ 大于总支出曲线的移动量 S。两者的差额取决于总支出曲线的斜率。

2. 投资需求对消费需求的影响

从上面关于投资增加影响国民收入增加的乘数效应的分析中可以看出，投资乘数作用的发挥是通过投资需求对消费需求的影响实现的。

最初投资的增加，意味着劳动力需求的增加，进而就业和收入水平得以提高。而收入水平的提高，又使消费需求增加，增加的幅度取决于边际消费倾向的高低。边际消费倾向越高，消费需求的增量越大，总需求亦即国民收入的增量越大。因此，投资增加对总需求的影响具有双重效应：一方面通过投资品需求的扩张对总需求产生影响，另一方面通过消费品需求的增加对总需求产生影响。

8.2　消费需求与经济增长

上一节关于消费需求与投资需求和总需求关系的分析说明，国民收入的变动取决于消费和投资两个因素的变动，或者说消费和投资的增长会促进国民收入的增长。但是，问题在于，怎样的消费和投资变动组合将有利于国民收入的长期稳定增长？为了更好地说明这个问题，我们需要根据经济增长阶段的不同特点进行分析。

8.2.1　经济增长阶段理论

美国经济学家沃尔特·惠特曼·罗斯托于 1960 年提出了经济增长阶段理论，该理论对第二次世界大战后发展经济学的发展有较大的影响。在其著名的《经济增长的阶段》一书中，罗斯托首次将各国的经济增长过程概括为五个阶段：传统社会、为起飞创造条件的阶段、起飞阶段、向成熟推进阶段、高额群众消费阶段。在《政治与增长阶段》一书中他又提出了第六个阶段，即追求生活质量阶段。尽管罗斯托的观点曾引起很大的争议，经济增长阶段理论对发达国家和发展中国家是否同样适用尚有待实践的检验，但罗斯托关于经济增长阶段的划分及非总量的部门（主导部门）分析方法对经济增长理论的发展做出了突出的贡献。

经济增长阶段理论中最关键的阶段是起飞阶段。它是传统社会向现代社会过渡的关键，也是经济发展过程中最困难的阶段。一个国家一旦超越传统社会而“起飞”，经济就可以持续增长了。罗斯托认为，起飞要具备三个条件：第一，要提高生产性投资率，使它占国民收入的 10%以上。第二，要建立起飞的主导部门。这个主导部门必须发展较快，既能带动其他部门，本身又能赚取外汇，以便引进技术、购买外国产品和还外债、付利息。第三，要有制度上的改革，即建立一种能保证起飞的制度。如建立使私有财产有保障的制度，或建立能代替私人资本进行巨额投资的政府机构等。关于经济增长阶段理论的争议主要在于起飞阶段与为起飞创造条件的阶段，以及起飞阶段与向成熟推进阶段（自我持续增长阶段）之间的关系。罗斯托对经济增长阶段的分析是从部门（主导部门）分析而非总量分析入手的。他指出，经济增长阶段的更替表现为主导部门的次序的变化，“现代经济增长的实质就是部门的增长过程”①。我们在分析消费（储蓄、投资）与经济增长的关系时，相应地把经济增长分为三个阶段：农业社会的低收入阶段（传统社会）、经济起飞中由低收入向高收入过渡的阶段（大致包括为起飞创造条件的阶段、起飞阶段、向成熟推进阶段）、现代社会的高收入阶段（包括高额群众消费阶段和追求生活质量阶段）。

8.2.2　消费需求对经济增长的影响

大多数发达国家以及许多新兴工业化国家的经济增长过程表明，在经济增长的不同阶段，消费、储蓄、投资与经济增长的关系是不同的。

在农业社会，由于生产力水平较低，收入水平较低，社会产出的主要部分用于满足人们的基本生活需要，消费在国民收入中占较大比例，消费率较高，而用于储蓄的部分很少，投资在国民收入中占较小的比例。在农业社会，生产力水平低下，这与其生产方式密切相关。“剩余的规模及其处置方式与剩余所采取的特定形式是密切相关的……起飞的基本条件是创造这样一种社会机制，它使剩余能习惯地流入生产性投资，而不是被消费掉。”② 由于传统的农业社会不具有这样的社会机制，缺乏生产性投资对经济增长的推动作用，因而经济增长缓慢。

在经济增长进入高收入阶段以后，消费在国民收入中所占的份额也比较大，消费率比较高。这可能基于以下原因：第一，在高收入阶段，生产力水平的极大提高，以及大量新兴消费品的不断涌现，会使消费倾向提高。第二，经济进入成熟阶段以后，经济增长率会有所降低，投资增长率也会降低。投资增长率的降低一方面与经济增长率降低有关，另一方面与投资对经济增长的推动作用下降、技术进步对经济增长的推动作用提高有关。第三，经济进入成熟阶段后，产业结构也会发生较大变化。得益于消费者对高额消费和生活质量的追求，第三产业所占的比重大幅上升，技术密集型产业成为主导部

① W. W. 罗斯托．经济增长的阶段．北京：中国社会科学出版社，2001.

② 都留重人．日本的起飞：1968—1980//W. W. 罗斯托．从起飞进入持续增长的经济学．成都：四川人民出版社，1988.

门，以资本密集型为主的第二产业所占的比重则有所下降。

但在经济起飞的过程中，即由低收入向高收入过渡的时期，消费在国民收入中所占的比例要低一些，消费率有所下降，更多的国民收入被用于储蓄。这主要是由以下几个原因造成的：第一，经济起飞过程（包括为起飞创造条件的阶段、起飞阶段、向成熟推进阶段）正值从传统社会向现代社会过渡的时期，经济的高速增长需要大量的投资支持。罗斯托谈到起飞的条件之一就是要提高生产性投资率，利润由占国民收入的 5%或不到 5%增加到占国民收入的 10%以上。第二，起飞过程中的产业结构具有不同的特点。在从传统的农业社会向现代工业社会和后工业社会过渡的过程中，产业结构演进的一个显著特点是第二产业的比重大幅上升，第一产业的比重大幅下降。相对而言，第二产业是一个资金密集型产业，它的发展需要大量的投资支持。第三，经济起飞过程中所需要的资金，可以来自本国内部的资金积累，也可以通过大量吸引外资获得。早期发达资本主义的资金积累，主要通过两个途径实现：内部积累及海外殖民掠夺（以及战争等）。而后发展国家所面临的国际环境则发生了很大的变化。虽然国际上有大量的闲置资本可以利用，但利用外资需要付出高昂代价，因此有一个限度问题。在这种情况下，各国政府为了使本国经济实现起飞，会通过各种政策来限制消费的过快增长，鼓励人们增加储蓄，增加国内资金来源，从而促进国民收入中消费份额的下降、储蓄份额的提高。第四，在从低收入向高收入过渡的时期，特别是刚刚摆脱低收入的困扰后，消费品工业的不发达，以及低收入阶段形成的消费习惯滞后于国民收入的增长，在一定程度上制约了消费的过快增长。当然，对于发展中国家而言，由于发达国家的消费方式的示范效应，也会出现消费早熟的情况。上述关于经济增长不同阶段国民收入与消费需求关系的论述，可以用以下的材料得到验证。

表 8－1 列出了不同收入水平的国家的消费占国民生产总值（GNP）的比重，表 8－2 列出了部分国家的国内总投资占国民总收入（GNI）的比重。

表 8－1　不同收入水平的国家的消费占 GNP 的比重（%）

时间	低收入国家	中等收入国家	高收入国家
1965 年	81.8	77.3	82.6
1977—1983 年	80.5	74.1	76.0
1984—1990 年	80.1	73.3	76.7
1991—1997 年	79.0	73.7	77.6
1998—2007 年	79.9	74.9	78.6
2008—2013 年	95.1	83.5	77.5
2014—2020 年	87.8	67.7	76.0

资料来源：世界银行数据库。

表 8－2　部分国家的国内总投资占 GNI 的比重（2010—2020 年）（%）

年份	埃塞俄比亚	印度	中国	巴西	美国	德国
2010	—	41	47	22	19	20
2011	32	40	47	22	19	21
2012	37	39	46	22	19	19

续表

年份	埃塞俄比亚	印度	中国	巴西	美国	德国
2013	34	37	46	22	20	20
2014	38	35	46	21	20	20
2015	41	32	43	18	21	19
2016	37	31	43	15	20	19
2017	39	31	43	15	20	20
2018	35	32	44	16	21	21
2019	35	31	43	16	21	21
2020	31	30	43	16	21	21

说明：国内总投资＝储蓄－净出口。

资料来源：世界银行数据库，中国的数据来自《中国统计年鉴 2020》。

从以上数字可以看出：

（1）不同收入水平的国家的消费占国民生产总值的比重呈现出一定的规律性。一是，低收入国家和高收入国家历年的消费占国民生产总值的比重基本上都高于同期的中等收入国家。二是，随着时间的推移，低收入国家的消费比重呈下降趋势。这表明，在低收入国家，随着经济增长进程的推进，国家对投资资金的需求增大，消费所占的比重逐渐下降。这与我们前面得出的结论基本吻合。

（2）国民收入中消费所占的份额与人均国民生产总值之间存在一定的关系。著名发展经济学家 H. 钱纳里等人为了研究经济发展的一般性特点，选用了世界银行经济和社会数据库中有关国家的 27 个变量，进行了横截面分析和时间序列分析。其统计分析的结果之一，便是国民收入中消费所占份额与人均国民生产总值之间的关系曲线。

钱纳里等人发现，私人消费总额占国民生产总值的份额与人均国民生产总值之间的关系曲线，是一条向右下方倾斜的平滑曲线。在人均国民生产总值从 100 美元增长到 1 000 美元的区间内，私人消费总额占国民生产总值的份额由 71％下降到 62％；与此相对应，国内投资总额占国民生产总值的份额曲线，则是一条向右上方倾斜的曲线，从 15％提高到 25％。这表明，随着经济的发展、收入水平的提高，一个国家在由低收入向中等收入过渡的时期，消费在国民收入中所占的份额呈下降趋势，国内投资在国民收入中所占的份额则呈上升趋势。

8.2.3　扩大内需与经济增长

社会经济增长的动力主要来自两个方面：一是生产的推动，二是需求的拉动。在市场经济中，社会经济的有效增长不仅在于供给的增加，关键还要看有效需求的实现。因此，需求拉动是经济增长的动力，需求决定着社会生产的规模、范围和发展方向，没有社会需求做基础的产业是不会有发展前途的。在现代买方市场条件下，经济增长由供给约束转为市场约束，需求（特别是消费需求）拉动更是经济增长的决定性因素，通过消费结构升级带动投资扩大，从而使内需成为经济增长的主要动力。

内需作为经济增长的主要动力，是由一个国家的社会、资源、市场等条件决定的。相对来说，大国经济具备通过扩大内需拉动经济增长的市场基础。大国经济具有地域广阔、资源丰富、人口众多、国内市场巨大、产业部门体系齐全、对国际经济影响大等特点，由此决定了大国经济对国内市场的依赖性比较大，因而内需对其经济发展具有极其重要的作用。特别是当大国经济进入成熟时期后，由于增长规模的庞大及国内市场的巨大潜力，其经济增长便会更多地来自内需。

从消费需求的角度来看，大国的国内市场容量极大、开发潜力巨大，市场需求多样化。大国往往有广阔的农村消费市场，它有着巨大的消费潜力，特别是如果能有效推进城市化的步伐，其消费需求就会呈现出比较好的梯度，从而带动诸如家电等耐用消费品行业若干年的高速增长。即使不考虑城市化问题，仅仅提高农村居民的农业生产资料、建筑和装饰材料、日用工业品的消费水平，也足以刺激这些行业的长期发展。大国的城镇居民的消费需求更多地体现出多样化、个性化、高新化的特点，这使得消费品市场的开拓空间非常可观。特别是随着居民消费水平的提高，居民对第三产业的消费需求潜力极大，发展空间十分可观。如果大国居民目前的消费倾向偏低，则更有希望通过提升其消费倾向来快速拉动总需求的增长。从消费结构来看，消费结构升级对经济增长的拉动作用十分明显。根据发达国家的经验，如果一个国家的消费需求主流群体从以往的以“吃”“穿”“用”为主要内容的消费转变为以“住”“行”“康”“乐”等为主要内容的消费，这种消费结构升级产生的经济势能将是持久而强大的。这是因为建筑业、房地产业、汽车工业、交通运输业、通信业、旅游业等消费升级主导产业的关联度很大，如果得以良性发展，就可以带来较长时间的经济景气。一个大国的消费结构升级所带来的对经济持续增长的促进作用是显而易见的。

从投资需求的角度来看，大国的社会投资需求扩展的潜力也很大。自然资源是经济发展的重要因素和物质基础，一切生产活动都离不开对资源的需求，经济增长对资源的需求首先或最终体现为对资源总量需求的增长。而自然资源又在经济发展中发挥着重要的作用，它制约着经济的发展格局以及发展速度和生产率的高低。资源产业是社会生产的基础产业部门，大国拥有的丰富的自然资源为投资需求提供了巨大的基础空间。从发展中的大国的现实来看，它们的基础设施往往严重短缺，因此对基础设施方面的投资市场需求十分巨大，可以在一定程度上拉动总需求的增长。

从投资乘数原理来看，人们一般认为投资需求对经济增长的推动力较大，但进一步来看，投资乘数的高低（即投资引发的国民收入的增加量的多少）与边际消费倾向密切相关。许多国家的实践也证明，最终消费需求始终是经济增长最大的贡献者（见表8-3)。特别是当一国经济发展到买方市场阶段时，仅仅靠投资需求的增加并不能带动经济的快速增长，而必须在很大程度上依赖消费需求的持续增长。这是因为在相对过剩的经济时期，消费的增长受到多种因素的制约，大幅增加投资额并不能简单带动消费需求的相应增加，消费需求的增加与投资需求的增加有所偏离，消费需求开始围绕市场供求关系和收入水平的起伏而涨落，国民经济的增长也更多地遵循市场运行规律，更多地依赖消费需求的增长而增长。可见，消费才是经济增长的原动力。消费需求长期不足、消费率长期过低会通过对投资需求的影响最终导致全社会的总需求不足，使经济增长处于缓慢上升甚至停滞状态。一个国家的需求不足必然导致经济增长减速，从消费需求引致经济增长来看，消费需求的不足主要是因为该国消费水平偏低和消费需求更新换代比较困难。以我国为例，改革开放之初，我国经济从重工业的自我封闭循环转到大力发展轻纺工业，轻纺产业和家电类产业都获得了迅速扩张，由此也推动了生产资料产业的发展。虽然这个产业链条的拉动作用较强，但由于我国城市化水平低，农村没有承接城市消费品的换代，导致市场消费需求的不足。与此同时，由于收入水平限制、收入预期不乐观、消费信贷市场发育不够完善以及体制偏差等原因，在国外对经济增长产生大规模拉动作用的汽车、住房等高档消费品的需求，在我国不能大规模地转换成现实的消费需求，从而使消费需求呈现不足状态，制约了经济增长。

表 8-3　中、美、日、德的需求要素对 GDP 增长贡献率的比较（%）

国家	年份	总消费贡献率	总投资贡献率	净出口贡献率
中国	2019	58.6	28.9	12.6
美国	2000	95.3	28.7	−24.0
日本	2019	69.0	23.8	7.2
德国	2018	58.7	73.3	−31.9

资料来源：美、日、德三国的数据来自《国际统计年鉴》；中国的数据来自《中国统计年鉴》。

从投资需求引致经济增长来看，一旦消费需求不能升级，政府就会试图用投资来拉动经济增长，但在需求不足的市场环境下，市场需求已经成为约束经济增长的主要因素，投资拉动的增长模式受到挑战。如果边际消费倾向偏低，投资的乘数效应也很有限，况且政府对社会财富和资产的掌握比较有限，其可资利用的资源变少。而且，由于市场前景不甚乐观，民间投资受消费需求不足影响，投资扩张受到抑制。

有经济学家曾探讨过消费率的变化趋势。美国经济学家 H. 钱纳里在《发展的型式（1950—1970）》一书中，揭示了消费率随人均 GNP 变化的规律（见表 8-4）。

表 8-4　钱纳里“标准结构”下的人均 GNP 与消费结构的动态关系

	人均 GNP（美元）								
	100 以下	100	200	300	400	500	800	1 000	1 000 以上
居民消费率	0.779	0.720	0.686	0.667	0.654	0.645	0.625	0.617	0.624
政府消费率	0.119	0.137	0.134	0.135	0.136	0.138	0.144	0.148	0.141
储蓄率	0.103	0.135	0.171	0.190	0.202	0.210	0.226	0.233	0.233

资料来源：H. 钱纳里，等．发展的型式（1950—1970）．北京：经济科学出版社，1988：31.

（1）人均 GNP 低于 1 000 美元（1964 年美元，下同）时，随着人均 GNP 的增长，储蓄率上升，消费率下降。

（2）人均 GNP 等于 1 000 美元，以及超过 1 000 美元时，储蓄率基本稳定。

（3）消费率在下降过程中呈阶段性变化。在较低收入阶段，消费率下降较快；在较高收入阶段，消费率下降趋缓。

我国的消费率从 1990 年前后开始下滑，多数年份只在 57%～59%之间。居民消费只占GDP的44.5%～47.8%（见表8-5），比钱纳里等人调查研究的，人均国民生产总值在1000美元左右时世界各国的居民消费率一般为62%的水平低了10多个百分点。2000年以来，我国的消费率除了前三年达到60%以上，之后大多数年份处于50%～55%，最低达到49.3%。居民消费只占GDP的34.6%～45.1%，多数年份在35%～38%，比2000年之前还要低（见表8-6）。

表8-5　1978—1999年中国人均GNP以及消费基本情况综合表

年份	人均GNP（美元）	居民消费率	政府消费率	总消费率
1978	70.6	0.486	0.132	0.618
1979	74.9	0.497	0.152	0.649
1980	79.8	0.513	0.146	0.659
1981	82.3	0.536	0.145	0.681
1982	88.2	0.541	0.141	0.682
1983	96.3	0.536	0.142	0.678
1984	109.5	0.513	0.132	0.645
1985	121.9	0.512	0.134	0.646
1986	130.3	0.507	0.125	0.632
1987	143.0	0.498	0.116	0.614
1988	156.6	0.511	0.120	0.631
1989	160.7	0.504	0.121	0.625
1990	165.0	0.492	0.131	0.623
1991	177.5	0.477	0.131	0.608
1992	200.1	0.468	0.131	0.599
1993	223.7	0.453	0.130	0.583
1994	249.1	0.445	0.128	0.573
1995	268.6	0.461	0.114	0.575
1996	291.2	0.474	0.115	0.589
1997	313.6	0.468	0.117	0.585
1998	334.6	0.467	0.120	0.587
1999	355.0	0.478	0.125	0.603

注：居民消费率和政府消费率分别为居民消费和政府消费占GDP的百分比。人均GNP按中国1964年美元折算。若按我国官方汇率折算，则1999年的人均GNP接近800美元。

资料来源：曾令华．消费水平与经济发展．北京：中国财政经济出版社，1998：34-35；李振明．经济转型与居民消费结构演进．北京：经济科学出版社，2002：50.

根据经济增长模式的定义以及相关实证研究的证实，我国无论是在经济高速增长时期还是在经济发展进入“新常态”之后，投资都是拉动经济发展的主要动力。但是，这种投资型经济增长模式也带来了诸如产能过剩、环境资源超压、金融风险增大等负效应。相较而言，消费主导型的经济增长更加稳定，更加不易受到外部经济环境变化的影响。消费主导型的经济增长模式是发达国家经济发展的共同方向，也是我国这样一个经济体在经历需求约束期的时候，应当采用的经济增长的主要选择方式。

延伸阅读 | 中国现阶段的消费率情况

中国在向市场经济体制转型的过程中，经济增长的主要约束已经由生产供给转向市场需求，决定生产和投资规模的主要是市场消费需求规模。进入 21 世纪以来，政府采取了持续和多重手段刺激和拉动消费，但消费率却逐年下降。虽然 2011 年以后居民消费率有所提升，但离 2002 年还有较大的差距。而与前文钱纳里的人均 GNP 达到和超过 1 000 美元（1964 年美元）时的世界各国的居民消费率一般达到 62%的水平相比，则差距更大（见表 8－6）。

表 8－6　2002—2020 年的中国消费率（%）

年份	居民消费率	政府消费率	总消费率
2002	45.1	16.1	61.2
2003	42.8	15.3	58.1
2004	40.7	14.7	55.4
2005	39.5	14.8	54.3
2006	37.7	14.8	52.5
2007	36.3	14.6	50.9
2008	35.4	14.5	49.9
2009	35.4	14.8	50.2
2010	34.6	14.7	49.3
2011	35.2	15.4	50.6
2012	35.4	15.7	51.1
2013	35.6	15.8	51.4
2014	36.5	15.7	52.2
2015	37.6	16.1	53.7
2016	39.0	14.4	53.4
2017	38.7	16.4	55.1
2018	38.7	16.6	55.3
2019	39.1	16.7	55.8
2020	37.8	16.9	54.7

说明：根据统计数据，我国人均 GDP 在 2003 年首次超过 1 000 美元。
资料来源：根据《中国统计年鉴 2020》相关数据计算。

8.2.4　可持续增长

可持续增长缘起于 20 世纪下半叶以来人们对环境与发展问题的反思和创新。1992 年在巴西里约热内卢召开的联合国环境与发展大会是人类实施可持续发展战略的重大转折点。《21 世纪议程》是这次大会通过的重要文件，也是可持续发展战略的行动方案。

该文件提出，21 世纪人类社会应该走可持续发展的道路。可持续发展理论认为，人类应当跳出单纯追求经济增长、忽视生态环境保护的传统发展模式，通过调整产业结构与合理发展的关系，使社会的发展既能满足当代人的需要，又不对后代人满足其需要的能力构成危害，最终实现社会、生态可持续发展的目的。

一国乃至全球在经济发展的过程中，都存在外部性的问题，而最重要的外部性就是那些自然资源以及环境的退化引起的外部性。无论是从某个国家来看还是从全球来看，如果资源消耗的速度快于人造资本能够补充或替代它们的速度，发展就是不可持续的。那么，从宏观的角度来看，一个国家应该如何对待可持续增长呢？

从传统的经济增长模型来看，国民收入的增长依靠的是资本存量和生产率的提高，但这种模型只计算了资本存量（机器、建筑物和基础设施等后天资本以及人力资本）的价值，而没有考虑自然资本的价值，即一国现存自然资源的价值，包括渔场、森林、矿藏、水和环境。与劳动和后天资本一样，自然资本也提供商品和服务，也会在生产过程中被消耗掉，它也能够通过可再生资源的自然增长和投资发现新的资源从而实现数量上的增加。如果一个国家在创造当前收入时消耗自然资本，那么将来创造收入的能力就会削弱，除非自然资本可用其他东西代替。因此，从可持续增长的角度来看，自然资本应该反映在国民账户中。在国民收入的传统计算方法中，国民生产净值（NNP）等于国民生产总值减去后天资本的折旧（D_m），用公式表示为：

$$\text{NNP}=C+S-D_m$$

只要储蓄（S）等于或大于折旧，消费（C）就小于国民生产净值，且能无限持续下去。

如果我们考虑自然资本的存在，就需要对国民生产净值进行调整，调整后的国民生产净值以 ANNP 表示。如果我们能够计算出自然资本存量，就可以推算出年消耗量（D_n），新的公式为①：

$$\text{ANNP}=C+S-D_m-D_n$$

该公式表明，如果每年的储蓄足以补偿后天资本和自然资本的折旧，国家就可以维持它的消费水平。否则消费就超过了其国民生产净值，经济将难以持续增长。

为了解决在公共资源方面的市场失灵，解决自然资源与环境消耗和退化引起的外部性，保持经济的可持续增长，必须借助政府的力量，获得有效的市场产出。政府可以通过赋予私人使用者产权，征收反映外部成本的税款，发放可买卖的利用权等手段，限制对公共资源的利用。

延伸阅读 | 碳达峰和碳中和目标被写入我国“十四五”规划

2020 年 9 月，习近平主席在第七十五届联合国大会一般性辩论上的讲话中提出，“中国将提高国家自主贡献力度，采取更加有力的政策和措施，二氧化碳排放力争于

① 吉利斯，等．发展经济学．北京：中国人民大学出版社，1998：170.

2030 年前达到峰值，努力争取 2060 年前实现碳中和”。此后，这一目标被写入我国的“十四五”规划。这也意味着，“十四五”时期，我国生态文明建设进入了以降碳为重点的战略方向阶段，全社会的生产方式、生活方式都会发生重要变化。

党中央提出碳达峰和碳中和目标，这是事关中华民族永续发展和构建人类命运共同体的重大战略决策，不仅在应对气候变化上体现了大国的责任担当，也有利于推动我国经济社会发展实现绿色低碳转型。

但实现 2030 年碳达峰、2060 年碳中和的目标，面临十分严峻的挑战：一方面，中国在人均收入偏低的阶段就面临碳达峰、碳中和的考验，这是史无前例的；另一方面，我国能源需求依然旺盛，“富煤、贫油、少气”的资源禀赋，使得我国能源消费对煤炭的依赖难以减轻，能源转型难度极大。

为应对挑战，中国必须走出一条比发达国家质量更高的碳减排路径。由于碳达峰的时间和峰值水平会直接影响碳中和的时间和难度，因此我国必须将碳达峰和碳中和目标统筹起来，从技术、经济、制度三个层面切入，强化碳达峰和碳中和的顶层设计，明晰碳达峰和碳中和目标的实现路径，加强低碳技术创新、产业绿色转型的政策激励和引导，引导全社会朝着绿色低碳方向转型。

资料来源：张志强，等．碳达峰、碳中和的经济学解读．光明日报，2021－06－22（11）．

8.3 消费水平

8.3.1 消费水平的测定

消费水平是指在一定的社会生产力水平下，居民消费需求的满足程度。在商品经济社会，消费需求的满足是通过市场实现的，因此需求的满足程度就取决于消费者的收入水平和市场的供应能力。此外，由于需求的满足是一个低层次的需求不断被满足，新的高层次的需求不断被提出的过程，因而需求的满足程度也需要从多种角度进行衡量。狭义的消费水平是指人均的消费品（包括劳务）数量，广义的消费水平还包括消费品的质量和消费质量。消费质量高，反映消费水平达到了较高的层次。消费水平的提高，越来越要求提高消费质量。

消费经济学研究消费水平，不仅要研究狭义的消费水平，而且要从更广义的角度来研究。从广义的角度来看，消费水平的测定有如下指标：

1. 价值指标

由于消费水平往往被认为是由一国一定时期的社会经济发展水平决定的，因此，反映社会经济发展程度的指标，如人均国民生产总值、人均国民收入等，可以用来衡量消费水平。但是，由于汇率、价格水平及经济体制等有所不同，在进行国际比较时，上述指标往往不能真实反映不同体制背景的国家的消费水平。

消费水平还可以通过居民的货币收入水平来衡量。在商品经济社会，货币收入的提高是居民消费水平提高的前提。但是，用收入来衡量消费水平也存在一定的问题。在我国，通常用“城镇居民可支配收入”和“农村居民可支配收入”（过去为“农村居民纯收入”）来表示居民的货币收入状况。需要注意的问题是：首先，必须考虑物价变动的影响，假定收入不变，物价上涨，实际收入和实际购买力就会受到影响；若收入和物价同时变动，物价上涨的幅度高于收入增长的幅度，实际收入也会受到影响。其次，收入水平与消费水平并不等同。由于消费倾向不同，收入水平相同的人其消费水平也会不同。

相对而言，在价值指标中，消费者的支出水平（人均消费支出）与其消费水平更接近一些。

社会消费品零售总额也是一个重要的衡量指标，它由社会商品供给和有支付能力的商品需求的规模所决定，是研究居民消费水平、社会零售商品购买力、社会生产、货币流通和物价变化的重要指标。

2. 实物指标

实物指标可以弥补价值指标的缺陷，也是一种传统的衡量方法。能够用来反映消费水平高低的实物指标主要有：人均食物拥有量（粮食、蔬菜、食用油、肉蛋奶、水产品）、人均衣着拥有量、人均耐用消费品拥有量（电视机、洗衣机、电冰箱、空调、家用电脑、轿车等）、人均住房面积等。用这类指标衡量消费水平，有可能出现只反映数量、不反映质量的问题；而且用实物指标也无法进行综合比较。

3. 劳务消费指标

劳务消费指标是实物消费量以外的反映社会消费水平的重要指标。社会经济发展程度越高，消费支出中劳务消费所占的比重越大，劳务消费量就越能反映消费水平提高的程度。一般来说，劳务消费量通常用劳务的消费支出反映，如医疗保健费用、教育费用、旅游费用、文化娱乐费用以及其他公共服务和个人服务费用。居民的劳务消费量包括通过货币支出购买的部分及家庭成员自我提供的部分。当消费水平较低时，劳务消费的大部分是由家庭成员自我提供的。随着消费水平的提高，劳务的社会化程度提高，劳务消费中通过市场提供的部分的比重将提高。

4. 生活质量指标

生活质量又称消费质量，即消费主体（消费者）、消费客体（消费对象）和消费环境（自然环境、人工环境、社会环境）三者在相互结合中反映消费者需要的满足程度。生活质量表明生活优劣的程度，它既包括物质生活的改善程度，又包括精神生活的充实程度；既反映居民个人消费水平的提高，也反映社会福利和劳动环境的改善。生活质量可以体现在很多方面，如居住区的环境状况（空气污染情况、绿化、噪声干扰情况等）、购物的便利程度（购物距离、商场环境、商品的丰富程度）、交通状况（交通是否便利、是否拥挤）等。消费水平的提高，不仅反映在消费的价值量、实物量、消费品质量的提高上，还应当反映在生活质量的提高上。

目前，普遍接受的一项反映生活质量的指标是 D. 莫里斯建立的物质生活质量指数(PQLI)[①]。莫里斯使用出生时的预期寿命、婴儿死亡率和成人识字率三项指标，每项

---

① MORRIS D. Measuring the condition of the world's poor: the physical quality of life index. Oxford: Pergamon Press, 1979.

指标都按百分制打分，列出分值从 1 到 100 时相应的各项目的具体指标值，然后根据各国三项指标的实际水平，查找出相应的分数，经加权平均后得到该国的物质生活质量指数（见表 8－7）。

表 8－7　D. 莫里斯的物质生活质量指数表

国家（地区）	人均 GNP（1982 年美元）	1982 年物质生活质量指数（PQLI）
低收入国家	285.2	56
中下等收入国家	716.0	55
中上等收入国家	2 171.2	72
高收入国家	9 372.0	93
沙特阿拉伯	12 720.0	40
印度	253.0	42
巴西	2 214.0	72
中国	304.0	75
韩国	1 910.0	85
美国	13 160.0	96
日本	10 080.0	98

资料来源：M. P. 托达罗，等．第三世界的经济发展：上．北京：中国人民大学出版社，1988：72－90.

一般来说，物质生活质量指数能够反映一国的经济发展水平和消费水平。但是由于各国的经济制度特别是与消费水平关系密切的福利制度的差异，以及物质生活质量指数本身存在的缺陷（对基本生活水平反映较充分，对其他一些奢侈性消费反映不足），个别国家的物质生活质量指数与人均国民生产总值的关系并不密切。

新视角

关于共同富裕

2021 年 7 月 1 日，习近平总书记在庆祝中国共产党成立 100 周年大会上庄严宣告："经过全党全国各族人民持续奋斗，我们实现了第一个百年奋斗目标，在中华大地上全面建成了小康社会，历史性地解决了绝对贫困问题，正在意气风发向着全面建成社会主义现代化强国的第二个百年奋斗目标迈进。"

建成小康社会后，我们的下一个奋斗目标是什么？早在 20 世纪 80 年代，我国就制定了"三步走"战略规划，即从温饱到小康再到比较富裕。邓小平指出："社会主义原则，第一是发展生产，第二是共同致富。我们允许一部分人先好起来，一部分地区先好起来，目的是更快地实现共同富裕。"党的十六大报告明确提出，"在经济发展的基础上，促进社会全面进步，不断提高人民生活水平，保证人民共享发展成果"。党的十九大明确了我国在 2020 年全面建成小康社会之后，将开启全面建设社会主义现代化国家新征程，并且科学划分了发展阶段，提出了两个阶段的具体目标：第一个阶段，从 2020 年到 2035 年，在全面建成小康社会的基础上，再奋斗

15年，基本实现社会主义现代化；第二个阶段，从2035年到本世纪中叶，在基本实现现代化的基础上，再奋斗15年，把我国建成富强民主文明和谐美丽的社会主义现代化强国。党的十九届五中全会提出了到2035年“全体人民共同富裕取得更为明显的实质性进展”的远景目标。

富裕是人类在比较体系中界定的一种生活状态。共同富裕是全体人民的富裕，是人民群众物质生活和精神生活都富裕，不是少数人的富裕，也不是整齐划一的平均主义，要分阶段促进共同富裕。

共同富裕是社会主义国家的本质要求，是新时代全体城乡居民的全结构福祉。测量全结构福祉，一般用家庭的恩格尔系数、人均国民收入来观察富裕的程度，用收入基尼系数和财富基尼系数指标来观察富裕差距即平等水平。一般情况下，人均国民收入水平越高，其全结构福祉也越高；年度收入分配和长年积累的财富基尼系数越大，全结构福祉的差别不平等程度也越大。

资料来源：习近平．在庆祝中国共产党成立100周年大会上的讲话．(2021-07-01). http://www.xinhuanet.com/2021-07/01/c_1127615334.htm；葛道顺．新时代共同富裕的理论内涵和观察指标．(2021-09-11). http://politics.rmlt.com.cn/2021/0911/624787.shtml.

8.3.2 消费水平的影响因素

用多种指标来衡量消费水平之所以有必要，一个很重要的原因是影响消费水平的因素十分复杂。消费水平要受到生产、分配、流通以及社会等多方面因素的影响和制约，具有一定的复杂性。在进行消费水平的比较（特别是国际比较）时我们会发现，既有经济发展水平相似而消费水平差异很大的情况，也有经济发展程度不同而消费水平接近的情况。因此，全面客观地分析各种因素对消费水平的影响，对于促进经济增长以及在此基础上消费水平的提高，具有积极的作用。

1. 经济发展水平

经济发展水平是影响消费水平的最根本的因素。消费水平的提高取决于两个基本条件：一是居民收入水平的提高，二是消费品生产的发展。而这两个条件的实现都有赖于经济发展水平的提高。

首先，从收入水平的提高来看，根据简化的模型，在国民收入的循环流转中，居民的收入来自企业部门的支付。在不考虑劳动力市场状况的情况下，居民收入的多少主要取决于企业的支付能力。显然，经济发展水平越高，企业的支付能力越强，居民的收入水平就越高。考虑到劳动力市场的状况，经济发展水平越高，对劳动力的吸纳能力就越强，在劳动力供给一定的条件下，良好的劳动力市场供求状况也有利于居民收入水平的提高。另外，根据国民收入的分配，个人收入水平的高低固然与其在国民收入中所占份额的大小有关，但在份额不变的条件下，个人收入水平则取决于国民收入总额这块“蛋糕”的大小。显然，经济发展水平越高，国民收入总量越大，个人收入水平就越高。而且消费与收入还存在一定的函数关系，对于这一问题上一章已有所分析，此处不再赘述。

其次，从消费品生产的发展来看，消费品生产的发展与收入水平的提高相适应，是收入得以转化为消费的前提。随着经济发展水平和消费品生产能力的提高，行业门类增多，社会资源中的更多部门能够用于满足消费需求，因而为消费水平的提高创造了条件。此外，收入水平的提高，还要求服务业的相应发展。服务业的发展及其在国民经济中所占比重的提高，是以经济发展到一定水平为条件的。因此，从收入实现的角度分析，经济发展水平的提高也是消费水平提高的最根本的影响因素。从表 8－8、表 8－9 和表 8－10 中我们不难看出，一个社会的消费水平与其经济发展水平密切相关。

表 8－8　互联网用户数国际比较

单位：个/千人

国家（地区）	2010 年	2015 年	2016 年	2017 年	2018 年
世界	28.8	41.7	44.8	49.0	—
高收入国家	71.5	79.4	83.7	85.4	86.8
中等收入国家	21.5	36.5	39.6	44.5	—
低收入国家	5.0	12.2	13.0	16.3	—
中国	34.3	50.3	53.2	54.3	—
印度	7.5	17.0	22.0	32.0	20.1
日本	78.2	91.1	93.2	91.7	91.3

资料来源：《国际统计年鉴》数据库。

表 8－9　宽带用户数国际比较

单位：个/千人

国家（地区）	2014 年	2015 年	2016 年	2017 年	2018 年	2019 年
世界	95.97	113.4	125.2	137.6	148.1	—
高收入国家	280.12	309.7	318.9	323.3	341.0	—
中等收入国家	43.06	82.5	97.1	109.0	117.9	—
低收入国家	2.33	3.1	2.7	7.7	—	—
中国	—	185.6	229.0	268.6	285.4	313.4
印度	12.42	13.4	14.4	13.3	13.4	14.5
日本	293.11	304.9	314.7	316.8	321.6	—

资料来源：《国际统计年鉴》数据库。

表 8－10　每千人机动车拥有量

单位：辆

国家	2014 年	2015 年	2016 年	2017 年	2018 年
中国	—	—	—	150.1	166.0
印度	—	—	32.1	35.7	—
日本	603.0	606.0	—	612.5	616.0
韩国	398.0	410.0	—	436.1	447.8
美国	790.0	795.0	—	811.2	811.0

资料来源：《国际统计年鉴》数据库。

2. 收入分配制度

经济发展水平接近的国家，由于收入分配制度的不同，消费水平会表现出差异。

收入分配制度作为经济制度的组成部分，其形式不外乎两种，即收入的市场分配和收入的计划分配。在市场经济体制下，收入的市场分配是主要形式，个人的收入取决于劳动力市场的供求状况、个人的人力资本投资以及金融市场状况（利润、各种金融资产的收益都与金融市场的利息率有关）。在计划经济体制下，收入的计划分配是主要形式，个人收入的取得依据“按劳分配原则”，但在劳动的计量缺乏准确有效的标准的条件下，按劳分配在实践中往往被平均主义和论资排辈所代替。

两种分配制度最终导致社会收入分配出现两种截然不同的结果，即完全市场分配下的两极分化和完全计划分配下的绝对平均。西方经济学中常用洛伦兹曲线来反映收入分配的平均程度，该曲线因由美国统计学家洛伦兹首先提出而得名。如图 8－3 所示，将一国人口按 10%一个等级分为 10 个等级，将国民收入也按 10%一个等级分为 10 个等级。再以纵轴 OI 表示收入百分比，横轴 OP 表示人口百分比，把它们画成一个正方形图，连接 OY。OY 是自原点出发的 45°线，在这条线上，每 10%的人口得到 10%的收入，表明收入分配绝对平均。OPY 是分配绝对不平均线，表示全社会的收入都归一人所有，其余的人的收入为零。现实中，实际收入分配曲线介于绝对平均线和绝对不平均线之间。在这条曲线上，除起点和终点以外，任何一点到两轴的距离都不相等，每一点都表示占总人口一定百分比的人口拥有的收入在总收入中所占的百分比。实际收入分配曲线越接近绝对平均线，表明社会收入分配的平均化程度越高；反之，实际收入分配曲线距绝对平均线越远，表明社会收入分配越不平均。因此，市场经济体制下的收入分配曲线大致相当于 A_2，计划经济体制下的收入分配曲线大致相当于 A_1。

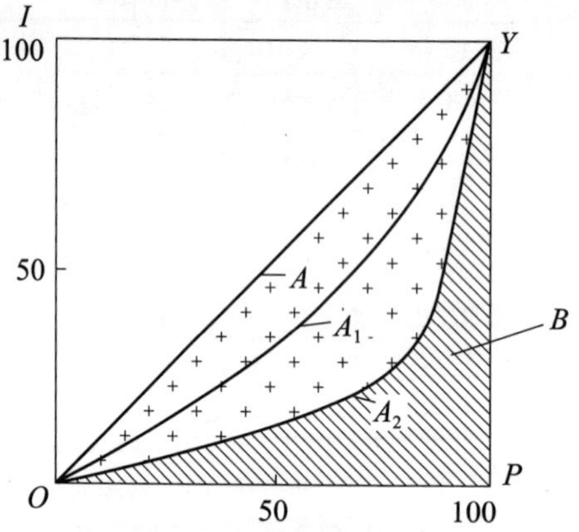

图 8－3 洛伦兹曲线

为了度量收入分配的不平均程度，意大利统计学家基尼根据洛伦兹曲线提出了基尼系数。其计算公式为：

$$G=\frac{A}{A+B}$$

式中，A 为实际收入分配曲线与绝对平均线之间的面积；B 为实际收入分配曲线与绝对不平均线之间的面积；G 为基尼系数。

当 $A=0$ 时，基尼系数$=0$，说明收入分配处于绝对平均状态；当 $B=0$ 时，基尼系数$=1$，表明收入分配处于绝对不平均状态。实际上，基尼系数总处于 0 和 1 之间。基尼系数越小，表明收入分配越平均；基尼系数越大，表明收入分配越不平均。一般标准是：$G<0.2$ 表明收入分配高度平均，$0.2\leqslant G<0.3$ 表明收入分配相对平均，$0.3\leqslant G<0.4$ 表明收入分配相对合理，$G\geqslant 0.4$ 表明收入分配差距偏大。

在总收入水平一定的前提下，社会收入分配状况对社会消费水平的影响表现为：消费水平与收入分配的平均化程度呈正相关关系。也就是说，收入分配不平均状况下的消费水平低于收入分配平均状况下的消费水平。其中一个重要原因是“边际消费倾向递减规律”，即收入水平提高将导致消费倾向下降。

延伸阅读 | 基尼系数的国际比较

基尼系数的国际比较见表 8－11、表 8－12。

表 8－11　不同国家的个人收入分配状况比较

国家	年份	基尼系数
中国	2016	0.465
印度	2011	0.357
日本	2013	0.329

资料来源：国家统计局发布的《2003—2016 年全国居民人均可支配收入基尼系数》，世界银行数据库。

表 8－12　不同国家的贫困率比较（%）

国家	年份	贫困率（按每天 1.9 美元衡量，2011 年购买力平价）
中国	2016	0.5
印度	2011	22.5
墨西哥	2018	1.7

资料来源：世界银行数据库。

3. 社会福利政策

政府的社会福利政策主要体现在政府的福利性支出上（主要用于社会保险和社会补助）。政府福利开支的具体形式大致有失业救济、养老金、低收入家庭补贴、免费医疗、免费教育、退伍军人补贴，以及交通、住宅、娱乐等公共福利设施开支。由于福利开支属于转移性支付，福利开支的增加可以提高社会购买力、缩小贫富差距，因而有利于社会消费水平的提高。

有一种“福利国家论”，它主张欧美一些国家通过“混合经济”、“收入均等化”和“充分就业”等措施使资本主义包含集体经济和国有经济因素，从而增进社会福利，实现“全民福利国家”。1945 年英国宣布实行一系列包括社会保险、家庭补助、社会保健等法案在内的社会福利措施，并于 1948 年率先宣布建成“福利国家”。从此，福利国家开始在西方流行。福利国家论的盛行，使西方国家在第二次世界大战后福利开支大幅提高，用于社会保障的支出已成为政府支出中最大的一项，各种开支名目繁多。以美国为例，二战后到 20 世纪 90 年代，其实施的社会保障项目共有 300 项之多，仅联邦政府“帮助穷人”的项目就有 100 多项。2000 年以后，在西方主要国家中，社会保障和福利支出占政府总支出的比重分别为：美国 45.9%（2018 年），英国 46.4%（2018 年），荷兰 55.49%（2017 年），意大利 73.78%（2012 年），德国 70.25%（2005 年），澳大利亚 55.5%（2019 年）。

西方国家所采取的各种福利措施，不能从根本上消除贫困和失业，更不能从根本上解决资本主义社会的基本矛盾，但通过国民收入的再分配以及各种福利制度的建立，对于提高劳动者的消费水平，以及在一定程度上缓和阶级矛盾发挥了一定的作用。

一般来说，社会福利水平的高低除了与政府的福利政策有关以外，最根本的还是取决于经济发展水平。经济发展水平越高，政府能够集中的财力及用于社会福利性支出的财力就越大。因此，经济发达国家的社会福利水平一般高于发展中国家。此外，社会福利水平还与国家的社会制度有关。经济发展水平相当，实行社会主义制度的国家的社会福利水平要高于资本主义国家。具体参见表 8－13、表 8－14、表 8－15。

表 8－13　社会保障和福利支出占国内生产总值的比重（%）

国家	2015 年	2016 年	2017 年	2018 年
印度尼西亚	0.87	0.42	0.43	0.59
俄罗斯	10.58	10.42	10.35	9.41
美国	—	10.88	10.82	10.69
英国	13.28	13.05	12.68	12.58

资料来源：根据《国际统计年鉴》相关数据计算。

表 8－14　社会保障和福利支出占中央政府经常性收入的比重（%）

国家	2015 年	2016 年	2017 年	2018 年
印度尼西亚	6.70	3.41	3.52	4.56
俄罗斯	—	42.83	—	34.20
美国	—	58.57	54.62	62.37
英国	39.06	37.87	36.36	36.11

资料来源：根据《国际统计年鉴》相关数据计算。

表 8－15　享有经改善卫生设施的人口占总人口的比重（%）

国家	获得经改善卫生设施的人口占总人口比重		获得经改善卫生设施的城市人口占城市总人口比重		获得经改善卫生设施的农村人口占农村总人口比重	
	2000 年	2020 年	2000 年	2020 年	2000 年	2020 年
中国	13.1	69.7	27.7	85.6	4.7	29.5
印度	6.6	45.9	21.4	37.3	0.9	50.5
韩国	75.6	99.9	—	—	—	—
美国	97.5	98.3	96.3	97.3	—	—

资料来源：世界银行数据库。

4. 价格

价格对消费水平的影响表现在物价总水平及商品比价关系对消费水平的影响上。首先，当消费者的货币收入一定时，实际消费水平的高低就与物价总水平的高低呈负相关关系，即物价总水平越高，实际消费水平越低；物价总水平越低，实际消费水平越高。同时，实际消费水平的提高，也与物价总水平的上涨有关。如果货币收入与物价总水平同步上涨，那么实际消费水平没有提高；如果货币收入增加的速度快于物价总水平的上涨，则实际消费水平有所提高；如果货币收入增加的速度慢于物价总水平的上涨，那么实际消费水平就会下降。因此，提高消费者的消费水平，不仅应当注意不断增加消费者的货币收入水平，而且要控制物价的上涨幅度。其次，商品比价关系的变动和调整，将主要影响不同阶层的消费者的消费水平。比如，工农产品比价变动，农产品对工业品的比价降低，将影响农民的收入水平，从而影响其消费水平。又如，生活必需品价格的上涨，对低收入消费者的消费水平影响较大；而非必需品的价格上涨，则对高收入消费者的影响较大。在经济高速增长时期，物价总水平一定程度的上涨以及商品比价关系的调整，都带有一定的必然性。为了保证消费者实际消费水平的不断提高，不仅要控制物价总水平的上涨，还要注意比价变动对不同阶层的消费者的影响，特别要采取一定措施保障低收入消费者的实际消费水平不至于因物价的上涨而下降。

5. 人口

（1）人口的数量及增长速度对社会消费水平的影响。在一定的经济发展水平下，社会消费水平与人口的数量呈负相关关系，即人口数量越多，人均消费水平越低；人口数量越少，人均消费水平越高。但在这里，很重要的一个问题是人口多少的评价标准。人口数量的多少，不是以其绝对数来衡量，而是要看人口数量相对于一国的经济发展水平。如果一国的人口数量能够被经济的发展所吸纳，社会能够为其提供数量不断增加、品种不断丰富、层次不断提高的消费品和劳务，不存在普遍的失业，那么，人口的数量就不多，而且还有可能由于经济的快速发展出现劳动力供给的不足。对于这样的国家，人口数量对消费水平提高的制约作用不大。相反，如果一国的人口数量及其增长超过了本国经济增长的吸纳程度，相对于人口数量消费品供给出现短缺，社会存在普遍的就业不足，那么这个国家的人口数量就相对过剩，人口对消费水平就存在很大的制约作用。

（2）人口的年龄构成对社会消费水平的影响。处于不同年龄阶段的人口，对经济会产生不同的影响。一般来说，青壮年人口为社会创造财富，从而促进经济的增长；未成年人口和丧失劳动能力的老年人口不能为社会创造物质财富，从而会加重劳动人口和社会的负担。对于一个国家的人口年龄构成，如果未成年人口所占的比重较大（15%以上），则其属于少年型国家；如果老年人口所占的比重超过 10%，则其属于老龄化国家；介于以上两者之间的是成年型国家。对于一个国家来说，如果劳动力供给是经济增长的一个重要源泉，那么人口的年龄构成对经济增长和消费水平提高的影响就较大；如果经济增长的源泉主要是技术进步和资本增加，那么人口的年龄构成对经济增长和消费水平提高的影响就相对小一些。一般来说，发达国家多属于老龄化国家，发展中国家多属于少年型国家。但由于劳动力供给对发达国家经济增长的贡献较小，因此其人口构成对经济增长和消费水平提高的制约作用相对较小。

延伸阅读 | 部分国家的人口自然增长率和人口结构

相关数据见表 8-16。

表 8-16　部分国家的人口自然增长率和人口结构（2020年）

国家（地区）	人口自然增长率（‰）		人口构成（%）				抚养比（%）
	2000年	2016年	0～15岁（不含）	15～65岁（不含）	65岁及以上	女性比例	
世界	13.23	10.18	25.48	65.20	9.32	49.58	53.37
中国	7.58	1.45	17.71	70.32	11.97	48.71	42.21
巴西	14.24	7.13	20.71	69.70	9.59	50.87	43.47
德国	1.35	1.77	13.96	64.36	21.69	50.57	55.39
印度	17.68	9.89	26.16	67.27	6.57	48.04	48.65
日本	1.67	−3.40	12.45	59.15	28.40	51.17	69.06
俄罗斯	−4.21	−2.09	18.36	66.13	15.51	53.65	51.22
美国	11.13	3.51	18.37	65.00	16.63	50.52	53.85

注：抚养比指0～15岁（不含）和65岁及以上人口之和与15～65岁（不含）人口之比，用百分数表示。
资料来源：世界银行数据库、中国的数据来自《中国统计年鉴2020》。

需要强调的是，科学技术的发展将对人们的生活方式和消费水平产生越来越大的影响，因为新技术的应用不仅为人类创造了价格更低、品种更多的产品和服务，而且极大地提高了劳动生产率，把人们从繁重的手工劳动中解放出来，增加了闲暇时间，为丰富和充实精神生活创造了条件。

小　结

在国民经济运行中，总需求与总供给是否平衡，决定着国民经济能否均衡发展。社会总需求由消费、投资和净出口构成。在暂不考虑出口的情况下，消费和投资的变化均会引起社会总需求的变化，而且总需求变化的幅度一般都大于消费和投资变化的幅度。这就是投资的乘数作用。乘数的高低又与边际消费倾向密切相关，边际消费倾向越高，也就是说消费增加量在收入增量中所占的比例越高，最初增加的投资所发生的作用就越大，对国民经济的拉动作用就越大。

在经济发展的不同阶段，消费、储蓄、投资与经济增长的关系是不同的。在低收入的农业社会，消费在国民收入中占较大比例，投资在国民收入中占较小比例。在经济增长进入高收入阶段以后，消费在国民收入中所占的份额也比较大，消费率比较高。但在经济起飞的过程中，即由低收入向高收入过渡的时期，消费在国民收入中所占的比例要低一些，消费率有所下降，更多的国民收入被用于储蓄。

在大国经济中，内需对经济增长起着关键性作用。大国经济具有地域广阔、资源丰富、人口众多、国内市场巨大、产业部门体系齐全、对国际经济影响大等特点，由此决定了大国经济对国内市场的依赖性比较大，因而内需对其经济发展具有极其重要的作用。特别是当大国经济进入成熟时期后，由于增长规模的庞大及国内市场的巨大潜力，其经济增长便会更多地来自内需。

可持续增长缘起于20世纪下半叶以来人们对环境与发展问题的反思和创新。可持续发展理论认为，人类应当跳出单纯追求经济增长、忽视生态环境保护的传统发展模式，通过调整产业结构与合理发展的关系，使社会的发展既能满足当代人的需要，又不对后代人满足其需要的能力构成危害，最终实现社会、生态可持续发展的目的。可持续增长的前提是可持续消费。可持续消费是一种公正、适度、合理和文明的消费。

一个社会的消费状态通过消费水平来体现。消费水平是一个广义的概念，对消费水平的测定要通过价值指标、实物指标、劳务消费指标以及生活质量指标来完成。

消费水平要受到生产、分配、流通以及社会等多方面因素的影响和制约，具有一定的复杂性。经济发展水平、收入分配制度、社会福利政策、价格以及人口等因素都会影响一个社会的消费水平。

关键术语

边际消费倾向	投资乘数	起飞阶段
可持续增长	可持续消费	消费水平
生活质量	洛伦兹曲线	基尼系数

思考题

1. 结合我国的实际分析消费需求对宏观经济的影响。
2. 消费需求与投资需求有怎样的相互影响？
3. 在经济增长的不同阶段，消费在国民经济中所处的地位有何变化？
4. 为什么大国需要通过扩大内需来拉动经济增长？
5. 可持续增长和可持续消费有着怎样的关联性？
6. 哪些指标体系可以用来衡量消费水平？什么是物质生活质量指数？
7. 为什么说一国的经济发展水平是影响消费水平的最根本因素？
8. 从表 8-12 中你能得出什么结论？
9. 试分析福利制度对消费水平的影响。
10. 谈谈你对共同富裕的理解。

参考文献

[1] 约瑟夫·E. 斯蒂格利茨，卡尔·E. 沃尔什．经济学：第 3 版．北京：中国人民大学出版社，2005.
[2] W. W. 罗斯托．经济增长的阶段．北京：中国社会科学出版社，2001.
[3] 吉利斯，等．发展经济学．北京：中国人民大学出版社，1998.
[4] 刘方棫，杨圣明．九十年代中国市场消费战略．北京：北京大学出版社，1994.
[5] 袁恩桢．扩大内需论．上海：上海社会科学院出版社，2001.
[6] 曾令华．消费水平与经济发展．北京：中国财政经济出版社，1998.
[7] 尹世杰．消费经济学．2 版．北京：高等教育出版社，2007.
[8] 贺铿，李鲁阳．投资、消费与经济增长．北京：中国统计出版社，2006.
[9] 乔为国．中国高投资率低消费率研究．北京：社会科学文献出版社，2007.
[10] 田青．中国居民消费需求变迁及影响因素研究．北京：科学出版社，2011.

[11] 张书云．中国农村居民消费水平与消费结构研究．北京：经济科学出版社，2010.

[12] 毛中根，洪涛，等．生产大国向消费大国演进研究．北京：科学出版社，2015.

[13] 田学斌．消费成长与经济转型：基于制度经济学的视角．海派经济学，2013，11 (1).

[14] 王子林．论推动中国经济增长向消费拉动型模式的转变．经济研究参考，2017 (27).

[15] 郭克莎，杨阔．长期经济增长的需求因素制约：政治经济学视角的增长理论与实践分析．经济研究，2017，52 (10).

[16] 颜色，郭凯明，杭静．需求结构变迁、产业结构转型和生产率提高．经济研究，2018，53 (12)．

第 9 章

消费结构

学习目的

消费结构理论是消费经济学理论的重要组成部分，有关消费结构的研究将宏观经济中的消费理论与消费实际联系起来，为宏观消费问题提供了实证研究的角度、方法以及应用。前面我们研究了消费需求，并探讨了消费需求与宏观经济政策的关系，现在，让我们沿着前面走过的路，来到已经实现的消费需求。消费结构的研究对象实际上就是已经实现的消费需求。通过对消费结构的分析，我们可以判断一个国家的宏观经济发展状况，包括收入水平、福利状况、消费水平、产业结构的高度等；我们可以利用一些指标来比较各国消费结构的异同，从而预期消费结构的变动趋势，为产业政策制定与制度完善提供理论依据。为什么会出现这样或那样不同的消费结构？随着人均收入的提高，消费结构是否会呈现趋势性的变动？为什么产业结构的转型只有符合消费结构的变动方向，才能发挥对经济增长的促进作用？让我们带着这些问题进入对消费结构的分析。

9.1 消费结构的含义及其影响因素

9.1.1 消费结构的定义

1. 什么是消费结构

人类各种不同的消费需求，依赖于生产和消费不同的商品和服务来满足。消费需求的实现过程，也就是人们在一定的收入和价格约束下，对消费资料（满足最终消费的商品和服务）的消费过程。在消费过程中，对不同消费资料的消费所形成的组合和比例关系，构成了一定的消费结构。从而，作为消费经济学的范畴，消费结构是指人们在消费过程中所消费的各种消费资料的组合和比例关系。从消费者主体和消费需求实现的角度来看，消费结构是一个具有多层次、多角度规定性的概念。

消费过程是一种资源配置过程，消费过程和消费行为会受到消费者的储蓄行为和投资行为的影响。所以对消费过程中所消费的各种消费资料的组合和比例关系的研究，即对消费结构的研究，是建立在对消费者的储蓄行为和投资行为的研究基础之上的。同时，消费过程也是消费者主体在既定约束下寻求效用最大化的过程，消费者主体寻求效用最大化的结果，会通过消费结构和消费结构的变动对产业结构产生引导作用。因此，研究消费结构需要认识和研究消费结构的演变趋势及其与产业结构的相互作用关系。

延伸阅读 | 消费结构的概念

对消费结构问题的研究大致始于17世纪末对工人生活消费的分析，当时称之为“预算”分析或“收支”分析。到19世纪末，开始使用“消费结构”这个概念。马克思主义经典作家并没有明确提出消费结构的概念，也没有专门研究消费结构的著作，但他们在分析资本主义生产和再生产过程的论述中，包含了关于这方面的许多深刻的思想，特别是论述了社会再生产两大部类运行机制中的消费资料部类的划分及作用。恩格斯将生活资料分为生存资料、享受资料和发展资料的分类方法，至今仍是消费结构的重要分类之一。

2. 消费结构的相关概念

在了解了消费结构的定义之后，如何进一步明确和理解其内涵呢？我们从相关概念入手，从概念比较中进一步理解消费结构的内涵。

（1）消费资料的分类。可以从不同的角度，对消费资料进行分类：

● 按照需要层次，消费资料可以分为生存资料、享受资料和发展资料。

● 按照消费资料的类型，消费资料可以分为耐用消费品、非耐用消费品和服务。

● 按照消费资料所提供的功能，消费资料可以分为吃、穿、用、住、行、教育、医疗、金融服务等。

在研究消费结构，对各种消费资料之间的比例关系进行比对和分析的过程中，需要根据研究目的，选择适当的消费资料分类方式。

（2）广义消费结构与狭义消费结构。广义消费结构是指“人们在生活消费过程中，各种要素之间按一定方式、一定顺序建立起来的相互关系的总和……如各种不同消费者群体之间消费的比例关系构成，个人消费和社会集体消费构成，商品性消费和自给性消费构成等”①。狭义消费结构是指人们在生活消费过程中所消费的各种消费资料的比例关系。在狭义消费结构基础上拓展出的广义消费结构，所涉及的是消费方式要研究的内容。因此，本章不做过多讨论。本章在分析中，运用的是狭义消费结构概念。

（3）消费结构与消费支出结构。消费支出结构是指消费者通过货币支出反映的消费结构。消费结构与消费支出结构并不是等同的概念，它们是有一定区别的。消费支出结构强调的是消费者通过货币支出反映的消费结构，是在市场经济条件下，通过交易关系从市场上取得的各类消费资料的组合和比例关系。而消费结构除了消费支出结构所包含的通过市场交易关系取得的消费资料外，还包括不通过市场交易关系（比如依靠自己生

---

① 林白鹏．消费经济辞典．北京：经济科学出版社，1991：73.

产所得），以及通过不完全的市场交易关系（比如补贴）取得的消费资料。显然，消费结构和消费支出结构的关系与消费的市场化程度有关。消费的市场化程度越高，消费结构中后两部分消费资料所占的比重就越低，消费结构基本可以通过消费支出结构得到反映；而消费的市场化程度越低，则后两部分消费资料所占的比重越高，消费结构与消费支出结构的差异就越大。

随着消费市场化程度的提高，消费结构中不通过市场交易关系或通过不完全的市场交易关系取得的消费资料（包括劳务）在全部消费资料中所占的比重会越来越低，从而消费支出结构会越来越接近消费结构。同时，由于消费支出结构是通过货币支出来反映消费结构，从而便于进行统计分析，因此在后面的关于消费结构的研究中，主要侧重于消费支出结构的分析。

3. 消费支出结构的统计分类

对消费支出结构的分析，需要建立在一定的消费支出统计分类框架的基础之上。消费支出统计分类框架需要规范、统一，具备数据的可比性。同时，消费支出统计分类框架也会根据一国的经济发展水平和消费需求的变动进行调整。

我国的统计分类方法把城镇居民的消费支出划分为 8 个大类[①]：

- 食品烟酒支出。
- 衣着支出。
- 居住支出。
- 生活用品及服务。
- 交通和通信支出。
- 教育、文化和娱乐支出。
- 医疗保健支出。
- 其他用品和服务支出。

在世界银行的分类框架下，发展中国家的家庭消费支出划分为：

- 食品和饮料支出。
- 服装鞋袜支出。
- 居住支出。
- 能源支出。
- 交通支出。
- 饮用水支出。
- 教育支出。
- 健康支出。
- 个人护理支出。
- 信息与通信支出。
- 金融服务支出。
- 其他支出。

---

① 参见国家统计局 2013 年发布的《居民消费支出分类（2013）》。

美国的统计分类方法基于消费支出所提供的功能，将居民消费支出划分为：

- 食品和饮料支出。
- 服装鞋袜和相关服务支出。
- 居住支出。
- 公用事业和燃料支出。
- 家具、家庭设备和日常家务支出。
- 健康支出。
- 交通支出。
- 通信支出。
- 娱乐支出。
- 教育支出。
- 餐饮和住宿服务支出。
- 金融服务和保险支出。
- 其他商品和服务支出。

消费支出的统计分类是一个国家消费水平的反映。纵向比较一国消费支出统计分类方法的变化，可以反映一国消费水平提高的程度及其变化趋势。比如，我国现在的统计分类方法在一定程度上能够反映我国居民的消费水平提高以后，在由“温饱型”向“小康型”及“富裕型”跃升的过程中消费支出结构的变化及其特点。横向比较不同国家之间统计分类方法的异同，可以在一定程度上反映一国消费水平和消费结构的特征及其变动趋势。比如在美国的消费支出统计分类方法中，“金融服务和保险支出”被单独列出，并且这项支出在消费总支出中的占比较高（在所列支出中排第四位），这与美国居民的消费水平以及其金融体系和社会保障制度有很大关系。

9.1.2 消费结构的影响因素

1. 微观层面影响消费结构的因素

从微观层面研究消费结构，是从作为个体的消费者和家庭的角度对消费支出进行考察和分析，其目的在于解释不同个体和家庭的消费结构的差异。它是从宏观层面分析消费结构（从总体的、集合的角度考察消费支出结构）的基础。显然，微观层面影响消费结构的因素，涉及的是影响个体和家庭的消费选择与决策的因素。因此，从微观层面看，个人和家庭的收入水平和财富、商品和服务的相对价格、消费偏好和心理预期等因素都会影响消费结构。

相对于个体，家庭也是一个基本消费单位，家庭的消费行为和选择除了受到上述因素的影响之外，还会受到下面这些因素的影响。

（1）家庭目标及家庭类型。“家庭文明”论者（主要代表人物有希尔、温德尔·贝尔、小安德森等）认为，家庭文明是消费决策的重要依据，而家庭目标在家庭文明中占有重要地位。家庭目标影响着家庭的消费支出构成，家庭目标不同，其消费支出的侧重点也会不同。此外，家庭类型也会影响家庭的消费支出结构。在“以家庭为中心”“以事业为中心”“以消费为中心”的三种类型的家庭中，第一类家庭比较重视对孩子的教育支出；在第二类家庭中，用于作为家庭地位象征的社交活动的支出所占的比重较大；第三类家庭重视与生活享受有关的商品和服务的支出，比如奢侈性的消费支出和旅行支出等。需要指出的是，不同类型家庭在消费支出上体现出的差别，是以大致相同的收入水平为基础的。

（2）家庭消费支出功能。家庭消费支出功能会影响家庭消费结构的特征及其变化。家庭通常有三种功能，即繁殖功能、经济功能和社会功能。家庭的功能需要通过它的消费支出来实现，相应地，家庭的消费支出可以分为三种类别：第一类是必需的生活费用，包括食物、衣着等方面的支出；第二类是持续维系家庭存在的家庭经营费用，包括有关子女教育、娱乐和闲暇等方面的支出；第三类是有关家庭的“阶层象征”方面的支出。在三种类型的消费支出中，第一类支出比较稳定；第二类和第三类支出，尤其是第三类支出的变动比较大。

（3）家庭生命周期所处的阶段与家庭规模。“家庭生命周期”理论认为，一个家庭从建立到消亡要经过若干阶段，每一个阶段拥有不同的家庭生活特征，从而具有不同的消费结构。在家庭生命周期的不同阶段，耐用消费品、医疗健康、教育、居住以及旅游等方面的消费支出的变化比较明显，从而更能反映不同家庭生命周期阶段的消费结构的变化。

随着工业化的发展，家庭规模在日渐减小，越来越多的家庭表现为核心型家庭。家庭的小型化对于家庭消费结构的变化有着重要影响。这种影响主要表现在耐用消费品支出和食品消费支出上。同时，家庭结构的小型化，也对家庭的耐用消费品支出和家务服务支出的替代关系产生影响。

（4）家庭的投资。在家庭支出中，有些支出既可以被看作“消费”，又可以被看作“投资”，比如教育支出和某些耐用消费品支出。这类消费支出与其他消费支出的不同在于，其在很大程度上与家庭的投资行为有关。

2. 宏观层面影响消费结构的因素

宏观层面的消费结构研究，是从总体（一个国家或地区）的角度对消费者的支出状况进行考察，以解释不同国家（地区）之间在消费结构上呈现的差异。从宏观层面来看，受经济水平制约的消费水平、价格因素、金融市场成熟程度、福利制度，以及经济制度和政策因素、社会因素都会影响消费结构。

（1）消费水平。受经济水平制约的消费水平，是一国（地区）消费结构的最基本影响因素。从根本上说，消费结构是消费水平的反映，同时消费水平、消费结构又是一国（地区）经济发展水平和经济增长所处阶段的反映。消费水平对消费结构的影响表现为，随着收入水平和消费水平的提高，消费者对不同商品和服务的需求增长率是不同，从而在总消费支出中，不同商品和服务的消费支出占比会发生变化。具体而言：食品作为必需品，缺乏收入弹性，从而，食品支出在总消费支出中的占比会随着消费水平的提高呈现逐渐下降的趋势；耐用消费品有着较高的收入弹性，从而，在消费水平较低时，随着消费水平的提高，耐用消费品支出在总消费支出中所占的比重将有所上升，但上升到一定程度以后，耐用消费品支出与收入水平不再同步变化。消费者的涉及住房、交通、信息和通信、健康、娱乐等方面的需求，对收入变化是比较敏感的，这几项消费支出的占比都呈现随消费水平的提高而上升的趋势。服务性消费需求具有高收入弹性，这导致随着消费水平的提高，服务性支出的占比呈现出不断上升的趋势。

世界银行在关于发展中国家的居民消费模式的统计分析中，根据购买力平价将发展中国家的居民消费水平划分为最低消费水平、低消费水平、中等消费水平和高消费水平四个区间，考察了不同消费水平的消费支出结构（见表9-1）。

表9-1　发展中国家的居民消费水平与消费支出的占比（2010年，基于92个国家）（%）

	全部	最低消费水平	低消费水平	中等消费水平	高消费水平
食品饮料	38.6	53.9	42.0	34.6	20.7
服装鞋袜	7.2	5.9	6.9	8.1	7.4
居住	10.6	8.1	11.3	11.0	11.5
能源	5.4	6.9	5.9	4.9	3.3
交通	9.2	4.3	6.9	9.9	18.7
饮用水	0.6	0.4	0.8	0.7	0.5
教育	4.1	2.9	4.4	4.6	3.8
健康	5.1	4.4	5.1	5.5	5.2
个人护理	1.4	1.7	1.4	1.2	1.4
通信	5.3	2.8	4.9	6.5	6.6
金融服务	1.0	0.02	0.05	1.0	2.7
其他	11.6	8.5	9.9	12.1	18.2

注：对消费水平的划分根据的是购买力平价。（1）最低消费水平：每人每天花费2.97美元以下。（2）低消费水平：每人每天花费2.97～8.44美元。（3）中等消费水平：每人每天花费8.44～23.03美元。（4）高消费水平：每人每天花费23.03美元以上。

资料来源：世界银行全球消费数据库。

在表9-1中，随着消费水平的提高，食品饮料和能源作为生存性消费支出，其消费占比呈现下降趋势，与此同时，作为发展性消费支出的交通、通信和金融服务的支出占比呈现上升趋势。当消费水平从较低水平上升时，人们用于服装鞋袜、居住、教育和健康的消费支出有明显增加；但是当消费水平达到一定状态时，这些消费支出不再随消费水平的提高而增加。

（2）价格因素。在居民的消费构成中，各类消费支出的价格弹性是不同的。一般而言，满足基本生活需求的消费支出都是缺乏弹性的，表现出消费需求刚性；而满足人们发展型和享受型需求的消费支出，比如教育、健康、交通、通信和服务性消费支出对价格是敏感的，价格因素对这些消费支出的占比存在显著影响。我国不同收入水平的家庭消费结构分别依次从生存型向温饱型、小康型、富裕型有序演进，在这个过程中，消费支出水平和价格水平是影响居民消费结构的主要因素。①

（3）金融市场成熟程度。金融市场成熟程度对消费结构的影响，体现在对消费储蓄结构的影响上。金融市场成熟程度影响着居民储蓄率的高低，也就是说，成熟的金融市场更有利于提高居民消费支出中投资性支出所占的比重，比如保险支出、证券投资支出

① 陈波．不同收入层级城镇居民消费结构及需求变化趋势：基于AIDS模型的研究．社会科学研究，2013（4）．

等。同时，金融市场中的信贷机制也会影响消费结构。对于耐用消费品支出、享受型的服务性消费支出等在总消费支出中占比较大的消费支出，发达金融市场中的信贷机制，能够改变消费者的预算约束，将即期预算约束改变为跨时预算约束，从而将未来的消费行为转化为现期的消费行为，进而影响和改变消费支出结构。

（4）福利制度。福利制度对消费结构产生着影响，政府对某项消费需求提供的福利和补贴，会降低此项消费支出在总支出中的占比。就我国而言，市场化过程中所发生的社会福利制度和社会保障制度的改革，使城镇居民的住房、医疗、教育、保险等消费支出有较大幅度的增加，相应地，这些消费支出在总支出中的比重也有显著上升。对于低收入家庭，教育、医疗和住房消费支出的上升，对其他消费产生了一定的挤出效应。

（5）经济制度和政策因素。一个国家的经济制度和经济政策，包括价格制度、产权制度、投融资制度、财税制度、劳动就业制度、收入分配制度，以及社会保障制度等，都会对消费结构产生影响。不同的经济制度将导致形成不同的国民消费结构，尤其是对处于经济转型期的发展中国家而言，制度的变迁会带来消费结构的改变。

（6）社会因素。影响消费结构的主要社会因素包括人口年龄结构、社会消费习惯和消费示范效应。

1）人口年龄结构。从宏观层面来看，人口的年龄分布及其变动会影响一个经济体的居民消费和消费结构。不同年龄群体的消费者在消费需求和消费行为上的差异，使得人口年龄结构及其变化会影响居民消费规模和消费结构。围绕这个问题，一些消费经济学理论，比如生命周期假说、持久收入假说和随机游走假说等，从不同视角阐述了人口年龄结构与居民消费模式之间的关系。就对消费结构的影响而言，一个受到关注的影响因素是人口年龄结构的变化，即人口老龄化。随着第二次世界大战后西方发达国家人口寿命的延长及人口自然增长率的下降，老年人口占总人口的比率均已超过10%，社会人口结构呈现老年状态，进入老龄化社会。一项基于40个国家的数据所做的研究表明，人口老龄化会通过抚养比的变动造成公共财政压力，影响一国的劳动力成本与居民消费。[①] 进入21世纪以来，我国人口老龄化加速发展。根据2020年第七次全国人口普查资料推算，我国平均每年新增65岁及以上老年人口718万左右。一项针对我国人口老龄化对未来居民消费影响的研究表明，在居民消费支出构成中，衣着、居住、交通和通信支出具有显著的“年轻偏好”，而医疗保健、家庭设备和服务性消费支出的“老年偏好”特征明显。[②] 因此，随着人口老龄化程度的不断加深，医疗保健、家庭设备和服务性消费支出的占比必然上升。

2）社会消费习惯。社会消费习惯是基于一国传统文化而形成的特有的消费习俗、消费习惯以及消费观念，会对一个国家或地区的总体消费结构产生影响。各个国家或地区在消费结构上的差异，有一部分可以解释为社会消费习惯的差异。

3）消费示范效应。消费示范效应也是影响消费结构的一个很重要的社会因素。在

---

① LEE R，MASON A. Is low fertility really a problem? population aging，dependency and consumption. Science，2014（346）：229-234.

② 朱勤，魏涛远．中国人口老龄化与城镇化对未来居民消费的影响分析．人口研究，2016，40（6）.

高度信息化的现代社会，发达国家的消费结构对发展中国家的消费示范效应是非常明显的。当然，在存在明显地区差异、城乡差异的国家中，发达地区和落后地区之间、城市和农村之间，也存在显著的消费示范效应。

9.2 消费结构演变的一般趋势

在宏观经济学的收入-支出分析框架下，收入是影响居民家庭消费和个人消费的关键因素。宏观经济学所构建的总消费函数，描述了总消费与总收入之间的关系。消费结构与收入水平之间，也存在着趋向性关系，即在一个较长的时期内，消费结构随收入水平的变化而呈现出趋向性的变化。

9.2.1 微观消费结构的演变趋势

对消费者行为的分析表明，消费者的购买和选择过程，是在既定预算约束下追求效用最大化的消费资源配置过程。从而，随着收入的变化，作为反映消费者效用（偏好）最大化的消费支出结构也会发生变化，即消费支出由需求收入弹性较低的商品和服务移向需求收入弹性较高的商品和服务，同时不同消费分项的支出弹性也可以用来分析和比较不同消费分项的变化趋势。显然，这里呈现出存在于消费结构与收入水平之间的一种趋势性关系。在现实生活中，虽然消费者的选择由于受到社会心理因素的影响而可能偏离效用最大化，但是，作为一种趋势，个人和家庭的消费支出结构会随着收入的变化而发生转换，这使得个人和家庭的消费结构变化在一定程度上具有可预期性。

延伸阅读 | 微观家庭消费结构的演变趋势

已有研究根据各项消费的支出弹性对城镇居民消费结构进行了动态分析。表9-2报告了根据城镇样本估计结果测算出的支出弹性。商品支出弹性大于1表示该商品的支出份额变化大于总支出的变化，即随着收入提高，居民在增加消费支出时，更倾向于消费该类商品。相反，支出弹性小于1则表示该商品的支出份额变化小于总支出的变化，即其需求增加的速度慢于收入增加的速度，多为必需品。

表9-2 城镇居民各项消费的支出弹性

时期	食品	衣着	居住	设备与日用品	交通通信	文教娱乐	医疗保健	其他
1998—2002年	0.8941	0.4991	1.1688	1.1363	1.5836	1.2541	1.0772	0.7225
2003—2007年	0.9080	0.5352	0.9129	1.0651	1.5002	1.2606	0.8490	1.1446
2008—2012年	0.8797	0.6464	0.9775	0.9708	1.4409	1.4004	0.7596	1.0760
2013—2017年	0.8630	0.6343	1.5889	0.8677	1.0054	0.9023	0.7865	1.1665

表9-2的结果显示，城镇居民的食品支出弹性和衣着支出弹性在四个阶段持续小于1。其中，主要体现生存需要的食品支出弹性稍有下降，而同时体现生存和符号性消费的衣着支出弹性则不断上升，从1998—2002年的约0.50上升到2013—2017年的

0.63。居住支出弹性在2003年后略有下降，而后持续上升，到2013—2017年，达到1.59，表明城镇居民改善居住环境的需求和住房成本的快速上升。设备与日用品支出弹性在1998—2008年略有下降，但维持在1以上，显示其略快于总支出增长或二者保持同步，但是2008—2017年，其支出弹性快速低于1，显示该项消费增长出现减速。交通通信类支出弹性在1998—2012年高达1.50左右，显示在这一阶段该类消费保持高速增长，这与中国在这一阶段移动智能设备的快速发展相契合。但是2012年以后，该项支出的弹性快速降低至1.00，与总支出增长保持基本同步。类似的情况同样出现在文教娱乐消费方面，1998—2012年同样是该项支出的快速增长阶段，2012年之后则出现消费弹性的大幅下降，其支出增速低于总支出的增速。医疗保健支出弹性持续下降，2012年后仅有小幅上升，2003—2017年其增速均低于总支出增速。

总体来看，中国城镇居民的食品支出在支出份额中的比重减少在上述每一时间段都在持续不断地进行。衣着、设备与日用品、交通通信、文教娱乐消费具有一定的符号性、服务性特征，1998—2012年上述消费的支出弹性基本上不断上升，体现出消费升级的特征，但是2012年以后上升势头放缓，与之形成鲜明对比的是，同期居住支出弹性出现大幅上涨，这一结果显示居住支出对其他消费支出形成了挤出效应。

表9-3报告了根据农村样本的估计结果测算出的支出弹性。结果显示，农村居民的食品支出弹性的波动幅度较小且一直小于1，到2013后接近于1，略小于总支出的增速。

表9-3 农村居民各项消费的支出弹性

时期	食品	衣着	居住	设备与日用品	交通通信	文教娱乐	医疗保健	其他
1998—2002年	0.933 9	0.493 3	1.204 0	0.942 0	1.555 3	1.076 9	0.939 9	1.140 4
2003—2007年	0.761 0	0.922 6	1.251 9	1.216 5	1.240 9	1.305 7	1.184 2	1.248 7
2008—2012年	0.833 4	1.038 1	0.977 4	0.988 3	1.234 6	1.470 8	1.110 8	1.295 6
2013—2017年	0.919 0	0.862 1	1.228 8	0.977 4	1.050 4	0.800 7	0.970 2	1.186 4

农村居民的衣着支出弹性在2003年后不断上升，2008—2012年达到1.04，此后有所下降，略低于总支出的增长速度。农村居民的居住支出弹性总体上大于1且较为稳定，持续高于总支出的增速，表明其对住房环境改善的不断需要。设备与日用品的支出弹性波动较小，基本保持在1左右，显示其与总支出增长保持同步。与城镇居民类似，农村居民的交通通信支出弹性和文教娱乐支出弹性在1998—2012年均保持较高水平，始终大于1，但在2012年以后二者的支出弹性分别下降至1.05和0.80，表明2012年以后交通通信消费的增速基本与总支出同步而文教娱乐消费的支出增速低于总支出的增速。医疗保健支出弹性在2008年后持续小幅回落，但始终接近1，与总支出的增长基本保持同步。

总体来看，1998—2017年中国农村居民的食品支出份额也有所下降，尽管该效应小于城镇居民。1998—2012年，设备与日用品、交通通信、文教娱乐等均保持较快速的增长。2012年以后，设备与日用品、交通通信的消费支出仍然与总支出保持同步增长，但代表服务性消费的文教娱乐的支出增速出现较大下降，显示消费升级同样可能受到制约。1998—2017年，农村居民的医疗保健支出始终与总支出保持同步增长，显示农村居民的该项支出较多。

9.2.2 恩格尔系数与宏观消费结构的演变趋势

在宏观层面，即总体（一个国家或地区）上，消费结构与人均收入水平之间，也存在着趋势性的变化关系。恩格尔定律和恩格尔系数揭示了人均收入水平与消费结构之间的变动趋势。

1. 恩格尔定律和恩格尔系数

恩格尔定律描述的是居民消费结构与收入水平之间的一种趋势性变化，即随着收入水平的提高，在消费者的支出构成中，食物支出在总支出中的占比不断下降。相应地，食物支出占消费总支出的比重被称为恩格尔系数，其计算公式如下：

$$恩格尔系数=\frac{食物支出额}{总消费支出额}\times 100\%$$

根据发展经济学的观点，由于食物消费是最基本的生活消费需要，因此，食物消费支出在居民总消费支出中的占比，可以表明一定的消费结构水平和生活水平。恩格尔系数越大，表明收入用于食物消费支出的比例越高，从而，人们处于一种偏重生存消费的状态，消费结构呈现低度化；反之，当恩格尔系数呈逐渐下降的趋势时，则表明居民消费结构的不断升级和转换。可见，恩格尔系数可以作为居民消费结构高度的表征。因此，联合国粮农组织将恩格尔系数作为评价国家或地区贫富程度的重要标准之一。

名人专栏

恩斯特·恩格尔（Ernst Engel，1821—1896）是德国社会统计学家。在19世纪中叶，他根据长期的统计资料发现：对于不同收入水平的家庭，其食物支出在总消费支出中所占的比重不同。收入水平越低的家庭，其食物支出所占的比重越高；收入水平越高的家庭，其食物支出所占的比重越低。他的这一发现被称为“恩格尔定律”。根据发展经济学的观点，用恩格尔系数来衡量一个国家或地区的居民消费水平和消费结构是一种可接受的方法，因此，联合国粮农组织将恩格尔系数作为评价国家或地区贫富程度的重要标准之一：恩格尔系数在59%以上为绝对贫困型，50%～59%为温饱型，40%～50%为小康型，30%～40%为富裕型，30%以下为极富裕型。同时，许多国家经济发展的历史数据也证实了恩格尔定律的强解释力。

2. 恩格尔定律的引申含义

恩格尔定律最初是从静态角度，通过考察不同收入阶层的家庭其食物支出在总消费支出中的占比而得出的结论。恩格尔之后的经济学家发现，恩格尔定律也大致适用于动态角度的分析，即分析收入变动与食物支出占比变动两者之间的趋向。因此，恩格尔定律所揭示的随着收入水平的提高，食物支出占总消费支出的比重逐渐下降的趋势，实际上是恩格尔定律的引申含义。

从世界范围看，许多国家经济发展的历史数据证实了恩格尔定律的强解释力。但需要注意的是，恩格尔定律解释的是存在于收入水平与居民消费结构之间的一种长期的趋向性，并不意味着两者之间是一种直接的关系。统计分析表明，恩格尔系数并不会随着收入水平的提高而直接下降。由于特定的社会因素以及其他因素，恩格尔系数甚至会出现短暂的上升。此外，一些经济学家还对恩格尔定律的适用性做了许多有价值的补充。①

延伸阅读 | 人均GDP超过1 000美元后的居民消费结构及其演变

国家统计局发布的统计公报显示，2003年我国人均GDP首次突破1 000美元，达到1 090美元。根据消费经济学理论和国际经验，当人均GDP达到1 000美元时，居民消费结构将从生存型向享受型、发展型转变；而消费结构的转变将促进经济结构和社会结构的转变。

1. 人均GDP达到1 000美元后的消费结构

根据联合国发布的《国民经济核算统计年鉴》和各国的统计年鉴，以美国、英国、法国、联邦德国、日本、波兰、捷克、匈牙利、保加利亚九国为样本，分析其人均GDP首次突破1 000美元时的居民消费结构发现，各国平均的食品消费约占42.91%，衣着消费约占12.97%，日用品消费约占9.81%，住房消费约占9.18%，劳务消费约占21.18%。其中，各项目的标准差分别为5.17%、1.52%、2.95%、4.35%、5.00%，这表明随着人均收入水平的提高，各国消费结构的相似度较大，吃穿类的消费比重明显下降，相应地，居民用于住房、交通、教育、文化娱乐和服务类消费的支出所占的比重显著上升。在上述九个样本国家中，住房消费的差异主要是由于东欧国家当时实行社会主义制度，提供住房福利所致。如果仅以美国、英国、法国、联邦德国和日本为例，住房消费支出所占比重最大的为英国（13.8%），最小的为法国（8.3%），可见住房消费支出所占的比重仍然具有较高的相似度。

国际经验表明，人均GDP达到1 000～3 000美元，为居民消费结构发生转变的临界点。以世界银行发布的《1999年世界发展指标》和《2000年世界发展指标》为依据，选取其中人均GDP处于1 000美元与3 000美元之间的32个样本数据，对之进行统计分析。结果显示，食品、服装和鞋类、燃料和动力、卫生和保健、教育、交通和通信、其他消费在总消费支出中所占的比重分别为31.72%、6.84%、10.90%、6.88%、12.09%、7.94%、23.66%，各个项目的标准差分别为9.51%、2.20%、6.95%、3.80%、6.12%、4.17%、11.00%。由此可见，随着人均收入的提高，居民用于吃、穿的费用占总消费支出的比重明显下降，各国大体相似；相应地，居民用于住、行和文化娱乐等的消费支出所占的比重总体显著上升。

2. 人均GDP达到1 000美元后消费结构的动态变化

美国在1942年人均GDP首次突破1 000美元之后，居民消费结构呈现以下动态变化：

（1）以耐用消费品、汽车及零部件、家具及家用电器、燃料及动力为代表的消费项

---

① 1968年美国消费经济学家玛格丽特·伯克推出《消费经济学》一书。此书比较系统地对恩格尔定律做了补充，并对上面所讲的影响因素分别进行了详细的解释和说明。

目，其消费支出在1942—1946年的五年内急剧增长，在人均GDP中所占的比重亦快速上升，1946年后开始回落，之后其增长速度便以某一均值为中心呈周期性波动。

（2）以食品、服装和鞋类为代表的消费项目，其消费支出的增长速度在1942年后的6～7年内基本呈现下降趋势，在随后的5～6年中，增长速度有所回升，而后以某一均值为中心呈周期性波动。其消费支出增长速度的波动幅度相对都较小。

（3）以服务、住房、医疗、娱乐为代表的消费项目，其消费支出的增长速度在1942年之后的10年内呈急剧波动趋势，先下降后上升，继而回调；之后，增长速度呈缓慢的下降趋势，其中娱乐消费的增长速度呈缓慢的上升趋势。

3. 人均GDP达到1 000美元后消费结构的演变规律

人均GDP超过1 000美元后居民消费结构及其演变呈现以下趋势：

（1）在人均GDP超过1 000美元之后，食品、服装和鞋类等低需求收入弹性商品的消费支出所占的比重明显下降，服务类消费支出所占的比重显著上升。然而，当人均GDP在1 000～3 000美元时，食品消费支出仍然是居民消费支出的最重要项目，占居民总消费支出的1/3左右；其次为其他消费，主要包括住房及家具、文化娱乐等，大约占1/4；再次为教育、燃料及动力方面的支出，两者均在总消费支出中占据比较大的份额，各占1/10强。

（2）当人均GDP超过1 000美元时，随后的10年是居民消费结构急剧变化的时期，而后居民消费结构将相对稳定。考察美国居民消费结构的演变，在人均GDP超过1 000美元之后，汽车及零部件、家具及家用电器、燃料及动力等消费项目的支出在5～6年内急剧增长；食品、服装和鞋类、住房、医疗等消费项目的支出增长速度在10年内出现较大幅度的波动，基本上先下降后回升，然后稳定在一个均值周围呈周期性波动。其中，住房消费支出的增长速度在持续了10年左右的较大幅度波动后，呈缓慢而稳定的下降趋势。

3. 恩格尔定律的适用性及局限性

讨论恩格尔定律的适用性需要注意两个前提：第一，假定其他条件不变，因为社会经济条件的变化会对居民的食物支出产生影响。第二，“食物支出”应有统一的界定。如何界定食物支出，会影响其支出占比的变化。因此，在分析恩格尔系数时，应考虑到诸如城市化、商品化、食物构成变化以及食物消费方式变化等因素带来的影响。受到这些因素的影响，在家庭收入不增加的情况下，一定时期内的食物消费仍有可能增加。而如果家庭收入有所增加，这些因素可能会使得食物支出在一定时期内的增加幅度更大。

此外，在运用恩格尔系数分析消费结构高度时，较低的恩格尔系数仅仅表明居民可能会将满足食物消费之后节余下来的收入转而用于享受型或发展型消费资料，不能表明消费结构已经进入高度状态。从而，单纯考察恩格尔系数不足以说明消费结构的高度，还必须考察其他非食物类消费支出在总消费支出中的比例，即非恩格尔系数，以此来具体判断居民消费结构的高度。

新视角

关于恩格尔定律

恩格尔定律作为一种长期性的趋势，以及一种十分抽象的大数平均规律，有其合理性。但是，这种长期发展趋势中包含着多次阶段性上升和下降的螺旋式交替。美国经济学家梅勒 1985 年的研究表明，在人们的收入普遍达到高水平之前，食品需求增长率随着收入的增长而上升；在中等收入水平阶段，食品需求增长率达到极限；然后，食品需求增长率才会随着收入的进一步增长而逆向下降。同时，需要假定生产和供应达到均衡，价格和其他社会因素均为常数，由此，作为恩格尔系数下降契机的收入增长率高于食物需求增长率的状况才有可能出现；否则，恩格尔系数将会回升。

4. 耐用消费品支出及服务性消费支出

恩格尔定律解释了存在于收入水平与食物消费支出占比之间的趋向性关系。这种趋向性关系也存在于收入与耐用消费品支出占比和服务性消费支出占比之间。从各国的经验数据来看，耐用消费品支出在总消费支出中的比例会随着收入水平的提高而上升。具体而言，当居民收入由低水平不断提高时，耐用消费品支出占比会呈现逐渐上升的趋势；而当收入达到一定水平之后，随着收入的提高，耐用消费品支出占比将呈现不规则的变化。服务性消费支出在总消费支出中的比例也会随着收入水平的提高和闲暇时间的增多而出现上升的趋势，尤其是在收入水平达到较高阶段（人均国民生产总值达到 2 000～3 000 美元）以后，两者之间的趋向性关系表现得更为明显。可以说，当收入水平达到一定程度以后，消费结构的高度化主要不是表现在耐用消费品支出占比的提高上，而是表现在居民服务性消费需求的增长和服务性消费支出占比的上升上。

延伸阅读 | 我国城乡居民家庭的恩格尔系数与消费结构

居民消费结构是国民经济结构中的一个重要组成部分，反映了一国的宏观经济发展状况和经济发展阶段。同时，考察消费结构也是衡量居民生活质量和福利水平的重要途径。恩格尔定律和恩格尔系数揭示了人均收入水平与消费结构之间的变动趋势。图 9－1 和图 9－2 分别描述了 2001—2020 年我国城乡居民人均收入水平的变化和同期恩格尔系数的变化。

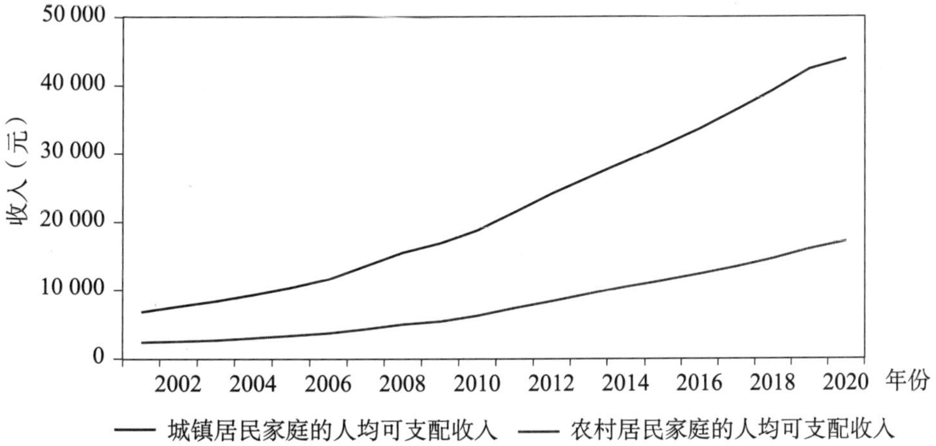

图 9－1　我国城乡居民的人均可支配收入水平（2001—2020 年）

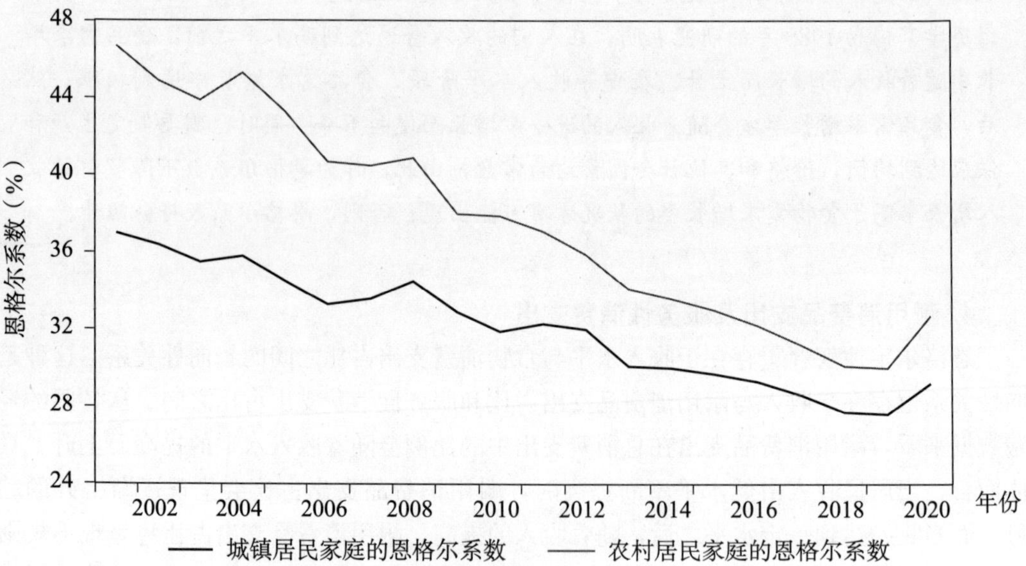

图 9-2　我国城乡居民家庭的恩格尔系数（2001—2020 年）

从图 9-1 中可以明显看出，2001—2020 年我国城乡居民的人均收入水平持续上升。2001 年城镇居民家庭的人均可支配收入为 6 824 元，至 2020 年提高到 43 834 元，年均增长速度为 9.6%。2001 年农村居民家庭的人均可支配收入是 2 407 元，至 2020 年提高到 17 131 元，年均增长速度为 10.3%。农村居民人均收入的增长速度高于城镇居民。

图 9-2 显示，随着人均可支配收入水平的不断上升，城镇居民家庭的恩格尔系数基本呈下降态势。2001 年城镇居民家庭的恩格尔系数是 37%，农村居民家庭的恩格尔系数是 46.7%。从总体上看，农村居民家庭的恩格尔系数也呈现下降态势，且与城镇居民家庭的恩格尔系数的差距逐渐缩小，但前者始终高于后者。到 2020 年农村居民家庭的恩格尔系数是 32.7%，高于城镇居民家庭 3.5 个百分点。

进一步从不同消费支出分项的比例关系来考察我国居民消费的总体结构特征。图 9-3 展示了从中国家庭追踪调查（CFPS）（2010 年、2012 年、2014 年、2016 年、2018 年）数据中所获得的家庭消费支出结构饼状图，研究总结出了我国家庭消费支出结构的如下六点特征：

第一，食品支出平均占家庭消费性总支出的 27.77%，这里的食品支出比重是总体平均值，可以用马斯洛的需求层次理论来解释，即人要先满足生理需求——食品支出，才会寻求更高层次的需求。如果考虑收入差异、城乡差异，这里的食品支出比重会有不同。从宏微观数据的对比来看，我国的恩格尔系数确实进入了发达国家的行列，但衡量一个国家是否为发达国家，除了恩格尔系数以外还有很多指标，特别是人均国民收入。现有数据表明随着中国经济持续高速增长，居民的生活水平得到不断提高，已经从过去的温饱阶段过渡到全面小康社会的基本实现，并朝共同富裕的目标迈进，在这个过程中居民消费支出中用于食品这种必需品的消费比重必然会有所下降，从而把更多的消费支出用到耐用消费品甚至是服务性消费中。

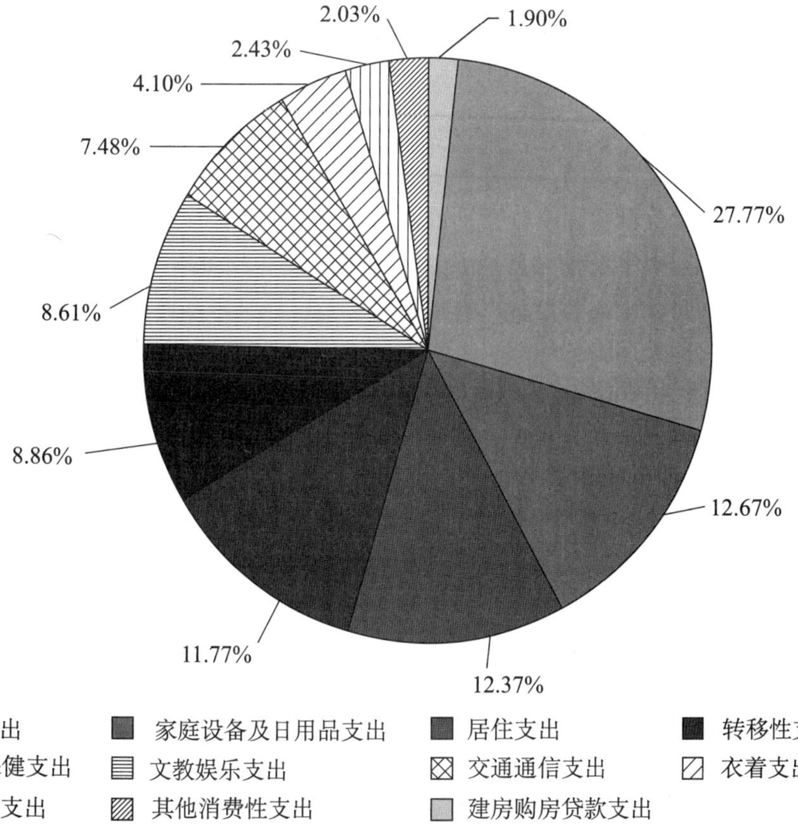

图 9-3　我国居民消费支出结构的总体特征*

第二，与住房相关的支出包含两项——居住支出和建房购房贷款支出，二者合计的占比达 14.27%，仅次于食物支出占比。“吃”“住”两项消费支出之和共占家庭消费支出 40%以上的比重，不仅说明了满足居住相关需求的安全需求是仅次于生理需求的基本需求层次，也可以反映出在我国住房支出已经成为家庭消费中仅次于食品支出的消费支出项。

第三，家庭设备及日用品支出是继食品支出和住房相关支出之后排在第三位的支出项，作为家庭现代消费支出中的必要支出，其占总支出的 12.67%，表明我国居民家庭生活质量的提升。

第四，转移性支出包括缴纳个人所得税和社会保障支出、外出从业人员寄给家人的支出、赡养支出以及其他转移性支出等，占总支出的 11.77%，这一项支出的较高占比反映出家庭消费结构中的税收负担及赡/抚养负担。

第五，在家庭消费支出中，医疗保健支出的平均占比为 8.86%。居民个人自付医疗支出的高水平有可能说明居民的保健支出比例在逐渐提升，也有可能说明居民的医疗保健等服务性消费需求的提升，还有可能说明政府在医疗等公共服务供给中还需要进一步统筹发展。

---

* 因计算时数据四舍五入问题，本饼图合计不为 100%。

第六，文教娱乐支出的平均占比为8.61%。作为消费结构升级标志的文教娱乐支出、交通通信支出、衣着支出等保持在一个中等的水平。尽管以汽车和住房为主的消费结构升级对我国的家庭消费产生了一定的影响，但实现居民整体消费结构的升级还远远没有完成。

研究进一步考察了我国居民消费支出结构的城乡差异。研究表明，城乡居民的消费支出无论是从绝对值看还是从百分比看，差异都十分显著。从绝对值来看，城镇家庭各项消费的总支出几乎是农村家庭的两倍（倍数平均值2.03），其中建房购房贷款支出、福利性支出和家庭设备及日用品支出更是远高于农村家庭，而医疗保健支出则在城乡家庭中差别不大。尽管从以房租、水电费、燃料费、取暖费和物业费衡量的居住支出来看，城镇家庭在这方面的支出是农村家庭的1.61倍，但城乡家庭平均在建房购房贷款方面的支出差异尤为显著，分别为2 117.56元和474.56元，城镇家庭支出是农村家庭的4.46倍，这表明城镇居民具有更大的房贷压力。城镇家庭每年在医疗保健方面的支出为4 971元，平均高出农村家庭672元。

在各项消费支出所占的比例方面，食品支出、转移性支出、医疗保健支出、家庭设备及日用品支出和居住支出占据了农村家庭消费支出的绝大部分，占比分别为28.38%、12.5%、11.56%、11.51%和11.12%，这五项支出共占农村家庭总支出的75%以上。和农村家庭相比，城镇家庭在食品（28.66%）、衣着（4.12%）、居住（10.5%）、交通通信（7.48%）和其他消费性支出（2.1%）等方面的占比与农村家庭相当，在家庭设备及日用品支出和建房购房贷款支出方面的占比则高出农村家庭2个百分点以上，在福利性支出方面的占比（2.57%）略高于农村家庭（1.51%）。农村家庭在由社会捐助、给非同住亲戚的经济帮助、重大事件礼金礼物支出等构成转移性支出方面的占比为12.6%，高于城镇家庭的11.31%，这都在一定程度上体现出城乡消费支出结构的差异。另外，城镇家庭的医疗保健支出的占比为7.82%，远低于农村家庭的11.56%，反映了城镇公共服务相较于农村更加完善。在文教娱乐支出方面，尽管城镇家庭的文教娱乐支出的绝对量（5 447.61元）远高于农村家庭（3 089.13元），但相对占比则显示两者处于较为接近的水平，城乡占比分别为8.57%和8.31%，这在某种程度上体现了我国城乡居民对高层次需求的重视程度越来越深。

总之，经验性的统计分析结果表明，居民消费结构的转变和演进存在一种趋势性：随着人们收入水平的提高，在总消费支出中，非耐用品的支出占比将会逐渐下降，耐用消费品的支出占比将会不断上升；当收入水平达到一定程度后，服务性消费支出会超过其他消费支出，成为在总消费支出中占据比例最大的消费支出。需要注意的是，消费结构的演进趋势并不是绝对的、具有普遍适用性的。受到每个国家或地区所处的特定社会发展阶段和发展水平的影响，以及其他影响恩格尔系数的因素的影响，居民消费结构的演进并不一定会呈现出完全相同的变化趋势。但是从长期看，一个国家或地区的消费结构的变化会在很大程度上与这些趋势相吻合。

消费结构对产业结构的引导效应是怎样发生的？合理的消费结构对于产业结构的选择的意义是什么？下面我们进行进一步的分析。

9.3 消费结构与产业结构

9.3.1 消费结构与产业结构的关联分析

1. 产业分类与产业结构

产业结构即产业之间的关系结构，描述了国民经济中各产业之间和各产业内部的相互联系和比例关系。按照国际通行的产业分类方法①，可以将全部经济活动分为第一产业（主要为农业）、第二产业（主要为工业）和第三产业（主要为服务业）。三次产业各自又由许多行业（或称细分部门）构成，这些行业内部还可以进一步划分。在如此复杂的产业结构中，有些部门和行业与消费的关系较为直接，有些则较为间接。按照马克思的两大部类的产业分类方法②，消费资料生产部类主要是指生产各种个人消费品的生产部门，与消费的关系比较直接，受最终消费需求的制约；生产资料生产部类即生产各种生产资料的部门，与消费的关系则比较间接，主要受中间需求（即非最终需求）的制约。在特定制度和技术条件下，产业结构是由特定分工条件下的生产方式决定的，而推动经济增长的各种能力则塑造了产业结构的形态和特征。因此，产业结构的演变是与经济发展相对应的。从总体上看，随着经济的发展，三次产业所占比重的演变呈现一定的趋势性：第一产业的比重逐步下降；第二产业的比重先上升后下降；在第二产业比重下降的同时，第三产业的比重由缓慢上升变为迅速上升，最终会超过第二产业。

2. 消费结构与产业结构的关联性

从宏观经济学的角度看，居民消费增长、消费结构转换与经济增长之间存在着相互依存、相互影响的关系。居民消费增长和消费结构升级会推动经济增长，而经济增长又会提高人均收入水平，从而带动居民消费增长，促进消费结构转换和升级。因此，消费结构的转换和升级，既是经济增长的原因，也是经济增长的结果。消费结构对经济增长的影响，是通过传导路径或者影响机制实现的。其中一个主要的传导路径是消费结构的转换引导产业结构的变迁，从而推动经济增长。因此，产业结构的变迁与消费结构的转换是高度相关的。

我们可以通过考察社会再生产的循环过程，进一步理解消费结构和产业结构的关联性。从静态角度考察社会再生产过程，生产是起点，消费是终点。一定的消费结构体现了生产活动满足消费需求的水平，并受产品结构和产业结构的决定和影响。从动态角度

---

① 三次产业分类方法最初由新西兰经济学家费歇尔提出。英国经济学家、统计学家克拉克在承继费歇尔研究成果的基础上，采用三次产业分类方法对三次产业结构的变化与经济发展的关系进行了大量实证分析，进而开拓了产业结构理论的研究领域。三次产业分类方法作为最主要的产业分类方法，是一种有效的产业经济理论分析工具。所谓第一产业即广义上的农业，包括种植业、林业、渔业和狩猎业；第二产业即广义上的工业，包括采矿业、制造业、建筑业、电力、煤气、水、运输和通信业；第三产业即广义上的服务业，包括商业、银行、保险、房地产、政府及国防、其他服务。

② 马克思在对社会再生产过程进行分析时，根据产品在再生产过程中的不同作用，从实物形态上将社会总产品分为两大部类，即第Ⅰ部类的生产资料生产和第Ⅱ部类的消费资料生产。

考察社会再生产循环，消费是再生产下一个循环的“先导”，消费需求和消费结构决定着生产结构和产业结构的发展方向和趋势。理论和实践都表明，产业结构的变迁只有符合消费结构的转换和升级方向，消费结构才能对经济增长产生推动作用。

理解和认识消费结构变动与产业结构演变的关联性的目的，一方面是通过消费结构的合理化实现消费结构的效率性及其对产业结构的引导作用；另一方面是把握产业结构是否与消费结构相适应，产业结构是否随着消费结构的变化而发生适应性的转换，从而实现产业结构的优化。

9.3.2 消费结构对产业结构的引导作用

影响一个国家或地区的产业结构的形态、特征及其演变的因素是非常复杂的。在非平衡增长理论框架下，产业结构演变的市场内生力量可以分为供给和需求两个方面。从需求角度看，消费结构及其变动是引导产业结构演变的主要因素。因为消费结构不仅直接影响着最终产品的生产结构和生产规模，而且间接地影响着中间产品的需求，从而影响中间产品的生产结构。

消费结构对产业结构的引导作用是通过收入效应实现的，收入效应强调了消费结构变动中产品的需求收入弹性和恩格尔定律的作用。

在特定视角下，作为反映人们的需要层次及其需要满足次序的构成，消费结构包含了三个层次：以生理性要求为主导的需求，追求便利和性能的需求，以及追求个人享受和发展的需求。随着人们收入水平的提高，对于满足不同层次需求的商品和服务，消费者的需求增长率呈现差异。消费者会逐渐减少对满足生理性要求的必需品的消费，增大对满足享受性和发展性需求的商品和服务的消费，即消费者会逐渐减少对低收入弹性商品和服务的消费，提高对高收入弹性商品和服务的消费。这种消费结构的变动，会引起产品结构的变动和相关生产部门的扩张或收缩，引导生产结构和产业结构的相应变化——生产高收入弹性产品的产业将在产业结构中占有较大的份额，生产低收入弹性产品的产业将在产业结构中占有较小份额。收入效应产生的消费结构对产业结构的这种引导作用，强调了恩格尔定律的作用，即人均收入水平的提高降低了恩格尔系数，而恩格尔系数的变化将会推动产业结构发生相应的变化。

发达国家的经济发展过程，已经显示出收入效应带来的消费结构变动对产业结构的引导作用。伴随着人均收入的提高，恩格尔系数在不断下降。在这一过程中，居民对食品等必需品的需求逐渐较少，从对温饱等基本需求的追求过渡到对居住和医疗保健等较高层次需求的追求。与消费结构由温饱型向小康型，再向追求享受型发展的高层次消费模式相对应，产业结构中生产低收入弹性产品的产业所占的比重在不断下降，生产高收入弹性产品的产业所占的比重在不断上升。一般说来，随着人均收入的提高，农产品的收入弹性不断低于工业品，工业品的收入弹性不断低于服务产品。结果，随着经济的发展，第一产业在产业结构中的比重将趋于下降；第二产业在产业结构中的比重先是上升，然后下降；与此同时，第三产业在国民经济中的比重由缓慢上升变为迅速上升，成为国民经济中增长最快的产业和部门。

经过 40 多年的改革开放，伴随着人均收入的提高，我国农村居民的恩格尔系数从

1978 年的 67.7%下降到 2020 年的 32.7%；城镇居民的恩格尔系数从 1978 年的 57.5%下降到 2020 年的 29.2%。居民已经从追求温饱等基本需求过渡到追求居住和医疗保健等较高层次的需求。为适应消费结构的变化，我国的三次产业结构出现了农业持续下降和第三产业大幅攀升的特征。同时，在第三产业中，房地产业和医疗服务业的比重也随之出现较大升幅。

延伸阅读 我国产业结构转型的市场内生性动力

在非均衡增长理论框架下，产业结构转型的市场内生性动力和机制可以分为需求和供给两个方面。从需求角度看，产业结构转型的内生性动力和机制是强调恩格尔定律的收入效应。经济发展导致的人均收入水平提高降低了恩格尔系数，从而消费结构的变动会引导产业结构从低级向高级演变。从供给角度看，产业结构背后的动力和机制是相对价格效应。产业之间的技术进步率和资本深化状态（资本深化可以理解为长期内人口的增长速度比资本增长速度慢，从而导致资本劳动比不断上升），会影响不同产业产品的相对价格，相对价格发生变化后，消费者的预算约束线将发生旋转，从而导致消费结构的改变。因此，收入提高、技术进步和资本深化是产业结构转型的三种一般性的市场内生力量。

经过 40 多年的改革开放，我国已经实现了从落后的农业经济向工业经济的巨大转型，并且已经跨入工业化中期阶段。在我国产业结构转型的过程中，收入提高、技术进步和资本深化三种因素中的哪些起到了核心作用？一项涉及这个问题的研究①表明：收入因素和资本深化对我国产业结构转型的影响较大，产业间技术进步率差异的影响程度较小。具体而言，对于第一产业就业份额的变动②，收入效应的贡献程度为 36%，资本深化的贡献程度为 61%，产业间技术进步率差异的贡献程度为 8%；对于第三产业就业份额的变动，收入效应的贡献程度为 48%，资本深化的贡献程度为 67%，产业间技术进步率差异的贡献程度为 17%。基于上述结论，研究者认为，在未来一段时期内，我国产业结构转型的主要动力是稳增长和扩内需，从而进一步降低恩格尔系数，为产业结构转型创造动力。从长期来看，产业结构转型的一个有待挖掘的动力是进一步提高第一产业和第二产业的技术进步率，加快释放第一产业和第二产业的劳动力，促进服务业升级。

资料来源：于泽，章潇萌，刘凤良．中国产业结构升级内生动力：需求还是供给．经济理论与经济管理，2014 (3).

9.3.3 消费结构与产业结构的高度化

前面我们探讨了消费结构对产业结构的引导作用。结合上面的分析，我们进一步集中探讨消费结构的转换如何引导产业结构由低级结构向高级结构演进。

1. 产业结构高度化的内涵

产业结构是与经济发展相对应而不断变动的。这种变动主要表现为产业结构由低级

① 这项研究是由刘凤良等承担的教育部人文社科重点研究基地重大项目“适宜技术、结构失衡与中国经济增长模式”。

② 一般而言，测量产业结构转型主要有三种方法：就业份额、增加值份额和消费支出份额。研究者在研究中采用了就业份额测量产业结构转型。

结构向高级结构的演进过程，即产业结构的升级，或者称之为产业结构高度化。根据钱纳里等人的研究，一般地，在经济发展的第一个阶段，产业结构中以农业和传统服务业为主的初级产品部门在整个产业结构中占有很大比重；进入第二个阶段，在整个产业结构中，制造业的比重急剧上升，而初级产品部门所占的比重迅速下降，从而出现明显的结构转型，即从初级产品生产阶段进入高速增长的工业化阶段。

2. 消费结构转换与产业结构高度化

推动产业结构高度化的直接动因无疑是技术创新。技术创新能力的形成是由新技术的市场供给和市场需求共同决定的，既受到新知识、新技术被发现的概率和大规模推广创新技术的成本等供给因素的影响，也受到市场需求规模和需求结构的引导和约束。尤其是由于分工的不断深化，产业的产出量迅速增加，从而导致当需求规模的约束和限制出现时，只有消费需求结构不断转换和升级，才能不断缓解、消除消费需求的约束。消费结构的升级或者消费结构的高级化，表现为消费结构由满足基本生存需求的模式（低层次消费结构）向追求享受与发展需求的模式（高层次消费结构）转化。这是一个质与量交互的过程，量的需求得到满足之后就会产生新的质的需求——追求更高品质、更高层次的商品和服务；在新的质的基础上，又会形成量的需求——更大的新产品需求空间。如此循环往复。其中，质的需求是拉动企业技术创新的决定性力量，这将带动产业结构由低级结构向高级结构的演进。

3. 消费结构与主导产业选择

产业结构高度化是通过产业之间的优势地位的更迭来实现的。库兹涅茨经过研究发现，从较长的时间序列看，产业增长速度随着该产业由成长、成熟到衰退的变化而处于高速增长、匀速增长和低速增长的变动中。原有高增长产业在因创新减缓而降低增长速度时，便会被新的高增长产业所取代。在随后递进的发展过程中，潜在的高增长产业又会转化为现实的高增长产业，以代替原来高增长产业的位置。由于产业结构的变动是通过产业间优势地位的更迭实现的，因此，产业结构的高度化与主导产业的选择和转换有着特殊的关系。

最早提出主导产业理论的学者是罗斯托。他认为，在任何时期甚至在一个已经成熟并继续成长的经济中，经济发展的冲击力之所以能够保持，是由于为数有限的主要部门，即主导部门迅速扩张的结果，而且这些部门的扩张又对其他产业部门产生了重大影响。① 罗斯托认为主导产业应具有以下特性：（1）具有与新技术相关联的新的生产函数；（2）形成持续高速增长的增长率；（3）对其他产业和部门，乃至整个经济系统具有较强的扩散效应。这三个特性反映了主导产业的特征和作用。

主导产业的形成和选择要受到一国的地理条件、资源禀赋、市场需求、制度环境和经济政策等方面的影响，同时，主导产业的形成是有一定条件的。罗斯托认为，主导产业形成的一个必备条件是充足的市场需求②，充足的市场需求才能刺激产业不断扩张。

---

① W. W. 罗斯托．经济成长的阶段．北京：商务印书馆，1962.

② 罗斯托提出的主导产业的形成条件包括：（1）足够的资本积累和投资；（2）充足的市场需求；（3）技术创新和制度创新。

这使我们意识到，无论影响主导产业选择的因素多么复杂，消费（需求）结构都是影响主导产业选择的一个主要因素。

需求（消费）因素是影响主导产业选择的主要因素，这种认识也体现在日本学者筱原三代平在 20 世纪 50 年代日本经济高速增长时期提出的主导产业选择基准中。筱原三代平在阐述主导产业应当基于怎样的考量来进行选择的问题时，认为产业的需求收入弹性是选择主导产业的基准之一，即在人均收入水平逐步提高的情况下，选择需求收入弹性高的产业作为主导产业，使其在产业结构中的比重逐步提高。以收入弹性作为选择主导产业的基准，强调从需求（消费）的角度对主导产业进行选择，将国民收入水平提高过程中需求增长率最快的产业作为主导产业。

从发达国家产业结构演变的过程来看，主导产业经历了纺织工业→重化工业→汽车、航空、家用电器→计算机、机器人、新材料产业等依次更迭的过程。其中，特别是在第三阶段（工业化中期阶段），主导产业的选择与消费结构的高度有直接关系。在第二次世界大战之前的一个很长的经济发展时期，美国曾优先发展钢铁工业、建筑业和汽车工业，使其成为带动美国经济发展的三大支柱产业。这与当时美国的国民消费结构有着密切关系。1946 年在美国居民的个人消费支出结构中，耐用消费品支出（主要包括汽车及零部件、家庭设备等）仅次于食品支出和衣着消费支出居第三位，居住支出则紧随其后，居第四位。仅就汽车需求和消费而言，1950 年美国的汽车拥有量已经达到 4 040 万辆，平均 3.8 人一辆。美国汽车工业的发展显然主要以满足国内市场需求为主，换言之，美国在第二次世界大战前后选择汽车工业作为主导产业，是因为受到了消费需求的直接影响。日本的主导产业选择和产业政策推动对于战后日本经济出现奇迹般的恢复和发展起到至关重要的作用。20 世纪 50 年代末及 60 年代，日本将具有高收入弹性的机械工业作为主导产业，尤其是其中的汽车和家用电器工业。日本在 60 年代经济高速增长中的主导产业选择也与当时国民消费结构的变化有关。①

政策分析

产业结构政策对产业结构和消费结构的影响

产业结构政策是国家为了实现一定的国民经济目标而干预资源在产业间的配置的公共政策。产业结构政策对产业结构施加影响，主要表现为国家通过投资政策、利率政策、税收政策、进出口政策等来扶植某些产业的成长或抑制某些产业的发展，从而导致产业结构的变化。例如，国家通过利率优惠、税率优惠、资助研发和直接投资等手段，诱导或直接使生产要素流向某些重点发展产业，使这些产业在成长期的成本得以降低，甚至获得高于其他产业的收益，从而推动这些产业的迅速发展。

早期的市场经济国家在产业结构的形成过程中，市场机制发挥了主要作用，消

① 日本与美国情况有所不同。在开放经济条件下，主导产业选择需要考虑的一个重要因素是国际贸易。在经济高速增长过程中实行“出口导向型”战略的日本，其对主导产业的选择，部分地通过国内市场需求解释，部分地通过出口需求来解释。

费结构的变化对产业结构演变的引导作用可以体现得很明显（特别是以国内高层次需求为主的大国）。但是，一般来说，早期的市场经济国家的产业结构演变的时间很长。20世纪30年代以后，在市场经济的发展过程中，政府对经济的干预明显加强，其中，通过产业政策对产业结构的形成和演变施加影响是很重要的内容。在发育程度较高的市场体系中，在微观基础上受到产业政策影响而形成的产业结构，会对消费结构形成一定的制约。例如，日本在20世纪50年代的经济高速增长时期，曾采取各种措施提高居民的储蓄率，以支持需要大量投资的重化工业的发展。这一时期消费的增长相对滞后于经济的增长，主要是由于产业政策的影响。然而，在市场发育完善的经济体系中，产业政策作为一种激励机制是与市场相容的。因此，消费水平和消费结构的发展不会长期滞后于经济的增长和产业结构的发展。尤其是在产业结构的发展经过重工业阶段以后，消费结构的变化对产业结构的引导作用就变得相对突出。在20世纪50年代末60年代初，随着经济的高速增长，日本居民的收入水平有了很大的提高，对耐用消费品需求量的增长带动了汽车产业等耐用消费品工业的发展，进而推动了产业结构的调整。

新中国成立以后，我国实际上实行的是重工业优先发展的产业政策。尽管这样的产业政策也取得了相当大的成就，但由于缺乏“市场导向”的企业行为以及市场机制充分发挥作用的微观基础，作为激励机制的产业政策与产业结构的市场驱动发生扭曲，从而出现产业比例失调、产业低度化、产业组织不合理等问题。在这样的产业结构下，一方面居民收入提高缓慢（城乡居民的收入来自计划分配和计划价格，因而不能随经济的发展而提高，国家用计划手段直接将其中的差额拿去进行再投资），限制了消费；另一方面消费品产业的滞后、消费品市场的短缺也在一定程度上制约着消费结构。因此，我国在实行计划体制时，激励扭曲的产业政策造成产业结构困境，从而对消费结构的制约作用非常突出。从静态来看，这是产业结构对消费结构的约束；从动态来看，则是缺乏消费结构对产业结构变动方向的有效引导。产业结构不合理从而长期背离消费结构，或者消费结构长期脱离产业结构，都会对经济的长期增长产生不良影响。认识到这一点，对于我国产业政策的制定有积极的指导作用。

9.3.4 产业结构与消费结构的相互制约

1. 产业结构对消费结构的制约

产业结构与消费结构是相互制约的。产业结构对消费结构的制约作用表现在下述三个方面：

（1）消费结构中各种商品和服务的构成比例，直接受到生产结构和产业结构的制约。在特定的分工条件下，生产结构和产业结构会受到产业间的技术进步率差异、资本深化程度以及制度因素等的决定和影响，进而导致不同产业产品的相对价格发生变化。相对价格发生变化之后，消费者的预算约束线将发生旋转，从而导致消费结构发生变化。因此，消费需求的实现，进而消费结构的形成和变化都会受到既定的产业结构的制约。

（2）新的产业的涌现和兴起会创造出新的消费需求，从而影响和改变消费结构。从世界范围来看，新兴产业的出现主要源于生产力的发展和科学技术的进步；从一国范围来看，除去上述因素之外，新兴产业的出现还可能是由于国际示范效应及国际分工的发展。新兴产业的出现会激发和创造新的、更高层次的需求，从而影响和改变消费结构。

（3）产业结构的调整和变动，会影响消费结构的变动。产业结构的变动，特别是与消费直接相关的产业的变动，会相应引起消费结构的变动，且两者的变动幅度和速度也是相对应的。产业结构的变动幅度和速度较大，会引起消费结构也呈现较大的变动幅度和速度。根据国际上的一般经验，在人均 GDP 从 300 美元上升到 1 000 美元的时期，一国的产业结构和消费结构都会呈现出明显的变动。

2. 消费结构对产业结构的制约

从宏观层面来看，消费结构对产业结构的制约作用主要表现在以下两个方面：

（1）与一定的经济发展水平相适应的消费结构会制约产业结构。需求和需求结构是决定产业结构的市场内生力量。因此，长期背离消费需求的产业结构是不合理的产业结构，会导致有效需求不足，从而引发经济运行的矛盾和问题，并对经济增长产生不良的影响。尽管现实中受到产业政策等外部环境的影响，产业结构的发展可能在一定时期、一定程度上背离消费结构，但这种状况不可能维持很长的时间，最终产业结构会向着消费结构所引导的方向做出调整。这明确反映了消费需求结构对产业结构的制约作用。

（2）消费结构的变动对产业结构的变动具有引导作用。如前文所述，经济发展导致的人均收入提高降低了居民的恩格尔系数，提高了消费层次，从而促进了产业结构从低级结构向高级结构变迁。因此，消费支出结构的变化反映了产业结构的转型，消费支出结构成为测量产业结构转型的方法。

小　结

本章在明确了消费结构的概念及其影响因素的基础上，阐述了消费结构的演变趋势，说明了消费结构对于反映一国经济发展阶段、衡量居民生活质量和福利水平的作用；进一步地，将消费结构与产业结构联系起来，分析消费结构作为产业结构形成和演进的市场内生力量，对产业结构的引导和制约作用，从而明确了消费结构转换对引导产业结构高度化的意义。

消费结构是人们在消费过程中所消费的各种消费资料的组合和比例关系。消费结构的影响因素可以从微观和宏观两个层面来分析。微观层面影响消费结构的因素，涉及的是影响个体和家庭的消费选择与决策的因素。因此，从微观层面看，个人和家庭的收入水平和财富、商品和服务的相对价格、消费偏好和心理预期等因素都会影响消费结构。宏观层面的消费结构研究，是从总体（一个国家或地区）的角度对消费者的支出状况进行考察，以解释不同国家（地区）之间在消费结构上呈现的差异。从宏观层面来看，受经济水平制约的消费水平、价格因素、金融市场成熟程度、福利制度，以及经济制度和政策因素、社会因素都会影响消费结构。消费结构与人均收入水平之间存在着趋势性的变化关系。恩格尔定律和恩格尔系数揭示了人均收入水平与消费结构之间的变动趋势。

居民消费增长、消费结构转换与经济增长之间存在着相互依存、相互影响的关系。消费结构影响经济增长的一个主要的传导路径，是消费结构的转换引导产业结构的变迁，从而推动经济增长。因此，产业结构的变迁与消费结构的转换是高度相关的。消费结构是产业结构形成和演进的市场内生力量。

关键术语

消费结构　　消费支出结构　　恩格尔定律

恩格尔系数　　收入效应　　消费结构升级

产业结构高度化

思考题

1. 根据表9-4，比较1997年、2008年、2020年我国城镇居民家庭的消费结构，结合本章所学内容分析我国城镇居民家庭的消费结构的变化。

表9-4　1997年、2008年和2020年我国城镇居民家庭的消费结构（%）

类别	1997年的消费结构	2008年的消费结构	2020年的消费结构
食品	46.41	37.89	29.18
衣着	12.45	10.37	6.09
家庭设备及其服务	7.57	10.19	6.07
医疗保健	4.29	6.15	8.04
交通通信	5.56	6.99	12.86
教育文化娱乐及其服务	10.71	12.61	9.59
居住	8.57	12.08	25.76
杂项商品及其服务	4.44	3.72	2.39

资料来源：国家统计局。

2. 请搜集有关下面各个国家2005—2010年的福利制度资料。利用表9-5分析福利制度对消费结构的影响是如何体现出来的（可以任选一国作为参照进行分析）；进一步地，对各个国家之间的消费结构做出比较，说明福利制度对消费结构的影响。

表9-5　2005—2010年不同国家的家庭消费结构表（%）

国家	食品	服装鞋袜	住房、燃料、电力	医疗卫生	教育	交通与通信	其他
坦桑尼亚	66.90	6.24	2.85	1.41	2.08	5.85	14.37
印度	44.63	5.98	20.48	4.53	3.54	8.50	12.05
中国	36.22	9.02	11.65	7.32	7.02	14.65	12.79
印度尼西亚	48.55	3.50	17.18	2.20	2.90	12.24	12.62
泰国	39.63	2.81	33.23	1.31	0.14	14.48	7.15
巴西	23.03	6.18	11.17	8.37	3.49	26.76	19.50

资料来源：世界银行消费数据库。

3. 通过查阅文献，获取一些对消费结构概念的界定和解释。这些概念的界定和解释是完全一致的吗？如果不同，为什么会出现这样的现象呢？你对消费结构这一概念是如何理解的呢？是支持本书的观点还是有更好的观点？

4. 当恩格尔系数在总体上呈现下降趋势时，恩格尔系数会出现阶段性回升，即恩格尔系数出现长期变化趋势中的阶段性悖反。恩格尔系数的阶段性悖反标志着消费结构水平的下降吗？为什么？

5. 通过学习本章内容，你是否理解了收入效应的作用？为什么收入效应强调了产品需求收入弹性和恩格尔定律的作用？

6. 如何理解消费结构是产业结构形成和演进的市场内生力量？

7. 阐述消费结构与产业结构的相互制约关系。

参考文献

［1］F. M. 谢勒．产业结构、战略与公共政策．北京：经济科学出版社，2010.

［2］约瑟夫·E. 斯蒂格利茨．经济学：第 2 版．北京：中国人民大学出版社，2000.

［3］刘志彪．现代产业经济分析．南京：南京大学出版社，2001.

［4］厉以宁．消费经济学．北京：人民出版社，1984.

［5］刘方棫．消费：拉动经济增长的引擎．北京：北京大学出版社，2005.

［6］孟好．我国城乡居民消费行为差异研究．统计研究，2016，33（9）.

［7］苏东水．产业经济学．3 版．北京：高等教育出版社，2010.

［8］孙军．需求因素、技术创新与产业结构演变．南开经济研究，2008（5）.

［9］尹世杰．消费与产业结构研究．北京：经济科学出版社，2010.

［10］于泽，章潇萌，刘凤良．中国产业结构升级内生动力：需求还是供给．经济理论与经济管理，2014（3）.

［11］俞剑，方福前．中国城乡居民消费结构升级对经济增长的影响．中国人民大学学报，2015，29（5）.

［12］袁培树，陈昕．消费经济学批判．上海：学林出版社，1988.

［13］臧旭恒．中国消费函数分析．上海：上海三联书店，上海人民出版社，1994.

［14］臧旭恒，等．产业经济学．北京：经济科学出版社，2007.

［15］中国人民大学宏观经济分析与预测课题组．我国产业结构调整的新取向：市场驱动与激励相容．产业经济，2013（10）.

［16］朱勤，魏涛远．中国人口老龄化与城镇化对未来居民消费的影响分析．人口研究，2016，40（6）.

［17］唐琦，夏庆杰，李实．中国城市居民家庭的消费结构分析：1995—2013. 经济研究，2018，53（2）.

第 10 章

消费方式

学习目的

消费的过程即消费需求不断得到满足的过程。消费需求的满足可以通过不同的方式实现。消费方式不仅对消费者个人和家庭，而且对社会经济的发展具有重要影响。本章首先分析了消费方式的含义、消费方式的变化趋势。其次，阐述了消费服务商品化的含义与意义，消费服务商品化程度的提高需要具备的条件等内容。由于消费方式最终会影响人类与自然资源和环境的关系，所以可持续消费问题自 20 世纪 90 年代以来受到越来越多的关注。本章在最后论述了可持续消费的内涵、原则，可持续消费与可持续发展的关系。

党的十九届五中全会提出，到 2035 年广泛形成绿色生产生活方式，碳排放达峰后稳中有降，生态环境根本好转，美丽中国建设目标基本实现。希望读者通过学习本章能够从中体会改善消费方式、促进绿色消费对增强人民幸福感、推进可持续增长所起的重要作用。

10.1 消费方式的含义及其变化趋势

10.1.1 消费方式的含义

消费方式，即消费需求的满足方式，是在一定的生产力发展水平和生产关系条件下，消费主体（消费者）与消费客体（被消费的商品和服务）相结合以实现消费需求满足的方法和形式，是消费的自然形式与消费的社会形式的有机统一。消费方式回答了消费者怎样拥有消费手段与对象，以及怎样利用它们来满足消费需求的问题。由于消费需求的满足程度和满足方式最终会影响人类与自然资源和环境的关系，因此，对消费方式问题的研究和关注近年来从单纯的基于消费者的角度扩展到基于社会可持续发展的角度，并关注消费方式对资源、环境和后代的影响。

消费方式有两层含义：

（1）消费的技术方式（或称自然方式），即某种消费需求的满足是通过什么样的消费工具与消费资料的结合实现的。马克思在论述生产方式对消费方式的决定作用时曾经说："一定的对象，是必须用一定的而又是由生产本身所中介的方式来消费的。饥饿总是饥饿，但是用刀叉吃熟肉来解除的饥饿不同于用手、指甲和牙齿啃生肉来解除的饥饿。因此，不仅消费的对象，而且消费的方式，不仅在客体方面，而且在主体方面，都是生产所生产的。"① 马克思在这里所说的消费方式，我们称之为消费的技术方式。从社会发展的过程来看，消费工具的使用与发展反映了生产的进步和人类文明的发展；从横向来看，不同国家消费需求满足方式的差异，既反映了经济发展水平的差异，又反映了文化差异。比如，代步工具主要是马车、自行车还是汽车、飞机反映了经济发展水平的不同阶段；吃饭是用筷子还是用刀叉则是文化的不同。

（2）消费的社会实现方式（或称社会方式），即消费需求通过什么样的途径来满足和实现。比如，消费需求的满足是通过家庭内部的个人消费实现，还是在某一范围内的消费者集合体内实现，又或是在全社会的范围内实现；又如，用来满足消费需求的消费资料是通过何种方式取得的，是由消费者自己提供的（自给自足），还是通过商品货币关系在市场上购买的。因此，消费的社会实现方式概括起来有两方面的内容：一是消费的社会实现范围，分为个人消费、集体消费（集团消费）、公共消费；二是消费的社会实现途径，分为自给性消费、半自给性消费、商品性消费。

消费方式的两层含义有一定的内在联系。剔除文化因素，不科学、不文明的消费技术方式往往与自给性的消费社会方式相伴随。随着社会生产力水平和社会文明程度的提高，一方面，消费的技术方式会向更文明、更科学、更健康的方向转变；另一方面，消费的商品化程度不断提高，公共消费所占的比重增大，消费方式将更有利于消费者的全面发展。

消费方式作为生活方式的一部分，受到经济、文化、科技、社会等多重因素的影响。改革开放 40 多年来，随着经济的快速发展，城市化的加速、互联网的普及、发达国家消费观念的传播等成为影响中国消费方式的最重要因素。

10.1.2　个人消费与公共消费的变化趋势

在相当长的时间里，以家庭为单位的个人消费都将是消费的主导方式。但是，随着社会经济发展水平和消费水平的提高，公共消费所占的比重将呈上升趋势。

1. 家庭消费方式的长期必然性

个人消费是指在消费者个人及其家庭范围内实现的消费活动。个人消费实现的条件是家庭及个人收入的支出。个人消费还可以细分为满足个人需要的消费活动和满足家庭需要的消费活动。在家庭范围内实现的个人消费（或者以家庭方式实现的消费）是现阶段消费的主导方式，并且将在很长的时间内作为主导方式而存在。其原因在于：

（1）家庭是人类生存繁衍的基本单位，因而是社会的基本消费单位。这是家庭存在的基本原因，也是家庭作为主导消费方式的主要原因。归根到底，家庭生活是人类的基

① 马克思，恩格斯．马克思恩格斯选集：第 2 卷．北京：人民出版社，1995：10.

本需要。

（2）家庭成员基于血缘关系而产生的某种需要，只能通过家庭内部的消费来实现。

（3）消费者的需求受到多种因素（如个人收入水平、个人兴趣、爱好、习惯）的影响，表现出很大的差异性。消费实现的范围越大，这种差异性越不能充分体现，因而，消费需求的满足应当是在较小范围内实现的。从这个角度讲，完全以个人为单位进行的消费活动，其自由度最大，需求的满足程度也最高（不直接受其他人的消费需求的制约）。但无论是从一个人的生命周期来看还是从全社会的范围来看，家庭都是既能较充分地满足个人消费需求又能满足个人生存发展需要的主导方式，个人只在某些时期或某种情况下（比如独身主义者）才游离于家庭之外。

2. 公共消费所占比重的逐渐上升

公共消费是指在社会范围内实现的消费活动。公共消费作为一种消费方式，有其存在的必然性。

（1）公共消费存在的目的是满足人类的共同需要。人们的需要是多方面的，其中既有自然性、生理性的需要，又有社会性的需要。前者主要表现为个体需要的差异，因而适宜在较小的范围内通过消费活动来满足；后者则在很多方面表现为个体需要的共性，即人们的共同需要，适宜在较大的范围内通过消费活动来满足。在消费者的需要中，有些只能在家庭以外通过共同消费来满足，比如旅游、文化教育（包括图书馆、博物馆、文化馆、影剧院、学校等）、医疗保健（包括医院、疗养院等）、交通、体育（包括运动场馆和运动设施等）等。

（2）从某些消费资料的特性来看，只有通过公共消费活动，才能获得比较高的规模效益。比如，公共交通工具比个人交通工具有更高的规模效益，公共文化设施比个人文化场所具有更高的规模效益，公共的医疗保健和体育设施比个人的医疗保健和体育设施有更高的规模效益。对于这类消费，如果选择个人或集体消费方式，就难以充分利用其使用价值，达不到规模经济的要求，从而造成消费资料的闲置和浪费。

由此可见，公共消费也是人类基本的消费方式之一。随着社会的发展，特别是人们的需求层次的提高，公共消费所占比重将逐步提高。适宜公共消费的需要，大多属于人们的享受需要和发展需要。随着消费水平的提高，无论是在个人消费支出中还是在全社会的消费支出中，满足享受需要和发展需要的支出所占比重将上升，满足生存需要的支出所占比重将下降。与此相应，公共消费所占比重也会逐步上升。公共消费所占比重的上升，可以通过一些具体的指标来反映，比如一国公共设施的拥有率①、消费者用于公共消费的支出比重②等。公共消费所占比重的上升趋势一方面可以通过比较一国经济发展和消费发展的不同阶段看出，另一方面也可以通过经济发展水平不同的国家之间的比较观察到。

个人消费和公共消费作为消费的两种基本方式，具有不同的特点。个人消费是在家庭中进行的，具有分散性、灵活性、多样性和私密性的特点；公共消费则是在公共场所

① 比如每千人的病床拥有量、图书馆及博物馆拥有量、体育场馆面积拥有量等。
② 比如教育支出、文化娱乐支出、旅游支出、医疗保健支出等。

进行的，具有集中性、统一性和公开性的特点。公共消费需求的满足，不仅需要有公共场所和公共设施，而且要求消费者遵守公共消费的规则。

3. 个人消费与公共消费的规模效益

在讨论个人消费与公共消费的规模效益时，有几个问题需要注意：

（1）不同的消费方式（个人消费与公共消费）选择确实存在规模效益问题。从规模经济的角度讲，公共消费比个人消费更具有规模效益。

（2）消费方式具有可选择性。某些消费既可以在家庭内部通过个人消费实现，也可以通过公共消费的方式实现。当以公共消费方式实现的消费不会影响消费需要的满足程度时，从规模经济的角度看，这些消费活动就适宜在社会范围内进行。

（3）消费方式的选择不仅要受消费的规模效益的约束，还要受消费需求的差异性的制约。消费者具有共性的需求适宜于在全社会范围内实现，能体现规模效益；消费者的个性需求只有在家庭内部实现，才能更好地满足需求差异性的需要。在现阶段的生产力水平下，在劳动还是谋生的手段并且家庭依旧是社会最基本的消费单位的条件下，社会成员的个人消费需要必须得到尊重，才能更好地满足消费需求。因此，对消费方式的规模效益的分析，必须在家庭消费在相当长的历史时期内都将是消费的主导方式的前提下进行。

4. 公共消费的实现途径

公共消费是在全社会范围内实现的消费，但其涵盖的内容很复杂，其中有些是纯公共产品，有些是纯私人产品，有些则是混合产品①。公共消费资料（产品、设施及服务）可以由政府提供，也可以由私人提供；消费者在公共消费领域进行的消费可以是免费的、优惠付费的或者是完全付费的。

传统经济学认为，具有公共产品性质的公共消费资料应当由政府提供，实行免费或低价消费，以体现公共消费的福利化原则。其理由是：第一，公共消费资料具有公共产品的特点或混合产品的特点，在消费中应当体现公平原则（社会成员人人有份），而只有免费或低价才能体现这一原则，从而使社会成员都能有权享有；第二，只有政府才能提供免费或低价的产品，并且提供这些产品是政府应承担的职责。

第二次世界大战后发展经济学的兴起，对上述观点提出了质疑。发展经济学家认为，在资金紧张的发展中国家，政府往往为其他经济目标所引诱而忽视福利目标。此外，福利性的消费往往使这些产业本身因资金不足而难以正常运转，甚至萎缩，从而降低了公共消费的水平，使其无法随经济的发展和个人消费水平的提高而提高。因此，一些经济学家建议发展中国家的公共消费产业应当允许私人进行商业化经营（比如私人医院、私立学校等）。公共消费产品的商业化经营，对消费者实行等价交换，虽然不能体现基于全体社会成员的公平原则，并且还会加剧社会的不公平（越是有钱的人越能享受更好的教育、更好的医疗、更好的文化和健身服务），但能在一定程度上减轻政府的负担，使政府有更多的财力去满足更广大群众的基本需要，对发展中国家公共消费产业的

---

① 经济学中所说的“公共产品”是指具有外部性和非排他性的产品；“私人产品”是具有排他性、竞争性的产品；“混合产品”则兼具两者的特点。

发展具有一定的促进作用。对于公共产品的商业化经营，政府可以采取一定的措施进行管理。除政府和私人以外，政府还可以通过税收等措施鼓励其他社会资源介入公共消费产品的提供（比如通过遗产税鼓励私人捐赠），通过多种途径促进公共消费的发展。

10.1.3 自给性消费与商品性消费的变化趋势

自给性消费是生产力水平较低时消费需求实现的主要方式。随着商品经济的发展、消费水平的提高，自给性消费所占比重将逐渐降低，商品性消费所占比重将逐渐上升。

在自给性消费向商品性消费转化的过程中，消费品的商品化和消费服务的商品化（社会化）是两个关键的阶段。

1. 消费品的商品化

消费品的商品化是实现商品性消费的初级阶段，也是最关键的阶段。一般来说，消费品的商品化与工业化、城市化及农业商品化的过程是一致的。这一过程，同时也是农村自然经济向商品经济转化的过程，需要较长的时间。其发展主要依靠农业劳动生产率的提高、农业生产专业化程度的提高以及农民收入水平的提高。早期资本主义发展的历史表明，在农村自然经济向商品经济转化的过程中，市场的发育发挥着决定性的作用。资本主义生产方式的发展伴随着国内统一市场的形成，这首先体现在劳动力市场的形成上。资本主义生产方式促进了农业生产规模的不断扩大，专业化生产的发展造成农民的两极分化。大部分失去土地的农民变成农业或工业中的雇佣工人，从而形成了劳动力市场。在雇佣工人的消费中，商品性消费所占比重大大增加；而农业生产专业化的发展，也促进了农产品商品率的提高；市场消费品数量的增加又会进一步促进商品性消费所占比重的上升和自给性消费所占比重的下降。从商品经济发展的历史来看，商品性消费所占比重的提高是以农民脱离土地为前提的。

而在消费品的商品化过程中，食品消费及燃料消费商品化程度的提高又是其主要内容。在我国，男耕女织的自然经济生产方式曾经延续了几千年，根本原因在于这种生产方式满足了人们最基本的衣食消费需求，具有很强的稳固性。改革开放40多年来，尽管中国农村的经济改革和发展取得了举世瞩目的成就，但农民收入水平和消费水平的提高远远落后于城市居民收入水平和消费水平的提高。从中国经济持续增长的需要出发，大力提高农民的收入水平，提高农民的商品性消费所占比重及消费需求层次，具有十分重要的意义。

延伸阅读 | 我国农村居民的货币消费支出

改革开放以前，我国农村居民70%以上的收入是从集体分得的实物收入。改革开放以后，农村居民的现金收入迅速提高。农村居民家庭平均每人的纯收入由1997年的2 090.1元提高到2012年（2013年起采用新的统计口径）的7 916.6元，15年内增长了2.79倍。2013年农村居民的人均可支配收入为9 430元，2020年达到17 131元，7年内增长了0.82倍。农村居民货币收入的增加，促进了农村居民购买力的提高。农村居民人均生活消费现金支出由1997年的1 617.2元增加到2012年的5 908.0元，15年内增长了2.65倍。2013年农村居民的人均消费支出为7 485元，2020年达到了13 713元，7年内增长了 0.83 倍。

资料来源：历年《中国统计年鉴》。

2. 消费服务的商品化

消费服务的商品化是商品性消费发展的第二个阶段。消费服务商品化的发展将使消费者的闲暇时间增加，而收入水平的提高、休闲消费的增加，将推动消费方式发生第二次重大转变。消费服务的商品化也就是家务劳动的社会化，它以社会服务业的发展为条件，因而对于推动社会产业结构的转变具有重大意义。我们将在下一节专门论述这一问题。

10.2 消费服务商品化

10.2.1 消费服务商品化的含义

消费服务商品化，是指个人消费领域的服务不是由消费者个人提供，而是由社会提供；消费者不是通过自己的劳动付出来获得服务，而是通过付费的方式从市场上购买服务。消费服务商品化也可以叫作消费服务的社会化或家务劳动的商品化（社会化）。

消费过程中的服务活动，是实现正常的消费需求所必需的，它大致包括以下内容：

（1）消费过程之前的加工、制作、整理等服务活动。这类服务活动一方面与其所依附的消费品的商品化程度有关，另一方面与消费习惯有关。以食品消费为例。如果购买的是初级的食品原料，在消费之前就需要较多的加工制作；如果购买半成品甚至成品，需要的消费服务就相应减少；如果选择在外就餐，那么消费之前、消费过程中及消费之后的服务完全由社会承担。因此，消费品的商品化程度（加工程度）越高，消费之前需要的服务就越少。此外，这类服务还与消费习惯有关。例如，在食品消费中，中餐的制作通常比西餐的制作需要更多的时间和服务；广东人花在做饭上的时间通常要比其他地方的人更多。

（2）消费过程中和消费之后的服务活动。这类服务活动主要是由非一次性消费的消费资料的使用引起的，比如餐具的清洗、衣服的清洁保养、家具和家用电器的清洁与保养、房间的清扫整理、住房的维护和保养等。一般来说，这类服务活动会随消费水平的提高、消费资料数量的增加和质量的改善以及卫生要求的提高而增加。例如，随着居住面积的增加，相应地，清扫房间和维护住房相关设施的服务活动会成倍地增加。

（3）与照料、教育孩子及赡养老人相关的服务活动。这类服务活动所占用的时间，一方面取决于家庭中孩子的数量，另一方面取决于孩子的年龄。孩子越多，需要的时间越多；孩子较小的时候，照料其生活所需要的服务和时间较多；随着孩子年龄的增大，所需要的生活服务减少，但教育所需要的时间并不相应减少。相反，老人的年龄越大，照料其生活所需要的服务和时间越多。

消费服务商品化的过程，也就是与消费过程相关的个人劳动转化为社会劳动（他人劳动）的过程。鉴于家庭拥有一些基本功能，虽然不可能出现所有的消费服务或家务劳动全部都转化为社会劳动的情况，但消费服务社会化程度的提高，显然代表了与较高的消费水平相联系的消费方式。

10.2.2 消费服务商品化的意义

消费服务商品化程度的提高，将更多地增加消费者的闲暇时间，增加消费者对公共消费的需求，从而带来消费方式的重大转变，对消费者个人的全面发展和社会经济的发展将产生重大影响。

1. 消费者的全面发展

消费者的全面发展有赖于消费者闲暇时间的增加。在其他条件不变的情况下，消费者闲暇时间的多少与家务劳动时间有直接的关系。消费服务的商品化，通过社会劳动对个人劳动进行一定程度的替代，可以使消费者从长时间的家务劳动中解放出来，从而有更多的时间用于身心的恢复、娱乐、学习、社会交往、旅游等，有利于人的全面发展。

2. 消费规模效益的提高

某些在家庭内部消费过程中需要的服务通过社会化的方式实现，可以有更高的消费规模效益，比如集中的食品加工行业比众多家庭分散的食品加工更具有规模效益。随着消费服务商品化程度的提高而实现的消费规模效益，不仅不会影响个人差异性消费需求的满足，而且可以通过社会分工的发展和专业化程度的提高，使个人的差异性消费需求得到更好的满足。但前提是社会化的服务不是无偿享有，而是要用货币购买。

3. 产业结构的调整

消费服务商品化会通过社会化消费服务的需求来刺激某些行业的出现和发展，促进产业结构的调整。这种影响既涉及加工制造业，也涉及服务业。

仍以食品消费为例。饮食消费中商品化程度的提高必然带动食品加工业的发展，使食品加工业成为现代工业中的一个重要产业。同时，还会推动商业服务业的发展。第二次世界大战以后，由于科学技术进步和经济的快速发展，西方主要发达国家的消费方式发生了很大变化。由于生活节奏加快，消费者对消费服务商品化的需求增加，超级市场应运而生。为适应人们减少家务劳动时间的需要，超级市场出售的食品多数是小包装的成品、半成品，加工程度较高，由此带动了食品生产、加工、包装等多个行业的发展。超级市场还适应家庭汽车拥有率上升的情况，根据自身面积大、货物全的特点而推行集中的“一站式购物”，从而改变了消费者的购物习惯。因此，有人将超级市场的出现看作零售业的一场革命，可见其影响之深、之广。

消费者对消费服务商品化的需求还会极大地推动以生活服务为内容的社会服务行业的发展，如餐饮、洗衣、装修装饰、建筑修理、家电修理、家政服务、养老等行业。这些行业都是劳动密集型的，对于吸收剩余劳动力发挥着重要作用。对于中国而言，在经济发展和经济结构调整的过程中，大力发展劳动密集型行业，不仅可以满足消费水平不断提高以后消费服务商品化的需要，而且对于促进农村剩余劳动力转移和城市下岗职工的再就业具有重要意义。

消费服务商品化程度提高以后，消费者便有了更多的闲暇时间，也会催生出更多的休闲消费，休闲消费又能极大地推动休闲产业的发展。我们将在下面详细讨论这一问题。

10.2.3 闲暇时间、休闲消费与休闲产业

1. 消费者的时间分配

消费者的时间分配，是指消费者每天的时间在各种活动之间的分配。以一个典型的成年消费者为例，一般来说，其每天的时间大体可以分成四部分：

(1) 工作时间：包括工作时间及与工作相关的上下班路程时间。

(2) 满足个人生理需要的时间：包括吃饭、睡觉的时间及个人卫生时间等。

(3) 家务劳动时间：包括家庭消费过程中的各种家务劳动以及照料和教育子女、照顾老人的时间等。

(4) 闲暇时间：除了以上三部分外剩余的消费者可自由支配的时间。

一般来说，在消费者的时间预算及其分配结构中，前两部分是基本固定的，可节约的时间很少。工作时间由一定经济发展水平下的工作制度和工作性质所决定，现阶段大部分人的工作时间仍将是固定的。上下班路程时间受路程远近及交通状况的影响，相对而言，大城市的消费者的上下班路程时间比中小城市的消费者更长。满足个人生理需要的时间尽管有一定的弹性，但有一个最低限度，低于这个限度，生理需要就不能得到很好的满足，从而影响消费者的健康。这样，消费者可自由支配的闲暇时间就直接与家务劳动时间相关，家务劳动时间越长，闲暇时间越短；家务劳动时间缩短，则会直接增加闲暇时间。因此，缩短家务劳动时间，对于增加消费者的闲暇时间、促进休闲消费和休闲产业的发展具有重要意义。

此外，消费者的时间分配还可以从一年内消费者的工作时间和闲暇时间来进行分析。从这个角度看，消费者的闲暇时间主要取决于工作制度和法定假日的数量。一般来说，随着劳动生产率的提高和经济的发展，消费者必需的每周工作时间会相对缩短。发达国家平均每周工作时间少于发展中国家，而法定节假日及带薪假期则多于发展中国家。自改革开放以来，随着经济的快速发展和人们消费水平的提高，为适应人们增加闲暇时间的要求，我国于 1995 年开始实行每周五天工作制；1999 年实施了“五一”“十一”、春节长假的规定；2013 年 12 月 11 日修订的《全国年节及纪念日放假办法》规定，全体公民放假的节日包括新年、春节、清明节、劳动节、端午节、中秋节、国庆节共 11 天，劳动者年均节假日达到 115 天。

2. 缩短家务劳动时间，增加闲暇时间

家务劳动时间的缩短，可以通过两个途径来实现：

(1) 家务劳动的机械化。以机器代替人工可以减轻劳动强度，提高劳动效率，从而缩短劳动时间。但这种方式有两个缺点：一是机械对人工的替代有一定的限度，不是所有的家务劳动都可以实现机械化；二是家庭机械的闲置率较高，造成社会劳动的浪费。

(2) 家务劳动的社会化，即通过购买消费服务，减少消费之前、之后和消费过程中的劳动时间。家务劳动的社会化，实际上是通过社会分工将消费者自己提供的家务劳动转移给其他人。社会分工的发展永无止境，因此通过家务劳动社会化缩短家务劳动时间的空间相对更大，应当成为缩短家务劳动时间、增加闲暇时间的主要途径。

家务劳动的社会化受到多种因素的制约，除了社会服务产业的发展状况以外，主要是消费者的收入水平。通常，随着收入水平的提高，消费者首先会通过家务劳动的机械化缩短家务劳动时间；随着收入水平的进一步提高和进一步增加闲暇时间要求的提高，家务劳动的社会化将成为消费者的必然选择。

3. 闲暇时间与休闲消费

家务劳动时间的缩短，可以直接增加闲暇时间。闲暇时间是消费者可自由支配的时间，闲暇时间的长短及休闲消费的内容和质量是衡量生活质量的重要指标。闲暇时间的增加和休闲消费的发展将是消费方式转变的重要决定因素。从社会的角度讲，闲暇时间的多少与社会经济的发展水平相关。根据美国人约翰·麦克哈勒在《世界的事实和趋势》一书中所列的资料，原始人（平均寿命为18岁）一生中的劳动时间占整个生命时间的33.3%，自由时间只占16.6%；农业人（平均寿命为35岁）一生中的劳动时间占整个生命时间的28.6%，自由时间占22.9%；大机器工业人（平均寿命为70岁）一生中的劳动时间只占整个生命时间的10.4%，自由时间却占38.6%。很显然，消费者劳动时间的缩短、可自由支配的闲暇时间的增加，是随着科学技术的发展和社会劳动生产率的提高而出现的趋势。从发达国家的情况看，在20世纪前50年，西方国家全职职工的每周工作时间和全年工作时间大幅减少。而之后的50年中，西欧国家的这两个数字继续减少，美国则基本维持在40年代的水平上。欧盟统计局的数据显示，2019年欧洲国家平均每周工作时间为36.2小时。

闲暇时间的增加会带动休闲消费的增加。休闲消费包含两部分内容：一是已有消费需求的扩展和延伸；二是新派生的消费需求。已有消费需求的扩展和延伸是指由于闲暇时间的增加，消费者可以有更多的时间来更好地满足已有的消费需求，从而使潜在消费变为现实消费。新派生的消费需求则是指由于闲暇时间的增加，消费者新出现的消费需求。按照恩格斯的三层次消费需求划分，闲暇时间是人类自我发展的需要，由闲暇时间增加而派生出来的各种消费需求会更多地满足人们的享受需要和发展需要。休闲产业的出现，正是适应了闲暇时间增加后派生出的各种消费需求。

延伸阅读 | 我国居民的休闲消费现状

中国社会科学院财经战略研究院、中国社会科学院旅游研究中心及社会科学文献出版社联合发布的《休闲绿皮书：2019—2020年中国休闲发展报告》显示，我国居民的休闲消费呈现出如下特征：

（1）我国国民对休闲的重要性的认识逐步深化，休闲时间有所增加。

调查显示，41.6%的受访者认同挣钱比休闲更重要的观点，68%的受访者倾向于认同休闲是社会文明的标志的观点，62.9%的受访者倾向于认同在休闲上投入时间是值得的这一观点，60.8%的受访者倾向于认同在休闲上花钱是值得的这一观点，70.4%的受访者倾向于认同休闲在生活中必不可少的观点，76.3%的受访者倾向于认同休闲有益健康的观点，69.3%的受访者倾向于认同多参加休闲活动实际上能提高工作效率的观点，76.2%的受访者倾向于认同休闲是幸福生活的重要组成部分的观点，71.1%的受访者倾向于认同休闲能让人和人之间的关系更和睦的观点，69%的受访者倾向于认同参加休闲活动能结交更多朋友的观点，73.6%的受访者倾向于认同休闲活动能提供更多和家人在一起的机会的观点，74.8%的受访者倾向于认同休闲活动能增进家人之间的感情的观点，73.9%的受访者倾向于认同经常参加休闲活动能让家庭更幸福的观点。

（2）国民平均每天的在线休闲时间为4.9小时。

27.3%的受访者每天的在线休闲时间为1～3小时，25.6%的受访者每天的在线休闲时间为3～5小时，16.2%的受访者每天的在线休闲时间为5～8小时。

（3）不同性别的人群，在线休闲时间的分布大致相当。

（4）不同年龄段的人群，整体呈现年龄越小在线休闲时间越长的特点。

在线休闲时间为1～3小时的“60后”“70后”“80后”最多，在线休闲时间为3～5小时的“90后”最多，在线休闲时间为5～8小时的“00后”最多。

（5）不同学历人群，整体呈现学历越低在线休闲时间越长的特点。

（6）国民年均休闲消费为5 647元。

个人休闲消费开支在1 001～3 000元的占22.7%，在3 001～5 000元的占10%，在5 001～10 000元的占11.1%。11.8%的人年均休闲消费开支超过10 000元，有44.4%的人一年的休闲消费开支在1 000元及以下。

资料来源：休闲绿皮书：2019—2020年中国休闲发展报告．北京：社会科学文献出版社，2020：22-23，31，49-50.

4. 休闲产业

在传统的三大产业分类中，并没有休闲产业。虽然人类的休闲活动和为此提供产品和服务的行业可以追溯到古代，但是，休闲活动对社会经济产生重要影响只是近几十年来的事情。在西方发达国家，随着收入水平的提高、闲暇时间的增加，人们的休闲消费在全部消费支出中的占比大幅提高；相应地，为休闲消费提供产品和服务的各种产业迅速发展，并对社会经济产生越来越重要的影响。在中国，随着20世纪90年代中期以后工作时间的缩短和收入水平的提高，人们对休闲消费的需求提高，发展休闲产业以更好地满足消费需求，也受到越来越广泛的关注。

可以把休闲产业定义为：为休闲消费提供产品和服务的相关行业。文化、娱乐、体育健身和旅游是其中最主要的行业。但是，除此之外，还有很多行业（包括交通、餐饮、商业、通信等）都与休闲消费有关。因此，可以把以旅游业、文化娱乐业、服务业为龙头形成的产业系统，称为休闲产业。美国学者认为，很难对休闲产业的范围进行统计，对全部休闲工作进行估算最简单的办法是将用于休闲方面的全部消费支出折合成工作职位。据统计，2019年美国消费者在娱乐性商品和服务方面的消费开支为12 615亿美元，加上旅游、卫生保健、教育等与休闲消费有关的支出，总的休闲消费支出将近50 000亿美元，大约占全部消费支出的三分之一。①

休闲产业的发展，一方面会产生许多新兴的行业，另一方面会带动原有产业的发展

---

① 参考《休闲产业》（肯·罗伯茨著，重庆大学出版社，2008）一书的计算方法，结合2019年美国公布的消费者支出情况，重新计算得到2019年的数据（使用2019年而非2020年的数据是由于2020年新冠肺炎疫情暴发，消费下降，不具有代表性）。

和升级，比如观光农业的兴起、旅游房地产业的发展等。

5. 休闲消费的引导

对闲暇时间的利用、休闲消费的内容和方式都关系到休闲消费的质量，进而关系到消费文明和休闲产业的发展。前面我们曾经提到，闲暇时间的增加和休闲消费的发展带来了消费方式的转变，而健康、科学、文明、有利于社会可持续发展的消费方式是需要引导的。休闲消费引导的必要性可以从两个方面来解释：

（1）闲暇时间增加所派生的需求是一种潜在的需求，需要通过引导加以实现。人类的享受需要和发展需要可以通过众多的消费内容和消费形式实现。对休闲消费的引导包括三个层次：1）商业引导。通过商业活动引导、挖掘甚至创造新的消费需求，传播新的消费方式。2）政府引导。休闲消费的许多内容具有公共消费的性质，政府通过直接提供公共消费产品（比如兴建图书馆、博物馆、科技馆、体育馆，修建公园，改善生活环境，举办公益性的展览讲座等）或通过税收优惠鼓励私人提供公共消费产品（比如通过营业税的优惠鼓励私人兴建和经营公共设施，通过遗产税鼓励私人捐赠公共设施等），能够对休闲消费的引导发挥重要的作用。3）各种消费者组织和其他社会组织的引导。这些组织是消费中的关系集团，可以在商业力量和政府力量之外发挥作用，既可以对各种不健康、不文明、不利于社会持续发展的消费方式进行限制，也可以对健康、文明、有利于社会持续发展的消费方式进行倡导。

（2）目前的休闲消费内容单调，质量不高，需要加以引导。休闲消费的内容繁杂，根据不同的标准，可以分为室内活动和室外活动、被动接受型活动和主动参与型活动、不利于身心健康的活动和有利于身心健康的活动等。虽然有资料显示我国居民的休闲消费水平有所提升，但总体来看质量不高。主要表现为休闲消费的内容较为单一，电影电视娱乐、棋牌娱乐、歌舞娱乐需求比较旺盛，而教育培训、体育健身、文化娱乐等需求有所不足。这一方面与休闲消费供给失衡密切相关，另一方面也与消费者的消费水平、消费观念、消费技能不无关联，特别是老年人群、低薪阶层、弱势群体和青少年群体的问题较多。

休闲消费的内容和质量，受到消费者的收入水平和受教育程度等因素的制约，但社会引导对健康、科学、文明的消费方式的传播及消费质量的提高发挥着重要的作用。

延伸阅读 | 大力发展休闲需先消除两个重要的制约因素

中国社会科学院旅游研究中心等进行的“中国国民休闲状况调查（2020）”显示，我国国民的休闲活动面临一些制约因素。与其在 2013 年开展的“国民休闲状况调查”的结果相比，如今制约国民休闲的主要因素发生了较大变化。

据 2013 年的调查，影响国民休闲活动的制约因素主要是观念、经济和时间，但本次调查发现，如今对国民休闲活动影响最大的因素是时间（如假期时间太少、不能自由安排假期等）和空间（如太拥挤、条件差、服务差、不安全等）。

这种变化带给我们几点启示：

其一，人们对休闲普遍存在的误解和偏见逐渐消失，对外界的看法有顾虑（如担心他人对活动有负面看法、担心影响个人形象等）在此次调查中影响最小。

其二，休闲活动的经济制约越来越小，这不仅是近几年来国民经济飞速发展的体现，也是公共休闲服务和商业休闲服务不断完善、休闲成本不断降低的体现。

其三，相较于 2013 年的调查，休闲空间因素在此次调查中的影响程度上升，一方面体现了在休闲空间、休闲设施的建设方面还有诸多需要改善的地方，另一方面也体现了休闲需求增加、休闲市场扩大、休闲品质要求提升的趋势。

其四，时间仍然是国民休闲的一大制约因素。

因此，要提升休闲水平，需要从时间和空间两方面入手。首先，要完善休假制度，为国民休假和休息提供时间保障，让更多的国民真正拥有充足的、可自己支配的休闲时间。其次，要完善公共休闲服务设施，尤其是农村地区的基础设施。最后，要鼓励和推动休闲活动的市场化发展，依靠市场力量弥补公共服务的空缺，推动休闲产业升级发展，为我国国民提供更有品质的休闲产品。

资料来源：报告精读丨休闲绿皮书：2019—2020 年中国休闲发展报告．(2020-12-09)．https://www.pishu.cn/zxzx/xwdt/560488.shtml.

10.2.4 消费服务商品化的实现

从根本上说，消费服务商品化的程度取决于一个国家的经济发展水平。具体而言，消费服务商品化程度的提高由以下三方面的条件决定：

1. 消费者的收入水平

收入水平提高是消费服务商品化程度提高的前提。从第 9 章关于消费结构的分析中可以知道，总体上说，只有当收入达到较高水平时，服务消费在个人消费总支出中的比重才会有较大幅度的上升，社会服务业（第三产业）在产业结构中的比重也才会有较大幅度的上升。发达国家的经验显示，人均国民生产总值达到 2 000～3 000 美元时，服务消费所占比重和服务业所占比重会有一个明显的上升过程。

从消费者的个人选择来看，低收入是消费服务商品化的主要约束条件。消费服务的生产是在家庭内部由家庭成员提供还是由社会提供，其附加值是高还是低，导致消费的价格不同。我们仍以饮食消费为例来分析几种消费方式的消费服务附加值及价格情况。第一种，消费者购买初级食品原料自己在家加工制作，消费服务将包括消费前、消费过程中和消费后的全部服务；第二种，消费者购买半成品或成品（方便食品），经过简单加工后消费，消费前的主要服务由社会完成；第三种，在外就餐，全部的消费服务均由社会提供；第四种，消费者雇人提供消费前后的服务。假定四种情况下生产的食品完全同质，消费者的选择完全取决于价格水平。前三种方式的价格依次上升，第四种方式的价格取决于服务业的工资水平，一般来说会低于第三种方式。第一种方式下，食品的价格包含两部分：食品原料的价格和消费者自己提供服务的价格（不用付费）。第二种方式下，食品的价格也包含两部分：食品原料的价格（大批量生产条件下，低于消费者自己购买的价格）、生产加工过程中服务的价格（包括生产加工的实际成本支出和生产者的利润，一般来说，加工产品的流通费用也会高于初级产品的流通费用）。第三种方式下，食品的价格不仅包括食品原料的价格、生产加工过程中服务的价格，还包括消费过程中和消费之后服务的价格。当消费者的收入水平较低时，对一般商品的需求价格弹性较大，不同食品消费方式的价格对消费者的选择有很大的影响。收入水平提高以后，对闲暇需求的提高和一般商品的需求价格弹性的降低，都会增加消费者对消费服务的需求。

2. 时间价值

时间价值的高低会影响消费者对消费服务提供方式的选择，进而影响消费服务商品化的程度。

个人的时间价值就是个人的工资价值，即时间价值等于个人把相同的时间用于工作时能够带来的货币收入。也可以说，时间作为一种稀缺资源，其价值等于它的机会成本，即耗费单位时间所牺牲的收入。现实生活中，时间价值的大小取决于劳动力的价格（工资水平）和获取额外收入的机会。机会相同时，工资高的消费者具有更高的时间价值；工资相同时，获取额外收入的机会多的消费者具有更高的时间价值。

时间价值与社会经济发展水平以及工资水平有直接关系。经济发展水平较低时，工资水平较低，时间价值较低，因此表现为相对于时间而言人们更“珍惜”货币；而当经济发展水平较高时，工资水平提高，时间升值，相对于货币而言人们更珍惜时间，甚至通过各种方式用货币购买消费服务，以换取更多的闲暇时间。

把时间价值的因素加进来，可以使我们对消费服务商品化的分析更清楚。在上面饮食消费的例子中，当人们的收入水平较低时，相对于时间而言更珍惜货币，因此在进行食品价格的比较时，消费者往往用第一种情况下的食品原料价格与第二种情况下的食品价格进行对比，而自己提供服务所花费的时间价值（自己提供服务的价格）则忽略不计。因为在收入水平较低时，人们获取收入的机会也少，所以当货币与时间的替代性较差时，时间的价值会降低。这样的比较会使两种情况下食品的价格差距更大，因而会抑制对消费服务的需求。而随着收入水平的提高、时间价值的升值，消费者会更珍惜时间，自己买原料加工的服务（时间）价值被加进食品价格中去，并且由于个人加工效率较低，缺乏规模效益，因而劳动力成本在食品价格中所占的比重较高，结果是两种情况下的食品价格差距缩小。对于某些高收入者而言，由于其时间价值较高，第一种方式的食品价格甚至高于第二种方式。随着消费者对消费服务商品化的需求大大提高，消费服务商品化将得到进一步发展。

从上面的分析可以看出，可以用时间的价值升值解释消费服务商品化程度的提高，进而解释消费方式的变化。法国经济学家亨利·勒帕日在分析“新消费者论”时，曾经有过类似的解释。他说，在消费者方面，时间价值的提高产生了一种相似的替换作用：消费者开始表现得更节约自己的时间了。为了最大限度地增大他的产品（也就是说最大限度地增加他的总满足量），他将试图用那些需要时间较少的手段来实现自己的偏好。例如消费者会为自己买一台电冰箱，这可以使他节省每天跑市场的时间。他将宁愿请朋友下馆子，也不愿意在自己家里请客。①

3. 社会服务行业的发展状况

社会服务行业的发展水平是消费服务商品化程度提高的物质基础。消费者的收入水平、时间价值从需求角度对消费服务商品化的程度进行制约，而社会服务行业的发展状

① 亨利·勒帕日．美国新自由主义经济学．北京：北京大学出版社，1985.

况则从供给的角度对消费服务商品化的程度进行制约。

在市场经济条件下，一个行业的产生和发展要受很多因素的影响，如市场需求、技术的发展及应用、与其他行业的关联度、开放经济条件下的国际分工、劳动力供给状况等。社会服务行业（特别是生活服务业）的发展，主要取决于市场需求和劳动力供给。

消费者的收入水平和时间价值决定了消费者对消费服务商品化以及社会服务行业的需求，但这种需求的增长能否变为现实的服务消费支出的增长则取决于服务的价格。服务行业劳动密集型的特点决定了服务价格主要由劳动力成本决定，因此，劳动力供给状况以及服务价格会反过来制约消费服务需求和社会服务行业的发展。从中国的情况看，大量低成本劳动力的长期存在，为社会服务行业的发展以及消费服务商品化程度的提高提供了有利的条件。

政策分析

国务院办公厅印发《关于加快发展生活性服务业促进消费结构升级的指导意见》

2015 年 11 月 19 日，国务院办公厅印发《关于加快发展生活性服务业促进消费结构升级的指导意见》，这是我国推动生活性服务业发展的第一个全面、系统的政策性文件，是适应人民群众消费升级需求、推动生活性服务业全面提升规模、品质和效益的总体部署。

指导意见明确，要以增进人民福祉、满足人民群众日益增长的生活性服务需要为主线，大力倡导崇尚绿色环保、讲求质量品质、注重文化内涵的生活消费理念，创新政策支持，积极培育生活性服务新业态新模式，全面提升生活性服务业质量和效益，为经济发展新常态下扩大消费需求、拉动经济增长、转变发展方式、促进社会和谐提供有力支撑和持续动力。加快发展生活性服务业要坚持消费引领，强化市场主导；坚持突出重点，带动全面发展；坚持创新供给，推动新型消费；坚持质量为本，提升品质水平；坚持绿色发展，转变消费方式。

指导意见指出，要围绕人民群众对生活性服务的普遍关注和迫切期待，着力解决供给、需求、质量方面存在的突出矛盾和问题，增加服务有效供给，扩大服务消费需求，提升服务质量水平，推动生活性服务业便利化、精细化、品质化发展。

指导意见明确，今后一个时期，重点发展居民和家庭、健康、养老、旅游、体育、文化、法律、批发零售、住宿餐饮、教育培训等贴近服务人民群众生活、需求潜力大、带动作用强的生活性服务领域，推动生活消费方式由生存型、传统型、物质型向发展型、现代型、服务型转变。在推动重点领域加快发展的同时，还要加强对生活性服务业其他领域的引导和支持，推动生活性服务业在融合中发展、在发展中规范。

指导意见强调，要围绕激发生活性服务业企业活力和保障居民放心消费，着力深化改革开放，改善消费环境，加强基础设施建设，完善质量标准体系，加大财税、金融、价格、土地政策引导支持，推动职业化发展，建立健全法律法规和统计制度，加快完善体制机制，营造良好市场环境。

10.3 可持续消费

10.3.1 可持续消费的内涵

1994年联合国环境规划署在内罗毕发表《可持续消费的政策因素》报告，首次将“可持续消费”定义为“提供服务以及相关的产品以满足人类的基本需求，提高生活质量，同时使自然资源和有毒材料的使用量最少，使服务或产品的生命周期中所产生的废物和污染物最少，从而不危及后代的需求”，由此提出了人类消费与环境的协调发展、代际可持续发展的问题。

可持续消费包括生态、公平、发展三层含义。

从人与自然之间的关系看，消费的“可持续”主要是指人们对其消费需求的满足不能超过生态环境的承载能力，消费要有利于环境保护，有利于生态平衡。它既要求实现资源的最优和永续利用，也要求实现废弃物的最小排放和对环境的最小污染。这是可持续消费的生态性。

从人与人之间的关系来说，消费的“可持续”要体现公平性。消费的公平性包括代内公平和代际公平，即当代与后代的每个人应该同等地享有追求生活质量的权利。任何人不应由于自身的消费而危及他人的生存和消费（即代内公平），当代人不应该由于本代人的消费而危及后代人的生存和消费（即代际公平）。

从人与时间的关系来看，消费的“可持续”还要体现发展性，即随着经济的发展和社会的进步，人们的生活质量要不断提高。

10.3.2 可持续消费的原则

1. 适度消费

人与自然的矛盾始终存在，只是到了近代工业化以后，这一矛盾才日趋复杂和尖锐，导致了环境的污染和生态系统的破坏。20世纪后半叶，消费主义在西方主要发达国家盛行，并在全球化过程中向发展中国家扩散。在消费主义价值观的引导下，消费不是为了满足实际需求，而是不断追求和满足被制造出来、被刺激起来的欲望，其结果是消费的过度。适度消费是对消费主义的扬弃，它要求人类把消费需求的水平控制在地球的承载能力范围之内，提倡健康理性、有节制的消费，主张对于基本的生存需求应予满足和发展，对于享受需求应有所限制，对于奢侈性、浪费性需求应予以制止，对于环境代价过大的消费应尽量减少。无论是对国家来说还是对个人来说，适度消费都是既要反对过度消费，也要反对过分节约。

2. 低碳消费

由于人类活动排放的二氧化碳的增加导致全球气候变暖，已严重影响人类的生存环境和自然生态，所以低碳消费方式受到世界各国的关注与重视。低碳消费方式是指消费者在消费过程中积极关注和选择低能耗、低污染、低排放的消费品与消费方式，以减少人类活动对环境的破坏。低碳消费方式不仅反映了消费者对社会和后代的责任，同时也有益于当代消费者自身的利益。随着消费水平的提高，人们对包括环境质量在内的生活质量的要求提高，低碳消费方式成为一种能更好地提高生活质量的消费方式。倡导低碳消费方式需要加强消费者教育，培育全民的低碳意识，增加消费者对低碳消费方式的了解和认知，同时对低碳消费方式要给予适当的经济激励。

3. 文明消费

以人为本的消费原则指的是消费结构上要形成合理的比例，以实现人的全面发展目标。这里特别要注意在消费结构中不断提高精神消费的比重。丰富的精神生活，不仅可以使消费者体验到创造力、想象力和鉴赏力，还可以激发人的思想情感、启迪人的智慧，这个过程还有助于消费者实现个性的全面自由发展。

10.3.3　可持续消费与可持续发展

1992 年联合国环境与发展大会通过了《21 世纪议程》，把可持续发展由理论推向行动。可持续发展是指既满足当代人的需求又不损害后代人满足其需求的能力的发展，这种新的发展观建立在保护地球自然系统以及人类与自然界和谐相处的基础上。

1994 年中国政府制定了《中国 21 世纪议程》，提出将可持续发展作为国家战略。可持续发展有三个特征：第一，鼓励经济增长；第二，以保护自然为基础，使经济发展与环境和资源的承载能力相协调；第三，以改善和提高生活质量为目的。中国在经济发展的同时，面临生态环境的退化和资源危机。中国的发展，不能像美国、西欧那样依靠资源的高消耗和生活资料的高消费来支撑，必须走节约资源、适度消费的发展模式。

可持续发展要求转变经济增长方式和消费方式，因此，可持续消费是可持续发展的基本内涵之一。但是，需要指出的是，可持续消费作为一种值得倡导和鼓励的消费方式，不仅是消费者的事情，还需要全社会的长期共同努力。政府需要通过制定政策和法规以及税收优惠等经济手段鼓励低碳节能产品的生产与消费，限制高耗能、高排放、高污染产品的生产和消费；企业应增强社会责任感和环境保护意识，改进清洁生产流程，开发更多低碳节能的消费品；社会组织则可以在消费者教育方面发挥更大的作用。

延伸阅读 | 《2030 年可持续发展议程》

《2030 年可持续发展议程》（A/RES/70/1）于 2015 年在联合国大会第七十届会议上通过。《2030 年可持续发展议程》于 2016 年 1 月 1 日正式启动。议程呼吁各国采取行动，为今后 15 年实现 17 项可持续发展目标而努力。时任联合国秘书长潘基文指出："这 17 项可持续发展目标是人类的共同愿景，也是世界各国领导人与各国人民之间达成的社会契约。它们既是一份造福人类和地球的行动清单，也是谋求取得成功的一幅蓝图。"

这 17 个可持续发展目标是：

目标 1：在全世界消除一切形式的贫困。

目标 2：消除饥饿，实现粮食安全，改善营养状况和促进可持续农业。

目标 3：确保健康的生活方式，促进各年龄段人群的福祉。

目标 4：确保包容和公平的优质教育，让全民终身享有学习机会。

目标5：实现性别平等，增强所有妇女和女童的权能。

目标6：为所有人提供水和环境卫生并对其进行可持续管理。

目标7：确保人人获得负担得起的、可靠和可持续的现代能源。

目标8：促进持久、包容和可持续的经济增长，促进充分的生产性就业和人人获得体面工作。

目标9：建造具备抵御灾害能力的基础设施，促进具有包容性的可持续工业化，推动创新。

目标10：减少国家内部和国家之间的不平等。

目标11：建设包容、安全、有抵御灾害能力和可持续的城市和人类住区。

目标12：采用可持续的消费和生产模式。

目标13：采取紧急行动应对气候变化及其影响。

目标14：保护和可持续利用海洋和海洋资源以促进可持续发展。

目标15：保护、恢复和促进可持续利用陆地生态系统，可持续管理森林，防治荒漠化，制止和扭转土地退化，遏制生物多样性的丧失。

目标16：创建和平、包容的社会以促进可持续发展，让所有人都能诉诸司法，在各级建立有效、负责和包容的机构。

目标17：加强执行手段，重振可持续发展全球伙伴关系。

小 结

消费方式是指消费需求的满足方式，或消费主体与消费客体相结合的方式。消费方式包含消费的技术方式（或称自然方式）和消费的社会实现方式（或称社会方式）两层含义。消费经济学重点研究消费的社会方式，即消费的社会实现范围和消费的社会实现途径。

从消费的社会实现范围来看，在相当长的时间里，以家庭为单位的个人消费都将是消费的主导方式，但是，随着社会经济发展水平和消费水平的提高，公共消费所占的比重将呈上升趋势。而从消费的社会实现途径来看，自给性消费是生产力水平较低时消费需求实现的主要方式，随着商品经济的发展、消费水平的提高，自给性消费所占的比重将逐渐下降，商品性消费所占的比重将逐渐上升。在自给性消费向商品性消费转化的过程中，消费品的商品化和消费服务的商品化（社会化）是两个关键的阶段。

消费服务商品化，是指个人消费领域的服务不是由消费者个人提供，而是由社会提供；消费者不是通过自己的劳动付出来获得服务，而是通过付费的方式从市场上购买服务。消费服务商品化也可以称作消费服务的社会化或家务劳动的商品化（社会化）。

消费服务商品化程度的提高，将更多地增加消费者的闲暇时间，增加消费者对公共消费的需求，由此带来消费方式的重大转变，对消费者个人的全面发展和社会经济的发展将产生重大影响。在消费者的时间预算及其分配中，家务劳动时间是影响闲暇时间的主要因素。家务劳动时间的缩短，可以直接增加闲暇时间，闲暇时间的增加会带动休闲消费的增加，从而促进为休闲消费提供产品和服务的休闲产业的发展。

从根本上说，消费服务商品化的程度取决于一个国家的经济发展水平，而消费者的收入水平、时间价值的高低及社会服务产业的发展状况是影响消费服务商品化程度的主要因素。

由于消费需求的满足程度和满足方式最终会影响人类与自然资源和环境的关系，所以可持续消费自 20 世纪 90 年代以来受到越来越多的关注。可持续消费包括生态、公平、发展三层含义。从人与自然之间的关系看，消费的“可持续”主要是指人们对其消费需求的满足不能超过生态环境的承载能力，消费要有利于环境保护，有利于生态平衡；从人与人之间的关系来说，消费的“可持续”要体现公平性，包括代内公平和代际公平；从人与时间的关系来看，消费的“可持续”还要体现发展性，随着经济的发展和社会的进步，人们的生活质量要不断提高。

可持续消费倡导适度消费、低碳消费和文明消费的原则。作为可持续发展的基本内涵之一，可持续消费要求转变经济增长方式和消费方式。

关键术语

消费方式	消费的技术方式	消费的社会实现方式
消费的规模效益	消费服务商品化	消费者的时间分配
休闲消费	休闲产业	时间价值

思考题

1. 什么是消费的技术方式？
2. 什么是消费的社会实现方式？
3. 如何理解个人消费与公共消费的关系？
4. 为什么说消费服务的社会化会带来消费方式的重大转变？
5. 消费服务商品化程度的提高需要具备哪些条件？
6. 为什么我国现阶段要大力发展生活性服务业？
7. 可持续消费的内涵是什么？
8. 可持续消费的原则是什么？

参考文献

[1] 王建辉．论适度性消费伦理的构建．光明日报，2007－11－27.

[2] 陈晓春，谭娟，陈文婕．论低碳消费方式．光明日报，2009－04－21.

[3] 胡日东，苏梽芳．中国城镇化发展与居民消费增长关系的动态分析：基于 VAR 模型的实证研究．上海经济研究，2007（5）.

[4] 刘艺容．加快城市化进程是拉动消费增长的持久动力．消费经济，2005（4）.

[5] 田晖．消费经济学．上海：同济大学出版社，2006.

[6] BANDRILLARD J. The consumer society. London：Sage，1998.

[7] 毛中根，洪涛，等．生产大国向消费大国演进研究．北京：科学出版社，2015.

[8] 魏杰，白成太．日本增速换挡过程中需求结构变迁对中国的启示．经济理论与经济管理，2016（9）.

第 11 章

消费政策

学习目的

从前几章的分析中我们不难看出，消费既从总量上又从结构上对经济产生影响。而且，从全球各国的经济实践中我们也发现，仅仅靠市场的自发调节是很难保证供求均衡和经济的持续稳定增长的。因此，政府必须通过制定经济政策，包括消费政策，来对消费需求与投资需求进行必要的调控。20 世纪 90 年代中后期开始，我国政府连续采取了一系列宏观经济政策，特别是相关的消费政策，目的就是通过拉动消费需求和投资需求，保证国民经济的持续增长。这种做法一直持续至今。

本章从阐述消费政策的内涵入手，分析消费政策的构成和市场经济条件下消费政策实现的手段，阐述如何针对经济的波动来实施消费政策，比较发达国家和发展中国家在消费政策实施上的差异，并针对我国中长期的经济发展目标探讨消费政策的设计。

党的十九大报告明确提出“完善促进消费的体制机制，增强消费对经济发展的基础性作用”，希望读者通过学习本章能够从中体会调整消费政策、完善与消费相关的体制机制，对提高人民生活水平、增强消费对经济发展的促进作用所产生的重要影响。

11.1 消费政策的含义及内容

从前面几章的分析中我们已经了解到，消费需求不仅作为社会总需求的重要组成部分直接影响社会总需求，而且作为最终需求，通过拉动投资需求而间接影响社会总需求。因此，从短期看，针对经济周期不同阶段的特点，通过影响消费需求来对经济运行进行调控，是宏观经济政策的重要内容；而从长期看，宏观经济政策应致力于促进经济的长期持续增长。

消费政策是国家在一定时期内有关消费发展的各种方针、制度及相关措施的总和，是一国宏观经济政策的重要组成部分。制定消费政策是为了在一定时期内对消费水平的提高、消费结构的变化及消费方式的变动做出适当的规划，以使消费的发展符合一定时期社会经济发展战略的需要，符合国情的需要，保障国民经济持续、协调发展。在经济发展的不同时期和消费的不同阶段，消费政策有所不同。

消费政策可分为总体消费政策和具体消费政策。总体消费政策的任务就是规定一定时期内消费的总的指导原则，它具有相对稳定性。具体消费政策是对一定时期的消费总量和消费结构（包括衣、食、住、行、用结构，个人消费与公共消费结构，物质消费与文化消费结构等），以及社会福利制度和劳动就业等方面的具体政策规定，是引导居民的消费结构、消费方式和消费质量的具体措施。

对于消费政策是不是一国宏观经济政策体系的组成部分，似乎还有不同的认识。通常，市场经济国家的宏观经济政策主要由财政政策和货币政策组成，消费问题更多地要从微观消费者行为的角度去研究。但纵观一些发达国家经济发展的历史会发现，在某些时期，有关消费的政策是具有独立性的，甚至某些财政税收政策手段和货币政策手段也用来为特定的消费政策目标服务。而为了尽快进入发达市场经济国家的行列，一些新兴的工业化国家的政府在经济发展战略中对有关消费发展的问题给予了更明确的描述，从而使消费政策作为独立的宏观经济政策的地位得以确认。由于消费作为社会经济运行的结果，受到多种因素的影响，是社会经济运行的综合反映，因此，消费政策在很大程度上要通过其他政策来体现。具体地说，消费政策主要包括以下内容：

1. 有关消费水平提高的政策

消费水平的提高，主要受收入水平的制约，因此，与消费水平提高有关的消费政策又可以具体化为：

（1）明确居民收入水平的提高与经济增长的关系。即两者是同步增长还是收入水平的提高快于或慢于经济的增长。其中，又可以细化为城乡居民收入提高与经济增长的关系以及城乡居民之间收入水平变动的关系。比如两者之间是同步增长还是城市居民收入水平的提高快于农村，或者相反。

延伸阅读 | 我国收入增长与经济增长的关系分析

改革开放以来，我国城乡居民的收入增长速度长期低于经济的增长速度。据国家统计局统计，1979—2009 年，GDP 年均增长 9.9%，而城镇居民的人均可支配收入年均仅增长 7.3%，农村居民的人均纯收入年均仅增长 7.2%，经济的增速比城乡居民的收入增速分别高出 2.6 个和 2.7 个百分点。2001—2009 年，GDP 年均增长 10.5%，城镇居民的人均可支配收入和农村居民的人均纯收入年均分别增长 9.9%和 6.6%，分别比 GDP 的年均增长率低 0.6 个和 3.9 个百分点。2010—2020 年，GDP 年均增长 7.11%，城镇居民的人均可支配收入年均增长 9.08%，农村居民的人均可支配收入年均增长 11.18%，分别比 GDP 的年均增长率高 1.97 个和 4.07 个百分点。

（2）明确消费与储蓄的关系。消费水平的形成，除了收入因素外，还受收入中消费与储蓄的比例关系的影响。消费政策在消费与储蓄的关系上具体体现为：是鼓励高消费率还是鼓励高储蓄率，是鼓励还是限制消费信贷的发展。

（3）收入分配政策。其中涉及收入分配的社会目标、分配方式和分配机制。从收入分配的社会目标来看，包括追求社会收入分配的平均主义、允许一部分人先富起来（允许一定的收入差距的存在）、追求全体人民的福利增长（共同富裕）等。收入分配的社会目标，其实质是公平与效率的关系，即是“效率优先”还是“公平优先”。收入的分配方式包括按劳分配、按生产要素分配。相关的政策是指采取哪种分配方式，或者允许两种分配方式同时存在，以哪种方式为主。收入的分配机制包括：收入的市场分配（市场机制）、收入的计划分配（计划机制或行政机制）。相关的政策是指采取哪种机制，或者允许两种分配机制同时并存，以哪种机制为主。

（4）福利政策及社会保障政策。这一政策往往与收入分配政策相配合，具体指确定社会福利和社会保障的目标、福利制度与社会保障制度的形成与调整的方针等。

政策分析

我国收入分配政策的演变

20 世纪 80 年代，我国在收入分配上强调“效率优先、兼顾公平”，即让一部分人先富起来的政策导向，这种政策对于加快经济增长、促使经济结构趋于优化起到了积极作用。但进入 90 年代以后，随着效率问题逐步得到相应的解决，公平问题成为需要考虑和解决的问题。收入分配政策逐渐由“效率优先、兼顾公平”，向“效率与公平并重”或“公平与效率的优化组合”过渡。

党的十四大第一次明确提出要“兼顾效率与公平”。党的十四届三中全会提出，收入分配要“体现效率优先、兼顾公平的原则”。党的十五大和党的十六大都明确提出，要坚持效率优先、兼顾公平。党的十六大还提出，初次分配注重效率，再分配注重公平。这就确立了正确处理效率和公平关系的基本原则，目的就是既要适当拉开收入差距，以发挥收入分配的激励功能，又要防止收入差距过大引起社会不稳定。党的十七大则进一步提出，“初次分配和再分配都要处理好效率和公平的关系，再分配更加注重公平”。党的十八大报告提出，“提高居民收入在国民收入分配中的比重，提高劳动报酬在初次分配中的比重。初次分配和再分配都要兼顾效率和公平，再分配更加注重公平”。党的十九大报告指出，“坚持在经济增长的同时实现居民收入同步增长、在劳动生产率提高的同时实现劳动报酬同步提高”。

2. 有关消费结构变化的政策

消费者的收入减去储蓄以后，经过消费者的支出选择，就形成了消费结构。有关消费结构的政策，在很大程度上与产业结构政策有着密切的关系。消费结构政策具体包括以下内容：

（1）消费品产业结构。随着消费需求的变化，政策是鼓励某些消费品产业的发展，从而使之与消费需求结构相适应，还是限制某些消费品产业的发展，从而对需求的实现进行限制。

（2）消费品市场。消费品市场与消费品生产既有密切联系又不完全相同。生产通过市场对消费产生制约，消费则通过市场对生产进行引导。在消费结构政策中，对于某些鼓励发展的消费领域，不仅要鼓励供给的增长，还要采取各种措施积极培育市场，促进需求的增长。

3. 消费政策与福利评价

（1）贫困的测度。

消费政策与福利评价的结合主要体现在对贫困的测度中。20 世纪 80 年代，迪顿率先使用家庭调查来衡量贫困和生活标准，并且确定了它们的决定因素。在 20 世纪 80 年代早期，世界银行进行了一项重大的采集家庭调查数据的项目——生活标准测量研究。迪顿在这个项目中发挥了重要的作用。他撰写了几篇与这个项目的基础性工作相关的论文。这些论文介绍了如何衡量家庭福利，这也是此项目设计环节中最为重要的问题。在项目执行中，作为测量福利的基础，家庭消费支出数据也同时被收集，通过消费和支出数据来衡量贫穷程度。一般情况下，不同地区的家庭面临着不同的当地价格，不同类型的商品或者同一商品的质量也都有所区别。与收入相比，消费是低收入国家衡量贫困的一个核心变量，因为消费一般比较容易度量，加之收入在一年中呈现季节性变化，而消费则是一个更为精准的测量物质福利的变量。迪顿探讨了如何利用单位价值量来构建本地市场价格问题，在这一点上，他关于发展中国家的研究成果已经产生了相当大的影响。

还有一个不可忽视的问题，贫穷通常的定义是在个体层面，而消费则是相对于家庭层面的整体数据而言。所以，以个体还是以家庭为单位来研究问题对模型的结论会有显著的影响。最常见的方法是通过测量人均家庭总开支来表示个体福利，其中的假定当然是小孩和成年人的消费量是一样的。迪顿通过实践检验表明，更为合理的估计是一个小孩的费用约为一个成年人费用的 30%～40%。人均估计的指标将因此夸大贫穷家庭儿童的贫穷程度。

在比较不同时期和不同国家的福利方面，迪顿指出，当前贫穷线的设定主要是基于国民统计数据，而正确的方法是使用不同居民户调查的家庭数据。迪顿还对贫穷线进行了重新界定和评估，将贫穷用绝对贫穷线和相对贫穷线来度量，前者多被发展中国家采用，而后者多被发达国家采用。

迪顿在研究中，经常运用家庭数据来分析和解释一系列问题，比如收入和卡路里摄入量的关系、家庭内部性别歧视的程度等。迪顿关于收入和卡路里摄入量关系的研究表明，收入增加确实会导致更多热量被消耗，但证据并不支持营养不良是由贫穷导致的这一假设。在关于家庭内部性别歧视程度的研究中，迪顿则巧妙地提出利用家庭消费数据来间接估算女儿是否被赋予更少的资源。实证研究表明，通常情况下，无法找到任何系统性的差异，但在家庭面临不利条件时，则明显存在性别歧视的情况。发展经济学现在是一个基于单个家庭详细数据的实证研究领域，迪顿的研究成为这一转变的重要推动力。

（2）收入与主观幸福感。

商品生产和政府政策的目的都是增加国民的幸福。在经济学中，幸福（happiness）被定义为效用（utility）；在心理学中，幸福被看作主观福利（subjective well-being,

SWB)。经济学家往往倾向于简化假设，将收入当作决定效用的唯一变量。在现代经济学理论中，个人的效用被假定只是依赖于他自己的消费。这样，一个基本的结论就是，增加收入能够使消费者获得更高的效用，从而追求个人利益会增加社会福利。因而，收入水平的高低被视作间接度量福利水平高低的一个主要指标，所有提高社会福利和减少贫困的经济政策，最后都会归结于经济的长期增长。与之相反，心理学家倾向于直接测度主观福利。最流行的方法是进行大样本调查。例如，世界价值观调查（World Values Survey，WVS)。

伊斯特林1974年的开创性贡献现在引起了许多经济学家的注意，但当初很少有经济学家愿意承认他的贡献。伊斯特林悖论意味着经济增长不等同于社会福利的提高，收入或经济增长以外的因素，比如心理满足感、家庭生活质量、健康水平、基本人权、失业与通货膨胀等，会显著地影响个人的幸福水平，同时也会影响个人对经济政策的反应。因此，幸福而不是收入应当成为政策制定者的主要关注目标。

11.2 消费政策实现的手段

在不同的经济体制下，消费政策的实现所借助的手段也不相同。计划经济体制下，消费政策的实现主要通过行政手段，行政控制的放松或收紧，体现着对消费的鼓励或抑制。市场经济体制下，消费政策的实现则主要借助经济手段。

11.2.1 市场经济体制下，消费政策的制定与实施必须遵循的原则

市场经济体制下，消费政策的制定与实施的出发点是尊重消费者的权利，不干预私人消费活动，不限制生产者在市场上的竞争。在现实生活中，对于通过各种途径取得的合法收入，消费者应当有充分实现的自由；对于对所得收入的支出，消费者也有根据自己的意愿和消费偏好进行选择的自由。消费政策的实施，只能通过一些经济手段对消费者行为加以调节，或通过大众媒介进行引导，而不能对消费者行为进行直接干预，限制消费者的选择权。在现实生活中，收入分配的不公使某些人的收入水平大大高于其他人，并且出现“高消费”，对此，正确的途径应当是解决收入分配的不公，而不是限制消费。因此，市场经济体制下的消费政策，特别要抛弃计划经济体制下干预过多、包揽过多、不尊重微观经济主体选择权的思维方式，把尊重消费者及企业自主选择权作为制定和实施消费政策所必须遵循的基本原则。

充分尊重消费者和生产者的选择权，是市场经济体制下实现资源有效配置的重要条件。如果违背了这一原则，一方面，消费者的偏好和意愿得不到尊重，消费者的需要无法满足；另一方面，生产者的主动性和创造性将会消失，企业生产成本过高，产品样式陈旧、质量低下，技术落后等现象无法扭转，而社会上的人力、物力、财力等资源也会配置不当。①

① 伊志宏．消费经济学．北京：中国人民大学出版社，2004.

11.2.2 消费政策实现的经济手段

一定时期的消费政策作为消费发展战略的具体化，应当是国家宏观政策的重要组成部分，并且在国民经济发展计划中有所体现。从总体上看，国民经济发展计划对包括消费在内的宏观经济运行具有较强的指导作用，除此之外，消费政策的实现还要借助于一些具体的经济手段。

1. 税收手段

税收调节对消费政策所起的作用主要体现在四个方面：

（1）通过税收调整产业结构。包括通过优惠的税率促进某些产业的发展，以及通过惩罚性的税率抑制某些产业的发展；通过产业结构的调整适应消费结构的要求或限制某些消费需求的过快发展。

（2）通过对进出口产品的税收调节达到限制或促进某些产品的进出口的目的。比如，通过对耐用消费品的进口征收高关税，抑制其过量进口，一方面能保护国内耐用消费品工业的发展，另一方面则起到调节消费结构的作用。对某些产品（如汽车）的关税调节，将会对国内的消费结构产生非常重要的影响。

（3）对消费者的收入及消费的调节，主要是通过个人所得税、遗产税等调节社会的收入分配，防止收入差距过大。而这两种税，特别是个人所得税的税率、计征方法的确定与调整则体现了收入分配的具体政策。对消费者的税收调节还包括通过消费税调节消费者的支出。在对商品普遍征收增值税的基础上，选择少数产品再征收消费税，主要是为了调节消费结构，引导消费方向。

（4）通过开征某些税种起到鼓励消费的作用。

延伸阅读 | 我国个人收入所得税的调整

我国个人收入所得税的征收始于 1980 年，起征点为 800 元，采用 9 级税率。2005 年我国个人收入所得税中的工薪收入的纳税起征点由 800 元提高至 1 600 元，2008 年上调至 2 000 元，2011 年进一步提高至 3 500 元，并采用 7 级税率。2018 年我国《个人所得税法》迎来自 1980 年出台以来的第七次修正，也迎来了一次根本性的变革：

工资薪金、劳务报酬、稿酬和特许权使用费等四项劳动性所得首次实行综合征税；

个税起征点由每月 3 500 元提高至每月 5 000 元（每年 6 万元）；

首次增加子女教育支出、继续教育支出、大病医疗支出、住房贷款利息和住房租金等专项附加扣除；

优化调整税率结构，扩大较低档税率级距。

为堵塞税收漏洞，首次增加反避税条款，针对个人不按独立交易原则转让财产、在境外避税地避税、实施不合理商业安排获取不当税收利益等避税行为，赋予税务机关按合理方法进行纳税调整的权力。

这次个人所得税法的修订，一方面降低了普通收入者的税收负担，提升了居民收入；另一方面堵塞了税收漏洞，体现了社会的公平。

2. 利率手段

市场经济条件下，利率对经济活动的调节作用越来越强。利率的调节对消费政策的实现所发挥的作用主要表现在：

（1）利率对消费者的收入在储蓄与消费之间的分配发挥作用。随着收入水平的提高，消费者的金融资产规模越来越大，利率首先影响消费者在现期消费与储蓄（广义储蓄，即金融资产）之间的选择。一般来说，假定其他因素不变，如果利率水平提高，储蓄在消费者收入中的比重可能会提高。其次，利率还会影响消费者的金融资产结构。各种有价证券的收益状况都直接与利率水平有关，利率的变动将会影响不同金融资产的收益，从而影响消费者对金融资产的选择。

（2）利率会对产业结构产生影响。市场利率水平反映了金融市场的资金供求状况。政府可以通过投融资机构（政策性银行），对某些重点发展的产业给予资金上的支持和利率上的优惠，从而对产业结构产生影响。市场经济条件下，政府利用利率手段来调节消费及生产活动以实现消费政策，特别要注意通过经济手段来调节市场利率，而不是直接干预利率水平（即由政府决定的“官定利率”）。市场经济条件下，政府影响利率的通常做法是通过公开市场业务，即通过国债的买卖影响市场上的货币供给量，进而影响利率。

3. 国债买卖

国债是政府在国内外发行债券或向外国政府和银行借款所形成的国家债务的总称。政府在国内发行债券所形成的国债对国内的消费状况会产生一定的影响。这种影响主要体现在：

（1）国债的发行和偿还对消费者的当期收入产生影响。在其他条件不变的情况下，以居民个人为发行对象的国债发行，会减少消费者用于消费的收入，减少消费需求，起到一种紧缩的作用；而国债的到期偿还，则会增加消费者用于消费的收入，增加消费需求，起到一种刺激经济增长的作用。此外，国债还具有“收入效应”，即通过发行国债及使用发行国债所筹集的资金，能够在一般纳税人与国债持有人之间形成收入转移；国债所带来的收入与负担，还会形成代际转移。

（2）在现代市场经济中，政府通过国债的公开市场业务，不但可以调节流通中的总货币量，而且可以通过调整国债券种的结构对产业结构产生一定的影响。比如通过发行经济建设债券，为基础设施和重点建设项目筹集资金，促进其发展。

4. 政府支出

政府通过财政支出会对消费产生直接的影响。

（1）政府的转移性支出直接体现了政府的收入分配政策，特别是与以税收为主的财政收入联系起来，政府的财政政策所要体现的社会收入分配目标就可以看得很明显。政府通过转移性支出中的保障性支出，对低收入者的基本生活消费提供保障，起到了稳定社会的作用。转移性支出中的财政补贴，则对消费有着更直接的影响。对消费者的财政补贴可以直接增加消费者的收入（即“明补”）；而对生产者和经营者的补贴（即“暗补”），则通过影响商品的价格来影响消费结构。在体制改革过程中，政府对生产者和经营者的补贴逐渐取消或由暗补改为明补，在这个过程中，居民的消费结构将发生很大的变化，同时收入也会有所增加。在建立市场经济体制的过程中，经济的正常运行应主要通过一套稳定的经济制度（包括财政制度、价格制度、收入分配制度等）所规定的运行机制的作用来实现，但利用经济调节手段来纠正既定的经济运行机制所产生的不利后果，或对既定的经济运行机制进行某种修正，也是经济的正常运行所必需的。因此，从这个意义上讲，财政补贴作为一种经济调节手段有其存在的必然性，仍会对消费产生影响，但影响的程度应该逐渐减小。

（2）政府通过其投资性支出直接增加了对某个行业（行为）的投资，并且更重要的是政府的投资通过对社会投资起引导作用，从而对产业结构产生影响。在计划经济体制下，政府投资在社会投资中占很大比重，因而能直接影响产业结构以及消费结构。比如，政府投资的重点在重工业，而对住房、第三产业的投资不足，从而造成产业比例的失调及消费结构的不合理。而在市场经济条件下，政府在社会投资中所占的比重会逐渐降低，政府投资对产业结构的影响更主要地通过对社会投资方向的引导来实现。

政策分析

我国社会保险的三条保障线

三条保障线是指国有企业下岗职工基本生活保障、失业保险、城市居民最低生活保障，是目前条件下有中国特色社会保障制度的重要组成部分，对于保障职工和城市居民的基本生活，促进与深化改革，保持社会稳定，具有十分重要的作用。

我国社会保险的三条保障线随着经济的发展和物价的上涨而逐年抬高。以北京为例，城市居民最低生活保障标准由 2002 年的家庭月人均收入 290 元，增加到 2021 年的家庭月人均收入 1 245 元；职工最低工资标准由 2002 年的每月不低于 465 元，增加到 2021 年的每月不低于 2 320 元；失业保险金标准由 2002 年的每月 326～419 元，增加到 2021 年的每月 2 034～2 143 元。

11.3 经济周期与宏观经济政策

11.3.1 经济繁荣时期的消费政策

1. 经济高速增长与通货膨胀

经济的周期性波动是市场经济体制运行的基本特征。通常，经济在高速增长时期往往也伴随着较严重的通货膨胀。

通货膨胀的成因十分复杂，有成本推动型、需求拉动型、国际输入型及混合型等，另外，转型国家在体制转轨时期价格管理体制的变化也是造成通货膨胀的重要原因。我国在改革开放的过程中，曾经在 20 世纪 80 年代和 90 年代中期伴随着经济的高速增长而出现过较严重的通货膨胀。通货膨胀往往是由多种因素共同导致的。由于经济的复苏及经济增长速度的逐渐加快，市场对投资品的需求趋于上升，带动投资品价格的上涨；

企业经营状况的好转使消费者的收入水平提高，消费者未来预期的好转推动消费品需求的增长，从而导致消费品价格上涨；国内经济的好转刺激进口需求的增长，从而可能通过本国货币汇率的下跌进一步加剧国内的通货膨胀。当市场经济所要求的微观主体（比如企业及银行）的自我约束机制尚未建立起来时，过度的投资需求及由此增加的消费需求，有可能在短时间内带动市场价格的大幅上涨。

2. 通货膨胀对不同收入群体的影响

通货膨胀是指社会物价总水平的普遍上涨，通常可以用生产者价格指数（PPI）、消费者物价指数（CPI）、市场零售物价指数（RPI）等指标来表示。

通货膨胀会对消费者的收入水平产生普遍的影响。消费者的名义收入剔除物价上涨因素后为实际收入，如果名义收入增加的幅度低于物价上涨的幅度，那么消费者的实际收入就是下降的。同时，通货膨胀对不同的收入群体还会产生不同的影响。一般来说，低收入群体受通货膨胀影响的程度要大于高收入群体。原因有以下三个：第一，低收入群体的消费支出占其收入的比重较大，消费品价格的上涨会大幅增加其消费支出，从而增加财务负担。第二，在低收入群体的消费支出中，必需品所占的比重较大，非必需品所占的比重较小。而一般在反映通货膨胀率的指标构成中（比如消费者物价指数或市场零售物价指数），关系国计民生的必需品占较大比重，因此，通货膨胀使低收入群体的消费支出的增加幅度更大。第三，在通货膨胀的环境下，高收入群体往往可以有更多的增加收入的渠道，因此其名义收入的增长有可能超过通货膨胀率的上升；而低收入群体增加收入的可能性较小，因而实际收入降低的可能性更大。

3. 抑制消费需求、治理通货膨胀的宏观经济政策

在高通货膨胀率时期宏观经济政策的基本方向是紧缩，可以通过紧缩性的财政政策和紧缩性的货币政策来实现。相对而言，货币政策在治理通货膨胀时具有更大的灵活性。

（1）紧缩性的货币政策。尽管形成通货膨胀的原因多种多样，但说到底通货膨胀是一种货币现象，即流通中货币过多造成物价总水平的持续上涨。因此，要治理通货膨胀，基本的途径就是减少流通中的货币量，具体政策工具包括：

1）中央银行在公开市场上出售政府债券，收回资金，以减少经济体系中的货币存量。

2）提高央行对金融机构的再贴现率、再贷款利率，提高商业银行的借款成本，进而影响市场利率。市场利率提高后，一方面工商企业和个人的融资成本提高，从而起到抑制投资需求和消费需求的作用；另一方面，通过促进储蓄的增加，降低消费需求。在利率非市场化的国家，政府往往直接通过提高存、贷款利率来达到紧缩信贷的目的。

3）提高商业银行的法定存款准备金率，通过缩小货币乘数来紧缩信贷总规模。

（2）紧缩性的财政政策。紧缩性的财政政策的基本内容是削减财政支出和增加税收。

1）削减财政支出。政府削减财政支出中的投资支出可以直接降低投资需求，减少社会投资的总规模，这在政府投资支出占社会投资总支出比重较大的国家效果尤为显著。政府削减财政支出中的福利性支出，则可以降低某些阶层的消费收入，从而降低消费需求。

2）增加税收。增加对企业的税收，可以减少企业的税后利润，从而降低其投资需求；增加对消费者的税收，可以减少个人收入，从而降低其消费需求。

虽然从理论上说财政政策具有灵活性，可以根据经济运行的周期性特点相机调节，但实践中政府的财政支出具有较强的刚性，削减支出的难度较大；而采取增税措施要考虑社会的承受能力。

（3）紧缩性的收入政策。紧缩性的收入政策的目的是控制工资的过快增长。从一些国家的实践经验看，它主要包括以下几个方面：

1）确定工资-物价指导线。设立该指导线，就是政府在一定时期内确定允许货币收入增长的目标数值，据此相应地采取措施以控制每个部门的工资增长率。

2）冻结工资。即强行将职工工资增长率控制在一定水平上。

3）特别税收手段。通过对过多增加工资的企业按工资超额增长的比率征收特别税，以此抑制收入的增长速度。

（4）治理通货膨胀的其他政策。抑制需求、治理通货膨胀的其他政策包括控制价格、控制集团购买力、直接信用控制等。

在通货膨胀形成的过程中，某些垄断行业（如电力、通信、铁路、城市公用事业等）的价格上涨往往起到推波助澜的作用，其他竞争性行业也可能在通货膨胀时期哄抬物价。对此，许多国家的政府都通过制定法律来限制垄断高价，并在严重通货膨胀时期实行物价冻结政策。

11.3.2　经济衰退时期的消费政策

1. 通货紧缩

与通货膨胀相反，通货紧缩是指社会物价总水平处于持续疲软乃至下跌的态势。正如通货膨胀多与经济的高速增长从而导致需求旺盛相伴一样，通货紧缩往往是经济衰退、社会需求不足的共生物。作为一种货币现象，通货紧缩是流通中的货币减少所致。而导致流通中货币减少的原因，一是货币供应量的减少，二是货币流通速度下降，货币的流动性减弱。

在通货紧缩的情况下，由于物价的持续疲软，人们的收入水平降低，企业的盈利能力减弱，人们对未来的经济前景产生悲观预期，从而影响消费需求和投资需求。就消费者而言，由于未来收入预期的不确定性增大，因而预防性储蓄增加，消费信贷减少，消费需求降低；就企业而言，由于经济形势不好，投资的回报率降低，企业不愿投资或不敢投资，因而投资需求下降。与严重的通货膨胀会破坏经济的稳定和安全一样，严重的通货紧缩亦会对经济运行产生较大的破坏作用。

2. 刺激需求、治理通货紧缩的宏观政策

刺激需求、治理通货紧缩的宏观政策的基本方向是扩张，通过扩张性的财政政策和扩张性的货币政策来实现。相对而言，由于货币政策作用的发挥需要通过较复杂的传导机制，其间受微观经济主体的影响较大，因此货币政策的效应会受到影响并有较长的时滞；而财政政策的作用则更直接。

（1）扩张性的财政政策。政府可以从减税和增加财政支出两方面实施扩张性的财政政策。

1）减税。减税可以直接增加企业的利润和个人的收入，从而刺激投资需求和消费需求。

2）增加财政支出。政府通过增加基础设施等投资性支出，带动投资需求，进而带动消费需求的增长；而政府支出中福利性支出的增加可以直接增加市场的消费需求。

扩张性的财政政策从减税、增加财政支出两个方面实施，需要政府有一定的财力来支持。在财政存在赤字的情况下，扩张性的财政政策实施的空间较小。

（2）扩张性的货币政策。扩张性的货币政策的基本内容是增加流通中的货币量，具体的政策手段包括：

1）通过公开市场购买政府债券，释放出货币，从而增加经济体系中的货币存量。

2）降低中央银行对金融机构的再贴现率或再贷款利率，降低金融机构的成本，以此影响市场利率；或直接调低存、贷款利率，当市场利率下跌后，企业及个人的融资成本降低，从而刺激投资需求和消费需求的增长。

3）降低商业银行的法定准备金率，扩大货币乘数，从而扩大社会信贷总规模。

（3）国债买卖。国债是连接财政政策与货币政策的纽带。当扩张性的财政政策实施的空间较小时，在保持适度的国债规模和合理的债务结构的前提下，可以通过增发国债增加政府的收入，从而为财政支出的扩大取得资金来源，使扩张性的财政政策得以实施。

但需要注意的是，通过增发国债、扩大财政支出而增加的需求，可能对民间需求具有一定的替代作用。比如，针对社会公众发行的国债，如果资金来源于当期的消费收入，则政府的需求一定程度上替代了民间的消费需求，从而扩张性的财政政策不起作用。加之政府投资的效率多低于民间投资，因而国债的增发还可能起不到积极作用。只有当发债收入来自储蓄（当期未用于消费支出的收入）时，通过国债的发行将储蓄直接转化为投资支出或消费支出，才能起到刺激需求的作用。

政策分析

新常态下我国宏观经济政策框架的重构

中国人民大学宏观经济分析与预测课题组的一份研究指出，新常态下我国宏观经济政策需要进行重构。原因在于：在实现经济赶超战略之后，我国宏观经济政策应该更加关注增长的结果能否转化为家庭消费的增长和社会福利的提高；世界经济再平衡和国内经济再平衡的交互作用，要求我国重构宏观政策框架；在各种内生和外生的金融冲击下，我国的金融脆弱性显著提高，从而宏观经济政策框架中应该纳入金融稳定目标。国际收支的新变化预示着我国国际收支的平衡模式将会发生深刻调整，国际收支平衡应该成为宏观经济政策主动调控和管理的对象。

重构我国宏观经济政策框架的战略定位应该包括短期、中期和长期三个层次。第一个层次是针对短期内已经显露的宏观经济和金融风险，提升和强化维持宏观经济和金融稳定的能力。第二个层次是针对中期的问题，特别是在较长时期持续存在的结构调整、去库存、去产能以及去杠杆等问题，提升应对这些问题相互叠加后可能带来的负面冲击，应对大调整、大变革和大开放战略可能带来的“创造性破坏效应”。第三个层次是针对长期将会出现的均衡、开放和市场化的经济体系，构建高效的、可持续的和动态一致的宏观经济调控模式和政策框架。

重构政策框架的进一步考虑为：配合新常态下的结构调整过程，提升财政政策的短期需求管理能力；高度重视和强化财政因素在金融发展和金融稳定性等问题上的重要性；货币调控模式应该从倚重数量型工具转向倚重价格型工具，同时应该保留调控甚至是管控跨境资本流动的能力和手段。

资料来源：中国人民大学宏观经济分析与预测课题组．新常态下我国宏观经济政策框架的重构．经济理论与经济管理，2016（4）.

11.4 开放经济中的消费政策

在开放经济中，由于国家经济关系的加强，一国的宏观经济会受到诸多国际因素的影响。特别是发展中国家，在经济发展和对外开放的过程中，将受到发达国家的生活方式很强的示范效应的影响。因此，在开放的经济环境中，一国的消费政策必须考虑这些因素的影响，正确处理好短期内提高消费水平与长期内实现经济持续增长的关系。

11.4.1 消费政策的目标

第二次世界大战以来，消费经济学迅速发展，对消费问题进行了广泛而深入的研究，并就很多问题提出了相应的对策。这些对策基本上体现了消费政策所要实现的目标。归纳起来，主要有以下几个方面：

（1）有助于稳定经济、缓和经济波动。第二次世界大战后西方国家经济危机频繁发生，其根源在于进入买方市场以后市场商品大量过剩。为了消除这样的矛盾，消费经济学家侧重于从收入与消费之间的关系、消费者的购买动机、消费结构的变化等方面进行分析，并提出相应的对策，以达到缓和经济波动，促进经济稳定增长的目的。

（2）有助于促进经济的长期增长。通过对人口增长与消费关系的分析、对长期就业问题与消费关系的分析，以及对社会福利问题、社会消费水平的长期趋势及消费结构变化规律的研究，将消费问题放在长期的经济增长中进行考虑，以促进经济的长期增长。

（3）有利于缩小社会各阶层的生活状况的差距，提高低收入家庭的消费水平。这一目标显然与第二次世界大战后西方国家推行的“福利政策”和“福利国家”有关。从根本上来说，主要是出于社会稳定的考虑。西方经济学家认为，低收入消费者不仅在消费结构上与高收入阶层有着较大的区别，而且在商品购买中所遭受的损失也较大。比如，由于居住条件、交通条件的限制，低收入阶层选择的机会较少；由于缺乏足够的消费信息，在购买中处于不利地位；在商品价格上涨，特别是生活必需品价格上涨的过程中，所遭受的损失较大；等等。因此，消费政策的制定应当有助于改善低收入家庭在消费方面所处的不利地位。

上述三个方面的消费政策目标虽然针对的是西方发达国家的情况，但基本上也适用于发展中国家。特别是，由于发展中国家处于较低的经济发展水平，所以如何正确处理好消费水平提高与经济增长的关系、人口增长与消费水平提高及经济增长的关系，以促进经济的长期增长、实现经济起飞，就显得尤其重要。

11.4.2 发达国家消费政策的重点

针对当前发达国家国内的消费特点，一些经济学家认为，发达国家消费政策的重点应当集中在以下几个方面：

（1）提高生活质量，发展与生活质量的提高有关的产业（主要是第三产业中的国内旅游业、公共服务业等），使那些“闲得无聊”的人的闲暇和收入有所安排。其实质是通过发展上述产业刺激高收入群体的消费需求。

（2）通过各种方式提高低收入群体的收入（比如美国的“帮助穷人”计划），并且通过生产一些适合低收入家庭使用的耐用消费品，以及为这些家庭购买耐用消费品提供一定的帮助，使低收入群体也能享受到“新消费方式”的乐趣，并缩小国内不同收入群体的消费水平差距。

（3）针对市场消费品供给的过剩，大力推广消费知识和技术，为消费者提供各种服务；同时加强对消费者的调查和市场信息的传播，为生产者提供各种信息服务，防止消费品的滞销。

（4）针对越来越严重的资源紧张状况，加强对节约能源或节约某些原材料的消费品和消费方式的开发和推广。

（5）加强对消费者的保护，防止消费者的权益受到损害。

政策分析

发达国家 20 世纪 50 年代以来的消费政策

20 世纪 50—70 年代，发达国家的消费政策不仅体现在推动经济增长、增加就业、维持国际收支平衡等方面，还体现在维持消费供求平衡和社会平衡上。进入 70 年代以后，它们又普遍认识到了环境保护的重要性，开始把人与自然平衡发展、实现可持续消费作为消费政策的一项内容。

80 年代，消费政策的主要目标是实现消费供求平衡，而把社会平衡目标放在次要地位。在 80 年代初期，严格控制消费增长，鼓励生产性投资，增加供给；80 年代中期提出消费适度增长，继续增加供给；80 年代后期转向抑制增长了的消费。

90 年代以来，鉴于通货膨胀的危害性，把保持物价稳定、控制通货膨胀作为重要目标。90 年代初发达国家大都已形成巨额的财政赤字，为了减少赤字，控制政府的消费支出也成为其中的一个重要目标。此外，90 年代以来，发达国家更加注重人的生存与发展质量，推行可持续消费政策成为这个时期的重要特征之一。

21 世纪以来，发达国家面临经济低速增长（个别国家除外）、巨额财政赤字、重度人口老龄化、劳动力短缺和福利设计老化等一系列经济社会现状，其消费政策的目标是保持经济增长、扩大消费，仍然以财政政策（减税、控制政府支出）和货币政策为主要调控手段。此外，收入政策、环保政策也是发达国家的一项重要的和长期的消费调控政策。同时，发达国家继续推动社会福利制度改革，加强其对消费的调控作用。

11.4.3 发展中国家消费政策的重点

第二次世界大战后发展经济学研究的发展，使人们对发展中国家经济发展过程中出现的问题给予了更多的关注。针对发展中国家在消费方面存在的问题，一些经济学家认为，发展中国家的消费政策应当包括以下内容：

（1）迅速提高低收入群体的收入和消费水平，防止城乡消费差距过分悬殊。发展中国家存在的一个突出问题是城乡二元经济结构，城乡消费差距巨大，贫富两极分化严重。在经济发展过程中，应当通过有效的政策促使农村剩余劳动力向非农业转移，在发展工业化的同时实现城市化，逐步缩小城乡消费差距，并把贫富差距控制在合理的、社会可接受的限度内。

（2）大力发展消费品市场，理顺消费品价格机制，疏通商品流通渠道，降低交易成本，加速消费品流通。大多数发展中国家由于市场发育程度较低，流通环节过多，交易成本过大，对生产者和消费者都不利，因而培育市场是发展中国家政府的重要职责之一，也是保护消费者利益的重要内容。

11.4.4 我国中长期的消费政策

1. 制定消费政策需要考虑的因素

（1）消费战略。消费政策是一国消费战略在某一时期的具体体现。2002 年党的十六大报告提出了具体的战略目标，即我们要在 21 世纪头二十年，全面建设惠及十几亿人口的更高水平的小康社会，到 21 世纪中叶，基本实现现代化。2017 年党的十九大报告中明确提出了新的“两步走”战略，即第一个阶段，从 2020 年到 2035 年，在全面建成小康社会的基础上，再奋斗十五年，基本实现社会主义现代化；第二个阶段，从 2035 年到本世纪中叶，在基本实现现代化的基础上，再奋斗十五年，把我国建成富强民主文明和谐美丽的社会主义现代化强国。消费战略的确立，显然直接规定了消费政策的具体内容。

（2）社会经济发展目标。社会经济发展目标和消费战略是社会经济发展战略的两个组成部分。两者从根本上说是一致的，即消费战略要在社会经济发展目标的基础上实现，而社会经济发展目标的实现也要以消费战略的实现为归宿。但两者有时也会产生矛盾，如社会经济的发展没有带来消费的相应发展和消费战略的实现；或消费的增长超过经济的增长，消费战略顺利实现，而经济增长没有达到既定的目标。因此，必须正确处理好两者的关系，并且在消费政策中具体体现出来。

（3）社会资源状况。消费政策的制定还必须考虑社会资源状况，即社会资源总量和人均资源消费水平，资源结构是否对经济的发展和消费的提高构成制约作用，以及社会资源的优势和劣势等。制定消费政策的出发点应当有利于社会资源的合理开发利用，并促进生态的良性循环。

（4）需要协调的其他政策。消费政策的制定与实施，必须协调好与其他宏观经济政策的关系，其中主要包括以下几类政策：

1）人口政策。人口状况是影响社会消费水平的重要因素，特别是对我国这样一个经济发展水平较低的人口大国来说，人口对经济发展和消费提高的制约作用尤其明显。甚至可以说，到21世纪中叶，我国的消费发展战略能否实现，一方面取决于经济发展状况，另一方面则取决于人口状况。我国已于2021年6月正式实施“一对夫妻可以生育三个子女”政策，这一人口生育政策的调整，将有可能减轻人口老龄化带来的压力，促进经济增长。

2）产业政策。消费政策与产业政策要在社会经济发展战略之下进行协调，既要保证随着消费水平的提高，消费结构不断改善，又要使产业结构不断实现高级化，从而有利于促进经济的长期增长。

3）收入分配政策。社会消费战略目标下的消费政策，应当涵盖全社会范围内的各个收入阶层。因此，收入分配政策就会影响各个阶层的收入消费状况以及不同阶层之间的收入消费差距。在我国现阶段，与消费政策相配合的收入分配政策，一个总的原则是既要适当拉开收入档次，并且鼓励一部分人通过勤劳致富先富起来，又要防止收入差距过大。

2. 我国中长期的消费政策简述

从今后我国中长期的消费总政策来看，应坚持实行“同步消费”的总政策，即消费水平的提高基本上应与同期国民收入的增长同步。这一政策兼顾了生产与生活、投资与消费两个方面，是适合我国国情的消费总政策。从我国中长期的具体消费政策构成来看，在确定消费基金总量适度增长标准的前提下，应着重提高居民的消费水平，调整消费结构，推动居民消费结构的升级，最终实现共同富裕。而从近期来看，我国消费结构调整的最重要任务是消除影响消费结构升级的制度性制约因素。

根据当前我国经济运行的特点，现阶段我国的消费政策重点应当是鼓励消费，积极采取措施提高消费倾向，刺激消费需求。

目前，我国宏观消费方面存在的主要问题是消费需求不足，消费结构升级比较缓慢。买方市场下的经济是一种需求约束型经济，总需求不足，其原因不是现实的需求欲望不足就是支付能力不足，或者是总供给的增长速度远远快于总需求的增长速度。总供给的增长速度远远快于总需求的增长速度，其原因一方面可能是需求的欲望和支付能力跟不上供给能力的增长，其实质仍然是需求欲望和支付能力的不足；另一方面可能是供求结构失衡导致需求不足。

在暂不考虑供求失衡的情况下，消费需求不足和消费结构升级缓慢一般有两个原因：一是收入水平不高，二是消费倾向低。常态下的消费倾向是稳定的，主要是因为消费倾向取决于人的心理特征、社会习惯和一般的社会结构，这一切在短期内是难以发生根本变化的，因此，消费需求的变动主要是由于收入的变化，而不是消费倾向的变化所致。居民收入的增长跟不上生产能力的增长，由此产生的积累效应从整体上制约了居民消费能力的扩张。然而消费倾向也是十分重要的，消费倾向低导致了需求不足。原因是收入增加时，消费也增加，但是消费的增加小于收入的增加。因此，总收入愈大，收入和消费的差距就愈大，储蓄在收入中占的比例也就愈大，消费倾向随之减弱，不仅导致消费需求减弱，而且使投资需求减弱。所以在给定的总收入水平上，要增加消费，就必须提高消费倾向，提倡刺激消费，并抑制储蓄倾向。

3. 居民收入对消费需求的影响

在前面的章节中我们曾经分析过消费函数问题，在此我们进一步对收入与消费的关系进行探讨。

(1) 收入水平。收入水平是决定即期消费的主要因素。在收入水平较高的时期，人们的消费欲望强烈，消费支出增长较快。相反，在收入水平下降时期，预期收入不高，人们的消费欲望和消费积极性大大减弱，消费支出也必然减少。

自“七五”时期以来，我国居民家庭人均收入的增长落后于 GDP 的增长。由于居民家庭人均收入增长较大幅度落后于 GDP 的增长，致使按不变价格计算的城镇居民人均收入占人均 GDP 的比重由 1985 年的 76.74%降低到 2013 年的 60.35%，此后这一指标开始缓慢回升，2020 年达到 61.32%（见表 11－1）。

表 11－1　1985—2020 年我国城镇居民人均收入与人均消费占人均 GDP 比重（%）

年份	城镇居民人均收入/人均 GDP	城镇居民人均消费/人均 GDP
1985	76.74	79.44
1990	91.85	97.08
1995	84.88	97.72
2000	79.92	87.17
2005	73.97	67.99
2010	63.71	55.25
2013	60.35	42.16
2015	62.08	42.58
2016	62.27	42.75
2017	61.16	50.95
2018	60.16	49.79
2019	60.62	49.94
2020	61.32	47.61

资料来源：历年《中国统计年鉴》。

从表 11－1 中看出，正常情况下，城镇居民人均收入占人均 GDP 的比重与城镇居民人均消费占人均 GDP 的比重存在紧密的正相关关系。可见，居民人均收入水平偏低是造成消费需求不足的基本原因。

（2）收入变化。收入变化对消费或储蓄的影响，通常是通过人们的预期来实现的。一般情况下，收入波动的加大会降低人们的收入预期。主要原因是人们认为波动的收入是一时收入，从而提高收入增量中的储蓄比重；而当收入增长下降或收入下降时，人们则会意识到收入的不稳定性，为使未来消费不致降低，人们一般要增加储蓄。收入的波动通过这种心理作用，使消费行为变得更加谨慎。

（3）收入差距。一定限度内的收入差距既是必然的，也是合理的。它既体现了收入分配的效率原则，也有助于形成梯度化的消费需求，有利于产业结构的有序发展和市场的有效实现。但是，如果收入差距过大，以至于极少数人掌握了大部分国民财富，将导致社会平均消费倾向的下降，从而对消费的增加与消费热点的转换带来不利的影响。

延伸阅读 | 我国基尼系数的变化

据国家统计局测算，1990年全国居民收入的基尼系数为0.343，1995年为0.445，2000年为0.417，已经超出了国际公认的警戒线0.4的标准。此后，全国居民收入的基尼系数持续上升，2005年为0.485，2008年达到0.491的高峰。从2009年开始，基尼系数开始逐渐下降，2009年为0.490，2010年为0.481，2015年为0.462，2016年为0.465，2017年为0.467，2018年为0.468，2019年为0.465，2020年为0.468。

尽管近年来全国居民收入的基尼系数大体呈降低趋势（近五年基本持平），但仍处于基尼系数国际警戒线之上。与此同时，我国城乡之间、地区之间、行业之间、群体之间的收入差距仍明显偏大。

（4）收入预期。一个理性的消费者会从跨时区的层面上来考虑消费效用的最大化，这意味着，一个预期将来收入减少的消费者会缩减当期消费，增加储蓄，以平衡消费。一个劳动者把其工资外的收入仅仅视为一时收入，因此无法对其形成稳定的预期。加之以货币化、透明化为趋向的工资改革，更使人们对这部分收入产生不乐观的预期。再者，如果消费者的收入持续下降，人们的收入预期可能进一步降低。

4. 居民消费倾向对消费需求的影响

从短期来看，居民的边际消费倾向比较稳定，而它的下降或者是由于发生了制度变迁，或者是由于收入分配出现了问题，或者兼而有之。

（1）制度变迁。从制度的变迁来看，一个国家在由计划经济体制向市场经济体制转型的过程中，其原有的住房、医疗、就业、劳保、教育等制度都要相应进行改革。虽然制度改革的方法和进程有所差异，但基本趋势是一致的，即由国家或集体负担的费用逐步转为由个人负担或个人、集体与国家共同负担。总之，制度变迁的直接结果，一方面使居民收入处于相对不稳定的状态；另一方面，居民将比在以往体制下承担更多的费用支出。基于此，居民必然在储蓄与消费之间重新进行权衡和选择。鉴于制度变迁使居民日后的风险增强，他会更加注重通过增加储蓄来应对未来的不确定支付。这一方面导致居民的边际消费倾向下降，一方面又由于直接投资渠道的限制使得居民储蓄转化为投资需求的速度相应变慢（见表11-2、表11-3）。

表 11 - 2　1978—2020 年我国城镇居民和农村居民的平均消费倾向

年份	城镇居民	农村居民
1978	1.18	1.03
1980	0.86	0.85
1985	0.91	0.80
1990	0.85	0.85
1995	0.83	0.83
2000	0.80	0.74
2007	0.86	0.79
2013	0.70	0.79
2014	0.69	0.80
2015	0.69	0.81
2016	0.69	0.82
2017	0.67	0.82
2018	0.67	0.83
2019	0.66	0.83
2020	0.62	0.80

注：从 2013 年起，国家统计局开展了城乡一体化住户收支与生活状况调查，2013 年及以后的数据来源于此项调查，与 2013 年前的分城镇和农村住户调查的调查范围、调查方法、指标口径有所不同。

资料来源：历年《中国统计年鉴》。

表 11 - 3　2000—2020 年我国居民储蓄增长率与其他指标的比较（%）

年份	国内生产总值增长率	城镇居民人均可支配收入增长率	城乡居民储蓄增长率
2000	8.5	7.3	7.9
2005	11.4	11.4	18.0
2010	10.6	7.8	16.0
2011	9.5	8.4	15.5
2012	7.9	9.6	16.6
2013	7.8	7.0	13.5
2014	7.3	6.8	8.9
2015	6.9	6.6	8.9
2016	6.7	5.6	9.9
2017	6.9	8.3	.7.5
2018	6.8	7.7	11.1
2019	6.1	7.2	13.4
2020	1.9	3.5	13.8

资料来源：历年《中国统计年鉴》。

（2）收入分配状况。

1）收入差距。前已述及，如果一个国家的收入和财富差距过大，大量财富集中在少数人手中，中低收入者收入水平低将导致购买能力不足，而高收入者的消费倾向较低，最终将导致整个社会的消费倾向偏低。

2）储蓄差距。居民收入差距扩大还将造成居民储蓄中不同收入群体的居民存款额差距的扩大，这使得降低银行利率对刺激消费的作用有所减弱。

应 用

我国居民储蓄差距分析

2019 年，我国居民的存款总额已经达到 82 万亿元。然而，储蓄结构差异较大。

一是，中西部地区居民的储蓄规模小，储蓄增长速度也低。截至 2019 年末，广东、浙江、江苏是我国新增存款规模排名前三的省份，已连续 5 年排名处于前三的位置，规模分别为 8 651.33 亿元、7 217.76 亿元和 6 956.75 亿元。而排名后三位的地区为海南、青海和西藏，分别为 302.72 亿元、166.5 亿元和 34.83 亿元，远远落后于东部地区省份。从增长速度来看，东部地区的增长率也显著高于中西部地区，未来地区之间的差异或将扩大。截至 2019 年末，天津、上海和浙江是新增存款增长率排名前三的省份，分别为 17.18%、16.49%和 15.52%。近 10 年来，东部地区存款增长率平均高于中西部地区 7.65 个百分点。

二是，城乡居民的储蓄率差异较大。截至 2019 年末，我国城镇居民的储蓄率为 33.75%，连续三年保持增长。而农村居民的储蓄率为 16.81%，连续两年出现下降。城镇居民的储蓄率明显高于农村居民的储蓄率，主要原因为城镇居民的可支配收入高于农村居民。

资料来源：国家统计局、中国银行研究院。

由此可见，要刺激消费需求，加快消费结构升级，必须从两个方面入手：一是提高消费者的收入水平和收入预期；二是提高消费者的消费倾向。为了实现这两个目标需要从多方面构建消费政策。

如果我们再考虑供求失衡对消费的影响，则还需要完善和调整产业政策和投资政策，从而保障消费需求的实现和消费结构的升级。

5. 提高消费倾向、刺激消费需求的政策选择

其一，调整和完善收入分配制度，稳定并提升居民的收入预期，提高居民的消费倾向。

消费是收入的函数，居民收入水平的提高是消费结构升级和消费规模扩大的直接动因。从发达国家的经济发展进程来看，居民个人消费支出水平与生产力的发展、收入水平的提高基本上保持同步。从我国消费水平的变化过程来看，20 世纪 80 年代，城乡居民收入水平的迅速提高带动了消费结构的剧变，消费结构从百元级消费迅速攀升至千元级消费，实现了一次以耐用消费品为主要内容的消费革命，庞大而快速增长的居民消费成为支撑经济快速发展的主要动力。20 世纪 90 年代末期开始，我国又迎来了以“住”和“行”为核心的消费升级浪潮，极大地促进了汽车和房地产及其上下游产业的发展。但至此之后，我国居民的消费结构迟迟难以升级，服务消费所占比重远远低于同等经济发展水平国家同等时期的水平。消费倾向低、消费升级缓慢的原因是多重的，房价居高、居民债务负担攀升是重要原因之一；收入增长缓慢、收入差距加大、收入预期降低也是重要原因。因此，必须调整收入分配政策。

首先，要逐步提高居民的收入水平，使之与经济发展相适应，使收入分配在国民收入总分配中占有合理的比例。特别要注重保护劳动所得，提高劳动报酬在初次分配中的比重。只有适度提高城乡居民的收入增长率，才能提升居民对持久收入的预期。按照弗里德曼的持久收入假说，只有当总收入中的持久性收入增加以后，才能引致持久性消费需求的上升和扩张，从而使总需求持续上涨。

其次，调节社会成员间的收入水平，缩小收入差距。一个国家如果贫富过于悬殊，会降低社会的总消费倾向，减少投资的乘数效应，从而弱化财政政策的积极效果。我国在经济调整时期，城镇居民中的低收入户增加，导致其消费水平下降。因此，中长期调整消费政策的关键是，加大再分配政策的力度，利用税收、社保、转移支付等手段，合理调节收入。在与个人可支配收入相关的财税政策方面，继续完善个人所得税制度，进一步降低中低收入人群的税负，完善专项附加扣除政策，特别是配合最新的生育政策，进一步帮助个人和家庭减负；对真正的高收入群体加强征收。在房产税方面，加快开征房产税速度，调节财富分配，实现社会公平。加大政府对低收入人群的转移支付，健全社会保障制度，兜底社会公平底线。重点是要做大中等收入群体，使之成为拉动消费的中坚力量，提高社会的平均消费倾向。

此外，尽快完善社会保障制度，以增强居民的信心，降低居民消费预期，增加即期消费。通过建设和完善社保体系和公共服务体系，有效消除老百姓在住房、养老、医疗、子女教育等方面的“后顾之忧”，让他们在收入增加的同时“更敢花钱”。增加对困难群体的就业支持和转移支付；扩大社会保障的覆盖面，降低支出预期，特别要建立健全农村社会保障制度，选择降低风险的制度安排。

其二，在风险可控的情况下，推行消费信贷，降低流动性约束。

刺激需求实际上也是对消费和储蓄的关系进行调整，增加现期消费，减少储蓄。从储蓄的主流动机来看，养老储蓄将随着人们养老意识的增强而增强，这也正是养老金制度的主体。预防性储蓄与收入不确定性及经济不景气形成了一个循环，即经济不景气增大了收入不确定性，居民会增加预防性储蓄；预防性储蓄的增加又降低了国内需求，使经济更加难以复苏，因此，预防性储蓄的降低只能是经济得以恢复、收入预期增加的结果，而很难成为后者的前提。所以，试图通过降低预防性储蓄来增加有效需求的宏观经济政策将难以奏效。比较可行的是通过大力发展消费信贷来降低流动性约束，从而刺激有效需求并降低目标储蓄。

随着国民收入中居民部门所占份额的不断提高，要求社会资金流动格局增加对居民部门的反向资金流动（即金融中介机构对居民部门的消费信贷）。居民部门在金融活动中的参与度的提高，是金融发展和金融社会的重要标志。消费信贷的发展，可以改变对传统的“居民—金融中介机构—企业”单一的储蓄—投资转化机制的依赖，形成“居民—金融中介机构—居民”的新的储蓄—投资转化机制，增加有效需求，降低流动性约束，从而提高当前的消费水平。也就是说，当“支付孩子的教育费”“购房”“购车”成为人们重要的储蓄动机时，消费信贷的发展使得人们不必等到拥有足够的储蓄时才消费。因此，消费信贷是加快提升消费结构、抵消流动性约束对现期消费限制的有效措施。在发达国家消费结构升级的过程中，消费信贷起到了积极的作用。以美国为例，20

世纪 80 年代不包括住房信贷在内的信贷消费占其总消费的 20%左右。人们是否愿意借钱消费取决于收入预期、借款利率及消费观念等多种因素。

从发达国家的经验来看，住房信贷在消费信贷中占有较大的比例，这主要是因为住房的价值量大，居民很难用现期收入支付，如果依靠积累性收入来实现则很难在一定时期内提高居民的消费水平。住宅投资的产业链很长，通过刺激住房消费可以引导相关的消费品部门以及投资的增长，进而拉动国民经济的增长。以我国为例，住宅投资每增加 1 亿元，其他各相关产业就要相应地增加总共 1.497 亿元的投入。① 消费信贷被人们普遍接受需要一个过程。一般来说，年纪越轻、学历越高、收入水平越高，对消费信贷的接受程度越高。为了推动消费信贷的发展，除了降低利率以外，政府及有关金融机构在降低税（费）率、降低交易成本及完善金融服务等方面还需做许多工作。

教育支出是收入弹性较大的支出项目，收入水平的提高将增加人们的教育需求，特别是对高等教育的需求。此外，经济结构的调整和经济的不景气也会刺激人们对高等教育的需求，以提高自身的竞争能力和适应能力。发展高等教育信贷，增加高等教育的融资渠道，不仅从短期看会起到刺激消费、减少储蓄的作用，而且通过高等教育对人力资本积累的推动，将对经济产生长远的积极影响。

一个值得重视的现象是，我国居民部门的杠杆率目前正处于增速较快的时期。2008 年居民债务占 GDP 的比重达到 17.9%，2018 年上升至 53.2%，10 年间上涨了 35.3 个百分点，增速与美国 2000—2007 年间相当。截至 2018 年末，我国居民贷款规模达到 47.9 万亿元，其中中长期消费贷款达到 29.0 万亿元，而住房按揭占比最大，2018 年末达到 25.8 万亿元，占全部居民贷款的 54%。杠杆率快速上涨主要和房价上涨相关。短期消费贷款虽然占比不高，但增长较快，这又和消费信贷工具的发展与创新以及商家的营销不无关系。尽管与国际社会相比，中国目前的居民杠杆率并不高。但考虑到中国目前所处的发展阶段，中国居民的杠杆率并不低。

因此，虽然消费信贷是实现居民跨期消费、提升一生消费效用的有效手段，但管理消费信贷、防范债务风险也是我国现阶段必须解决的宏观和微观问题。

其三，促进供给侧改革，为提高消费倾向提供物质条件。

前面我们曾经谈到，过剩经济是供求失衡导致的，这种失衡既可能体现在总量上，更可能表现在结构上。很多情况下，产业结构不合理，先导致有效供给不足、消费需求无法实现，最后导致有效需求不足。目前，我国的消费成长面临着供给侧的系列约束，包括：

（1）公共品供给不足。当前我国的公共品供给不足主要表现在教育、医疗卫生和保障性住房三大领域。由此，城乡居民存在较强的目标性和预防性储蓄动机，致使总体消费倾向下降。

（2）高端产品供给不足。在现今的国际分工中，中国已经是“世界工厂”。但在产品供给上存在低端过剩、中高端不足的结构性问题，从而难以满足人们日益增长的物质和文化需求。

---

① 屠永良．房地产经济学．上海：文汇出版社，1992：220.

（3）服务性消费品供给不足。2020 年，我国服务业增加值占 GDP 的比重约为 54.5%，生产性服务业占服务业增加值的比重不足 40%，远远低于发达国家，也低于许多发展中国家。服务业的发展滞后，导致服务性消费品供给不足，难以满足人们对服务性产品日益增长的需求。

要提高消费倾向，政府就必须以推动消费政策供给方式转变为关键，以扩大公共品供给、完善产品供给体系为重要内容。

（1）推动消费政策供给方式转变。要改变过去的需求管理导向的消费政策供给方式，从供给侧结构性改革的角度考虑消费政策的制定。为此，必须掌握几个原则：一是承认政府是公共品的供给者。公共品的供给是影响消费需求的重要因素，克服公共品供给不足是政府的主要责任。新的“三座大山”的形成，很大程度上与政府的“缺位”紧密相关。二是承认企业是经济活动的主体。应理顺政府与企业的边界，着眼于创建和谐的政企关系，相关的政策制定也应起到科学引导作用，鼓励企业自主创新，推动企业转型升级。三是承认消费者存在非理性消费心理。为鼓励消费者理性、科学和绿色消费，应通过转变供给侧结构性改革下消费政策的供给方式，增加有效供给，以完善供给体系为出发点，改革完善相关的财税、分配、货币、信贷和产业政策；以扩大公共品供给、完善产品供给体系和优化消费环境等为抓手，构建起促进消费成长的长效机制。

（2）加快财政支出转型，扩大公共品供给。财政支出的转型应在公共品供给的数量、质量和分布等方面有所作为。应在以下几方面努力：一是提升公共支出力度。财政支出转型，要求建立以提供公共品为主的财政支出结构。要加大公共支出力度，把有限的资金更多地用于公共品的生产和提供。二是优化公共支出结构。加大财政对教育文化产品、医疗卫生产品、保障性住房（廉租房等）和公共交通等民生性领域的投入力度，减轻居民在这些方面的支出负担，缓解压力。加快构建包含终身教育、就业服务、社会保障、基本医疗、住房保障和社会养老服务等的社会福利体系。三是调整公共支出方向。需要优化公共资源配置，注重向农村、基层和欠发达地区倾斜，逐步形成惠及全民的基本公共服务体系。

（3）推进产品转型升级，完善产品供给体系。应推动产品转型升级，争取把升级后的居民消费留在国内市场。一是扩大消费品供给领域，逐渐增加信息、健康、文化、旅游、养老和幼儿等新的消费领域。二是提升消费品供给层次，加大适销对路的中高端产品的供给，鼓励产品的品牌化、细分化、智能化和绿色化，满足人们个性化、多样化和高端化的需求。三是大力发展服务经济。进一步放开服务业的市场准入限制，重点培育与发展信息、环保、健康养老、旅游、时尚、金融等新兴行业，满足人们提升生活质量的需求。

其四，投资政策应着重于启动消费，引导民间投资。

投资对经济增长有双重效应：一是短期的需求效用；二是长期的供给效应。从根本上说，投资对经济发展的贡献主要体现在对有效供给形成的贡献上，而不是体现在对有效需求形成的贡献上。如果仅仅着眼于短期需求效应而增加投资，刺激有效需求，虽然可以一时拉动经济增长，但若投资效率不高，则只会增加未来的无效供给，进一步加剧过剩。因此，过剩经济条件下的投资政策应当着眼于投资的长期供给效应，提高投资效率。投资效率的高低取决于投资结构能否适应消费需求结构的变化，因此，投资政策应着眼于提高消费率，促进消费结构升级，带动民间投资的增加。

（1）控制政府投资，直接启动消费。调整社会总产品的最终使用结构，降低资本形成率，提高最终消费率。

（2）调整财政支出中投资支出和转移性支付的比例，提高后者的支出比例。

（3）加强城乡基础设施建设，为消费需求的扩张营造良好的消费环境。财政政策的重点应由城市转向农村，应更大规模地开展以公路、电网、供排水、通信为重点的农村生产生活设施建设，改善农村的消费环境。

（4）放松对民间投资的限制，引导民间投资的发展。特别是引导民间投资在教育、通信、家政等服务领域的发展，满足居民对服务消费的需求。

其五，改善消费环境。

消费环境是实现消费的重要基础和条件。改善消费环境，有利于增强居民的消费能力，进一步拓展消费空间，从而促进消费需求的提振和持续增长。可以从如下方面入手来改善消费环境：

（1）改革消费市场监管体系，营造安全的消费环境。可以从三方面入手，一是形成强有力的消费监管体系，形成法制化的市场监管环境。对于造成重大消费安全事件的企业，实施“关停”等最严厉的处罚措施。二是完善消费市场监管法律。尽快制定并出台《消费者安全法》，将消费品标准和监管上升到法律法规层面。同时，加快修订《消费者权益保护法》，加大对消费者人身财产安全的保护力度。三是形成有效的消费者权益保护体系。例如，在司法方面建立健全有利于消费者维权的立案程序、举证分配责任、赔偿制度，使消费者权益损害案件可诉讼、可维权、可追究。

（2）加快建立高标准的产品与服务质量体系。消费水平的提高，必然要体现在消费品和劳务以及消费环境的质量提升上。因此，必须要提高质量标准，使之达到符合国际标准的水平，将国内消费品的质检标准提高到与欧美国家相近的水平上，以此约束国内外厂商，也以此作为消费品市场监管的重要依据。同时，建立消费品溯源体系，一旦发现产品出现质量问题，可立即倒查产品生产的各个环节，并且追究相关责任人的责任。

（3）提升市场流通能力，大力发展电子商务。流通能力的提升一方面可以提高消费者购买的便利性，另一方面也能降低购买成本，从而进一步释放消费需求。随着通信技术及互联网技术的发展，电子商务将迎来更大的发展空间。为此，需要加快宽带网络升级改造，尤其是重点建设农村电子商务基础设施，提高城乡宽带网络的普及率。同时，加快全国性物流系统建设，降低电子商务的物流成本。

政策分析

国务院办公厅印发《关于以新业态新模式引领新型消费加快发展的意见》

2020 年 9 月 21 日，国务院办公厅印发《关于以新业态新模式引领新型消费加快发展的意见》。主要目标是经过 3～5 年的努力，促进新型消费发展的体制机制和政策体系更加完善，通过进一步优化新业态新模式引领新型消费发展的环境、进一步提升新型消费产品的供给质量、进一步增强新型消费对扩内需稳就业的支撑，到2025年，培育形成一批新型消费示范城市和领先企业，实物商品网上零售额占社会消费品零售总额的比重显著提高，“互联网+服务”等消费新业态新模式得到普及并趋于成熟。

重要工作包括如下：加力推动线上线下消费有机融合；加快新型消费基础设施和服务保障能力建设；优化新型消费发展环境；加大新型消费政策支持力度。

小 结

消费政策是一国宏观经济政策的重要组成部分。制定消费政策的目的是使消费的发展符合一定时期社会经济发展总战略的需要，符合国情的需要，保障国民经济持续、协调发展。消费政策可分为总体消费政策和具体消费政策。

消费政策主要体现在消费水平提高、消费结构完善等方面，前者通过居民收入水平的提高与经济增长的关系、消费与储蓄的关系、收入分配政策、福利政策和社会保障政策等体现出来，后者通过消费品产业政策和消费品市场等体现出来。

在市场经济条件下，消费政策的实施只能通过一些经济手段加以调节，或通过大众媒介进行引导。实现消费政策的经济手段主要有税收手段、利率手段、国债买卖和政府支出等。

在经济波动的不同周期，宏观经济政策调控的方向必定有所差异。在高通货膨胀率时期，宏观经济政策的基本方向是紧缩，可以通过紧缩性的财政政策和紧缩性的货币政策来实现；相对而言，货币政策在治理通货膨胀时具有更大的灵活性。通货紧缩时期的宏观经济政策的基本方向是扩张，通过扩张性的财政政策和扩张性的货币政策来实现需求扩张；相对而言，财政政策在治理通货紧缩时的作用更直接。

开放经济中，一国的宏观经济会受到诸多国际因素的影响，需要正确处理好短期内提高消费水平与长期内实现经济持续增长的关系。一般来说，各国消费政策实施的总体目标主要是：稳定经济，缓和经济波动；促进经济的长期增长；缩小社会各阶层的生活状况的差距，提高低收入家庭的消费水平等。发达国家和发展中国家在经济发展的不同阶段面临着不同的问题，在消费政策的要点上有一定的差异。

我国在实现共同富裕和现代化的过程中，需要制定适合国情的消费政策。首先，在制定消费政策时需要考虑我国的消费战略、社会经济发展目标、社会资源状况以及其他政策。其次，要制定长期消费政策和具体消费政策。从今后我国中长期的消费总政策来看，应坚持实行“同步消费”的总政策；从我国中长期的具体消费政策的构成来看，在确定消费基金总量适度增长标准的前提下，应着重提高居民的消费水平，调整消费结构，推动居民消费结构的升级。从中短期来看，需要调整和完善收入分配制度，在风险可控的情况下推行消费信贷，调整和完善产业政策和投资政策，改善消费环境，从而提高居民的收入预期，提升社会的消费倾向。

关键术语

消费政策　　　　产业政策　　　　收入分配政策

思考题

1. 一国的消费政策通过哪些方面的具体政策体现出来?
2. 在市场经济条件下，消费政策通过哪些经济手段得以实现?
3. 为什么通货膨胀对不同收入群体的影响有差异?
4. 如何通过宏观经济政策调整经济波动?
5. 发达国家的消费政策与发展中国家的消费政策有什么异同?
6. 制定消费政策时需考虑哪些因素?
7. 试分析我国现阶段消费需求不足的原因。
8. 为拉动消费需求，我国应该如何构建消费政策?

参考文献

[1] 约瑟夫・E. 斯蒂格利茨，卡尔・E. 沃尔什．经济学：第3版．北京：中国人民大学出版社，2005.

[2] 贺铿，李鲁阳．投资、消费与经济增长．北京：中国统计出版社，2006.

[3] 陈燕武．消费经济学：基于经济计量学视角．北京：社会科学文献出版社，2008.

[4] 毛中根，洪涛，等．生产大国向消费大国演进研究．北京：科学出版社，2015.

[5] 李创新，马耀峰，张颖．金融危机下基于消费函数的旅游市场开发研究．统计与决策，2010（1）.

[6] 康建英．人口年龄结构变化对我国消费的影响．人口与经济，2009（2）.

[7] 吕朝凤，黄梅波．中国居民消费的习惯形成：基于1979—2008年省域面板数据的实证分析．经济与管理研究，2011（6）.

[8] 中国人民大学宏观经济分析与预测课题组．新常态下我国宏观经济政策框架的重构．经济理论与经济管理，2016（4）.

[9] 陈建东，周晓蓉．安格斯・迪顿：消费、贫困和福利．经济学动态，2015（11）.

[10] 郭克莎，杨阔．长期经济增长的需求因素制约：政治经济学视角的增长理论与实践分析．经济研究，2017，52（10）.

[11] 颜色，郭凯明，杭静．需求结构变迁、产业结构转型和生产率提高．经济研究，2018，53（12）.

[12] 张昊．居民消费扩张与统一市场形成："本土市场效应"的国内情形．财贸经济，2020，41（6）.

[13] EASTERLIN R. Does economic growth improve the human lot? some empirical evidence//Nations and households in economic growth. New York：Academic Press，1974.

[14] EASTERLIN R. Will raising the incomes of all increase the happiness of all?. Journal of economic behavior and organization，1995，27 (1)：35-47.

[15] EASTERLIN R. The worldwide standard of living since 1800. Journal of economic perspectives，2000 (14)：7-26.

[16] EASTERLIN R. Income and happiness：toward a unified theory. Economic journal，2001 (111)：465-484.

[17] EASTERLIN R. Explaining happiness. Proceedings of the national academy of sciences，2003，100 (19)：11176-11183.

[18] EASTERLIN R. Diminishing marginal utility of income? a caveat emptor. Social indicators research，2005 (70)：243-255.

第 12 章

消费者权益与消费者责任

学习目的

在市场经济条件下，消费是个人自由的表现，消费者拥有自主选择和自主消费的权利。消费者的权利需要受到尊重和保护。自由消费的基本限度是消费者在享有消费权利的同时，关切和承担相应的道德责任，因此，消费者在享有消费者权益的同时，也要承担消费者责任。本章以消费者权益和消费者责任问题为核心，界定了相关概念的内涵，梳理了围绕消费者权益和消费者责任问题的相关的、多视角的分析和解释。金融领域中持续的消费者运动和金融危机的出现，以及金融创新与金融工具的多样化发展，凸显出金融消费者权益保护的重要性。金融消费者权益保护问题的提出，扩大了消费者权益保护的内涵。

12.1 消费者权益的内涵

背景资料

消费者权利概念的提出和发展

20 世纪 60 年代是美国消费者运动风起云涌的时期。1962 年，时任美国总统的肯尼迪在美国国会发表的总统特别咨文中，首次触及消费者的四项基本权利，即安全权（the right to safety)、知悉权（the right to be informed)、选择权（the right to choose）和陈述权（the right to be heard)，这就是后来的《消费者权利法案》(Consumer Bill of Rights）的主要内容。

1985 年，消费者权利概念在联合国大会通过的《联合国保护消费者准则》（U-nited Nations Guidelines for Consumer Protection）中被采纳，并在原有基础上扩展出四项消费者权利：

(1) 满足基本需求的权利 (the right to satisfaction of basic needs)。

(2) 求偿权 (the right to redress)：对于失实的陈述、伪劣商品和不满意的服务，有得到公正索赔的权利。

(3) 接受消费者教育的权利 (the right to consumer education)：享有获得有关的消费知识和关于消费者基本权利与消费者责任方面的知识的权利。

(4) 享有健康的环境的权利 (the right to a healthy environment)：使当代人和后代人都可以生活在没有威胁的环境中。

上述八项权利构成消费者的基本权利，并被国际性的、独立的社会组织——国际消费者联盟组织 (International Organization of Consumers Unions, IOCU) 的消费者权利宪章所重申。

我国于 1993 年 10 月 31 日正式通过了《中华人民共和国消费者权益保护法》，该法确认了中国消费者（及在中国境内购物的外国消费者）所享有的基本权利，包括：

- 安全保障权。具体包括两个方面：一是人身安全权；二是财产安全权。
- 知悉真情权。消费者知悉其购买使用的商品或者接受的服务的真实情况的权利。
- 自主选择权。消费者享有自主选择商品或者服务的权利。
- 公平交易权。消费者在购买商品或者接受服务时所享有的获得质量保障和价格合理、计量正确等公平交易条件的权利。
- 求偿权。消费者因购买、使用商品或者接受服务受到人身、财产损害的，享有依法获得赔偿的权利。
- 获得有关知识权。消费者享有获得有关消费和消费者权益保护的知识的权利。
- 结社权。消费者享有依法成立维护自身合法权益的社会团体的权利。
- 受尊严权。消费者在购买商品或者接受服务时所享有的其人格尊严、民族风俗习惯得到尊重的权利。
- 监督权。

12.1.1　权利的定义与权利的构成要素

权利是一个广泛应用的法学、社会学和政治学概念。中文中的"权利"一词来自英语语境的"right"。英语中"right"的本义是正当、合理、合法、合乎道德的东西，因此，"权利"一词不应解释为"权力和利益"，"权利"和"权力"这两个概念在文字上很相似，却很少具有含义上的关联性。

权利可以解释为：是为道德、法律或习俗所认定为正当的利益、主张、资格、力量或自由，尽管这一定义并不是完美的。① 这个对权利的定义方法，触及了关于权利的本

① 实际上，既然上述五个要素中的任何一个要素都能表示权利的某种本质，那么，以这五个要素中的任何一个要素为原点给权利下一个定义都不为错。究竟以哪一个要素或哪几个要素为原点来界定权利，取决于界定者的价值取向和理论主张。同时，"为道德、法律或习俗所认定为正当"也有许多不同的解释。

质的五个构成要素：

（1）利益（interest）。一项权利之所以成立，是为了保护某种利益。在此意义上也可以说，权利是受到保护的利益，是为道德和法律所确认的利益。利益既可能是个人的，也可能是群体的、社会的；既可能是物质的，也可能是精神的；既可能是权利主体自己的，又可能是与权利主体相关的他人的。

（2）主张（claim）。一种利益若无人提出对它的主张或要求，就不可能成为权利。一种利益之所以要由利益主体通过表达意思或其他行为来主张，是因为它可能受到侵犯或随时处在受侵犯的威胁中。

（3）资格（entitlement）。提出利益主张要有所凭据，即要有资格提出要求。资格有两种，即道德资格和法律资格。

（4）力量（power）。一种利益、主张、资格必须具有力量才能成为权利，它包括权威和能力。首先，力量是权威或者强力，由法律赋予权威或者强力的利益、主张或者资格，称为法定权利。权利在获得法律认可之前是道德权利，在获得法律确认后，就既是道德权利，也是法定权利。其次，力量是基于能力而言的，即权利主体所具有的得到其所期望结果的能力。除去权威的支持，权利主体还要具备享有和得到其利益、主张或资格的能力和影响力。

（5）自由（liberty）。作为权利的本质属性或者构成要素，自由通常是指权利主体可以按个人意志去行使或者放弃该项权利，而不受外来的干预或胁迫。如果权利主体被强迫主张或放弃某种利益和要求，那么就不是享有权利，而是履行义务。

12.1.2 消费者权益的基本内涵

上述对权利及其构成要素的解释，有助于我们理解消费者权益的基本内涵。

消费者权益是指消费者在有偿获得商品或接受服务时，以及在以后的一定时期内依法享有的权利。围绕消费者权益的定义，需要理解下述方面：

（1）消费者权益寻求保护和实现消费者利益。建立消费者权益是为了保护消费者利益。基于经济学的视角，在个体层面，消费者利益是消费者对个人效用最大化或者偏好最大化的追求的实现；在群体层面，消费者利益是作为市场主体的消费者在市场交易中经济福利的实现。

（2）消费者权益是获得法律确认和保护的权利。在现代市场经济中，国家因循社会经济运行的需要和消费者的市场主体地位，制定明确的立法，因此，消费者权益不仅是一种公共约定和公认的社会规范，而且是获得法律确认和保护的权利。

（3）消费者是在下列四种情形下享有权利的：

● 有权提出对某种利益或行为的要求或主张，例如消费者有权要求生产者和经营者提供符合保障人身、财产安全要求的商品或者服务。

● 有权自己决定自己的行为和选择，例如有权自主决定购买或者不购买任何一种商品、接受或者不接受任何一项服务。

● 有权迫使对方做出或不做出某种行为，例如有权要求生产者和经营者提供涉及商品和服务的价格与质量的真实信息。

- 有权不受某种对待，例如伤害消费者人格尊严的、有悖于宗教和习俗的对待。

12.1.3　制约消费者权益的因素

在理解了权利的定义和构成要素之后，我们意识到，消费者权益会受到以下因素的制约和影响：

1. 消费者的市场地位

消费者的利益和主张是以消费者市场主体地位的确立，即消费者主权的确立为前提的。消费者主权①（consumer paramountcy）是诠释市场上消费者与生产者的地位和关系的一个概念，即消费者通过消费行为，得以表达和主张其自身意愿和偏好的市场地位和关系。在市场交换过程中，消费者支付货币购买商品的行为，是向商品和生产者投出"货币选票"的行为；"货币选票"的投向和数量，取决于消费者的个人偏好、意愿和利益。在消费者拥有主权的经济体系中，消费者得以通过表达其自身偏好和意愿的"货币选票"，实现货币的公平支出能力和充分的自由选择权，从而明确提出自己的利益和主张，获得选择和行为的自由。显然，消费者主权的关键在于消费者在投出"货币选票"的过程中，体现在货币的自由选择权之中的对商品和生产者的选择权，只有在买方市场和充分竞争的市场结构中才可以实现消费者主权。因此，可以认为对消费者权利的主张和消费者权利意识的增强是社会经济发展的必然结果。

2. 法律

一种利益、主张和资格必须具有力量才能成为权利，力量首先来自权威或者强力。在现代市场经济中，社会经济运行的需要和市场中消费者主体地位的确立，使得国家通过制定明确的立法，确认和保护消费者的权利，从而，在现代市场经济国家，消费者权益不仅是一种公共约定和公认的社会规范，而且是获得法律确认和保护的权利。由此，法律体系的完备程度和执法过程的严格程度对消费者权益具有重要的制约与影响。

3. 消费者的能力和影响力

消费者权利的产生和形成，需要获得法律的确认和保护，同时，也需要作为权利主体的消费者具有得到其所期望结果的能力。所谓能力首先表现为消费者具备享有和得到其利益、主张或资格的能力，包括消费者是否了解和掌握必要的关于商品和消费的知识，是否具有比较成熟和理性的消费心理，是否具有明确的消费者权益观念和维权意识，等等。消费者能力是制约和影响消费者权益的主要因素。

---

① 经济学在基于市场运行过程阐述消费问题时所构建起的一种逻辑是：在市场经济中，消费者购买商品时把消费意愿和偏好传递给生产者，生产者按照消费者的需求进行生产，生产什么、生产多少，取决于消费者的意愿和偏好。这种逻辑最早见于亚当·斯密的《国富论》。哈耶克（F. A. Hayek）的"消费者主权理论"更为明确、严谨地阐述了这个逻辑。哈耶克认为，信息分散是市场经济存在的前提与基础。由于市场中微观主体所能得到的信息或者市场中的知识是有限、零碎且分散的，因此，这为价格体系的建立提供了可能。同时，既然市场中遍布的知识与信息是分散的，那么只有竞争才能不断地发现并获取信息。竞争是一个发现的过程，竞争就是微观主体不断发现、获得信息的过程，并使得信息充分传递。人们通过生产和交换产品，不断地发现新的需求和满足需求的方法。在这个过程中，消费者每获得一次信息，并做出相关决策，就恰恰是向市场发出一次信号。换言之，这是一个消费者的"货币选票"的投票过程，货币权利赋予消费者主权地位。显然，在市场机制理论的基础上，必然得出消费者主权理论，即消费者在经济运行中处于最终的起决定性作用的地位。

随着消费者的自主性和权益意识的提升，消费者具有的得到其所期望结果的能力，也表现为消费者以结社联盟的组织化方式产生的影响能力。在市场经济社会中，消费者享有依法成立维护自身合法权益的社会团体的权利。作为消费者自身权利的代言人和推动消费者权益保护的组织者，消费者社会组织已经成为影响社会政治生活的一种重要力量，组织化和制度化成为消费者权益保护得以实现的方式。

12.2 消费者权益的保护

12.2.1 保护消费者权益的必要性

基于经济学的视角，消费是生产的实现，生产者利润目标的实现取决于消费者效用目标的实现。进一步讲，经济学认为在完全竞争市场条件下，生产者和消费者都是价格的接受者，任何一方都不存在信息优势或其他控制力量，任何一方都无法将自己的意志强加给对方。在经济学的意义上，一个有效的市场应该是完备的市场、一个消费者主权和生产者主权均衡的市场、一个消费者福利和生产者福利都得到充分实现的市场。

显然，完全竞争市场是经济学的一个理念型的市场，在现实经济活动中，严格意义上没有任何一个市场呈现出完全竞争市场的特征。从而，在现实经济活动中，代之以完全竞争市场的是不完全竞争市场，代之以消费者主权和生产者主权均衡的可能是以显著的市场势力所形成的生产者主权强势，生产者获得定价能力，并左右和影响消费者的行为。加尔布雷斯认为，在现代经济条件下，借助专业的市场调查机构，生产者能够获得消费者需求及其变化的丰富信息，把握消费发展的流行趋势，设计和生产适应消费者需求的产品；通过庞大的广告网、信息网和推销组织对消费者进行轰炸式的诱导，生产者可以引导消费者接受其提供的产品品种、式样和价格，诱导消费者进行购买和消费；借助现代技术，生产者将其意志强加给消费者。于是，在现代经济条件下，不是需求创造供给，而是生产创造消费。

现代经济条件下生产者主权的强势，意味着消费者利益受损，从而市场的资源配置并未达到帕累托最优，由此凸显出消费者权益主张和消费者权益保护的必要性。

1. 生产者和消费者之间的信息不对称

在现实生活中，消费者和生产者之间关于产品质量和价格的信息是不对称的，相对于消费者，生产者往往掌握和了解更多、更准确的信息。导致信息不对称的原因是：(1) 信息的不完全。人们对于未来事件，诸如下一周的标准普尔指数、明年的就业增长率、即将到来的夏季是否炎热等，拥有不完全的信息。对于当前或过去的事情，人们同样也可能拥有不完全的信息。信息不对称总是与不完全信息联系在一起的。因为拥有较少信息的一方无疑是拥有不完全信息的。(2) 搜寻信息是需要成本的。消费者对于产品存在、产品质量和价格信息的掌握是不完全的，而搜寻信息的活动是有成本的，消费者需要通过支付时间、精力等来获取额外信息，从而形成消费者搜寻成本。一旦搜寻信息的边际收益小于边际成本，消费者搜寻信息就无利可图。(3) 消费者的信息处理和加工能力是有限的。

信息不对称对消费者的购买行为产生影响。信息的缺乏使消费者在交易中处于弱势地位，导致消费者剩余的减少；同时，拥有较少信息也意味着消费者拥有不完全的信息。当信息不完全时，购买风险就会产生。显然，存在于生产者和消费者之间的信息不对称，使得消费者权益主张和消费者权益保护具有必要性。

2. 负外部性的存在

当一方直接将收益或成本传递给其他个体时，外部性①（externality）就会产生。外部性可能是正的，也可能是负的。当一方直接将成本传递给其他人时，就产生负外部性。生产者行为会引发负外部性，最典型的负外部性问题是环境污染及自然资源枯竭。比如使用氟利昂做制冷剂会破坏大气的臭氧层，从而导致全球气候变暖，威胁自然生态系统的平衡与人类的食物供应和居住环境。但是企业不必为此承担额外成本，而直接将成本（全球气候变暖的影响）转移给所有人。负外部性的存在将影响到作为整体的消费者的利益，从而使得对消费者权益的保护具有必要性。

3. 消费者的有限理性

受到个体的心理特征和认知能力的约束，现实中的消费者是有限理性的，消费者在做出消费选择和决策过程中，不仅常常发生非系统性错误，而且会与理性选择模式相悖，表现出系统性偏差，即"非理性"行为。消费者的有限理性，使得消费决策过程和选择在很大程度上受到了企业营销活动的诱导和影响。在这个过程中，出于对利润的追逐，企业所传播的可能是夸大、虚假的营销信息，而面对夸大甚至虚假的信息，消费者很难做出清晰的辨别，从而缺少有效的自我保护能力。显然，消费者的有限理性，可能会使消费者利益因受到生产者的不当行为的影响而受损，这使得主张和保护消费者权益具有必要性。

4. 消费者的分散性

当消费者与生产者、经营者通过市场发生交易关系时，生产者和经营者是以组织的形态存在的，而消费者是以独立、分散的个体形态出现的，因此，在双方围绕利益关系的博弈过程中，消费者缺乏足够的抗衡力量，处于弱势地位。尽管从整体上看，市场格局从卖方市场向买方市场的转变使消费者拥有更丰富的选择以及更强大的话语权，从而使消费者整体处于有利的地位，但是，这并不能改变消费的分散性以及消费者在个体层面上所呈现的弱势地位。

与此同时，一方面，消费者的分散存在使得消费者很难对生产者采取集体行动，即使生产者做出了明显损害消费者利益的行为，消费者也只能或者期待自己可以幸免，或者等待他人采取行动而自己可以坐享其成。这使得个体消费者的维权行为具有了公共品的性质。当人们都等待"搭便车"的时候，作为公共品的消费者维权行为的供给必然会低于社会的合意需求。而另一方面，当个别受害者不得不采取行动时，公众的态度一般也是观望，很少自发地给予公开支持。这是作为公共品的维权行为所面临的另一种困

① 外部性是经济学的概念。经济学中的外部性是指个体行为对个体之外的其他人产生的影响，而这种影响并没有内化在个体的收益或者成本之中。

境。显然，消费者的分散性导致了消费者权益主张和消费者权益保护的必要性。

12.2.2 消费者权益保护体系

信息不对称、负外部性和消费者的有限理性，以及消费者的分散性决定了消费者权益主张和消费者权益保护的必要性。而消费者权益主张和消费者权益保护主要取决于明确的立法、行政监管、社会公众监督和消费者社会组织的发育程度。

1. 明确的立法

前述分析表明，在现代市场经济国家，消费者权益不仅是一种公共约定和公认的社会规范，而且是获得法律确认和保护的权利。由此，法律体系的完备程度和执法过程的严格程度对消费者权益具有重要的制约与影响。

有关消费者权益保护的法律体系大致包括如下内容：

- 对消费者权利的确认，如各国的消费者权益保护法等。
- 涉及市场交易的立法，如计量法、公平贸易法、合同法等。
- 涉及商品和服务的立法，如产品责任法、产品质量法、食品安全法、药品管理法、商标法等。
- 涉及企业行为和保护公平竞争的立法，如反不正当竞争法、价格法、广告法等。

2. 行政监管

国家是一种行为主体或者一种制度组织。① 在消费者权益保护中，国家既作为一种行为主体介入，也通过制度组织来施加影响。作为一种行为主体，国家通过行政监管和干预，参与和直接作用于消费者权益的保护；作为一种制度组织，国家对消费者权益保护的介入主要是通过相关法律法规的制定来实现的。在市场经济条件下，国家相关部门在消费者权益保护中的参与和介入，是“看得见的手”对市场失灵的一种治理方式，正如克赖顿所指出的，消费者保护是政府以消费者名义所进行的对经济的一般元素的控制，是通过政府干预实现的②。

3. 社会公众监督

有效的社会公众监督，可以对损害消费者权益的行为形成巨大的社会压力，从而促进消费者权益的保护。社会公众的监督主要来自两个方面：

（1）压力集团的作用。压力集团是为影响政府和舆论而组织的集团。这些集团通过影响政府官员、对企业施加压力，使消费者和特定社会群体（比如妇女、儿童、少数群体）的利益得到维护。

（2）大众传播媒介的舆论监督。在市场经济中，竞争的加剧使企业将塑造和维护良好的社会声誉和形象放在重要地位，企业基于此纷纷构建自己的无形资产。从而，大众传播媒介以其信息传播速度快、范围广、影响范围大的特点，能够对企业施加极不寻常的压力和影响。

4. 消费者社会组织的发育程度

消费者社会组织的发育程度也是消费者权益保护体系的重要组成部分。在市场经济

---

① 彼得·埃文斯，等．找回国家．北京：三联书店，2009.

② CREIGHTON L B. Pretenders to the throne. Lexington：Lexington Books，1976.

社会中，消费者权益的保护是通过社会机构和民间消费者运动的组织化和制度化才得以实现的。同时，保护消费者权益的立法的产生与发展，也正是源于 19 世纪末以来的消费者运动。作为一种社会控制工具，法律有着产生和发展的社会基础。消费者权益保护法以持续不断的社会运动为原动力，是国家以立法不断确认消费者所拥有的社会权利。在本章第 4 节的分析中，我们将集中阐述消费者运动问题。

12.3 金融消费者权益保护

从 20 世纪 60 年代起随着全球消费者运动的日趋成熟，金融消费者保护问题进入人们的视野，至 20 世纪 90 年代中后期，逐渐为各国金融监管当局所重视，成为与审慎监管并列的金融监管目标之一。2008 年全球金融危机以来，世界各国加大了对金融消费者的保护力度，全面保护金融消费者的合法权益。金融消费者保护问题产生的社会基础是金融领域中持续的消费者运动和金融危机的出现，以及金融创新与金融工具的多样化发展。金融消费者权益保护问题的提出，丰富了消费者权益保护的内涵。

12.3.1 金融消费者的概念

随着金融创新与经济的发展和金融工具的多样化，越来越多的消费者开始购买和投资金融产品。这些消费者已经脱离了传统意义上的消费者、投保人和存款人的概念，而是获得特定金融产品和服务的消费人群。因此，金融消费者概念的形成是在经济发展过程中，金融投资作为消费者对个人收入的配置方式，导致的消费者概念在金融领域中的延伸。

金融消费者作为一个法律概念，在世界各国不同的法域中，其概念范围是迥然不同的。对不同法域中金融消费者概念的借鉴，也造成我国法学理论界围绕金融消费者概念界定的争议。在这里，我们采用中国人民银行对金融消费者概念的界定，即金融消费者是使用金融机构销售的金融产品或接受金融机构提供的金融服务的自然人。①

1. 金融消费者具有消费者属性

在上述对金融消费者概念的界定下，金融消费者具有消费者属性。从微观消费者主体角度，消费者行为是消费者配置资源的过程。从而，金融消费者行为最为基本的是消费行为和储蓄行为，即消费者如何将收入在消费和储蓄之间进行分配。随着金融市场的发展，消费者的收入分配行为极大地受到金融市场的影响。消费者可以通过借贷来增加当期可支配收入，也可以通过对金融工具的投资，放弃当前的消费而增加未来的财务收入。故而，在现代社会生活中，每一个消费者都面临消费决策、储蓄决策、信贷决策及投资决策。与消费决策相同，消费者的储蓄决策、信贷决策和投资决策的最终目的仍是用于消费和满足生活需要。

---

① 2020 年 9 月 18 日中国人民银行发布《中国人民银行金融消费者权益保护实施办法》，自 2020 年 11 月 1 日施行该办法。

这意味着金融消费者作为消费者范畴在金融市场中的延伸，同样具备消费者的三个基本特征：（1）金融消费者是个体社会成员，即自然人。（2）其行为是购买或接受金融机构的产品和服务，从而在与金融机构发生交易行为时构成消费关系。（3）金融消费者的行为动机或者目的是满足非交易性的生活消费需要。

2. 金融消费者的基本权利

作为消费者，金融消费者拥有消费者依法享有的各项权利。同时，由于金融市场和金融工具的特殊性，在金融消费者依法享有的各项权利中，以下权利的重要性得以凸显。

（1）隐私权。

隐私权是信息主体对个人金融信息所享有的保护权利，这是一种特殊的个人信息权。目前，法学界和金融界普遍认为个人金融信息包括以下四方面：

● 在金融交易过程中，提供给金融机构的个人信息，包括姓名、住址、电话号码以及个人收入状况等。

● 资产和信用信息：包括账户上的存取款记录、资金来源和去向以及信用卡情况等。

● 交易信息：包括交易记录、交易金额等。

● 金融消费者的衍生信息：用户的原始金融信息，通过算法或者简单的技术加工处理所获得的信息和数据，如个人的交易习惯、投资偏好、风险偏好等。

金融信息权具有人格权属性①。金融信息包含有金融消费者敏感信息的隐私数据，这是能够直接或间接识别出特定自然人的信息，与特定自然人结合，因而具有人身依赖性和专属性。金融消费者对隐私信息拥有自决权和控制权，享有隐私保护利益及个人信息合法利益。

随着人类进入信息社会，信息和通信技术所带来的数字化洪流，将人类社会推入数字经济时代，数据成为与劳动力、资本同样重要的资源和要素。数字经济不止于经济活动本身的数字化。数字经济中产品和服务的提供是以数据为支撑的，某些商业活动或者商业模式的运营和优化依赖于信息或数据，离开了信息或数据，企业无法形成核心竞争力。从而数字经济时代，信息或数据的合理流动与利用，成为与隐私权保护同等重要的社会价值追求。

然而，信息技术也导致个人金融信息面临两种风险：信息技术在使信息的获取、处理和传输更加便捷的同时，技术性漏洞导致的消费者金融信息泄露、窃取的风险；以及大数据背景下金融企业对个人金融信息的扩张性利用和分析导致的过度挖掘数据价值、滥用算法等问题和风险。故而，一些人质疑，由于网络世界无孔不入，个人金融信息的隐私权已经不复存在。

金融消费者隐私权与信息或数据的分享、流动和利用并不是对立的。金融消费者对个人信息拥有的自决权和控制权，不是信息分享、流动和利用的对立面，而是对信息分

① 人格权是民事主体固有的，它的存在与民事主体具有一致性。无论民事主体能否意识到，人格权都客观存在，且这种权利专属于民事主体，不容放弃或完全转让。

享、流动和利用的有意识的控制。金融消费者与特定的经营者分享个人信息，并不影响其对合理隐私期待①利益的主张。

（2）知情权。

金融工具与金融产品具有多样性和复杂性。这一方面导致金融消费者的选择和决策对专业性信息和知识的高度依赖，另一方面导致金融消费者的决策具有风险性。从而，在接受金融产品或服务时，知晓其用途、收益和风险是金融消费者的一项重要权利。

知情权是指金融消费者有权知悉其购买的金融产品或服务的完整、充分、清晰和可比较的信息。金融消费者对金融产品或服务的价格、内容、条款等方面的信息依法享有知晓权利，这也意味着金融机构有义务完整披露所提供的金融产品或服务的信息。

（3）同意使用权。

在数字经济时代，金融信息权更加强调信息主体对个人金融信息流动和利用的控制及其安全性，从而同意使用权成为金融消费者受到法律确认和保护的一项重要权利。

同意使用权赋予金融消费者在知情的前提下理性做出同意的权利，金融机构必须基于信息主体做出同意表述后才能收集、流转和处理个人信息，即知情和同意成为金融机构保有或使用金融消费者个人信息的依据。否则，任何在没有信息主体同意情况下的信息收集、流转和处理都不具备法律正当性。对于金融消费者而言，同意使用权是强调个人口头或者书面同意的明示权利；对于金融机构而言，同意使用权则是强调金融机构在收集和处理个人信息之前的“通知”义务。

当然，金融消费者的同意使用权也不是绝对的。基于公共利益或国家利益的个人信息收集、利用和流动无须经过信息主体的同意，但必须具有明确的法律规定，否则就不能直接收集和处理个人信息。

（4）受教育权。

金融消费者享有接受金融知识教育，以及维护自身权利所需要的知识教育的主张和权利。相对于金融消费活动呈现的高度专业性，金融消费者往往缺乏专业化的金融知识，一些研究证明了这个结论。卢萨迪（Lusardi）与米歇尔（Mitchell）于 2006 年和 2007 年，卢萨迪、米歇尔与库尔托（Curto）于 2010 年，卢萨迪与图法诺（Tufano）于 2009 年等所做的案例研究表明，对于利率计算等一系列简单的金融问题，50～60 岁与 23～28 岁两个年龄段的受访者回答完全正确的比例仅仅为 24％和 27％。无疑缺少专业化的金融知识增加了金融消费者犯错的可能性，而这些错误往往原本是可以避免的。这种情况在受教育程度较低和收入水平较低的消费者人群中更为普遍。

金融消费者可能只有有限的知识和技能去评估金融产品的适当性、成本和风险。这影响了金融消费者在市场交易中的平等地位和利益。同时，行为金融学的研究表明，有限理性会导致金融消费者在一些关键问题上产生认知偏差，这会加剧对金融消费者利益造成的威胁。

---

① 在大数据时代，界定数据合理使用与隐私侵犯的隐私边界显得尤其重要，从而“合理隐私期待”概念具有重要意义。“合理隐私期待”规则有两个构成要件：首先是主观要件，即个人的行为是否表现出他确实享有主观的隐私期待；其次是客观要件，即社会是否认可他的隐私期待是“合理的”。

从而，金融消费者享有接受金融教育的权利，从而通过金融教育提高和改善自身的投资和理财能力。

12.3.2 保护金融消费者权益的理论基础

自英国经济学家迈克尔·泰勒提出著名的“双峰”（Twin Peaks）监管理论之后，关于金融消费者保护的问题便逐步进入理论界的视野。在回答为什么需要保护金融消费者的权益问题时，一般认为金融市场的信息不对称、金融市场的复杂性，金融消费者的弱势地位、有限理性下金融消费者的认知偏差以及搭便车问题，是需要对金融消费者提供保护的原因。

延伸阅读 “双峰”监管理论与金融消费者保护

（一）“双峰”监管理论产生的背景

在20世纪90年代前，英国长期实行分业监管，即将被监管对象的机构类型作为监管划分的依据，分别由对应的监管机构实施监管。随着英国金融体系复杂程度的显著提升和各种类型金融机构的规模的快速扩张，金融领域开始出现一系列新的变化。(1) 混业经营模式形成，金融控股集团初现，跨行业、跨市场的业务活动不断涌现，不同类型的机构之间及市场之间的界限开始模糊。(2) 随着保险、证券等非银行金融机构及衍生品市场的加速崛起，商业银行不再是系统性风险的单一来源。(3) 金融产品及服务日益多元化、复杂化和专业化，消费者与金融机构之间的信息不对称加重，金融市场更加不透明。(4) 金融体系所出现的上述变化导致金融风险不断积累，并爆发了诸多风险事件，如巴林银行因衍生品投机失败而破产、国际信贷商业银行因金融欺诈而破产，以及大量的养老金产品的误导性销售等。

不断产生的风险事件表明英国原有的分业监管体制，无法与日益复杂、混业化的金融体系相协调和适应。正是在这一背景下，英国经济学教授迈克尔·泰勒于1995提出了“双峰”监管理论，以期重塑金融监管理念和监管体制。

（二）“双峰”监管理论的主要内容

“双峰”监管理论认为金融监管的目标应当是“双峰”的，目标之一是实施审慎监管，旨在维护金融机构的稳健经营和金融体系的稳定，防范系统性风险；目标之二是实施行为监管，旨在纠正金融机构的机会主义行为、防止欺诈和不公正交易、保护消费者和投资者的利益。

作为金融监管的“双峰”，审慎监管与行为监管之间在监管目标、监管方式、对监管者监管能力的要求等方面存在明显差异。(1) 监管目标的差异。审慎监管以保证金融机构稳健运行、关注金融机构的安全和健康发展为目标，重点在金融机构、金融市场的供给方；行为监管以确保金融市场公正透明、监督金融机构对待金融消费者的行为和维护金融消费者的信心为目标，重点在金融市场的需求方。(2) 监管方式的差异。审慎监管主要采取的是过程监控与事后处理方式，注重指标管控、综合评价和类别监管等方面，工作重心集中在机构风险损失与危机事件；行为监管主要采取的是前瞻式干预方式，侧重行为管控与问题评价，工作重心集中在应对金融机构治理行为失效以及个人消费信用欺诈。(3) 对监管者监管能力要求的差异。泰勒曾将审慎监管和行为监管之间的差异形象地描述为审慎监管类似于医生，其职业习惯促使他们在发现病因后努力加以医治，而不是对当事人严肃问责；而行为监管更像是警察，倾向于对违纪行为立即处罚。

长期来看，作为金融监管的“双峰”，审慎监管与行为监管则是相互促进、相互补充的。一方面有效的审慎监管能确保金融机构稳健经营，避免承担过高的风险，有利于改善金融机构的资产质量，提振金融消费者对金融市场的信心，切实维护金融消费者的权益。另一方面，行为监管是否有效，最终可以体现到审慎监管的各项监管指标之中。以美国次贷危机为例。次贷危机的起因是银行向收入极低或资产额很少的公民发放住房贷款。从审慎监管上看，各项指标表现良好，此类贷款并没有影响金融机构的稳健经营，因此消费者的资产负债表也应当是安全的。但这些短期稳健的审慎监管指标的背后，却是大规模侵害消费者权益的行为，行为监管的缺失最终威胁到了审慎监管指标的长期表现。因此，应当在审慎监管与行为监管之间寻求一种平衡。

（三）“双峰”监管模式下的金融消费者保护

受“双峰”监管理论影响，在后金融危机时代，各国的金融监管均在一定程度上界分行为监管、金融消费者保护职能与宏观审慎、微观审慎监管职能。理论上，行为监管与金融消费者保护不是等价概念。金融消费者保护是行为监管的一部分，而行为监管的外延更宽泛，既包括规范金融机构和自然人消费者之间交易时的行为，也包括规范金融机构之间、金融机构与非金融企业之间交易时的行为。比如，操纵同业拆借市场利率、操纵汇率、反洗钱等属于行为监管的内容，但超出了金融消费者保护的范畴。

英国在金融危机之后，金融监管由单一监管模式向双峰监管模式转变。金融危机后出台的《金融服务法案》对英国金融监管体系进行了彻底改革，诞生了三个独立的监管机构：金融政策委员会（FPC）、由原来的金融服务监管局（FSA）拆分而来的审慎监管局（PRA）和金融行为监管局（FCA）。

FPC 负责宏观审慎管理，确保整个金融体系的稳健运行。其目标是监测风险，并对影响英国金融体系稳定的系统性风险采取对策。

PRA 负责对银行、保险公司、大型投资机构的微观审慎监管，以防止出现重大风险。

FCA 又称为金融行为局，其对金融机构的具体行为进行监管。金融消费者保护是 FCA 的三项职责之一，另外两项职责是促进金融机构有效竞争和确保金融市场诚信。这三项职责是相辅相成的，促进金融市场有效竞争和确保市场诚信的最终目的，是保护金融消费者。金融消费者保护是金融监管体系的核心目标。单独设立负责监管金融机构行为的 FCA，有利于监督金融机构更好地保护消费者权益。

美国财政部在 2008 年 3 月公布了《金融监管体系现代化蓝图》，提出了一系列改进建议，其中包括长期向“双峰”监管模式转变的设计。次贷危机发生后，强调金融消费者保护的声音高于加强行为监管的声音。美国于 2010 年出台《多德-弗兰克华尔街改革与消费者保护法》，对金融消费者权益保护做了全面规定，并整合原本四分五裂的个人消费者保护体系，在美联储内部设立了一个专业性消费者保护机构，即美国金融消费者保护局（CFPB）。

资料来源：钟震，郭立．金融监管“双峰”理论与实践的演进脉络及对我国的启示．华北金融，2019（12）；贾晓雯．双峰监管：理论起源、演进及英国监管改革实践．海南金融，2018（5）．

1. 金融市场的信息不对称

金融是以信用为基础的资金融通，信用的前提是市场参与者具有相对完备的信息。然而，在现实的金融市场中，作为买方的金融消费者不仅难以获得涉及金融产品定价和风险控制等方面的完备信息，而且买方和卖方之间有着显著的信息不对称。相对于金融消费者，作为卖方的金融机构无疑拥有更多的涉及金融产品定价和风险控制等方面的信息，尤其是当金融机构为了自身利益，延迟或者拒绝披露相关信息时，信息不对称问题更为凸显出来。

与此同时，金融创新工具和产品的复杂性，加剧了金融机构与金融消费者之间的信息不对称。对于一些创新性的金融工具和产品，比如一些结构化的金融衍生品，在金融机构与金融消费者之间，无论采取什么样的信息披露措施，都不可能消除信息不对称。金融活动中的显著的信息不对称问题，有可能引发交易风险，从而给金融消费者带来重大损失，这使得金融消费者的权益保护问题具有必要性。

2. 复杂的金融市场结构

金融市场具有复杂性。复杂性是金融市场内生的，是基于投资者对安全性和资产收益率的不断追求而产生的，从而金融创新导致金融市场更为复杂。金融市场的复杂性体现在两个方面：金融工具的复杂性和金融体系结构的复杂性。

金融工具作为金融市场中的交易对象，是随着信用关系而产生、发展起来的。为了适应现代错综复杂的资金融通关系和多种信用形式的需要，商业票据、银行存款凭证、股票、债券等金融工具应运而生，而不同的金融工具在偿还期、流动性、安全性以及收益率等方面各不相同。金融工具呈现出多样性和复杂性。一些创新性的金融工具，通过相互嵌套和交叉联结，呈现出多层次、跨市场的特点，从而具有更为复杂的结构。

金融工具的复杂性导致金融体系结构的复杂性。金融体系结构的复杂性表现在金融机构之间相互关联性的增强。这种关联性既有资产面的关联性，又有负债面的关联性；金融机构可以通过银行间市场的借贷形成关联，也可以通过持有相似的资产组合或拥有共同的客户形成间接关联。这使得金融体系表现为一种网状结构。

复杂的金融体系结构使得金融消费者权益保护具有必要性。首先，金融工具和金融体系结构的复杂性，加大了金融市场中买方和卖方之间的信息不对称。其次，其导致具有有限认知能力的金融消费者，在选择金融产品时难以对其条款、特征和风险做出完整理解，增大了金融消费者的投资决策和风险管理决策的成本。最后，金融工具和金融体系结构的复杂性带来了不确定性和金融市场的不稳定性，导致金融风险更容易传染和扩散。

3. 金融消费者的弱势地位

与一般性的商品和服务市场一样，在与金融机构发生交易关系时，金融消费者是以独立的、分散的个体形态出现的。因此，在买方和卖方围绕利益关系博弈时，金融消费者缺乏足够的抗衡力量，处于弱势地位。

金融消费者对专业性信息的高度依赖导致其市场弱势地位。金融市场的交易对象不是普通商品或服务，而是特殊商品——货币资金及其衍生品，从而导致金融产品具有高度专业性、复杂性和多样性，市场的交易方式具有特殊性。同时决定和影响价格的因素是复杂的。这就要求金融消费者在参与金融交易的过程中，需要具备必要的专业金融知识。作为个人的金融消费者对专业金融知识和经验的缺乏加剧了其弱势地位。

4. 有限理性下的认知偏差

经典的金融理论是以完全理性的投资者和金融市场的有效性为基础的。但在现实的金融市场中，个体的有限理性，即个体有限的信息处理和决策能力，导致大量有悖于传统金融理论的异象和投资者认知偏差。个体对一些关键问题的认知偏差，会对投资决策产生影响，并对自身利益造成威胁。比如，损失厌恶效应。从前述分析中，我们知道所谓的损失厌恶是指与从收益中获得的边际利益相比，人们从等量损失中体验到更大的边际痛苦。损失厌恶反映了人们面对“收益”和“损失”时的风险承受能力是不对称的，这导致人们在面对“收益”和“损失”时，风险偏好是不一致的：当涉及收益时，人们表现为风险厌恶；当涉及损失时，人们由于不愿意面对损失，于是会选择继续冒险，从而面对损失时，表现为风险寻求。这意味着损失厌恶会导致个体越是倾向于规避风险，其遭受到的损失就越大。在股票投资中，人们往往保留“绩优股”的时间太短，保留“垃圾股”的时间太长，这就是源于损失厌恶。

过度自信和禀赋效应也是投资者存在的认知偏差。投资者在决策时往往会过于相信自己的判断力，产生“过度自信”。这种认知偏差被认为是人类与生俱来的行为特征。以往的研究证实，投资者在过度自信的影响下，往往对将来某一时间的股票市场指数预测值设定范围很小的波动值。投资者的过度自信会引起高交易频率、增强市场的波动性等一系列对金融市场产生很大影响的后果。在投资决策中，禀赋效应会导致投资者一旦拥有某种投资品种，会提高对其投资产品的价值评估。这容易导致投资者产生安于现状偏误，即使在面临收益更高的投资品种时，往往也不轻易改变投资组合。

有限理性形成的金融消费认知偏差，导致通过提供或披露信息的方式，以缓解金融市场的信息不对称、消除或改善金融消费者弱势地位的方法，在一定程度上失去效力。由于存在认知偏差，金融消费者既不能理解这些信息，也不相信这些信息与其所做出的决策有关，那么提供或披露信息就可能无济于事。

认知偏差可能会加剧金融消费者的弱势地位，对金融消费者的利益造成威胁。

5. 搭便车问题

搭便车问题使金融消费者组织起来，通过集体行动自我维护权益，变得很困难。消费者集体行动的结果具有公共性，每一个成员无论是否对集体行动的结果做出贡献，都能享有这个结果带来的好处，从而每一个成员都有可能希望他人去为达成这个结果而努力，而自己则坐享其成，产生搭便车的困境。这导致金融消费者通过集体行动自我维护权益的行动很少成功。

12.3.3 金融消费者权益保护原则

美国次贷危机导致的全球金融危机，给整个世界的经济发展带来了巨大的负面冲击，同时也引发了各国金融监管当局对现有监管体系的重新审视，并意识到，对金融消费者保护不足是导致次贷危机爆发的重要原因之一。金融消费者保护是金融体系持续健康发展的关键问题，在坚持审慎监管的同时，突出金融消费者保护目标的重要地位，已经成为目前各国金融监管当局的普遍共识。

2011 年 3 月，世界银行发布《金融消费者保护的良好经验建议（草案）》（以下简称《良好经验建议》）。通过对世界范围内十几个国家金融消费者保护实践的研究和评估，并吸收其他国际组织设计的金融消费者保护的国际准则，以及其他可接受的良好经验，世界银行向各国提供了一个全方位的金融消费者权益保护内容和识别金融领域消费者保护问题的评估手段。

2011 年 10 月，G20 巴黎峰会通过了由经济与合作发展组织（OECD）牵头起草的、用于公共咨询的《金融消费者保护高级原则草案》（以下简称《高级原则》）。这份文件中提出了 10 项适用于银行、保险、证券以及其他金融行业的消费者保护原则。这 10 项金融消费者保护原则与《良好经验建议》中所揭示的原则大致是相同的。

通过对上述两份倡议性文件的归纳和梳理，可以形成围绕如何保护金融消费者，并从哪些方面入手的基本原则。

1. 建立金融消费者协作性保护体系

世界银行发布的《良好经验建议》提出，应由多个机构共同协作，建立金融消费者保护体系。所谓多个机构包括制定金融消费者保护规则的机构、执行规则的金融消费者保护机构、对金融机构进行监管的机构、金融消费纠纷解决机构，以及媒体和消费者保护协会等。OECD 起草的《高级原则》提出建立与本国金融环境、国际市场和监管水平相适应的保护金融消费者权益的法律、规制与监管框架；建立强有力的法律和司法体系以保护金融消费者；加强对金融服务提供机构和授权方的监管，并采用合适的监管方法。同时，鼓励行业和消费者组织、职业团体、研究团体等社会组织参与金融消费者保护。

理论界在解释为什么需要对金融消费者提供保护时，提出金融消费者在专业知识上的匮乏造成了其在金融市场交易中的弱势地位。同时，消费者有限理性下的认知偏差，又加剧了金融消费者的劣势。法律的“社会原则要求法律给予那些依赖订立合同，但由于经济实力弱而缺乏业务经验，无法以特有方式充分地维护自身利益的人提供法律保护”①，故而对弱势群体的倾斜保护与公平和公正地对待消费者，是保护金融消费者的法理内核与立法基础。

需要对金融消费者提供保护也源于金融市场的信息不对称、金融市场的复杂性，以及金融创新的快速发展对金融消费者利益的影响。这意味着金融规制和监管是构成金融消费者保护框架的重要组成部分。1995 年英国经济学家迈克尔·泰勒提出的金融监管中的“双峰”目标，在学术界和各国金融政策上引起了广泛共鸣。在构建金融消费者权益保护体系中，法律和司法体系的建设，与有效的金融产品监管和金融机构行为监管，是保护消费者权益的并行的过程。

在协作性的金融消费者保护体系中，消费者组织、职业团体、研究团体等社会组

① 卡尔·拉伦茨．德国民法通论：上册．北京：法律出版社，2003：69.

织，对于金融消费者权益保护具有促进作用。

2. 对金融消费者予以倾斜性保护

金融消费者在交易中的弱势地位决定了需要对其予以倾斜性保护，以提高金融消费者的话语权和谈判权，实现金融消费者和金融机构交易地位的相对平衡。践行金融消费者倾斜性保护原则的主要途径，是充分的信息披露和提供负责任的金融产品。世界银行在《良好经验建议》中，建议金融机构在产品推介和销售中，采取六项规则来给予消费者倾斜性保护，即适当销售规则、充分和清晰披露规则、冷静期规则、反搭售规则、合格销售者规则和售后服务规则。OECD 起草的《高级原则》提出金融机构销售金融产品时，必须向消费者提供准确的、真实的且能够理解的信息，不得误导消费者；应告知消费者重要的产品信息，如产品收益、风险和期限等；金融机构应当根据消费者的财务目标、知识水平、承受能力和投资经验等因素，提供与之相匹配的产品建议。

3. 建立合适的消费者金融信息保护机制

从对金融信息隐私权的分析中，我们意识到金融消费者隐私权与信息或数据的分享、流动和利用并不是对立的。金融消费者对个人信息拥有的自决权和控制权，不是信息分享、流动和利用的对立面，而是对信息分享、流动和利用的有意识的控制。金融消费者与特定的经营者分享个人信息，并不影响其对合理的隐私期待利益的主张。

金融消费者的隐私权保护是金融市场有效和稳定运行所不可或缺的。在一个有效竞争的金融市场中，金融机构应当始终将消费者隐私权保护作为核心理念，并将其根植于产品和服务之中。

围绕消费者金融信息保护问题，世界银行在《良好经验建议》中提出金融机构不得侵犯金融消费者对个人信息的基本权利；在使用和分享金融消费者的信息时，金融机构要维护消费者信息的安全；与信息使用有关的征信机构也要接受适当的监管。OECD 起草的《高级原则》提出要保护金融消费者的数据和隐私，建立针对金融消费者个人信息和财务信息的适当的控制机制和保护机制；建立旨在说明客户信息收集、处理、保存、使用和披露目的（特别是向第三方披露时）的机制；明确消费者对个人信息的收集、共享、错误信息纠正或删除等方面的有意识的选择和控制。

延伸阅读 | 数字经济时代欧盟与美国立法中的个人信息保护机制

隐私与竞争是市场具有创新动力并得以持续发展的两大基石。在数字经济时代，隐私保护仍然作为人类社会最基本的规范而存在，一个有效竞争的市场能够在接受这种规范下提供产品、展开竞争。隐私保护机制能够帮助市场更有效和稳定的运行。

在欧盟与美国的立法中，基于法理形成了个人信息保护机制。欧盟在最早制定个人数据保护立法时，崇尚对个人信息自决权的保护。进入数字经济时代，面对个人信息权的保护与互联网发展创新产生的矛盾，欧盟立法更倾向于对个人信息权的保护。这种指导思想一直延续至今。美国对于互联网的管理一直崇尚的是保护创新，倡导行业自律，不通过严格的法律来限制企业行为。因此面对数字经济中个人信息权的保护，美国在个人权利保护与网络经济的发展和创新之间，选择了后者。这导致在欧盟和美国的立法中，个人信息保护机制有着不同的具体体现。近年来随着欧盟和美国对个人信息保护机制的持续改革，产生了一些新的保护机制与制度。

（一）“告知-同意”制度

“告知-同意”制度是个人信息保护的基本原则与核心内容。这一制度在欧盟与美国的立法中有着不同的具体体现。

在欧盟个人信息保护立法中，“告知-同意”更多地表现为明示同意，或者表达为“选择参与”（opt-in）模式，即在收集个人数据之前，应当事前得到数据主体本人的明确同意，否则即为违法。美国的立法则相反，“知情-同意”更多地表现为默示同意，或者表达为“选择退出”（opt-out）模式，即在数据收集的过程中，默认用户同意数据处理活动；用户如果不同意数据收集及处理活动，可以通过退出的方式来实现拒绝权。“选择参与”与“选择退出”这两种制度模式有着明显的优缺点，并对个人信息的收集和处理效率产生影响。

按照欧盟数据处理的合法性原则要求，在商业场景中处理个人数据，大部分情况下应当得到数据主体的同意，数据主体有权阻止关于个人数据的处理。数据处理者在将数据主体的数据出于商业目的披露给第三方之前，应当通知数据主体对象，后者有权拒绝此类披露。数据主体本人对于有关个人数据的收集、处理活动依法享有较强的控制力，尤其是在欧盟个人数据保护立法改革之后。《通用数据保护条例》（General Data Protection Regulation，GDPR条例）更是增强了这种同意机制，要求同意必须是具体的、清晰的，是用户在充分知情的前提下自由做出的；如果数据控制者希望获得的用户同意的事项，区别于此前已取得同意的事项范围，则需要向用户做出单独明确的说明；如果将用户同意数据处理作为签订合同的前提条件，而这种数据处理事实上超出了提供服务所必需的范围，将违反有关“同意应当是自由做出”的规定。同时，GDPR条例赋予了数据主体可以随时撤回同意的权利。数据控制者应当明确告知用户拥有该权利，并为用户方便地行使该权利提供便利。

显然，这是一种高标准的“同意”，体现出欧盟的立法更倾向于对个人信息权的保护。

与欧盟相比，美国则在更多情形下选择认可默示同意，即在数据收集的过程中，默认用户同意数据控制者的数据处理活动，因此当数据控制者做出合法的数据处理活动时，并不必然需要个人的明确同意，在更多场景中只需要为个人提供退出通道即可。

在美国的立法中，合理使用信息原则（fair information practice principle，FIPP）是消费者隐私保护与个人信息保护监管中的重要原则。这一原则在美国隐私监管的重要机构——美国联邦贸易委员会的执法活动中也发挥着指引作用。FIPP提出的合理使用个人信息的原则包括：透明性、个人参与、明确用途、数据最小化、使用限制、数据质量和完整性、安全性、可追责与审计。

与欧盟相比，美国的隐私和个人信息保护原则不再特别强调个人对数据流动和利用的控制力，而是体现为个人信息或数据流动和利用中的合理性与合规性，具体体现为FIPP下的个人信息或数据流动和利用中的透明性、个人参与、明确用途、数据最小化、使用限制、安全性以及可追责等原则，这些原则更多地从对企业的最低责任出发来规定，例如企业在个人信息收集和使用中应当遵循数据最小化原则，所有信息的采集和使用必须在最小、够用的范围内进行，需要明确用途和提供安全保障等。

对于“选择参与”“选择退出”模式的不同运用，体现了欧盟和美国在个人信息保护立法上的严格与宽松之区别。

（二）禁止跟踪机制

禁止跟踪（do not track）是一种个人信息保护的自律性准则。cookie是指网站为了辨别用户身份而储存在用户本地终端上的数据（通常经过加密）。网站利用cookie信息，一方面得以为用户提供个性化服务，另一方面，通过对这些数据信息进行集合化分析，能完善网站经营策略，同时，网站可以根据这些浏览记录，掌握用户的浏览习惯，以便更好地投放广告和提供服务。以cookie为基础的用户数据分析，是互联网商业模式的主要特点。

在1993年cookie技术诞生时，cookie具有专属性原则，即A网站存放在cookie上的用户信息，B网站是无权访问的。但随着互联网广告产业的发展，网站除了嵌入自身的cookie外，还可以在网页中嵌入第三方的cookie，这使得网站可以跨越使用其他网站cookie中的个人信息，从而产生了隐私风险。

美国联邦贸易委员会在2010年12月发布的隐私问题报告中，要求设计一个禁止跟踪系统以便让用户能控制自己在网络上的隐私信息。当用户提出禁止跟踪请求时，具有禁止跟踪功能的浏览器会在http数据传输中添加一个“头信息”（headers），这个头信息向商业网站的服务器表明用户不希望被追踪，从而遵守该规则的网站就不会追踪用户的个人信息（用于更精准的在线广告）。禁止跟踪功能是一个自律机制，是行业达成的自律承诺，它完全依赖于网站服务端是否自律，并不是强制的法律规定。

禁止跟踪机制区分了第一方和第三方。如果用户仍然使用第一方平台的应用或者网页，则该平台可以继续跟踪用户。但是，第三方则不能。从保护用户隐私的角度来说，这是对第三方cookie的合理规制，因为用户在访问特定网站时，该网站留存和分析自己的cookie数据是为了向用户提供更好的服务，符合用户的合理隐私期待。但对于用户访问网站之外的其他第三方获取其cookie数据，并用于广告营销分析，则超出了用户的合理隐私期待边界。

（三）数据可携带权

近年来，随着欧盟对个人信息保护法的持续改革，产生了一些新的保护机制与制度，其中尤以数据可携带权制度为代表。

针对现行立法中的个人信息或数据保护碎片化问题，以及云计算、大数据带来的法律适用性方面的挑战，欧盟于2012年启动对1995年《数据保护指令》的制度改革，在经过长达四年的立法进程后，欧盟于2016年4月通过GDPR条例。GDPR条例继续坚持保护个人信息权利的理念，全面提升个人数据保护力度。相比于1995年版的指令，GDPR条例对数据主体的权利规定更为细致，为个人有效行使权利提供了坚实的法律保障。其中不仅包括传统的个人信息保护法中的个人权利，如知情权、访问权、反对权等，还全面引入了新型的权利类型，其中最典型的是“数据可携带权”的规定。随后，欧盟个人数据保护立法解释的权威机构，欧盟第29条工作组于2016年12月通过了《个人数据可携带权指南》（以下简称《指南》），并完整解释了数据可携带权可能包含的丰富含义，以及在具体实践中如何执行。

概括地解释，数据可携带权是指数据主体有权获得其提供给数据控制者的相关个人数据，且其获得的个人数据应当是结构化的、普遍可使用的和机器可读的；数据主体有权无障碍地将此类数据从其提供给的数据控制者那里传输给另一个数据控制者。《指南》明确指出，数据可携带权源于数据主体对个人数据的可访问权，但与可访问权存在许多差别。数据可携带权赋予了数据主体从数据控制者处直接获得并转移数据的权利，这项权利的核心目的是赋予数据主体对个人数据更强的控制力。

《指南》澄清了此项权利适用的基本前提，即需要考虑数据处理活动的合法性要素，包括经过数据主体的同意，或者是为了履行合同而必须，并明确了这项权利仅仅适用于数据主体提供给数据控制者的数据。但《指南》也提出，“提供”并不仅仅限于数据控制者在数据主体知晓、积极的状态下获得的数据，也包括因数据主体的活动而产生的数据。

为了协助用户实现数据可携带权，数据控制者负有相对应的法定义务，比如在数据主体的请求下，以特定格式提供或者传输相关个人数据。为进一步澄清法定义务的内容，《指南》将数据控制者分为“响应数据可携带权请求的数据控制者”（data exporter）以及在此请求下“接受相关数据的数据控制者”（data importer）两类，以明确其法定义务的边界。

个人数据可携带权在欧盟 2012 年数据保护制度改革的建议稿中一经提出，就面临众多质疑。主要的质疑在于，一些学者认为数据可携带权与竞争法的机理背道而驰，数据可携带权的条款与美国的反托拉斯法和欧盟的竞争法并不吻合；数据可携带权可能降低动态效率和减少创新，从而对消费者福利产生重大影响。

资料来源：王融．论个人信息保护与市场竞争的互动关系：从个人信息保护视角观察．竞争政策研究，2020(2).

4. 建立多层次的金融消费纠纷解决机制

有效的金融消费者保护需要建立高效率、低成本的金融消费纠纷解决机制。《良好经验建议》和《高级原则》都主张建立多层次的金融消费纠纷解决机制，即诉讼和非诉讼纠纷解决方式各自以其特定的功能和特点，形成一种互补的、满足诉讼主体多样需求的程序体系和动态的运作系统。

世界银行在《良好经验建议》中提出，需要建立多层次的金融消费纠纷解决机制：(1) 鼓励金融机构主动解决金融消费纠纷，明确金融消费者投诉的处理途径和程序，包括纠纷处理时限、结果、回复以及客户回访等。(2) 金融消费者保护机构应建立具有相对独立性的、便捷的、有效的、公正的和低成本的纠纷解决机制。(3) 行业协会以及类似组织可以提供替代纠纷解决机制。(4) 有效的司法解决途径。司法机构是金融消费纠纷的最终解决者。在通过司法途径解决纠纷之前，可以考虑通过金融机构、金融消费者保护机构以及行业协会等替代争端解决机构，解决金融消费纠纷，使纠纷得以高效、低成本地解决。

OECD 在《高级原则》中主张建立多层次的金融消费纠纷解决机制时，提出：(1) 金融机构应当建立投诉处理和反馈机制；(2) 金融机构无法有效解决争议时，应设立一个独立、公正的救济程序；（3）确保消费者的投诉能够得到公正、独立、及时和高效的司法解决。

此外，两份倡议性文件都建议金融机构和金融消费者保护机构需要公布纠纷解决方面的统计、分析报告及应对措施，从而形成有效的社会监督。

5. 建立有效的金融消费者教育

通过提供基于专业性金融知识和技能的教育，提升金融消费者正确做出金融决策的能力，降低消费者由于错误处理金融问题而带来的损失，是保护金融消费者的重要原则。

金融教育是实现消费者保护的重要前提，通过对系统性金融知识和能力的培养、训练，可以改善缺乏专业性知识导致的消费者和金融机构之间的信息不对称和金融消费者的弱势地位，提高金融消费者正确参与金融市场投资活动的能力和技能，从而在提升消费者的金融认知和金融能力中，支持和保护金融消费者的权益。

普惠金融的发展推动了一种新的金融机构经营理念的出现——责任金融①。责任金融的一项重要战略是通过金融教育提高客户的认知能力和金融能力。这可以使消费者利益和金融机构利益得到平衡，这种平衡可以为双方带来长期的利益。这意味着提供有效的金融消费者教育，对于形成一个更加透明、高效、稳健且具竞争力的金融体系具有重要意义。

如何将金融消费者教育原则付诸实践？世界银行在《良好经验建议》中提出：（1）制定具有可行性的金融消费者教育计划；（2）指定一个政府部门负责领导和协调，并由多个政府或者社会组织参与实施教育计划；（3）教育计划实施部门应当与金融消费者进行协商，使教育计划能够满足金融消费者的实际需要和期待；（4）建立针对教育计划实施效果的评估机制。

OECD 在《高级原则》中，建议金融市场的所有利益相关者都应参与消费者金融教育，建立帮助金融消费者理性决策的适当机制；应当针对金融消费者中受教育程度和收入水平较低的人群，推出有针对性的金融教育项目。同时，各国的相应机构应当收集各国及世界范围的可比性信息，评估并改善金融教育方法的有效性。

延伸阅读 | 《消费者金融素养调查分析报告（2021）》

2016 年 1 月 11 日，中国人民银行办公厅印发《中国人民银行办公厅关于建立消费者金融素养问卷调查制度（试行）的通知》，正式建立了消费者金融素养问卷调查制度。中国人民银行金融消费权益保护局分别于 2017 年、2019 年在全国 31 个省份（除港澳台地区）全面开展消费者金融素养问卷调查，并于 2021 年 4 月全面开展第三次消费者金融素养问卷调查。

这次调查采用概率比例规模抽样法（PPS），确定了 3 927 个乡镇和街道作为一级调查点，覆盖率约为 10%，在全国 31 个省份（除港澳台地区）通过电子化方式共采集约

① 作为一种经营理念，责任金融主张金融企业提供负责任的金融产品和服务，在产品设计和经营中关注客户权益保护和社会绩效，追求客户利益与企业长期生存和发展的平衡。

14 万份成年受访者样本数据，覆盖 333 个地级行政单位和 2 200 个县级行政单位，最终有效样本量为 118 775 份。

在对调查数据进行定性和定量分析的基础上，中国人民银行发布《消费者金融素养调查分析报告（2021）》，报告共分为五个部分。第一至第四部分定性分析了消费者在金融知识、金融行为、金融态度和金融技能等四个方面的基本情况，并从年龄、学历、收入、职业、性别、城乡、地区等不同维度进行描述。第五部分基于上述四个维度对我国居民的整体金融素养水平进行综合分析。

（一）消费者金融知识

整体来看，我国消费者对信用知识的掌握较好，85.15%的受访者知道严重的不良信用记录会对自己申请贷款产生负面影响；71.84%的受访者知道不良信用记录的保存年限为自不良行为或事件终止之日起 5 年；68.62%的受访者对贷款期限与月还款金额及利息的关系有一定的理解。消费者对风险收益关系有较正确的认识，74.63%的受访者认为高收益往往伴随着高风险。在涉及保险知识方面，71.03%的受访者知道无条件退保的相关规定，同时对退保犹豫期的认识比较到位。消费者对人民币的主权地位有较好的认识，68.80%的受访者能正确认识到外币不能在我国境内流通使用。

在金融知识方面，消费者对复利意识、贷款知识、保险知识和基础性投资知识的理解和认识存在一定欠缺。受访者中能够对复利做出正确理解的占比是 56.59%，56.99%的受访者知道等额本金和等额本息的区别；55.24%的受访者知道存款保险最高偿付限额。消费者对商业保险的理解有待进一步提升，57.02%的受访者认为保险最基本的功能是保障（分摊风险），48.48%的受访者认为重复投保财产险无法获得重复赔偿。消费者对基础性投资知识的理解和认识是较为欠缺的，仅有 48.37%的受访者对分散化投资有正确的认识，44.69%的受访者能够正确估算年化收益率。

消费者对金融知识的理解和认识受到消费者的受教育程度、收入、职业和年龄、户籍所在地等变量的影响。

（二）消费者金融行为

本次消费者金融行为调查涵盖使用现金支付、记录或查看日常支出、使用手机支付、使用银行自助设备、查询信用报告，以及消费者的储蓄、购买保险、贷款和消费信用、投资理财行为和金融产品或服务的信息获取。

从整体来看，在 2019—2021 年的两年中，43.60%的受访者有储蓄行为，21.82%的受访者有购买保险的行为。在这两年中，36.17%的受访者办理或使用过信用卡消费，18.33%的受访者发生过贷款行为。在贷款使用方面，主要用于购置房产和日常消费：34.80%的受访者主要用于购置房产，23.47%的受访者主要用于应付日常支出，11.94%的受访者用于购买汽车，另有部分群体（占比为 10.33%）贷款的用途是以“借新还旧”方式进行个人债务周转。

从消费者投资理财行为的整体情况看，在最近两年有储蓄或投资行为的受访者中，60.36%的受访者曾持有存款类产品，52.63%的受访者持有银行理财产品，51.39%的受访者投资非货币类基金，29.14%的受访者选择货币类基金，27.82%的受访者投资股票。

本次消费者金融行为调查，涉及了金融产品或服务信息的获取。消费者获取金融产品或服务信息的主要渠道包括金融机构网点、互联网、传统媒体、金融机构现场宣传、电话或短信营销以及个人渠道等，消费者会选择多个渠道获取金融产品或服务信息。从整体情况看，72.7%的受访者通过金融机构网点获取金融产品或服务信息，金融机构网点是消费者获取信息的主要渠道；其次是互联网渠道，有 51.27%的受访者通过网络获取金融产品或服务信息；相对于网络和新媒体，只有 33.59%的受访者通过传统媒体获取信息；在受访者中 23.17%的人通过个人渠道，比如亲友的推荐和交流等获得产品信息；通过金融机构现场宣传、电话或者短信营销以及通过其他渠道获取产品信息的消费者在受访者中的占比分别是 15.58%、13.52%和 5.32%。

年龄、收入水平和消费者户籍所在地区会对获取金融产品或服务信息的渠道选择产生一定的影响。

（三）消费者金融态度

消费者金融态度描述了消费者对金融消费或者金融投资的个人主观倾向和情感反应。这次调查主要涉及消费者对金融教育的态度、对负债消费的态度、对互联网金融的态度，以及对金融投资的收益预期等。

在询问受访者对金融教育的态度时，88.91%的受访者认为金融教育“非常重要”或“比较重要”。其中认为金融教育“非常重要”的比例达到 65.62%，认为金融教育“比较重要”的比例为 23.29%。仅有不到 2%的受访者认为金融教育不重要。与 2019 年相比，消费者对金融教育重要性的认识程度有所提高，认为金融教育非常重要的比例上升 14.04 个百分点，认为金融教育不重要的比例则下降近 10 个百分点。

从整体上看，我国消费者对负债消费持谨慎态度。在涉及购买汽车等高价值耐用消费品时，41.9%的受访者倾向于全款支付，34.5%的受访者会选择部分贷款，23.5%的受访者倾向于按最低首付支付，将贷款额度用足。从年龄维度看，负债消费意愿与年龄呈现负相关。

在对互联网金融产品和服务的态度方面，超过 50%的受访者对互联网金融产品和服务持肯定态度。在受访者中，有 50.1%的人认为互联网金融产品和服务给日常生活带来很大便利；有 35.0%的受访者认为虽然互联网金融具有便利性，但也存在风险；6.3%的受访者认为互联网金融不具有便利性；8.6%的受访者表示没有接触过互联网金融产品和服务。由于使用互联网金融产品和服务，需要消费者具备必要的网络和计算机使用知识和技能，从而，对互联网金融产品和服务的态度受到年龄的影响。从年龄维度看，年龄越大的群体，认为互联网金融不便利的比例越大。

（四）消费者金融技能

对消费者金融技能的调查包括日常收支管理、债务管理、金融决策、辨别金融营销广告、应对高收益率产品的诱惑、应对非法股票投资的诱惑、理解合同条款、应对财务冲击以及处理金融消费纠纷等方面。

从整体上看，我国金融消费者在日常收支管理方面表现良好，91%的受访者处于收支盈余或平衡状态；71.2%的受访者能够意识到需要通过资质来辨别金融营销宣传。在对合同条款的理解方面，84.7%的受访者能够或基本能够理解合同内容，尤其是能够正确理解金融产品合同的关键性条款。在金融纠纷处理方面，消费者对投诉渠道的选择整体上具有良好的意识，有 73.5%的受访者选择向提供该产品或服务的金融机构投诉，46.7%的受访者向当地的中国人民银行进行投诉，50.5%的受访者向当地的银保监局、证监局投诉，31.3%的受访者利用“12315”向当地市场监管部门投诉。

与此同时，在债务负担方面，在有贷款的消费者中，59%的受访者表示目前的债务负担较轻，33.7%的受访者表示负担较重，7.3%的受访者表示负担非常重。这表明部分金融消费者需要提高债务管理能力，减轻个人债务负担。在面对网络金融的高收益率的诱惑时，调查结果表明有 51.60%的受访者会查看金融机构的资质或者直接拒绝，这意味着近半数的受访者没有第一时间查看资质或直接拒绝。在金融消费者决策方面，调查结果表明有 44%的受访者根据自身的经验和知识做出决策，从而金融消费者更多地依赖自身的经验和知识，而非通过寻求第三方专业力量的指导和帮助来做出决策。这容易因过度自信等因素而产生非理性的投资行为。

（五）消费者整体金融素养水平

该报告对消费者金融素养做了进一步的多元线性回归分析，可以看出受教育程度、收入、职业、年龄、户口所在地等因素与消费者群体的金融素养显著相关。通过对变量客观赋予权重并计算消费者金融素养指数，结果显示，全国消费者金融素养指数为 66.81，与 2019 年相比提高了 2.04。其中，消费者金融知识平均得分为 65.21，消费者金融行为平均得分为 73.9，消费者金融态度平均得分为 78.12，消费者金融技能平均得分为 1.26。从国际比较看，我国居民的金融素养水平在全球处于中等偏上水平。

6. 促进金融市场的充分竞争

促进金融市场竞争是保护金融消费者权益的最好方式。竞争会对金融消费者权益产生正面影响，尤其是影响金融消费者的自由选择权；竞争促使金融企业提供具有竞争力的金融产品，激发金融产品的持续创新和保持高质量服务，推动金融企业在寻求可持续竞争优势的过程中，平衡金融消费者利益和企业利益，践行保护金融消费者利益的责任。从而，建立一个充分竞争的金融市场，是通过对金融消费者权益的有效保护来纠正和解决市场失灵问题、提高金融消费者福利的有效途径。

世界银行的《良好经验建议》与 OECD 的《高级原则》中，都主张鼓励金融机构之间的竞争，以形成金融市场的竞争压力。市场竞争也会导致低效率的金融机构面临经营危机甚至破产等结果。因此，两份文件都建议金融监管部门建立金融机构发生危机时的断然处置措施和金融保险制度，并规定了金融机构进入破产清算时，金融消费者利益优先保护的制度。

12.4 消费者运动与消费者组织

12.4.1 消费者运动的产生与发展

消费者运动是消费者自发或有组织地兴起的以维护自身权利为目的的一种社会运

动。保护消费者权利成为一种社会运动并波及整个世界，是伴随着经济的集中化、垄断化产生的对消费者权利的侵害和冲击而出现的，也是消费者权利意识和维护自身权益的能力提升的结果。

消费者运动最早出现在美国，之后消费者运动的浪潮波及世界范围。迄今为止，在世界范围内，消费者运动大致经历了四个发展阶段：

（1）19 世纪末 20 世纪初，消费者运动兴起。资本主义进入垄断阶段后，垄断组织借助规模和技术，获取了显著的市场势力。在攫取高额利润的过程中，一些垄断性大企业无视消费者利益，生产和推销劣质产品，使消费者利益受到严重损害。在这种情况下，消费者运动兴起。美国是消费者运动出现较早的国家，1898 年世界上第一个消费者组织诞生在美国，它也是 1936 年成立的全国性消费者组织——美国消费者联盟（Consumer Federation of America）的前身。在消费者运动初起的时期，消费者运动中所表达的主要声音是抗议企业欺骗、损害消费者的不当行为。1906 年，厄普顿・辛克莱（Upton Sinclair）出版了他的著作《屠场》（*The Jungle*）。这本书揭露了芝加哥包装厂的肮脏状况。辛克莱描述了屠宰场宰杀病畜、操作工人的服装肮脏不堪、厂内老鼠四处乱窜的情景。时任美国总统的罗斯福在读了厄普顿・辛克莱的《屠场》后，开始关注食品卫生问题，这直接促成了 1906 年《联邦食品与药品法案》和《肉类检疫法案》的颁布。这些法律的制定，对于维护消费者权益、推动消费者运动起到了积极的作用。

在欧洲各国，德国是最早出现消费者组织的国家。19 世纪末德国涌现了大批消费者自治组织，开展为消费者服务的商品检验以及出版相关刊物，以收集和提供信息。

（2）20 世纪 30—50 年代，消费者运动开始发展。出现于 20 世纪 20 年代末的经济危机，在造成资本主义国家经济困难的同时，也严重损害了消费者权益，于是，消费者运动再次兴起，并较之前有所发展。1936 年美国消费者联盟诞生，成为世界上第一个全国性的消费者组织。30—50 年代，美国又通过了一系列法案，禁止交易中不公平的竞争和欺诈行为。

20 世纪中叶以后，在美国的影响下，德国也产生了声势浩大的消费者运动，民间的消费者组织更多地建立起来。这些组织虽是民间性质，但大都接受联邦政府或州政府的资助。从 20 世纪 50 年代起，日本经济开始快速发展。伴随着日本经济的高速发展，一些严重损害消费者利益的事件频频发生。面对一系列重大的消费者受害案件，日本的消费者运动开始兴起。1956 年日本成立了“全国消费者团体联合会”，并于 1957 年召开了第一次消费者大会，发表了《消费者宣言》，从而日本的消费者运动进入了一个全新的时代。

（3）20 世纪 60 年代到 70 年代中期，消费者运动成为世界潮流。第二次世界大战后，科学技术的迅猛发展、生产效率的极大提高，推动了市场经济发达国家的经济增长。随着买方市场和消费者主权的确立，消费者的权利意识和维护自身权益的能力不断提升，消费者组织更加完善，消费者运动开始走向成熟。其标志之一是国际性消费者组织的成立，从而为各国的消费者组织提供了国际性的协调和合作。1960 年，国际性的消费者组织——国际消费者联盟组织成立，成为国际性消费问题的议事中心。消费者运动日渐步入成熟，也表现在消费者组织的活动范围已超出早期的消费者组织，涉及的问题更为广泛，显示出强大的影响力。迫于消费者运动的压力，1962年3月15日美国总统肯尼迪在国会发表了举世闻名的《关于保护消费者权益的总统特别咨文》，强调“每一个人都是消费者”，并指出消费者的四项基本权利。约翰逊继任美国总统后，更在联邦政府内设置了“消费者咨询委员会”，扩大了直辖于总统的“消费者利益委员会”的组织，负责指导民间的消费者团体，并排除困难，积极促成上述四项消费者基本权利的实现。此外，在总统府及各州的州政府内，均设有主管消费者事务的官员，负责处理此方面的事务与案件。这些成果的取得与消费者组织的活动密不可分。

1962年，《寂静的春天》（*Silent Spring*）一书引起了人们对环境保护的关注。在这本令人伤感的书里，作者蕾切尔·卡森（Rachel Carson）以凄美的文笔控诉了人类对环境的破坏，从心灵深处重新唤起了人们对清新的空气、纯净的水与绿化的土地的渴望，提高了公众对环境保护的觉悟。于是，生态和环境保护等社会问题进入消费者组织的视野。

（4）20世纪70年代末到90年代，消费者运动成为普遍的社会运动。这一时期消费者运动的主要特点，是从侧重于推动涉及消费者权益的立法和政府对消费者权益的行政保护，过渡到通过施加社会压力迫使企业重新思考企业与社会、公众利益群体的关系，将塑造良好的公共关系作为企业战略管理的重要部分，并促使企业开始与消费者组织进行合作并提供援助。

进入20世纪90年代，由于经济全球化和信息化两股浪潮的推动，消费者开始拥有更丰富的选择、更便捷的信息获取方式和更强大的话语权，而在这两股浪潮面前，企业在面临更多市场机会的同时，也面临着市场环境的动荡性、不确定性和超级竞争。这导致一方面消费者权益保护已经成为全部消费伦理阐释框架的基石与出发点；另一方面企业日渐认同消费者是企业的主要利益相关者，迎合和满足消费者权益是企业社会责任的核心内容，注重以最大化消费者价值为核心来获取企业竞争优势与企业的可持续发展。

12.4.2 消费者运动的作用

消费者运动是消费者权益保护的推动者。消费者运动的兴起和发展，对消费者权利的构建、消费者权益保护体系和保护机制的形成与发展具有重要作用。

1. 消费者运动促使国家对消费者权益问题的介入和行政干预的建立

在现代市场经济社会中，消费者的诸多权利都属于基本人权的范畴，消费行为和选择既是个人化的经济行为和经济问题，也是社会化、公共化的行为和问题。从表面上看，尽管消费行为发生在消费者和生产者、经营者之间，但消费者权利的实质却体现了消费者与政策和法律、政府行为和职能之间的关系。从这个意义上可以说，国家对消费者权益保护的参与和介入具有重要意义。消费者运动的兴起，在不同程度上唤起了各国政府对消费者权益问题的关注、参与和介入。在许多国家，消费者运动高涨的直接结果，就是国家对消费者权益的行政保护和干预的建立。例如，20世纪60年代美国消费者运动的高涨，促使时任美国总统肯尼迪签署了《消费者权利法案》，首次明确提出消费者的四项权利；日本政府于1963年6月15日进行了“关于保护消费者的咨询答复”，介入消费者权益保护之中。20世纪60年代前后，市场经济发达国家的政府都开始重视并参与到消费者权益保护之中。1985 年 4 月 9 日联合国大会投票通过了第 39/248 号决议，认可和通过了《保护消费者准则》。这部具有世界意义的保护消费者的纲领性文件不仅指出了消费者应享有的权利，而且对各国政府和企业在保护消费者权利方面所应承担的责任提出了详尽而严格的要求。

到目前为止，大多数国家的政府中都设有相应的专门保护消费者权益的行政机构。例如，美国致力于保护消费者权利的联邦政府机构主要有：联邦贸易委员会（FTC）、消费品安全委员会（CPSC）、食品药品监督管理局（FDA），以及农业部食品安全检验局（FSIS）。这些机构拥有受理投诉、进行调查、实施处罚和必要时应用法律程序的权力，从而为消费者的合法权益提供了有力的支持与保护。尤其是对处于转型社会的消费者来说，由于社会制约和平衡力量机制的不完善，更加需要国家通过相关法律法规的制约和行政部门的干预来实现对消费者权益的保护。

我国政府对消费者权益问题的关注和参与程度高，国家在消费者权益保护运动中扮演了重要的参与角色，行政监督对消费者权益保护运动起到了直接的作用。

2. 消费者运动推动保护消费者权益立法的完善

消费者运动的兴起和发展，推动了保护消费者权益的法律制度的建立和完善。美国是世界范围内消费者运动出现最早的国家，也是保护消费者权益的法律制度建立较早且比较完善的国家。在 19 世纪末 20 世纪初消费者运动兴起的过程中，美国先后通过了一系列保护消费者权益的法案，包括 1906 年通过的《联邦食品与药品法案》，这部法案禁止标识不符和掺假的食品、药品进入市场；同年又通过了《肉类检疫法案》，要求在肉类加工、销售中加强检验，以保证肉类清洁卫生。可以说，美国历史上较有影响力的消费者权益保护法案，如《国家交通和机动车安全法案》（National Traffic and Motor Vehicle Safety Act，1966）、《联邦香烟标签和广告法案》（Federal Cigarette Labeling and Advertising Act，1966）、《消费产品安全法案》（Consumer Product Safety Act，1972）等，都是消费者运动推动的结果。

经过 20 世纪 60 年代高涨的消费者运动的推动，美国已经形成成文法与判例法并重，联邦立法与州立法相结合，综合运用民法、刑法和行政法律手段，覆盖所有消费领域的完善的消费者权益保护法律制度。到目前为止，美国已有 20 余部有关保护消费者权益的法律，这些法律构成了美国消费者权益保护体系的核心。

3. 消费者运动激发了消费者维护权益的自觉意识

消费者权益保护意识不仅是一种法律意识，而且是一种道德意识。将保护消费者权益的法律从客观法律转换为主观法律，成为制约经济活动主体的内在道德命令，这种转换有赖于消费者权益意识的觉醒和自觉化。消费者维护自身权益的意识和行动，是消费者权益保护的社会基础。消费者对自己权益的放弃，损害的不仅仅是消费者自身的利益，社会公共利益、法律和道德秩序都将会因为消费者对权益的放弃而受到破坏。

消费者运动的兴起，使消费者维护自身权益的意识从一种自发意识上升为自觉意识，使消费者维护自身权益的行动从一种个人行动转变为集体行动。在这个过程中，消费者权益保护从消极的、被动的状态，转变为积极的、主动的状态，推动了社会对消费者权益保护体系的建立和完善。

4. 消费者运动推动企业接受和认同保护消费者权益的责任

随着利益相关者理论和企业社会责任思想的产生，消费者成为企业的主要利益相关者，企业需要承担保护消费者利益的责任，这种观点已经日渐得到企业的接受和认同。这种接受和认同直接源于消费者运动的压力。

在企业发展进程的一个相当长的时期中，通行的企业责任概念是依照股东利益最大化的传统观点形成的。亚当·斯密的“看不见的手”是其重要的思想起点。传统的观点认为，一个社会通过市场能够最好地确定其需求和需要。如果企业依据其能力通过对市场需求予以回应而得到回报，那么对这种回报的着意追求就会给社会带来其所需要的一切。因此，市场中的“看不见的手”可以将自我利益转化为社会利益。然而，令人遗憾的是，在决定应该生产什么商品和服务时，市场虽然可以做得理性、出色，但是在确保企业会做出公正、合乎伦理的行动方面，市场就做得不那么好，即市场并不能保证企业在追求自身利益（公司所有者、股东利益）的过程中，可以实现社会利益的增进。由此，19 世纪末 20 世纪初，伴随着大公司的出现以及大公司在经济和社会中权力的加大，人们开始拷问：企业在获得经济和社会权力的同时，是否也要承担相应的社会责任？由此，企业社会责任成为引人关注的问题。19 世纪末 20 世纪初，也就是消费者运动兴起的时期，消费者运动中所表达的抗议之声——抗议企业对消费者的不当行为，是促使企业社会责任思想产生的一股重要力量。

20 世纪 60 年代，动荡的政治、经济、社会环境，导致企业的外部环境发生了剧烈变化。其中的一个主要因素就是消费者运动的持续高涨。经久不衰的消费者运动，使得消费者运动几乎影响到每个消费行业，同时，生态和环境保护等社会问题开始纳入消费者运动所关注的范畴。这迫使公司必须重新思考企业与社会之间的关系问题，思考企业应有的对消费者和社会的责任问题。20 世纪 80 年代，一种新的管理理论——利益相关者理论诞生。利益相关者理论为企业的社会责任提供了严谨的逻辑阐述，促使企业认同社会责任，并将社会责任内化到寻求可持续的公司战略管理中。利益相关者理论的产生不仅与社会学、经济学、法学以及伦理学等理论有关，而且与 70 年代以后消费者运动和消费者主义的成熟有关。

12.4.3 消费者组织

1. 消费者组织的概念及其特征

消费者组织，即消费者保护团体，是依法成立的保护消费者自身合法权益的社会团体。消费者组织是消费者运动发展的产物。随着消费者自主性的提升和消费者力量的增大，消费者的权利意识和维护自身权益的能力也在不断提升，从而，作为消费者行使结社权的结果，各种消费者组织相继出现和成立。作为社会组织，消费者组织在增进消费知识、引导消费行为、保护消费者权益、维护市场秩序等方面具有不可替代的作用，是保护消费者主权和消费权益的重要力量。

消费者组织最初诞生在美国，随后迅速在世界范围内蓬勃发展起来。与其他社会组织相比，消费者组织具有以下几个特征：

（1）消费者组织是一种正式的组织，具有一定的组织结构、组织目标和组织运作系统，从而在维护消费者权益中，具有非正式组织不可替代的作用。

（2）消费者组织是一种社会团体。从法律性质上来说，消费者组织属于社会团体，是社会成员在自愿基础上组成的自治性组织，具有民间性和独立性。所谓民间性，即非政府性，消费者组织不代表政府或国家的立场，而是反映来自民间的诉求。所谓独立性，即消费者组织拥有自己的组织机制、管理机制和独立的经济来源，从而在组织的管理上和财政上独立于政府。

（3）消费者组织不以营利为目的。消费者组织属于非营利性的社会团体，活动宗旨具有公益性、社会性、服务性和公正性，而不以获取利润为目的。

（4）消费者组织以保护消费者合法权益为宗旨。在保护消费者权益方面，消费者组织担负着广泛的职能，这些职能概括起来有：

- 宣传消费者的权利，对侵害消费者权益的行为公开批评，形成舆论压力；
- 对消费者进行教育，提高消费者维护自身权益的意识和能力；
- 进行商品的比较检验，提供信息与咨询；
- 收集消费者的意见并向企业反馈；
- 调解消费者的投诉，支持诉讼、仲裁或以消费者组织的名义提起诉讼；
- 参与国家或政府有关消费者法律和政策的制定，并要求政府建立消费者行政体系。

上述特征使消费者组织作为保护消费者权益的社会组织，获得了社会的认可和信任，从而具有公信力、权威性和社会影响力。

2. 中国的消费者组织

我国的消费者组织是伴随改革开放而建立和发展起来的。根据《中华人民共和国消费者权益保护法》的规定，我国的消费者组织有两种形式：一种是消费者协会，包括全国性和地方性的各级消费者协会，这是我国目前最主要的消费者组织；另一种是消费者依法成立的、旨在维护自身合法权益的其他社会团体。

在消费者协会组织中，最具权威性的是中国消费者协会。中国消费者协会是由国家法律确认的保护消费者合法权益的全国性社会团体。其宗旨是遵守宪法、法律、法规和国家政策，遵守社会道德风尚，代表消费者的利益，反映消费者的诉求，依靠消费者的力量，全心全意保护消费者合法权益；坚持依法维权，维护实质公平，深化改革创新，发挥桥梁纽带作用，凝聚各方力量，推动社会共治，促进消费者权益保护事业，服务国家经济社会健康发展。中国消费者协会属于半官方的社会团体，接受国家市场监督管理总局和民政部的业务指导和监督管理。

中国消费者协会履行以下八项职能：

- 向消费者提供消费信息和咨询服务；
- 参与制定有关消费者权益的法律、法规、规章和强制性标准；
- 参与有关行政部门对商品和服务的监督、检查；
- 就有关消费者合法权益的问题，向有关部门反映、查询，提出建议；
- 受理消费者的投诉，并对投诉事项进行调查、调解；

● 投诉事项涉及商品和服务质量问题的，可以委托具备资格的鉴定人鉴定，鉴定人应当告知鉴定意见；

● 就损害消费者合法权益的行为，支持受损害的消费者提起诉讼；

● 对损害消费者合法权益的行为，通过大众传播媒介予以揭露、批评。

中国消费者协会实行理事会制度。理事由政府有关部门、人民团体、新闻媒体、地方消费者协会协商推举产生。

中国消费者协会于 1984 年 12 月经国务院批准成立。中国消费者协会成立后，协助有关部门制定了《中华人民共和国消费者权益保护法》。这部法律的制定和颁布标志着中国消费者权益保护工作已走上法制轨道。中国消费者协会创办了《中国消费者》杂志和“中国消费者协会网站”两个权威媒体，作为向消费者提供信息和咨询服务的有力渠道。中国消费者协会一诞生就受到国际消费者联盟组织的关注，并于 1987 年 9 月被吸收为正式会员。目前，中国消费者协会已同数十个国家和地区的消费者组织建立联系，就促进保护消费者权益的课题交换意见，并努力寻求与海外消费者组织以及专门机构的合作。

3. 国际消费者组织

（1）国际消费者协会。

国际消费者协会（Consumers International，CI）作为独立的、非营利的社会组织，是一个具有国际性和权威性的消费者团体。其宗旨是建立强大的世界消费者运动，保护消费者权益。国际消费者协会的前身是国际消费者联盟组织，于 1960 年由美国、英国、澳大利亚、比利时和荷兰五个国家的消费者组织发起成立。自成立之日起，国际消费者联盟组织就发展迅速，并在涉及产品和食品标准、健康和病人的权利、环境和可持续消费及国际贸易和公共事业的监管等问题上产生持续的影响力。1995 年，国际消费者联盟组织正式改名为国际消费者协会，总部设在英国伦敦。

国际消费者协会现有包括 100 多个国家的 200 多个成员组织。其中，大约 2/3 是发展中国家的成员组织，另外的 1/3 来自工业化国家。成员组织的类型涵盖的范围宽泛，既有各种独立的消费者组织，也有政府组织。

国际消费者协会的工作范围涉及以下内容：

● 在世界范围内协助并积极推动各国消费者组织及政府努力做好保护消费者权益的工作；

● 促进商品比较试验方面的国际合作；

● 收集、整理和交换各国有关消费者运动的信息与刊物，开展消费者教育；

● 组织有关消费者权益问题的国际性研讨；

● 与联合国的机构及其他国际团体保持有效的联系，以起到在国际范围内代表消费者利益的作用；

● 对发展中国家关于消费者教育和保护的发展计划给予一切实际的援助和鼓励。

目前，国际消费者协会关注的世界范围内的议题是可持续发展问题、气候变化问题和建立更完善的消费者组织问题。

国际消费者协会在联合国有关机构，包括联合国经济及社会理事会、联合国教科文组织、联合国儿童基金会、联合国工业发展组织等中具有咨询地位。同时，在联合国环境规划署、联合国工业发展组织、联合国亚洲及太平洋经济与社会委员会、联合国妇女地位委员会中派有代表。

国际消费者协会每三年召开一次世界大会。其最高权力机构是由各个成员组织所推选的代表组成的全体会议。理事会由全体会议推选 35 名成员组成，理事会指定执行委员会。

（2）欧洲消费者组织。

欧洲消费者组织是非营利的消费者团体，其宗旨是联合欧盟及欧洲其他国家的消费者组织，以促进、维护和代表消费者利益。欧洲消费者组织创建于 1962 年，由比利时、卢森堡、法国、荷兰、意大利和德国的消费者组织建立。这些组织在共同工作数年后，决定在比利时的布鲁塞尔建立欧洲消费者组织。

在寻求实现组织宗旨的过程中，欧洲消费者组织的工作职责包括：

- 运用所拥有的一切合法手段试图影响欧盟涉及消费者利益的政策的发展；
- 保持成员组织之间定期相互通报涉及影响消费者利益的政策的信息；
- 协调和促进成员组织之间的一致性行动；
- 鼓励成员组织之间的合作；
- 采取其他一切有益于进一步实现其目标的举措。

欧洲消费者组织拥有 46 个成员组织，它们来自 32 个欧洲国家的独立的消费者组织。其经费来源是会员费和来自欧盟的赠款。

12.5 消费者责任

12.5.1 消费者责任概述

1. 消费者责任的内涵

随着社会经济的发展、公共价值观的变迁和市场竞争的多元化，企业社会责任和消费者权益问题，在企业追求可持续发展的背景下，已经得到人们的广泛关注。与此同时，在可持续发展的背景下，另一个引起讨论的话题是消费者负责任的消费和可持续性消费问题。消费者社会责任问题成为消费经济学关注的新课题。

责任是指由个人的资格（包括作为人的资格和作为角色的资格）所赋予的，并与此相适应的从事和完成某些活动及承担相应后果的法律、社会规范和伦理的要求。作为一个范畴，责任被赋予多种含义。从责任的主体角度，可以将责任划分为个人责任与集体责任；基于责任的指向，可以将责任划分为社会责任与自我责任；基于责任的内容，可以将责任划分为角色责任与自然责任；从责任的形式角度，可以将责任划分为法律责任与伦理责任。

基于上述对责任的解释，我们可以将消费者责任定义为：由个体作为消费者的角色所赋予的从事消费行为和活动，以及承担相应行为和活动后果的法律、社会规范和伦理的要求。基于责任的指向，消费者责任包括消费者对自己的责任即消费者自我责任与消费者对社会的责任即消费者社会责任。

消费者自我责任是指消费者在不涉及他人的情况下，关于消费行为和选择对自身影响的慎重考量。行为经济学的研究表明，由于个体的认知偏差和能力限制，消费者在消费选择和决策中无法做到充分理性。行为经济学的一些实验表明，个体在决策时往往高估当前消费的价值，而低估之后发生的成本，这会导致消费者进行过度消费和过度负债。因此，消费者应对自己的非理性消费行为及其后果负责。

消费者社会责任是指社会对消费者行为和活动所赋予的法律、社会规范和伦理的要求和期望。消费者社会责任着重关注消费者行为的社会影响，关注消费者行为的规范性和正确性。在下面的内容中，我们所关注和探讨的消费者责任问题侧重于消费者社会责任。

2. 消费者社会责任的特征与内容

认识消费者社会责任的特征，有助于我们进一步理解消费者社会责任。

（1）消费者社会责任基本属于道义责任。由于在交易关系中，消费者与生产者、经营者是平等的民事主体，因此，消费者的社会责任基本属于消费者在消费过程中应该承担的对社会的道义责任，而不是法定义务。由于不是行为主体的法定义务，因此，消费者社会责任更多地体现为一种道义教育的意味，通过经济的、舆论的手段使消费者自觉承担起社会责任，而不是为其规定不进行一定行为的消极后果，甚至使消费者承担法律责任。

（2）消费者社会责任的主体是消费者，所关注的是主体对社会整体利益和长远利益的责任，主张消费者在考虑自身利益的同时，也有义务增进和改善社会福利，为社会创造积极的利益。消费者社会责任将社会对消费者行为的更具有社会导向性的关注和期许联系了起来。

（3）消费者社会责任的利益相关方是社会和全体消费者，消费者社会责任调整的是个人消费者和全体消费者之间的关系、当代消费者和后代消费者之间的关系，以及消费者和社会的关系。

如前文所示，消费者社会责任是将社会对消费者行为的更具有社会导向性的关注和期许联系起来。因此，消费者社会责任主要包括为社会所期望的，反映伦理、价值观和社会规范的消费行为和做法，包括：（1）关注消费的正当性、正常性、公正性和公平性；（2）选择有助于人的个性全面自由发展的生活方式和消费方式；（3）追求适度、可循环的消费方式，支持可持续性的消费和生产。

国际消费者协会在明确提出所致力于维护的消费者权益的同时，也明确阐述了消费者责任，即认识自身的社会责任，以自己的力量驱逐劣习，促进优良惯例，支持可持续的消费和生产。

12.5.2 确立消费者社会责任的依据

消费者社会责任问题是消费经济学关注的新课题。在围绕这个问题的讨论中，一个不可回避的问题是：消费者为什么要履行社会责任？

消费者社会责任问题是伴随着人类消费活动的发展、社会的成长和社会价值观的变迁而出现的。在理论上，我们可以从经济学、社会生态学和伦理学的角度，阐述消费者应当履行社会责任的逻辑和理由。

1. 消费者社会责任的经济学逻辑

在阐述消费者权益保护问题时，我们提到了生产者行为的外部性。所谓的外部性问题也存在于消费者行为中，即由消费行为所引发的外部性。消费的外部性是指个人或者家庭的消费行为给该个人和家庭之外的其他人产生的影响，而这种影响未能内化在个人或家庭的收益或者成本中。消费的外部性可以划分为：

（1）消费的正外部性和消费的负外部性。消费的正外部性是指个体消费行为使个体之外的其他人受益，比如一个修剪整洁、漂亮的私人花园给其他人带来的身心愉悦；而消费的负外部性是指个体的消费行为使个体之外的其他人或者社会受损，例如，消费者在公共场所的吸烟行为将对他人产生影响，是典型的负外部性。

（2）消费的环境外部性与消费的非环境外部性。消费的环境外部性是指消费行为直接影响环境；消费的非环境外部性是指消费行为对人的心理、生理健康以及社会风气的影响。

（3）代内消费外部性和代际消费外部性。代内消费外部性的影响基本存在于一代人内；而代际消费外部性的影响超越了一代人，影响几代人甚至更远。

显然，负外部性的存在和发展，会使其他消费个体或者群体的福利，乃至整个社会的当前利益和长远利益受损。从实践中看，消费的负外部性主要是消费对环境的外部性。存在相应的经济的、行政的机制可以有效地纠正消费的负外部性，但是除此之外，对产生消费外部性的主体，通过确立消费者责任，以道义劝告和伦理约束的方式校正、消除消费的负外部性也有着重要作用和价值。

一些经济学家在探讨解决外部性问题时，提出了“良心效应”的概念。他们认为，任何外部性在产生的过程中，都或强或弱地存在一定的“良心效应”，即良心或者说个人内心的是非感（良心也可以理解为个体对道德行为准则的先天认知）都在发挥着一定的作用。良心效应会以两种形式存在。当个体行为产生的外部性使他人的福利受损，而且不必给予补偿时，良心效应会降低个体自身的福利水平，从而形成对外部性活动水平的约束。当个体行为产生负的外部性，而且需要对受损方给予补偿时，比如个体行为引发了环境污染，且要以征收污染税的方式予以补偿，在这种情形下，良心效应反而有可能提高产生外部性活动的水平，因为个体可能会形成这样一种心理状态：既然缴纳了污染税，就不必再有顾虑了，可以心安理得地或者更加放肆地我行我素。显然，良心效应使得经济手段（比如税收手段）[①] 并不总是可以有效地发挥作用。而在这个过程中，也就凸显出消费者社会责任在解决消费外部性问题上的不可或缺性。

2. 消费者社会责任的社会生态学解释

消费行为是市场体系中的一个构成部分，同时消费行为也是自然生态系统中的一个环节。1997 年，伦敦国家社会研究委员会等机构发表了一个有关消费的联合声明，给消费下了一个与以往不同的定义：消费是人类对自然物质和能量的改变，消费可以使物

---

① 经济学家认为，通过国家干预，以税收和补贴等方式将外部性内化，是解决外部性问题比较好的途径。

质和能量尽可能达到可利用的限度，并使对生态系统产生的负面效应最小，从而不威胁人类的健康、福利和其他人类相关的方面。这是从生态学视角——人类生活资源的有限性以及维持人类生活的可持续性角度，来审视和定义消费问题，其核心是消费的可持续性。

可持续消费是通过每个人更负责任的行为，寻找能够有效解决社会与环境发展不平衡问题的方法。可持续消费与产品和服务的生产、分配、使用及废弃密切相关，为人们重新思考产品和服务的生命周期提供了根据；可持续消费的目的是确保整个人类的基本需求得到满足，并减少浪费和避免对环境的破坏。从人与自然的关系上讲，可持续消费是指人们在满足消费发展的需要时不能超过生态环境承载力的限制，消费要有利于保护环境，有利于生态平衡；从人与人的关系上讲，消费的可持续性体现了公平与公正的消费原则，即当代全球的每一个人，当代与后代的每一个人都应该同等享有追求生活质量的权利。可持续消费的构建需要综合运用价格、税收、信贷等经济手段与法律工具，调控消费主体的行为，以适应可持续发展的运行规律；同时，也需要确立消费主体的负责任的消费行为，寻求能够有效解决社会与环境发展不平衡问题的方法。负责任的消费①（responsible consumption）主张消费者在购买、使用、处理商品时应具有社会责任感，倡导适度的、公平的、健康的、文明的消费行为，以塑造更好的生态环境和社会经济环境。

延伸阅读 | 可持续消费的定义与全球可持续消费的最佳实践

（一）可持续消费的定义

可持续消费最初于1992年6月在里约热内卢召开的联合国环境与发展会议（UNCED）上被提出，并在之后的20余年中不断修订。许多国家（尤其是在欧洲）已经制定了可持续消费行动计划，并确定了宏观经济政策和家庭层面的干预措施。各国政府积极推动可持续消费主要出于以下动机：减少温室气体排放、限制对资源密集型产品和服务的依赖以提升产业竞争力、打破消费主义和福利观念之间的联系以提高生活质量。此外，联合国环境规划署（UNEP）于2013年推出了《可持续消费和生产模式十年方案框架》，各区域、国家、集团一直在努力谋划适合本地区的可持续消费战略。

这些国家、区域和国际层面的行动激发了界定可持续消费概念的各种不同定义和诠释。其中特别值得注意的是《联合国保护消费者准则（2003）》中提出的概念：可持续消费包括以经济、社会和环境可持续的方式，满足今世及后代对商品和服务的需求……政府应制定和执行可持续消费政策，以及将这些政策同其他公共政策相结合……政府应与工商界和民间社会有关组织合作，拟订和执行一套综合政策和促进可持续消费战略，包括法规、经济和社会手段；取消对那些助长不可持续消费的生产模式的补贴。

促进可持续消费与绿色发展的理念紧密相连。绿色发展强调经济与环境的统一与和谐发展，是以人为本的可持续发展的积极路径。

---

① 1975年，韦伯斯特（Webster）提出负责任的消费的概念。

（二）全球消费模式

消费产生的相关经济、环境与社会影响会继续增强。通常可以选择人均生态足迹①、人均生态承载力及人均二氧化碳排放量三项指标来评价消费模式的影响。2008 年，全球人均生态足迹为 2.70gha（全球公顷），然而全球人均生态承载力已经降至 1.78gha。各国的人均生态足迹相差很大，例如，美国的人均生态足迹为 7.19gha，德国为 4.57gha，日本为 4.17gha，巴西为 2.93gha，中国为 2.13gha。生态足迹在承载能力范围内的国家，如尼泊尔（0.76gha）或肯尼亚（0.95gha）还在努力满足其国民的基本需求。同样，世界人均 CO_2 排放量在 2010 年保持在 4.44 吨，但分布不均：美国为 17.3 吨，加拿大为 15.7 吨，德国为 9.3 吨，日本为 9.0 吨，中国为 5.4 吨，巴西为 2.0 吨，肯尼亚为 0.2 吨，尼泊尔为 0.1 吨。中国的人均 CO_2 排放量与美国及加拿大相比较低。

基于这些指标，可将消费模式分为四种类型：极高消费模式、高消费模式、中等消费模式（仍高于地球的承载能力）及低消费模式（见表 12－1）。美国、加拿大的极高消费模式及德国、日本等国家的高消费模式，生态足迹高，不具有可持续性，必须显著减少消费到可持续的水平。中国的指标数值较低，说明很大一部分人口还处在“消费不足”的水平。对于中国和巴西这样的新兴经济体，还需要注意一个重要问题，即城市消费者的消费水平已经与工业化国家持平。举例来说，北京和上海的人均生态足迹在 2008 年已接近 4gha，这意味着北京居民和上海居民的消费模式已经达到了与德国居民和日本居民相似的水平。与此相反，甘肃、贵州、云南等西部省份居民的生态足迹仅介于 1～1.5gha 之间，东西部差距较大。

表 12－1 全球消费模式及指标数值比较

项目	极高消费（美国和加拿大）	高消费（德国和日本）	中等消费（中国和巴西）	低消费（尼泊尔和肯尼亚）	全球人均
各类消费模式的人均生态足迹（2008 年）(gha)	美国 7.19 加拿大 6.43	德国 4.57 日本 4.17	中国 2.13 巴西 2.93	尼泊尔 0.76 肯尼亚 0.95	2.70
人均生态承载（2008 年）(gha)	美国 3.86 加拿大 14.92	德国 1.95 日本 0.59	中国 0.87 巴西 9.63	尼泊尔 0.53 肯尼亚 0.53	1.78
人均燃料燃烧二氧化碳排放（2010 年）(吨)	美国 17.31 加拿大 15.73	德国 9.32 日本 8.97	中国 5.40 巴西 1.99	尼泊尔 0.12 肯尼亚 0.27	4.44

注：根据世界自然基金会发布的 2012 年生态足迹报告及国际能源署公布的 2012 年矿物燃料燃烧的二氧化碳排放数据制表。

高生态足迹、高收入和高消费模式之间的关系是显而易见的。在工业化国家，人均国民总收入高，消费者具有强大的消费能力。2011 年，人均国民总收入的全球平均水平为 9 491 美元，而美国、德国和日本的人均国民总收入分别达到了 48 450 美元、43 980 美元

---

① 生态足迹又叫“生态占用”，在 20 世纪 90 年代初，由加拿大不列颠哥伦比亚大学的威廉·里斯（William E. Rees）提出。生态足迹就是用土地和水域的面积来估算人类为了维持自身生存而利用自然的量，从而评估人类对地球生态系统和环境的影响，即在现有的技术条件下，某一人口单位（一个人、一个城市、一个国家或全人类）需要多少具备生产力能力的土地和水域，来生产所需资源和吸纳所衍生的废物。生态足迹的值越高，代表人类所需的资源越多，对生态和环境的影响就越严重。

和 45 180 美元。相比之下，2011 年中等收入国家的人均国民总收入为 3 631 美元，低收入国家仅为 567 美元。此外，相对完善的社会福利制度和信贷可用性让富裕国家的消费者感觉到社会安定、财产安全，反而鼓励了消费者支出，有时甚至让消费达到了不可持续的水平。

从消费或者需求方的角度来看，有三大消费领域对环境与社会产生的影响最大，即住房、交通和食品消费。例如，在欧盟 27 国中，个人消费是公共消费的 2～3 倍，其中食品、交通和住房成为个人消费对环境产生影响最大的三个领域，共产生了 74%的温室气体排放量、74%的酸性物质排放量、72%的消耗臭氧层物质，以及 70%的直接和间接的原材料投入。①

（三）可持续消费的实践

欧盟：欧盟层面的很多政策和战略都把可持续消费和生产（SCP）作为优先关注的领域，例如里斯本战略②、第六个环境行动计划（2002—2012）等。可持续消费和生产既是里斯本计划（2008—2010）的十大关键目标之一，又是欧盟可持续发展战略需要对应的七大挑战之一。2008 年，欧盟制定并颁布了“可持续消费、生产和产业行动计划”，重点关注改善产品的环境绩效以及增加对可持续产品的需求。该行动计划主要包括八个关键方面：(1) 对更多产品提出生态化设计要求；(2) 强化能源和环境标签体系；(3) 对高能效产品进行奖励并实施政府采购；(4) 实施绿色公共采购；(5) 实现产品数据和方法的一致性；(6) 与零售商和消费者合作；(7) 支持产业部门提高能源效率、生态创新和环境潜力；(8) 在国际范围内促进可持续消费和生产。

欧盟在促进更可持续消费模式方面已经有所进步。例如，有机产品市场在欧洲迅速增长，已经占到 2007 年全球有机产品市场总收入的 50%以上，但仍然没有达到欧洲食品消费总支出的 2%。在欧洲，家庭能源和水的消耗正在减少，由于引进了有效的回收系统，家庭垃圾产生量已经成功降低；对人类健康和环境有害的产品逐渐被淘汰。整个欧洲逐步淘汰白炽灯泡就是一个成功案例。在促进可持续消费的过程中，不同成员国使用了相似的政策工具或活动，包括生态标签，绿色公共采购（GPP），为消费者提供有关环境、污染与垃圾的信息和教育。在欧洲，自愿性信息工具已被广泛使用，包括产品的生态标志、环境产品声明、有机食品标签、提供给消费者的建议和教育材料。值得注意的是，欧盟生态标签（用来鼓励卓越的环境绩效）是整个欧洲都认可的自愿性标签。该标准由科学家、社会组织和利益相关者协商制定，旨在以可信、可靠的方式做出对环境负责的选择。尽管属于自愿性协议，由于欧盟生态标签的竞争力和对环境的承诺，欧洲数以百计的公司都已经加入。

日本：日本的可持续消费具有三大特色。(1) 实施严格的绿色采购制度。日本《绿色采购法》指定了采购项目以及每一项目的环境选择标准。(2) 2000 年颁布的《循环型社会形成推进基本计划》旨在降低自然资源的消耗，将环境负担减到最小。(3) 日本

---

① 参见 http://www.eea.europa.eu/publications/consumption-and-the-environment-2012。

② 促进增长和就业的里斯本战略，由欧洲理事会于 2000 年发起，是欧盟共同应对全球化、人口结构变化和知识社会的表现。它旨在促进欧洲的活力和竞争力，为所有公民建立一个繁荣、公平和环境可持续发展的未来。参见 http://ec.europa.eu/education/focus/focus479_en.htm。

于 2008 年宣布了其建设低碳社会的愿景，并就此实施了构建绿色舒适的环境建筑、随时随地使用节能装置、促进当地季节性食品供应、使用可持续节能型建筑材料、增加环境友好型企业数量、提供快捷供应的网络系统、建设低碳城市、开发和提供可再生能源等 12 项重大举措。

美国：美国联邦政府和州政府很少通过发布可持续消费政策来对消费行为加以约束，而是注重从效率标准、信息传播和公共教育角度来应对消费对环境和社会造成的不利影响。美国可持续消费的核心领域是以创新型的安排建立粮食种植、流通和分配的替代系统，从农贸市场到社区支持农业（CSA）计划，再到自家花园和实物交换网络，这样一些小型的、网络化的创新型粮食种植、流通和分配的形式和安排，超越了传统的农产品供应链。相似的组织形式和安排也被引入到服装、儿童玩具、工具及其他家庭用品等领域，目的是支持这些领域的商品的再利用和共享。这些相关安排和形式被称为“协同消费”。美国在 2008 年颁布了促进可持续消费和绿色建筑的“清洁能源（PACE）融资计划”，鼓励在建筑物的屋顶安装太阳能光伏系统，并通过向投资者发放收益更高的政府债券，解决购买和安装屋顶光伏系统成本过高的问题。

拉丁美洲：拉丁美洲地区已经与国际社会一同承诺要努力建立可持续生产和消费模式。2003 年，该地区举办了关于“可持续消费和生产的马拉喀什进程”的区域协商会议。会议制定了区域可持续消费和生产战略，确定了优先事项、具体行动和试点项目。会议所制定的可持续消费和生产战略强调了加强政府机构能力的重要性，以及在生产和财政部门实施可持续消费以及生产相关政策和行动的重要性。巴西根据其他国家的政策和多方利益相关者的参与进程，制定了《可持续消费和生产国家行动计划（2010—2013）》。这项行动计划与巴西其他国家战略计划，如应对气候变化国家方案和应对固体废物国家方案，建立了联系，并确定了六大优先项目：可持续消费教育、可持续建筑、可持续零售、绿色政府调配、在公共管理方面实施环境议程、增加固体废物重复利用。

资料来源：中国环境与发展国际合作委员会课题研究“可持续消费与绿色发展”，2013.

3. 消费者社会责任的伦理学解释

伦理学是对人类道德生活进行系统思考和研究的学科，它试图从道德层面建构指导行为的法则体系，即“应该怎样恰当地去做”“为什么”“依据什么”，并且对其进行道德评判。

消费伦理问题的提出，是与存在于现代社会的消费异化相关联的，正是因为出现了消费异化，才产生了消费伦理问题。异化（alienation）是一个哲学上的范畴，其本义是主体所创造的客体反过来成为支配和控制主体的自身异己力量。传统的消费大多是对生命的基本需要的满足。这种消费根源于生命的自然需求，因此不存在异化问题。然而，在现代社会中消费已经从物的消费过渡为一种符号和象征价值的消费，人们所消费的主要不是物本身（使用价值），而是由其所代表的符号和象征意义①。正是这种符号控制

---

① 符号消费是指在消费过程中，消费者除消费商品本身以外，还消费这些商品所象征和代表的意义、心情、美感、格调、气氛与档次，即对这些符号所代表的“意义”或“内涵”的消费。符号消费最大的特征就是表征性和象征性，即通过对商品的消费来表现个性、品位、生活风格、社会地位和社会认同。

着人们消费什么和不消费什么。在这个过程中，产生了消费的异化①，即作为人的存在方式的消费，背离了人的生存和发展的根本目的，走向异化，成为一种无限性或者无结局性的消费。异化的消费使人异化为消费的奴仆，使作为人生存方式的消费反过来威胁到人类的生存和发展。显然，是消费的异化产生了消费活动本身的伦理意蕴，即消费活动的内在道德意义，以及对消费的价值评价和道德秩序进行审视和思考的需要。消费的异化导致了现代消费伦理秩序的建构问题。

伦理学的基本主题关系到人与自然、人与人、人与自身三种基本的伦理关系，因此，在建构现代消费伦理秩序的过程中，消费伦理秩序的目标指向应当是三种基本伦理关系的和谐，即人与自然的和谐、人与人的和谐、人与自身的和谐。由此，共生原则、公平原则和责任原则构成了消费伦理秩序的原则系统。共生原则是对消费过程中人与自然之间的价值关系的基本伦理要求，即建立人与自然之间的和谐共生关系，构建健康、和谐的消费伦理秩序；公平原则表达的是对消费中人与人之间关系的一种社会道义要求，即尊重和保护人的平等的消费权利，实现代内消费公平和代际消费公平；责任原则是对消费过程中的人与自身的伦理关系的规范，即个体的消费自由权利也包含了对消费责任的承诺，消费者在拥有自由的消费权利的同时，需要关切和承诺自由的道德负担，即消费的道德责任。

无疑，在伦理学的视野里，建构现代消费伦理秩序既需要以公正作为目标的社会制度的保障，同时，也需要全体社会公民对共同的消费道德和道德责任的关切和承诺，以及公民个体的道德自律。

在市场经济社会，消费者主权的确立意味着消费自由是消费者的一种权利，个人作为消费主体，具有能够自主选择和自主消费的状态和可能。从而，消费者权益的确立和保护在社会经济运行中具有重要地位，并得到了社会的广泛关注和接受。消费自由在意味着一种消费权利的同时，也意味着一种消费责任。个人自由消费的基本限度，是在消费自由的同时，关切和承担相应的道德责任。

与消费者权益问题一样，消费者社会责任问题亦开始得到国际社会、各国政府和社会组织的认同、接受和倡导。

小 结

消费者权益和消费者责任问题是伴随着经济的发展、社会的成长和公共价值观的变迁而出现的。

市场经济条件下消费者主权的形成，赋予了消费者以自由消费为基本权利的消费者权利。消费者权利是一种公共约定和公认的社会规范，也是获得法律确认和保护的权利。作为一种权利，利益、主张、资格、力量和自由构成了消费者权利的实质。消费者权益的主张和实现，受到消费者的市场地位、法律体系的完备，以及消费者的能力和影

① 按照鲍德里亚的观点，在现代社会中，消费已经从物的消费过渡到符号消费。消费不再是物的占有和消耗，而是指向符号消费。对符号的追求超过了对物的功能的需求。现代社会中，人的需要已经是超越了生命基本需要的需要，是一种“欲求”或者说是“虚假的需要”。

响力等因素的制约和影响。

消费者权益需要受到保护。因为在市场交易中，信息不对称、负外部性、消费者的有限理性和消费者的分散性，会导致消费者的福利受损，由此凸显出保护消费者权益的必要性。消费者权益的主张和保护取决于明确的立法、行政监管、社会公众监督和消费者组织的发育程度。

作为消费者权益保护的推动者，消费者运动是消费者权利意识和维护自身权益的能力提升的结果。消费者运动的组织化和社会化，对消费者权利的确定、消费者权益保护体系和保护机制的形成与发展具有重要作用。

金融领域中持续的消费者运动和金融危机的出现，以及金融创新与金融工具的多样化发展，构成了金融消费者保护问题的社会基础。金融消费者权益保护问题的提出，丰富了消费者权益保护的内涵。

在可持续发展背景下，消费者责任，尤其是消费者社会责任是与消费者权益同等重要的问题。消费者社会责任将社会对消费者行为的更具有社会导向性的关注和期许联系起来，关注消费者行为的规范性和正确性。消费者追求消费自由与消费责任的平衡，是经济、社会、生态和伦理视角下的应有之义。进而，可以从多个视角解释消费者履行社会责任的逻辑和理由。

关键术语

消费者权益	消费者主权	外部性
有限理性	消费者运动	消费者组织
消费者社会责任	消费异化	可持续消费

思考题

1. 简述消费者权益的内涵。
2. 分析制约消费者权益的因素。
3. 如何理解保护消费者权益的必要性？
4. 为什么消费者运动是消费者权益保护的推动者？
5. 如何理解金融教育是实现金融消费者保护的重要原则？
6. 一种观点认为金融消费者个人信息保护降低了信息流动的效率，对金融创新发展有阻碍作用，你如何认识这个问题？
7. 你认为确立消费者社会责任的主张具有合理性吗？选取一个适当的视角解释你的观点。
8. 可持续消费是一个多面的问题。借助对更多资料、信息的检索，阐述你对可持续消费的认识。
9. 如何看待青年人在建立和选择负责任的消费模式方面的潜在领导作用？

参考文献

[1] 弗里德利希·冯·哈耶克．自由秩序原理．北京：三联书店，1997.

[2] H. L. A. 哈特．法律、自由与道德．北京：法律出版社，2006.

[3] 贾晓雯．双峰监管：理论起源、演进及英国监管改革实践．海南金融，2018 (5).

[4] 凯斯·R. 孙斯坦．市场自由与社会正义．北京：中国政法大学出版社，2002.

[5] 联合国教科文组织，联合国环境规划署．青年交流指南：中文版．2005－10－29.

[6] 李贵连．话说“权利”．北大法律评论，1998 (1).

[7] 林晓珊．消费维权运动中的市场、国家与消费者组织：消费公民权的一个分析框架．学术研究，2012 (7).

[8] 刘晓霞．论消费者责任：自己责任与社会责任的兼顾．法制与经济，2010 (1).

[9] 马伯钧．论消费者责任．消费经济，2008 (2).

[10] 乔治·摩尔．伦理学原理．上海：上海人民出版社，2005.

[11] 世界银行．金融消费者保护的良好经验．北京：中国金融出版社，2019.

[12] 沈洪涛，沈艺峰．公司社会责任思想起源与演变．上海：上海人民出版社，2007.

[13] 沈晓阳．论责任的内涵、根据、原则．重庆师院学报（哲学社会科学版），2002 (1).

[14] 孙颖．论消费者组织的运作与发展．法学评论，2010，28 (1).

[15] 王寅丽．不完全理性与经济伦理．安徽师范大学学报（人文社会科学版），2001 (4).

[16] 王融．论个人信息保护与市场竞争的互动关系：从个人信息保护视角观察．竞争政策研究，2020 (2).

[17] 阳建勋．“金融消费者”概念生成的法社会学探析：消费者运动与金融危机耦合下的金融法变革及其本土资源．甘肃政法学院学报，2014 (1).

[18] 郑也夫．新古典经济学“理性”概念之批判．社会学研究，2000 (4).

[19] 周中之．消费的自由与消费的社会责任．道德与文明，2007 (2).

[20] 周中之．经济全球化背景下当代中国消费伦理观念的变革及其研究．上海师范大学学报（哲学社会科学版），2007 (3).

[21] 钟震，郭立．金融监管“双峰”理论与实践的演进脉络及对我国的启示．华北金融，2019 (12).

[22] The Organisation for Economic Co-operation and Development (OECD). Draft G20 high-level principles on financial consumer protection for public consultation. www. OECD. org.

图书在版编目（CIP）数据

消费经济学／伊志宏主编. --4版. --北京：中国人民大学出版社，2022.6
高等学校经济管理类核心课程教材
ISBN 978-7-300-30678-0

Ⅰ.①消… Ⅱ.①伊… Ⅲ.①消费经济学－高等学校－教材 Ⅳ.①F014.5

中国版本图书馆CIP数据核字（2022）第095912号

"十二五"普通高等教育本科国家级规划教材
高等学校经济管理类核心课程教材
消费经济学（第4版）
主编　伊志宏
Xiaofei Jingjixue

出版发行	中国人民大学出版社		
社　　址	北京中关村大街31号	**邮政编码**	100080
电　　话	010－62511242（总编室）		010－62511770（质管部）
	010－82501766（邮购部）		010－62514148（门市部）
	010－62511173（发行公司）		010－62515275（盗版举报）
网　　址	http://www.crup.com.cn		
经　　销	新华书店		
印　　刷	天津中印联印务有限公司	**版　　次**	2004年9月第1版
规　　格	787 mm×1092 mm　1/16		2022年6月第4版
印　　张	19插页1	**印　　次**	2025年7月第4次印刷
字　　数	427 000	**定　　价**	52.00元

中国人民大学出版社　管理分社

教师教学服务说明

中国人民大学出版社管理分社以出版工商管理和公共管理类精品图书为宗旨。为更好地服务一线教师，我们着力建设了一批数字化、立体化的网络教学资源。教师可以通过以下方式获得免费下载教学资源的权限：

- 在中国人民大学出版社网站 www.crup.com.cn 进行注册，注册后进入“会员中心”，在左侧点击“我的教师认证”，填写相关信息，提交后等待审核。我们将在一个工作日内为您开通相关资源的下载权限。
- 如您急需教学资源或需要其他帮助，请加入教师 QQ 群或在工作时间与我们联络。

中国人民大学出版社　管理分社

教师 QQ 群： 648333426（工商管理）　114970332（财会）　648117133（公共管理）
教师群仅限教师加入，入群请备注（学校+姓名）

联系电话： 010-62515782，82501868，82501048，62514760

电子邮箱： glcbfs@crup.com.cn

通讯地址： 北京市海淀区中关村大街甲 59 号文化大厦 1501 室（100872）

管理书社　　人大社财会　　公共管理与政治学悦读坊